So sind die Seiten aufgebaut:

AF155956

Aufgaben zum Auswählen:

einfache Aufgabe

knifflìgere Aufgabe

Aufgabe für Profis

Aufgabe für **Gruppen-** oder **Partnerarbeit**

Zusatzaufgabe

Seiten zur **Medienkompetenz**

12.1 Gruka landet ~

Nomen haben ein grammatisches Geschlecht (Genus)

Deutsch	Spanisch	Türkisch
der Mond (m.)	la luna (f.)	ay
die Sonne (f.)	el sol (m.)	güneş
das Weltall (n.)	el universo (m.)	evren
Abkürzungen: m. = Maskulinum (männlich); f. = Femininum (weiblich); n. = Neu...

1 Übersetzt die drei Wörter in weitere Sprachen, die ihr kennt.

2 Vergleicht den Gebrauch der Artikel in den drei Sprachen. Wählt Aufgabe a, b oder c
a Vergleicht die **Anzahl der Artikel** im Deutschen und im Spanischen und erklärt der
   den ihr entdeckt, z. B.: Im Spanischen gibt es nur ...
b *der Mond – la luna:* Erklärt, was ihr anhand dieses Beispiels über das **Geschlecht de**
   (männlich, weiblich, sächlich) erfahrt, z. B.: Der Mond ist im Deutschen ...
c Gruka speichert **eine Ausnahme:**
   „In vielen Sprachen haben die Nomen einen Artikel und ein Genus. Aber ...“
   Ergänzt Grukas Festplatteneintrag.
d Tragt eure Ergebnisse zusammen. Diskutiert anschließend: Stellt man
   sich im Deutschen Mond und Sonne anders vor als im Spanischen?

3 In unserer Sprache können wir aus zwei Wörtern ein neues Wort
zusammensetzen: *der Raum + das Schiff = das Raumschiff.*
a Nach welchem Einzelnomen richtet sich das Geschlecht des
   zusammengesetzten Nomens?
   TIPP: Vergleicht die Artikel.
b Bildet Wörterketten aus zusammengesetzten Nomen.
   Denkt dabei an den richtigen Artikel, z. B.: Spieler 1: *das Raumschiff →*
   Spieler 2: *der Schiffskapitän* → Spieler 3: *die* Kapitäns ...

4 Übersetzt die Wörter „Mond", „Sonne" und „Weltall" mit Artikel ins Englische.
Erklärt, welche Schwierigkeiten englische Schüler/-innen haben könnten, die Deutsch lernen.

> **Information** **Nomen: das Genus** (das grammatische Geschlecht; Plural: die Genera)
>
> Im Deutschen hat **jedes Nomen ein Genus,** das man **am Artikel erkennen** kann:
> - ein **Maskulinum:** *der Junge, der Landeanflug,*
> - ein **Femininum:** *die Frau, die Fähre* oder
> - ein **Neutrum:** *das Mädchen, das Raumschiff.*
> Das grammatische Geschlecht stimmt nicht immer mit dem natürlichen überein, z. B.:
> *das Mädchen, das Kind.*

243

Informations- und Methoden- kästen mit dem **Merkwissen**

---

11 Unterhaltsam und informativ – Medien bewusst nutzen

11.1 „Tiere bis unters Dach" – Eine Filmserie untersuchen

Sich über verschiedene Sendungen informiere

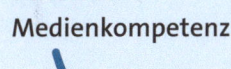

Methoden und Arbeitstechniken

Lesemethode: Einen Sachtext lesen und verstehen

Sachtexte wollen über ein bestimmtes Thema informieren, z. B. über den Menschen (das Gehirn), über Tiere, über Technik (Roboter, Flugzeuge) usw. Sachtexte findet ihr überall, z. B. in Sachbüchern, Zeitungen, Zeitschriften und natürlich auch im Internet. Die folgenden Schritte helfen euch, einen Sachtext zu verstehen.

Vor dem Lesen

1. Schritt: Überblick verschaffen
- Verschafft euch einen ersten Überblick: **Lest nur die Überschrift** (evtl. auch die Zwischenüberschriften) **und die ersten zwei bis drei Zeilen des Textes.** Schaut euch die Abbildungen und evtl. auch die Bildunterschriften an.
- Überlegt: Worum könnte es in dem Text gehen? Was wisst ihr bereits über das Thema?

Während des Lesens

2. Schritt: Den Text zügig lesen und Verstehensinseln bilden
- Lest den Text **zügig** durch und **unterstreicht mit einem Bleistift,** was ihr wichtig findet. Haltet euch nicht an Einzelheiten auf, die ihr nicht sofort versteht.
- Bildet „Verstehensinseln". Macht euch also klar, **was ihr** nach dem ersten Lesen **bereits verstanden habt,** z. B. eine Aussage, bekannte Begriffe, ein verständliches Beispiel.

3. Schritt: Den Text gründlich lesen
- Lest den Text gründlich, und zwar Absatz für Absatz.
- ... Textrand) **ein Stichwort oder** ...antwortet wird, z. B.:
  ...er), die für die ...worte wichtig sind. ...ie für das ...

...ssen
...igen
...usw.).

Wichtige **Methoden und Arbeitstechniken** werden auf den **blauen Seiten** genau erklärt.

Sprachtraining

Mit Adjektiven genau beschreiben

Ungewöhnliche Meeresbewohner

Kugelfische pumpen bei Gefahr ihren Körper blitzschnell zu [?] Kugel auf. Beim Aufblasen richten sie gleichzeitig auf der [?] oberfläche [?] Stacheln auf. So ist es selbst [?] Raubfischen ni... möglich, diese [?] Fische zu verschlingen.
Der Imperator-Kaiserfisch besticht dagegen durch seine [?] Farben. Sein [?] Körper weist ein [?] Linienmuster auf. Besonders auffal- lend ist die [?] Augenbinde, die sich vom [?] Kopf abhebt. Fühlen sich diese Fische bedroht, stoßen sie Grunzlaute aus.

1 a Überarbeitet den Text und setzt in die Lücken treffende Adjektive aus dem Wortspeicher ein. Achtet auf die richtige Form (Beugung) der Adjektive, z. B.: *seine bunten Farben.*
   TIPP: Bei einigen Lücken sind mehrere Adjektive möglich.

> zitronengelb • groß • tiefschwarz • lang • gefährlich • messerscharf • spitz • bunt • stachelig • blau • bedrohlich • rund • weiß

b Vergleicht eure Texte mit dem Original. Welche Aufgabe haben Adjektive in Beschreibungen?

2 Mit zusammengesetzten Adjektiven könnt ihr noch anschaulicher beschreiben.
a Ergänzt zu Adjektiven jeweils ein Nomen, sodass man einen Vergleich vor Augen hat, z. B.:
   blau: blau wie der Himmel → himmelblau
   rund: rund wie eine Kugel → ...
   gelb: gelb wie ... → ...
   scharf: scharf wie ... → ...
b Setzt möglichst viele Farbadjektive aus zwei Adjektiven zusammen, z. B.:
   hell + blau = hellblau; dunkel + blau = ...

> grün • hell • grau • blass • rot • orange • dunkel • grell • blau • gelb • braun

3 Je mehr Adjektive, desto besser? Was meint ihr? Begründet eure Einschätzung.

> **Information** **Mit Adjektiven genau beschreiben**
>
> Mit Adjektiven (▸ S. 249 f.) könnt ihr die **Farbe, Form und Eigenschaften** eines Tieres genau beschreiben.
> **Zusammengesetzte Adjektive** sind besonders anschaulich, z. B.:
> **Nomen + Adjektiv:** *Himmel + blau = himmelblau;* **Adjektiv + Adjektiv:** *zart + rosa = zartrosa.*
> Adjektive werden **kleingeschrieben.** Stehen sie vor einem Nomen, haben sie den gleichen Kasus wie das Nomen, z. B.: *der bunte Fisch, die bunten Fische, des bunten Fisches* usw.

45

Die **grünen Seiten** zum **Sprachtraining** unterstützen euch beim Schreiben und Verstehen von Texten.

Deutschbuch

Gymnasium
Baden-Württemberg

5

Sprach- und Lesebuch

Erarbeitet von
Christine Eichenberg, Heiko Eichenberg,
Michael Germann, Christiane Graff,
Alexander Joist, Markus Langner,
Manuela Meyer-Pfeil, Angela Mielke,
Deborah Mohr, Christoph Oldeweme,
Norbert Pabelick, Diana Sackmann,
Christoph Schappert, Frank Schneider,
Klaus Tetling, Linda Walbergs

 In der **Cornelsen-Lernen-App** findest du Hörtexte
und Erklärfilme passend zu deinem Buch.

Deutschbuch

Gymnasium
Baden-Württemberg

Redaktion: Thorsten Feldbusch, Verena Walter

Illustrationen:
  Uta Bettzieche, Leipzig: S. 168–185, 289–318
  Maja Bohn, Berlin: S. 14, 16–37, 103–111 oben, 114–122,
  Nils Fliegner, Hamburg: S. 3–12, 57–74, 188–197, 332
  Christiane Grauert, Milwaukee (USA): S. 75–102, 203, 204, 209–213, 218, 219, 224, 236, 328, 337
  Alexander von Knorre, Weimar: S. 130–138, 239–288, 331
  Juliane Steinbach, Wuppertal: S. 43, 44, 47, 49, 51, 52, 55, 143–166, 322, 323

Umschlaggestaltung: Corinna Babylon unter Verwendung
einer Illustration von Christiane Grauert, Milwaukee (USA)

Layoutkonzept: werkstatt für gebrauchsgrafik, Berlin
Technische Umsetzung: graphitecture book & edition

www.cornelsen.de

Die Webseiten Dritter, deren Internetadressen in diesem Lehrwerk angegeben sind, wurden vor Drucklegung sorgfältig geprüft. Der Verlag übernimmt keine Gewähr für die Aktualität und den Inhalt dieser Seiten oder solcher, die mit ihnen verlinkt sind.

Die Cornelsen-Lernen-App ist eine fakultative Ergänzung zum Deutschbuch Baden-Württemberg 5, die die inhaltliche Arbeit begleitet und unterstützt. Als solche unterliegt sie nicht der Genehmigungspflicht.

Dieses Werk berücksichtigt die Regeln der reformierten Rechtschreibung und Zeichensetzung.
Bei den mit ☐R gekennzeichneten Texten haben die Rechteinhaber einer Anpassung widersprochen.

Soweit in diesem Lehrwerk Personen fotografisch abgebildet sind und ihnen von der Redaktion fiktive Namen, Berufe, Dialoge und Ähnliches zugeordnet oder diese Personen in bestimmte Kontexte gesetzt werden, dienen diese Zuordnungen und Darstellungen ausschließlich der Veranschaulichung und dem besseren Verständnis des Inhalts.

1. Auflage, 1. Druck 2025

Alle Drucke dieser Auflage sind inhaltlich unverändert und können im Unterricht nebeneinander verwendet werden.

© 2025 Cornelsen Verlag GmbH, Mecklenburgische Str. 53, 14197 Berlin, E-Mail: service@cornelsen.de

Druck: Mohn Media Mohndruck, Gütersloh

ISBN 978-3-06-062276-4 (Schülerbuch)
Produktnummer 1100037540 (E-Book)

PEFC-zertifiziert
Dieses Produkt
stammt aus
nachhaltig
bewirtschafteten
Wäldern und
kontrollierten Quellen
PEFC/04-31-1033   www.pefc.de

Inhaltsverzeichnis

Texten herausarbeiten und textbezogen erläutern; Texte analysieren:
einzelne sprachliche Gestaltungsmittel beschreiben und in einfachen
Ansätzen auf ihre Funktion hin
untersuchen

Zentrale Schreibformen

beschreibend (Tiere und Wege
beschreiben)

Sprechen – Zuhören – Schreiben

3 ⟩⟩⟩ Miteinander sprechen –
Die eigene Meinung begründen **57**

Kompetenzschwerpunkt

Prozessbezogene Kompetenzen

Sprechen und Zuhören
dialogisch sprechen: verschiedene
Gesprächsformen praktizieren, dabei
allgemeine und für Gesprächsformen
spezifische Strategien anwenden;
verstehend zuhören: aktiv zuhören

Schreiben
argumentieren: differenzierte
abwägende wie meinungsbildende
Texte strukturieren und formulieren,
Argumente mit plausibler
Begründung formulieren

Inhaltsbezogene Kompetenzen

Sach- und Gebrauchstexte
Texten Informationen entnehmen,
Inhalte aus einfachen Sach- und
Gebrauchstexte herausarbeiten
und textbezogen erläutern; Texte
analysieren: Behauptung und
Begründung unterscheiden

Kompetenzschwerpunkt

Prozessbezogene Kompetenzen

Schreiben
kreativ und produktiv gestalten: anschaulich erzählen und nacherzählen, Erzähltechniken anwenden; Texte planen: Aufgabenstellungen in konkrete Schreibziele und Schreibpläne überführen; Texte inhaltlich und sprachlich überarbeiten und dazu geeignete Methoden und Sozialformen nutzen

Inhaltsbezogene Kompetenzen

Literarische Texte
Leseeindruck und erstes Textverständnis erläutern, Inhalte von Texten herausarbeiten und textbezogen erläutern; Texte analysieren: wesentliche Elemente (Ort, Zeit, Figuren, Spannungskurve, Aufbau) bestimmen, sprachliche Gestaltungsmittel beschreiben und auf ihre Funktion hin untersuchen

Zentrale Schreibformen
erzählend (Geschichten schreiben, auch zu Bildern und anderen Impulsen)

Lesen – Umgang mit Texten und anderen Medien

5 ⟩⟩⟩ Das ist ja zum Lachen! –
Literarische Texte erschließen und unterscheiden   103

Kompetenzschwerpunkt

Prozessbezogene Kompetenzen

Sprechen und Zuhören
monologisch sprechen: verschiedene Formen mündlicher Darstellung verwenden: nacherzählen

Lesen
Texte verstehen: unterschiedliche Interpretations- und Analyseverfahren anwenden und die darauf beruhenden Verstehensentwürfe am Text überprüfen

6 ❯❯❯ Die Welt der Bücher –
Jugendbücher lesen und verstehen   125

Schreiben
Texte planen: auch anspruchsvolle
Aufgabenstellungen in konkrete
Schreibziele und Schreibpläne überführen; analysieren: Texte analytisch
interpretieren und Textdeutungen
begründen und belegen; Texte überarbeiten: zu eigenen und fremden
Texten kriterienorientiert Stellung
nehmen und Verbesserungs-
vorschläge erarbeiten

Inhaltsbezogene Kompetenzen

Literarische Texte
Zugang zu Texten gewinnen: einen
Text nacherzählen; Texte analysieren:
wesentliche Elemente eines Textes
bestimmen und analysieren, Fachbegriffe zur formalen Beschreibung
verwenden, einzelne sprachliche Gestaltungsmittel beschreiben und auf
ihre Funktion hin untersuchen

Zentrale Schreibformen

beschreibend (z. B. Textbeschreibung)

Kompetenzschwerpunkt

Prozessbezogene Kompetenzen

Lesen
unterschiedliche Interpretations- und
Analyseverfahren anwenden; Verstehensentwürfe am Text überprüfen

Sprechen und Zuhören
funktional und situationsangemes-
sen sprechen: einen differenzierten,
situations- und adressatengerechten
Wortschatz anwenden; monologisch
sprechen: Sachinhalte verständlich
referieren, verschiedene Formen
mündlicher Darstellung verwenden:
schildern, informieren

Schreiben
Texte planen: Informationsquellen
gezielt nutzen (Bibliotheken)

Inhaltsbezogene Kompetenzen

Literarische Texte
Inhalte von Texten herausarbeiten
und textbezogen erläutern;
wesentliche Elemente eines Textes
bestimmen und analysieren, Fachbegriffe zur formalen Beschreibung
verwenden, sprachliche Gestaltungsmittel beschreiben und auf ihre
Funktion hin untersuchen

Medien
Informationen in Printmedien und
digitalen Medien unter Verwendung
einfacher Suchstrategien und Hilfsmittel finden und kriterienorientiert
bewerten

7 ⟩⟩⟩ Es war einmal ... – Märchen untersuchen und schreiben · 143

Kompetenzschwerpunkt

Prozessbezogene Kompetenzen

Sprechen und Zuhören
monologisch sprechen: Texte sinngebend und gestaltend vorlesen (Textgrundlage: Märchen)

Schreiben
kreativ und produktiv gestalten: anschaulich erzählen, Erzähltechniken anwenden, nach literarischen Vorlagen Texte neu, um- oder weiterschreiben

Lesen
Lesestrategien und Methoden der Texterschließung selbstständig anwenden; unterschiedliche Interpretations- und Analyseverfahren anwenden und die darauf beruhenden Verstehensentwürfe am Text überprüfen

Inhaltsbezogene Kompetenzen

Literarische Texte
Wesentliche Elemente eines Textes bestimmen und analysieren, unter Verwendung zentraler Gattungsmerkmale epische Kleinformen (Märchen) erläutern; Deutungsansätze entwickeln und formulieren, mit handlungs- und produktionsorientierten Verfahren ein plausibles Textverständnis herausarbeiten

Zentrale Schreibformen

erzählend, beschreibend (z. B. Textbeschreibung)

8 ⟩⟩⟩ Allerlei Leckerei – Gedichte vortragen und gestalten · 167

Kompetenzschwerpunkt

Prozessbezogene Kompetenzen

Sprechen und Zuhören
monologisch sprechen: Texte (Gedichte) sinngebend und gestaltend vorlesen und (auch frei) vortragen

Schreiben
kreativ und produktiv gestalten: nach literarischen Vorlagen Texte neu, um- oder weiterschreiben

Lesen
Lesestrategien und Methoden der Texterschließung selbstständig anwenden; unterschiedliche Interpretations- und Analyseverfahren anwenden und die darauf beruhenden Verstehensentwürfe am Text überprüfen

Lesen – Umgang mit Texten und anderen Medien

9 〉〉〉 **Vorhang auf! –**
Theaterszenen lesen, schreiben und spielen **187**

Inhaltsbezogene Kompetenzen

Literarische Texte
Fachbegriffe zur formalen
Beschreibung von Gedichten
anwenden (lyrisches Ich/lyrischer
Sprecher, Reim, Rhythmus, Metrum,
sprachliche Bilder, Vers, Strophe),
unter Verwendung zentraler
Gattungsmerkmale Gedichte
erläutern; Deutungsansätze
entwickeln und formulieren, mit
handlungs- und produktionsorientierten Verfahren ein plausibles
Textverständnis herausarbeiten

Zentrale Schreibformen

beschreibend (z. B. Textbeschreibung)

Kompetenzschwerpunkt

Prozessbezogene Kompetenzen

Sprechen und Zuhören
dialogisch sprechen: Texte und Situationen szenisch gestalten und damit
erschließen; verstehend zuhören:
längere gesprochene Texte konzentriert verfolgen, aktiv zuhören

Schreiben
kreativ und produktiv gestalten: nach
literarischen Vorlagen Texte neu, um-
oder weiterschreiben und gestaltend
interpretieren

Inhaltsbezogene Kompetenzen

Literarische Texte
Wesentliche Elemente eines Textes
bestimmen und analysieren, Fachbegriffe zur formalen Beschreibung
anwenden (Dialog, Regieanweisung),
sprachliche Gestaltungsmittel
beschreiben und auf ihre Funktion
hin untersuchen; Deutungsansätze
entwickeln und formulieren (Textgrundlage: kurze dramatische Texte)

10 ⟫⟫ Was in unserem Kopf passiert –
Sachtexte untersuchen 199

Kompetenzschwerpunkt

Prozessbezogene Kompetenzen

Sprechen und Zuhören
Sachinhalte verständlich referieren; längere gesprochene Texte konzentriert verfolgen

Schreiben
Texte planen: Informationsquellen gezielt nutzen (Bibliotheken, Nachschlagewerke, Internet, auch Fachliteratur), exzerpieren

Inhaltsbezogene Kompetenzen

Sach- und Gebrauchstexte
Inhalte einfacher Sach- und Gebrauchstexte herausarbeiten und textbezogen erläutern; Sachtexte nach folgenden Merkmalen unterscheiden: Information, Instruktion, Werbung; die Wirkungsabsicht von Anzeigen, Grafiken und Berichten aufgrund formaler Merkmale beschreiben, erläutern und bewerten

Medien
Informationen in Printmedien und digitalen Medien unter Verwendung einfacher Suchstrategien und Hilfsmittel finden und kriterienorientiert bewerten

Kompetenzschwerpunkt

Prozessbezogene Kompetenzen

Lesen
Lesetechniken und Lesestrategien anwenden; Texte verstehen: Sinnzusammenhänge zwischen Texten herstellen

Inhaltsbezogene Kompetenzen

Sach- und Gebrauchstexte
einfache nichtlineare Texte (Diagramme) auswerten

Medien
Medien kennen: Medien (Serien) hinsichtlich ihrer Darbietungsform und Kommunikationsfunktion beschreiben; Medien verstehen: den ersten Gesamteindruck einer Serie beschreiben und begründen, Inhalte einer Serie wiedergeben, altersgemäß ausgewählte Gestaltungsmittel in audiovisuellen Texten selbstständig beschreiben und deren Wirkung erläutern: Einstellung (Nahaufnahme, Totale), einfache szenische Gestaltungsmittel benennen; Medien problematisieren: den eigenen Umgang mit Medien im Alltag beschreiben und sich damit auseinandersetzen

Kompetenzschwerpunkt

Prozessbezogene Kompetenzen

Schreiben
Texte überarbeiten: Texte sprachlich überarbeiten, Strategien zur Überprüfung der sprachlichen Richtigkeit anwenden

Inhaltsbezogene Kompetenzen

Sprachgebrauch und Sprachreflexion
Struktur von Wörtern (Morphologie): Wortarten nach ihren morphologischen Merkmalen sowie gemäß ihrer Funktion unterscheiden und bestimmen; Struktur von Sätzen und Texten (Syntax): die zentrale Bedeutung des Prädikats für den Satz erläutern und Art und Anzahl der vom Prädikat abhängigen Satzglieder sowie den Kasus der Objekte untersuchen und bestimmen, Wortgruppen (Nominalgruppe, Präpositionalgruppe, Adjektivgruppe, Adjunktorgruppe) erkennen,

Sprachgebrauch und Sprachreflexion

13 ▶▶▶ Rechtschreibung erforschen – Strategien und Regeln nutzen   289

beschreiben und in einfachen Fällen deren syntaktische Funktion bestimmen, Adverbialien (adverbiale Bestimmungen) in ihrer semantischen Funktion erkennen und erläutern, Nebensätze als Satzglieder oder Satzgliedteile erkennen, verwenden und die Verwendung erläutern, Gleich- und Unterordnung von Sätzen unterscheiden, dazu Konjunktionen und Subjunktionen in ihrer Funktion erläutern und verwenden

Kompetenzschwerpunkt

Prozessbezogene Kompetenzen

Schreiben
Texte überarbeiten: Texte sprachlich überarbeiten, Strategien zur Überprüfung der sprachlichen Richtigkeit anwenden

Orientierungswissen   319

Inhaltsbezogene Kompetenzen

Sprachgebrauch und Sprachreflexion
Rechtschreibung und Zeichensetzung (Orthografie und Interpunktion): Regeln der Schärfung und Dehnung sowie der Schreibung der s-Laute nennen und korrekt anwenden, Groß- und Kleinschreibung unterscheiden; Nomen und Kernen von Nominalgruppen normgerecht anwenden; dabei auch grammatisches Wissen anwenden, Rechtschreibstrategien (Silbierung, Wortverlängerung, Ableitungen) und grundlegende Rechtschreibregeln (Lautprinzip, morphematisches Prinzip, silbisches Prinzip, grammatisches Prinzip) beim Schreiben und Überarbeiten von Texten anwenden

1 Unsere neue Schule –
Sich und andere informieren

1 Neue Schule, neue Klasse: Was ist im Vergleich zu eurer alten Schule ähnlich? Was ist neu oder anders?

2 **a** Wem möchtet ihr gern von eurer neuen Schule erzählen? Begründet, welche Form ihr dazu nutzen würdet, z. B.:
Telefon, soziale Netzwerke …
b Habt ihr schon einmal einen Brief oder eine Postkarte geschrieben? Erzählt davon.
c Briefe haben bestimmte Merkmale. Was wisst ihr darüber?

3 Lest die Informationen aus dem Kasten rechts. Sprecht über die einzelnen Punkte:
– Was habt ihr schon gemacht?
– Was ist für euch neu?

In diesem Kapitel …

- stellt ihr euch in einem Steckbrief vor,
- führt ihr ein Interview,
- schreibt ihr einen Brief,
- lest ihr Schulgeschichten und denkt über das Verhalten von literarischen Figuren nach.

1.1 In der neuen Klasse – Informationen sammeln und austauschen

Wir lernen uns kennen

Ihr wollt euch in der Klasse genauer kennenlernen? Stellt euch den anderen vor.
Wählt dazu aus den Vorschlägen (▶ Seite 14–15) einen aus:

Eine Text-Bild-Collage gestalten

Spruch oder Lieblingswitz

Lieblingsessen

Lieblingsort

Lieblingsbuch

Lieblingstiere

Hobbys

1 **a** Gestaltet auf einem großen Bogen Papier eine Text-Bild-Collage, mit der ihr euch vorstellt.
Ihr könnt selbst Zeichnungen anfertigen, aber auch Fotos oder Abbildungen aus Zeitschriften
aufnehmen, z. B. von eurer Familie, von Tieren, Stars und anderen Dingen, die ihr besonders mögt.

b Hängt eure Collagen in der Klasse auf und erklärt den anderen, was darauf zu sehen ist, z. B.:

> Ich bin Luna. Wie ihr auf dem
> Plakat sehen könnt, mag ich ...

> Meine Hobbys
> sind ...

> Am liebsten ...

c Was habt ihr euch über eure Mitschülerinnen und Mitschüler gemerkt? Denkt euch Quizfragen zu
euren Collagen aus, z. B.: *Wer hört gern Musik und ...?*

Einen Steckbrief entwerfen

Name: Tim Schäfer
Geburtstag: 25. Juni
Sternzeichen: ...
Augenfarbe: ...
Lieblingstier: Giraffe, mein Kater Torpedo
Lieblingsessen: Nudeln mit Tomatensoße
Lieblingsfilm: ...
Lieblingsmusik: ...
Lieblingsbuch: ...

...

Wenn ich einen Wunsch frei hätte: ...
Wenn ich mich in eine Fantasiefigur verwandeln könnte, dann ...
Wen ich gerne mal für einen Tag besuchen würde: ...
Das wünsche ich mir: ...

2 Verfasst einen Steckbrief über euch selbst:
– Ihr könnt die Angaben aus dem Beispiel oben nehmen oder andere Informationen ergänzen, die euch wichtig sind.
– Wenn ihr wollt, könnt ihr in euren Steckbrief auch ein Foto aufnehmen, z. B. von euch, eurem Haustier oder eurem Lieblingsplatz.

Personensuche

Wer hat schon einmal an einem anderen Ort gelebt? Wo?

Wer mag ...?

Wer hat ein Haustier? Welches?

Wer kann gut singen?

Wer spielt in einem Fußballverein?

Wer ...?

Wer liest gern?

Wer hat ...?

Wer hat eine schöne Schrift?

Wer mag Mathematik?

Wer spricht mehr als zwei/drei Sprachen?

Wer spielt ein Instrument?

3 **a** Was wollt ihr noch über eure Mitschülerinnen und Mitschüler wissen? Sammelt weitere Fragen. Schreibt sie als Überschriften auf einzelne Blätter.
b Macht euch jeweils zu zweit auf die Suche nach Mitschülerinnen und Mitschülern, auf die eure Fragen zutreffen. Sammelt auf jedem Blatt möglichst viele Namen.
c Hängt die Blätter in der Klasse aus.

Ein Interview führen

Ela: Gefällt es dir hier an der neuen Schule?
Elias: Ja.
Ela: Kommst du aus Österreich?
Elias: Nein.
5 **Ela:** Weißt du, was dein Name bedeutet?
Elias: Ja.
Ela: Spielst du Fußball?
Elias: Ja.
Ela: Hast du Hobbys?
10 **Elias:** Ja.
Ela: Redest du immer so wenig?
Elias: Nein.

1 Ela möchte ihren neuen Mitschüler Elias näher kennenlernen und befragt ihn in einem Interview. Lest den Dialog mit verteilten Rollen. Überlegt, warum Elias so kurz antwortet.

2 Beschäftigt euch genauer mit Elas Fragetechnik. Wählt Aufgabe a, b oder c.
a Formuliert **eine Frage** so um, dass Elias ausführlicher antworten muss.
b Verändert **zwei Fragen** so, dass Elias ausführlicher antwortet. **Ergänzt weitere Fragen,** auf die Elias ausführlicher antworten muss.
c **Entwerft** ein **neues Interview,** in dem ihr die Fragen so formuliert, dass Elias ausführlich antworten muss. Ihr könnt das hier abgedruckte Interview als Material verwenden.
d Stellt euch gegenseitig eure Ergebnisse vor. Formuliert gemeinsam Tipps für gute Interviewfragen.

3 Interviewt eine Mitschülerin oder einen Mitschüler. Geht so vor:
a Überlegt gemeinsam, wie man ein Interview vorbereiten kann. Ist es z. B. sinnvoll, die Interviewfragen vorher auszuformulieren? Begründet eure Meinung.

b Bildet Teams und interviewt euch gegenseitig. Stellt Fragen und haltet die Antworten fest. Die Methodenseite (▶ S. 17) gibt euch hierfür hilfreiche Tipps.
c Stellt eure Mitschülerin oder euren Mitschüler in der Klasse vor.

⊕ **4 a** Frau John ist die Direktorin der Schule. Wie spricht Isa mit ihr und warum?

> Guten Tag, Frau John. Ich bin Isa aus der 5 a. Danke, dass Sie sich Zeit für das Interview nehmen.

> Vielen Dank für das Interview! Wir haben einiges über die Schule erfahren.

b Bereitet in kleinen Gruppen Interviews vor, in denen ihr eine „Schulexpertin" oder einen „Schulexperten" befragt, z. B. Schulleitung, Sekretariat, Hausmeister/-in, Schülervertretung (▶ Interview führen, S. 17). Tauscht anschließend eure Erfahrungen und Ergebnisse aus.

Ein Interview führen und aktiv zuhören

1. Das Interview planen

Plant euer Interview mit Hilfe der folgenden Fragen:
- **Wen** wollen wir interviewen? Warum?
- **Wann** können wir das Interview führen?
- **Wer** führt das Interview?
- **Wie** halten wir die Antworten fest? Ihr könnt das Interview z. B. mit dem Handy aufnehmen, wenn die interviewte Person einverstanden ist.

2. Die Fragen vorbereiten

- Überlegt: Was wollt ihr über die Person, mit der ihr das Interview führt, wissen? Was interessiert euch?
- **Notiert** für das Interview etwa acht bis zehn **interessante W-Fragen (offene Fragen)** auf Karteikarten. Legt dann eine sinnvolle Reihenfolge fest.

> 1. Warum wollten Sie Lehrer werden?

> 2. Was gefällt Ihnen besonders gut an unserer Schule?

> 3. Wie schaffen Sie es, sich so viele Namen zu merken?

Offene Fragen (W-Fragen)
beginnen in der Regel mit einem Fragewort (*Wer? Wie? Was? Warum?* usw.). Diese Fragen regen den Interviewpartner zum Erzählen an, weil sie viele Antwortmöglichkeiten zulassen, z. B.: *Was gefällt Ihnen an unserer Schule?*

Geschlossene Fragen
können meist nur mit *Ja* oder *Nein* beantwortet werden. Der Befragte antwortet meistens nur knapp, z. B.: *Gefällt Ihnen unsere Schule?* → *Ja!*

3. Das Interview führen und aktiv zuhören
- **Stellt euch** zu Beginn des Interviews kurz **vor,** z. B.: Wir sind Anne, Pavel ... aus der 5 b.
- Verhaltet euch gegenüber eurem Gesprächspartner **freundlich und höflich.** Bedenkt, dass ihr Erwachsene siezen müsst, z. B.: Könnten Sie uns bitte ein paar Fragen beantworten?
- **Hört** eurem Interviewpartner **aktiv zu.** Zeigt, dass ihr mit Interesse zuhört, z. B. durch ein Nicken oder Lächeln. Ihr könnt die Antworten eures Interviewpartners auch kurz kommentieren oder nachfragen, z. B.:
  Das ist wirklich interessant. Erzählen Sie doch bitte mehr davon!,
  Das habe ich nicht verstanden. Wie meinen Sie das?
- **Bedankt euch** am Ende des Interviews bei eurem Interviewpartner, z. B.:
  Danke, dass Sie sich Zeit für dieses Interview genommen haben.

Sich auf der Schul-Website informieren

Geschwister-Scholl-Gymnasium

| Suche 🔍 |

Terminkalender   Vertretungsplan   Mensa-Speiseplan   AG-Angebot   Austausch   Kontakt

▶ Ansprechpartner
▶ Fächer
▶ Schulleben
▼ Schullaufbahn
    ▶ Erprobungsstufe
    ▶ Mittelstufe
    ▶ Oberstufe

Theateraufführung der 6 b

Am letzten Dienstag um 17 Uhr war es endlich so weit. Die 6 b führte in unserer Aula „Mord im Märchenland" als Theaterstück auf. Kurz vor Beginn der Aufführung war die Aula bis auf den letzten Platz gefüllt. Als sich der Vorhang öffnete, bestaunte das Publikum das Bühnenbild.

---

1 Was interessiert euch an der Website des Geschwister-Scholl-Gymnasiums? Begründet eure Meinung.

2 Beschreibt den Aufbau der Website:
- Über welches aktuelle Thema wird berichtet?
- Zu welchen Bereichen gibt es Links? Welcher Link wurde gerade geöffnet?
- Wo befindet sich die Suchfunktion? Was könnte man dort eingeben?

3 Erklärt, welche Links ihr nutzen müsst, wenn ihr die folgenden Fragen habt. Wählt a, b oder c.
a Hat die Schule einen **England-Austausch?** Was gibt es morgen in der **Mensa?**
b Welche besonderen Projekte werden vom **Fach Deutsch** angeboten? Unter welcher **Telefonnummer** erreiche ich das Sekretariat?
c Wie heißt die **Ansprechperson** für die **Wahl der AGs?** Organisiert das EKG einen **Spendenlauf?**
TIPP: Ihr könnt jeweils **zwei verschiedene Links** nutzen.
d Tauscht eure Ergebnisse aus: Warum ist es unterschiedlich schwierig, die Informationen zu finden?

4 **a** Notiert, was ihr über eure Schule wissen wollt, z. B.: Wo finde ich den Vertretungsplan?
b Sucht auf der Website eurer Schule nach passenden Links oder nutzt die Suchfunktion.
c Wählt die passenden Texte aus und lest sie genauer. Schreibt heraus, was euch wichtig ist.

5 Schaut euch die Websites anderer Schulen an. Berichtet in der Klasse über Gemeinsamkeiten und Unterschiede.

Information ▶ **Sich auf einer Website informieren**

- Wenn ihr Informationen auf einer Website sucht, könnt ihr so vorgehen:
- **Orientiert euch** zunächst auf der Website: Was wird aktuell präsentiert? Zu welchen Themen findet man Links? Gibt es eine Suchfunktion?
- **Wählt** Links oder Texte **aus,** die euch interessieren.
- **Lest** die gefundenen Texte dann **genauer.**

Einen Bericht verfassen

Die neuen Fünftklässlerinnen und Fünftklässler sind da

Am vergangenen Mittwoch war der erste Schultag für die neuen Schülerinnen und Schüler der fünften Klasse. Am Geschwister-Scholl-Gymnasium wurden 117 Jungen und Mädchen aufgenommen. Die Schulleiterin Frau Heuß begrüßte die Neuen und ihre Angehörigen in der Aula unserer Schule. Danach wurden die Eltern in der Mensa mit Kaffee und Kuchen verwöhnt. Die „Neuen" gingen währenddessen in ihre Klassen und bekamen dort wichtige Informationen über die Abläufe an unserer Schule. Zum Beispiel wurden ihnen die Pausenregeln erklärt.
Der erste Schultag endete mit einem Luftballonwettbewerb auf dem Schulhof.

(Jan, Klasse 6a)

1 **a** Fasst in einem Satz zusammen, worüber der Bericht auf der Schul-Website informiert.

b Untersucht, welche W-Fragen der Bericht beantwortet. Notiert die Fragen und Antworten, z. B.:
Was? → erster Schultag der neuen Fünftklässler/-innen
Wann? → …

c In welcher Zeitform steht der Bericht? Schreibt einige Verbformen heraus.

d Erklärt, ob der Bericht eher spannend oder eher sachlich informiert. Nennt Beispiele.

2 Schreibt selbst einen Bericht über ein Ereignis, z. B. euren ersten Tag an der neuen Schule.

a Plant den Bericht. Notiert dazu W-Fragen und wichtige Informationen in einer Tabelle.

b Schreibt euren Bericht. Formuliert sachlich und verzichtet auf Gefühle und Wertungen.

W-Fragen	Informationen
Was?	…
…	…

c Formuliert zum Schluss eine treffende Überschrift, die das Ereignis genau benennt.

3 **a** Tauscht eure Berichte aus. Prüft sie mit Hilfe der Information unten. Gebt euch ein Feedback, was besonders gut gelungen ist und was ihr noch verbessern könnt.

b Überarbeitet eure Berichte.

> **Information** ▶ **Berichten**
>
> In einem Bericht **informiert** ihr **knapp und sachlich über ein Ereignis,** z. B. über eine Veranstaltung. Ein Bericht
> - beantwortet die wichtigsten **W-Fragen** (Was ist passiert? Wann? Wo? Wer war beteiligt? Wie lief das Ereignis ab?),
> - ist **sachlich** geschrieben,
> - steht im **Präteritum** (▶ S. 255),
> - hat eine kurze und informative **Überschrift.**

Einen Brief schreiben

Tübingen, den 1.9.20..

Hallo Lucas,

endlich ist Freitag und ich habe Zeit, dir zu schreiben. Ich muss dir unbedingt von der neuen Schule berichten. Denn es ist ganz schön viel passiert.

5 Die ersten Tage in der neuen Schule waren ziemlich aufregend. Es gab so viel Neues zu entdecken. In meiner Klasse sind 26 Kinder (14 Mädchen und 12 Jungen). Aus unserer alten Schule sind Tim, Paul und Hannah in meiner Klasse gelandet. Paul und ich haben uns natürlich sofort nebeneinandergesetzt. Unser Klassenlehrer Herr Hölscher ist zum Glück sehr nett. Er unterrichtet auch mein neues Lieblingsfach Biologie. In der ersten Woche
10 haben wir über Haustiere gesprochen. Das war echt interessant. Was mir außerdem richtig viel Spaß macht, ist die Basketball-AG. Du weißt doch, dass ich schon in der Grundschule gern Basketball gespielt habe. An der neuen Schule kann ich nun einmal in der Woche mit einem echten Profi trainieren. Das ist super!

Wie gefällt es dir an deiner neuen Schule? Lief die erste Woche gut? Neben wem sitzt du?
15 Schick mir doch mal ein Foto von deiner Schule und schreib mir schnell zurück.

Tschüss und bis bald!

Max

1 **a** Tauscht euch aus: Habt ihr selbst schon Briefe geschrieben oder bekommen?
  b Listet auf: Worüber schreibt Max? Warum könnte Lucas das interessieren?

2 **a** Briefe haben einen festen Aufbau. Ordnet dem Brief oben die folgenden Brief-Bausteine zu:
  Brieftext (Einleitung, Hauptteil, Schluss), Ort und Datum, Grußformel, Anrede, Unterschrift.
  b Nennt Stellen, in denen Max seinen Briefpartner direkt anspricht. Erklärt, warum er das tut.
  c Tauscht euch aus: Warum sollte man beim Briefeschreiben auf die Empfängerin oder den Empfänger eingehen und auch Fragen stellen?

3 Sammelt Möglichkeiten, wie ihr verschiedene Personen anreden und verabschieden könnt. Denkt dabei an Freunde und Verwandte, aber auch an Personen, die man siezt, z. B. die Lehrerin / den Lehrer aus der Grundschule.

4 Erklärt mit Hilfe der Abbildung rechts, welche Bestandteile ein Briefumschlag hat und wie man ihn beschriftet.

Max Berghaus
Heringsweg 10
72076 Tübingen

Lucas Esser
Henriettenstraße 8
72760 Reutlingen

⊕ **5** Kennt ihr das „Briefgeheimnis"? Erklärt, was damit gemeint ist.

6 **a** Wählt eine Person, der ihr gern einen Brief über die neue Schule schreiben wollt.

b Sammelt Ideen: Worüber wollt ihr schreiben? Was könnte die angeschriebene Person interessieren?

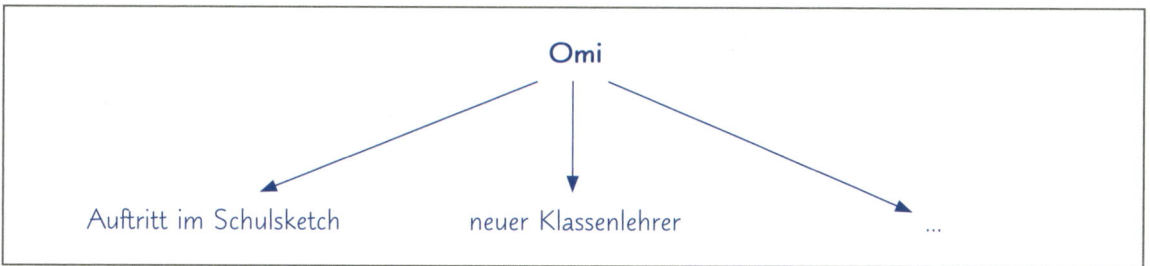

c Wählt aus, worüber ihr schreiben wollt, und legt eine Reihenfolge fest.

d Formuliert eure Briefe. Orientiert euch hierbei an den Hinweisen in der Information unten.

⊕ **7** Schreibt einen Brief über die neue Schule an jemanden, den ihr nicht so gut kennt, z. B. eine Lehrerin oder einen Lehrer aus der Grundschule. Was ändert sich in dem Brief?

Information ⟩⟩ **Einen Brief schreiben**

Ort und Datum
Notiert Ort und Datum oben rechts.

Anrede
- Nach der Anrede setzt ihr ein Komma und schreibt klein weiter. Oder ihr setzt ein Ausrufezeichen und beginnt danach groß.
- Schreibt die Anredepronomen groß, wenn ihr jemanden siezt, z. B.: *Sie, Ihnen, Ihr.* Sonst könnt ihr sie kleinschreiben, z. B.: *du, dir, dein, ihr, euch, euer.*

Brieftext
- Sprecht den Empfänger / die Empfängerin direkt an. Stellt wie in einem Gespräch Fragen und beantwortet vorausgegangene Fragen.
- Überlegt, was die Empfängerin oder den Empfänger interessiert. Teilt Neuigkeiten, Erlebnisse, Gedanken und Gefühle mit.
- Drückt zum Schluss aus, dass ihr euch über einen Antwortbrief freuen würdet.

Grußformel und Unterschrift
Schreibt Grußformel und Unterschrift jeweils in eine eigene Zeile (ohne Komma, Punkt usw.).

Pforzheim, den 11. 9. 20..

Hallo Sophie!

Über deine witzige Postkarte habe ich mich riesig ...
Endlich kann ich dir auf deinen letzten Brief ...

Liebe Frau Moll,

jetzt bin ich schon seit drei Wochen an der neuen Schule und Sie möchten sicher wissen, ...

Die letzten Wochen waren ...
Besonders gut gefällt mir ...
Wie waren deine ersten Wochen an der neuen Schule?
Hast du schon ...?
Wie gefällt dir ...?

Haben Sie eine neue Klasse bekommen?
Ich hoffe, ...

Liebe Grüße
Bis bald

deine Paula

Herzliche Grüße
Viele Grüße

Ihre Paula

Groß oder klein? – Anredewörter im Brief

Freiburg, den 2.5.20..

Sehr geehrter Herr Hummel,

wie geht es ❓? Hatten ❓ schöne Sommerferien?
Leider muss ich ❓ mitteilen, dass ich beim Konzert der Schulband nicht Schlagzeug spielen kann. Bei einer Klettertour habe ich mir das Handgelenk gebrochen. Ich hoffe, dass ❓ unseren Ersatzschlagzeuger erreichen. Seine Telefonnummer steht auf ❓ Bandliste, die ❓ uns letzte Woche gegeben haben.

Herzliche Grüße sendet ❓
❓ Paul Kohrs

1 Schreibt den Brief in euer Heft und ergänzt dabei die passenden Anredewörter in der Höflichkeitsform *(Sie, Ihnen, Ihr, Ihrer)*.

2 a Erklärt: Warum wird im folgenden Satz *Sie/sie* einmal groß- und einmal kleingeschrieben?
  Ich habe bemerkt, dass <u>Sie</u> Ihre Jacke vergessen haben. Ich schicke <u>sie</u> Ihnen zu.
b Groß oder klein? Entscheidet, ob es sich bei den unterstrichenen Wörtern im folgenden Brief um eine höfliche Anrede handelt oder nicht. Schreibt dann den Brief in der richtigen Schreibweise in euer Heft.

Sehr geehrte Damen und Herren,

gestern war ich in <u>I/i</u>hrer Kletterhalle. Aus Versehen habe ich die Turnschuhe eines anderen Mädchens eingepackt. Hat <u>S/s</u>ie sich schon bei <u>I/i</u>hnen gemeldet? Sicher vermisst <u>S/s</u>ie <u>I/i</u>hre Schuhe. Ich selbst habe meine Kletterschuhe bei <u>I/i</u>hnen in der Umkleidekabine vergessen. Können <u>S/s</u>ie sich bei mir melden, wenn <u>S/s</u>ie <u>S/s</u>ie finden? Haben <u>S/s</u>ie vielen Dank. Ich werde morgen bei <u>I/i</u>hnen vorbeikommen und die Turnschuhe des Mädchens abgeben.

Mit freundlichem Gruß
Leonie Schmidt

> **Information** ▷ **Anredewörter (Anredepronomen) in der Höflichkeitsform**

Wenn ihr eine Person in einem Brief höflich ansprechen wollt, **siezt** ihr sie.
Pronomen, die sich **auf die gesiezte Person beziehen,** schreibt ihr **groß:**
Haben <u>Sie</u> in der nächsten Woche Zeit? Wie geht es <u>Ihnen</u>? Ist das <u>Ihre</u> Jacke?
Alle **anderen Pronomen** schreibt ihr **klein,** z. B.:
Lena sucht <u>ihre</u> Jacke. Sie hat <u>sie</u> in der Turnhalle vergessen.

 Postkarte, E-Mail und Kurznachrichten unterscheiden

1 Erzählt: Wann, an wen und warum habt ihr schon einmal eine Postkarte, eine E-Mail oder eine SMS geschrieben?

2 Postkarte, E-Mail oder Kurznachricht? Untersucht, was das Besondere an diesen Mitteilungsmöglichkeiten ist. Wählt a, b oder c.

a Notiert:
  – Zu welchen Gelegenheiten schreibt man eine **Kurznachricht?**
  – Warum sind diese Nachrichten meistens sehr kurz formuliert?
  – Was unterscheidet eine Kurznachricht über eine Messenger-App zum Beispiel von einem Brief?

b Sammelt, was das Besondere an einer **Postkarte** ist:
  – Zu welchen Anlässen und an wen schreibt man eine Karte?
  – Aus welchen Bausteinen besteht eine Postkarte?
  TIPP: Denkt daran, dass eine Postkarte zwei Seiten hat.

c Benennt und erklärt die einzelnen Bestandteile einer **E-Mail.**
  Wie versendet man eine Mail?

d Tauscht euch über eure Ergebnisse aus. Nennt Vor- und Nachteile von Postkarte, E-Mail und Kurznachricht. Berücksichtigt die folgenden Punkte:
  – Gestaltungsmöglichkeiten (Schrift, Bilder)?
  – Geschwindigkeit der Zustellung?
  – Mitversenden von Fotos, Links, Dokumenten möglich? In welcher Weise?
  – Aufbau: ähnlich wie ein Brief oder anders als ein Brief?
  – Platz für den Text?
  – Emoticons und Abkürzungen möglich?

Einen Brief schreiben

Thema: Briefe schreiben   Datum: 30.9.20..

Das habe ich gelernt (Spickzettel):

Briefmarke

Bausteine in einem Brief

1. Grußformel
2. Brieftext
3. Unterschrift
4. Anrede
5. ???

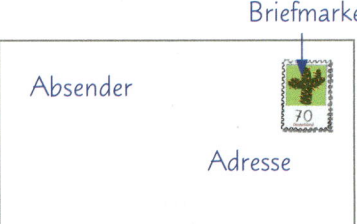

Absender

Adresse

Anrede und Grußformel

– Freunde und Verwandte kann ich persönlich ansprechen und verabschieden.
  Zum Beispiel so: **?** **?**

– Personen, die ich nicht so gut kenne (z. B. Lehrer/-in), muss ich förmlicher anreden und
  verabschieden. Zum Beispiel so: **?** **?**

Tipps zum Briefeschreiben

– Bevor ich einen Brief schreibe, sammle ich Ideen, worüber ich schreiben möchte.
– Nach der Anrede setze ich einen Punkt und schreibe klein weiter. Oder ich setze ein
  Ausrufezeichen und beginne danach klein.
– Wenn ich jemanden sieze, muss ich die Anredepronomen (Sie, Ihnen, Ihre) großschreiben.
– Ich sollte die Empfängerin / den Empfänger zu Beginn direkt ansprechen.
– Fragen in einem Brief sind nicht sinnvoll, weil die angeschriebene Person nicht direkt
  antworten kann.
– Gedanken und Gefühle gehören nicht in einen Brief.

1 Eine Schülerin hat in ihrem Heft festgehalten, was sie über das Thema „Briefe schreiben" gelernt
hat. Der Eintrag hat Fehler und Lücken. Überarbeitet ihn Abschnitt für Abschnitt:

a Bausteine in einem Brief (1. Abschnitt):
Die Bausteine sind durcheinandergeraten. Ordnet sie entsprechend der Reihenfolge in einem Brief
und schreibt sie in euer Heft. Ergänzt dabei den fehlenden Baustein.

b Anrede und Grußformel (2. Abschnitt):
Schreibt den Text in euer Heft. Ergänzt zu jedem Eintrag zwei Beispiele.

c Tipps zum Briefeschreiben (3. Abschnitt):
In diesem Eintrag sind nicht alle Tipps richtig. Sucht die richtigen Tipps zum Briefeschreiben heraus
und schreibt sie in euer Heft.

2 Vergleicht zu zweit eure Ergebnisse.

1.2 Schulgeschichten lesen und verstehen

Doris Wirth
Die Döner-Bratwurst-Mutprobe

„Morgen bekommt ihr einen neuen Mitschüler", verkündete Herr Martin. Kaum hatte er zu Ende gesprochen, stürmten schon unzählige Fragen auf ihn ein. „Langsam, langsam!",
5 wehrte er schließlich lachend ab. „Einer nach dem anderen! Was wollt ihr wissen? Wie er heißt? Sinan!"
„Sinan? Was ist denn das für ein komischer Name?", fragte Clara.
10 „Sinan kommt aus der Türkei. Er ist mit seinen Eltern hierher nach Deutschland gezogen und wird künftig in eure Klasse gehen", erklärte Herr Martin.
„Aus der Türkei? Dann kann er doch gar kein
15 Deutsch sprechen!", rief Jakob.
„Doch, das kann er", versicherte unser Klassenlehrer. „Seine Mutter ist nämlich Deutsche, sein Vater Türke. Bislang hat Sinans Familie in Istanbul gelebt. Das ist eine Stadt in der Türkei. Er kann also Türkisch und Deutsch sprechen." 20
„Und wo soll er sitzen?", wollte Emma wissen.
„Neben Joschua ist noch ein Platz frei", meinte Herr Martin und deutete auf den freien Stuhl neben mir.
Mein Herz begann zu klopfen. Endlich ein 25 neuer Banknachbar! Bis vor zwei Monaten hatte noch Valentin neben mir gesessen. Valentins Mutter war letztes Jahr aber arbeitslos geworden. Sie hatte zwar einen neuen Job gefunden, aber leider furchtbar weit weg. Wir 30 hatten uns ewige Freundschaft geschworen. Aber das ist ganz schön schwierig, wenn man sich nicht mehr täglich sieht. Valentin fehlte mir. Ich hatte zwar massig Freunde, aber eben nur einen Valentin! Jedenfalls war ich furcht- 35 bar aufgeregt. Sinan sollte neben MIR sitzen!

Endlich wieder ein Banknachbar. Und dazu noch ein halber Türke! Im Sommer war ich mit meinen Eltern im Urlaub in der Türkei gewe-
40 sen. Die Leute dort waren super! Total nett und freundlich. Außerdem ist türkischer Döner mein Lieblingsessen. Ich kriegte mich jedenfalls nicht mehr ein vor lauter Sinan-Türkei-Döner-Begeisterung und konnte den nächsten
45 Tag schon gar nicht mehr erwarten.

Deshalb war ich auch ganz nervös, als Herr Martin am anderen Morgen mit Sinan das Klassenzimmer betrat. „Das ist euer neuer Mitschüler Sinan", stellte Herr Martin ihn vor.
50 Sinan hatte ich mir echt total anders vorgestellt. Zwar hatte er schwarze Haare und eine dunklere Haut, aber er lächelte nicht die Bohne so freundlich wie die türkischen Jungs, mit denen ich im Urlaub am Strand gekickt hatte.
55 „Sinan, du sitzt dort hinten neben Joschua." Herr Martin schob Sinan zum leeren Platz neben mir. „Ich hoffe, du fühlst dich bei uns wohl!", sagte er und begann dann mit dem Unterricht.
60 „Hallo, ich bin Joschua", flüsterte ich leise. Doch Sinan sah nicht mal auf. „Du kommst aus der Türkei, oder?", versuchte ich es weiter. „Die Türkei find ich super. Wir waren in den Sommerferien dort."
65 „Und wen interessiert das?", fuhr Sinan mich an.
„Was hast du denn für ein Problem? Ich wollte doch nur nett sein", entgegnete ich total verdattert.

„Kümmere dich gefälligst um deinen eigenen 70 Kram", zischte Sinan leise und rückte von mir weg. Mit offenem Mund starrte ich Sinan an. Ich hatte ihm doch überhaupt nichts getan! „Wie du willst, du Penner!", fauchte ich zurück. Dieser doofe Sinan konnte mir echt gestohlen 75 bleiben!

Bis zur großen Pause redeten Sinan und ich kein Wort miteinander. Im Pausenhof umringten mich dann sofort Clara und die anderen. „Und? Wie ist der Neue?", fragte mich Jakob 80 neugierig.

„Ein absoluter Vollidiot", knurrte ich und schaute bitterböse in Sinans Richtung. Er stand ganz alleine in einer abgelegenen Ecke des Pausenhofs und kaute wütend auf einem Bröt- 85 chen herum. „Wieso denn? Der sieht doch ganz nett aus", stellte Clara verwundert fest.

„Ist er aber nicht. Mit dem kann man echt nichts anfangen", antwortete ich genervt.

„Glotz gefälligst woandershin", rief mir Sinan 90 quer über den Pausenhof zu.

„Ich schaue immer noch dahin, wo ich will. Geh doch zurück in die Türkei! Von dir lasse ich mir nichts vorschreiben, du Döner-Gesicht", schrie ich zurück. 95

„Das werden wir ja sehen, du Bratwurst-Nase", fuhr Sinan mich an und ging auf mich los. Und schon lagen wir raufend auf dem Boden. *(Einige Wochen später unternimmt die Klasse einen Wandertag und besucht eine Burgruine.* 100 *Sinan und Joschua sind gerade in der Ruine.)* Gerade wollte ich die Treppe hinunterklettern,

als Sinan mich ansprach. „Und? Wie gefällt dir der Baby-Ausflug?"

105 „Halt die Klappe, Sinan", gab ich wütend zurück.

„Jetzt krieg ich aber Angst", äffte Sinan.

„Das kannst du auch, wenn ich dir gleich eine auf die Nuss gebe." Mittlerweile waren wir 110 ganz alleine. „Das traust du dich sowieso nicht", entgegnete Sinan abfällig. „Ihr Deutschen reißt immer eure Klappe weit auf. Mehr könnt ihr nicht."

„Dann zeig doch mal, was ihr Türken könnt!", 115 forderte ich ihn heraus. „Geh über den Balken zur anderen Seite und wieder zurück. Aber so mutig bist du sowieso nicht!"

Diesen Vorschlag hatte ich eigentlich gar nicht so ernst gemeint. Schließlich war das sehr ge-120 fährlich. Bis ins Erdgeschoss waren es gut und gerne fünfzehn Meter! Doch Sinan schnaubte nur: „Kinderspiel", und stellte bereits seinen Fuß auf den knarrenden Balken vor ihm. Schnell setzte er einen Fuß vor den anderen. 125 Mein Herz begann wie wild zu klopfen. Wenn Sinan jetzt stolperte und hinunterfiel, war er Matsch. Doch schon klatschte Sinan an der gegenüberliegenden Wand ab, drehte sich vorsichtig auf dem schmalen Balken um und kam 130 mit kleinen Schritten zurück zu mir. „So", sagte er, als er wieder festen Boden unter den Füßen hatte. „Jetzt bist du dran! Oder bist du etwa ein Feigling?"

„Nee, bestimmt nicht", brummte ich. Doch 135 meine Beine zitterten wie Wackelpudding.

Aber mir blieb nichts anderes übrig! Wenn ich vor Sinan nicht wie eine Flasche dastehen wollte, musste ich mich jetzt zusammenreißen. Vorsichtig setzte ich einen Fuß vor den anderen. Beide Arme hatte ich weit zur Seite ge-140 streckt, um das Gleichgewicht zu halten. Schweißbäche rannen mir den Rücken hinab. Die Hälfte der Strecke hatte ich schon hinter mir. Doch plötzlich – ich weiß selbst nicht, warum – warf ich einen kurzen Blick nach unten. 145 „Nicht nach unten sehen!", schrie Sinan hinter mir. Doch es war schon zu spät! Mir wurde auf einmal furchtbar schwindelig. Beim nächsten Schritt verfehlte ich den Balken und rutschte mit dem Fuß ab. Als ich mit dem Po auf den 150 Balken plumpste, schlang ich blitzschnell meine Arme und Beine herum, um nicht weiter abzustürzen. „Joschua!", hörte ich Sinan hinter mir kreischen.

„Alles in Ordnung", wollte ich sagen. Doch ich 155 brachte nur ein Krächzen heraus. Vor meinen Augen drehte sich alles.

„Warte! Beweg dich nicht!", schrie Sinan. „Ich komme zu dir!" Ich spürte, wie der Balken unter Sinans Schritten leicht wippte. Schon 160 war Sinan hinter mir und beugte sich ganz vorsichtig zu mir hinunter. „Hast du dir wehgetan? Kannst du aufstehen?"

„Ich weiß nicht. Mir ist so schwindelig."

„Komm, ich helf dir! Du nimmst jetzt einfach 165 meine Hand. Schau mir in die Augen, aber auf keinen Fall nach unten!"

Sinan zog mich hoch. Meine Beine zitterten

wie verrückt. Aber Sinan hielt meine Hand
170 ganz fest und zog mich langsam zurück zur
Treppe. Nach einer kleinen Ewigkeit erreichten
wir endlich den Treppenabsatz. Völlig fertig ließen Sinan und ich uns auf den Boden fallen.
„Das war knapp", keuchte Sinan.
175 „Danke!", presste ich atemlos zwischen den
Zähnen hervor. „Du hast mir das Leben gerettet!"
„Keine Ursache! Ich bin ja auch schuld! Hätte
ich dich vorhin nicht so doof angemacht, wäre
180 das alles nicht passiert!"
„Tja, die blöde Mutprobe war ja schließlich
meine Idee", entgegnete ich. Sinan lächelte
mich an.
„Aber ich war in den letzten Wochen ganz
185 schön fies zu dir."
„Das stimmt", gab ich zu. „Sag mal, Sinan, was
ist denn eigentlich mit dir los?"
Sinan sagte eine ganze Weile gar nichts. „Weißt
du, ich bin immer so alleine", flüsterte er dann
190 traurig.
Ich rutschte näher zu ihm. „Aber du willst doch
immer alleine sein. Du redest ja nie mit uns."
„Das kommt nur daher, weil ..."
„Weil?"

„Weil ich so großes Heimweh habe!" Jetzt spru- 195
delte es nur so aus Sinan heraus. Er vermisste
Istanbul ganz schrecklich. Seine alte Klasse,
seine Großeltern und vor allem seinen besten
Freund Ömer. Das konnte ich sehr gut verstehen. Schließlich vermisste ich meinen besten 200
Freund Valentin ja auch. Aber Valentin lebt in
Deutschland und nicht wie Sinans Freunde
weit weg in der Türkei. Ich wäre bestimmt
auch mächtig sauer und wütend, wenn ich von
zu Hause fortziehen müsste. Auf einmal konn- 205
te ich ganz gut nachfühlen, warum sich Sinan
so verhalten hatte.
„Aber, Sinan, du bist doch nicht allein", sagte
ich leise. „Ich könnte doch dein Freund sein ..."
„Du willst mein Freund sein, obwohl ich so ek- 210
lig zu dir war?"
„Klar, natürlich nur, wenn du nicht mehr Bratwurst-Nase zu mir sagst."
„Das verspreche ich dir", sagte Sinan erleichtert. Und streckte mir die Hand hin. „Machen 215
wir 'nen Neuanfang – von Döner zu Brat-
wurst?" Ich lachte und schlug ein. Seitdem
sind Sinan und ich dicke Freunde. Und das alles haben wir nur unserer Döner-Bratwurst-
Mutprobe zu verdanken. 220

1 Sammelt eure ersten Eindrücke zu dieser Geschichte, z. B.:

Besonders gut gefallen hat mir, …

Nicht gefallen hat mir, …

Mich hat erstaunt, dass …

Ich habe nicht verstanden, warum …

2 Wisst ihr, woher eure Mitschülerinnen und Mitschüler kommen? Tauscht euch aus.
TIPP: Ihr könnt auch Fotos von euren Geburts- oder früheren Heimatorten mitbringen.

3 Lest noch einmal den ersten Abschnitt der Geschichte (▶ Z. 1–24). Tragt zusammen, was ihr über
Sinan erfahrt. Erklärt, wie er sich am ersten Tag in der neuen Klasse gefühlt haben könnte.

4 Erklärt, wie es zur Rauferei zwischen Joschua und Sinan kommt. Diskutiert, wer eurer Meinung
nach schuld an diesem Streit ist.

5 Stellt euch vor: Vor ihrer Mutprobe am Wandertag schreiben Joschua und Sinan ihren Freunden. Wählt Aufgabe a, b oder c.

a Joschua schreibt seinem Freund Valentin und Sinan seinem Freund Ömer eine Postkarte.
Schreibt die Postkarte von Joschua <u>oder</u> Sinan.
– Zeichnet den Umriss einer Postkarte in euer Heft und schreibt euren Text in dieses Feld. Oder nehmt eine richtige Postkarte und beschriftet sie.
– Schreibt in der Ich-Form.

b **Joschua schreibt** seinem Freund **Valentin einen Brief.** Darin erzählt er von seinen Erlebnissen mit seinem neuen Banknachbarn Sinan. Formuliert diesen Brief.
– Achtet auf den richtigen Briefaufbau.
– Schreibt in der Ich-Form.

c **Sinan schreibt** seinem Freund **Ömer einen Brief.** Darin erzählt er von seiner neuen Situation in Deutschland und seinen Erlebnissen mit Joschua. Formuliert diesen Brief.
– Achtet auf den richtigen Briefaufbau.
– Ihr könnt die Anrede und die Grußformel (Verabschiedung) auf Türkisch formulieren.
– Schreibt in der Ich-Form.

d Lest eure Texte vor. Welche Probleme sind bei Joschua und Sinan gleich, welche unterschiedlich? Berücksichtigt die verschiedenen Situationen, in denen sie leben.

6 Was könnte Ömer seinem Freund Sinan antworten, was Valentin seinem Freund Joschua? Schreibt als Antwort eine Postkarte oder einen Brief.

7 In Aufgabe 5 habt ihr aus der Sicht von Joschua bzw. Sinan einen Brief bzw. eine Postkarte geschrieben. Diskutiert folgende Fragen:
– Wie hat sich dadurch euer Blick auf diese Figuren (Joschua oder Sinan) verändert?
– Was ist euch schwergefallen? Was hat euch gefallen?

8 **a** Erklärt: Warum werden Joschua und Sinan erst durch die Mutprobe gute Freunde?
b Nach der Mutprobe fragt Joschua Sinan: „Sag mal, Sinan, was ist denn eigentlich mit dir los?" (▶ Z. 186–187). Gibt es eine andere Situation, in der Joschua Sinan dieselbe Frage hätte stellen können?
Nennt mögliche Textstellen. Wie wäre die Geschichte dann vielleicht verlaufen?
c Diskutiert: Hätten die beiden auch ohne Mutprobe gute Freunde werden können?

Ilse Bintig

Briefe von Lena und Kristin

Kristin!

Zuerst hat dagestanden: Hallo Kristin! Aber das „Hallo" hab ich ausradiert, weil sich das so lustig anhört. Und lustig bin ich überhaupt
5 nicht.

Liebe Kristin! Puh, das geht schon gar nicht, weil das nicht stimmt.

Manchmal denke ich, ich hab das bloß alles geträumt und wir sind noch immer Freundin-
10 nen. Es will einfach nicht in meinen Kopf rein, dass mit einem Schlag alles aus ist. Und das Schlimmste ist, ich weiß nicht, warum. Ich weiß nicht, was ich dir getan habe. In meinem Kopf dreht sich schon alles wie ein Karussell.

15 So langsam fange ich an zu spinnen. Das ist ja auch nicht zu fassen. Jeden Nachmittag haben wir zusammengehockt und gespielt und zuletzt haben wir uns für deinen Geburtstag tolle Überraschungen ausgedacht. Und dann …

20 Ich kann das einfach nicht begreifen. Allen aus der Gruppe hast du eine Einladungskarte geschickt. Nur mir nicht. Deiner allerbesten Freundin. Zuerst hab ich mir gar nichts Schlimmes dabei gedacht und ich hab am
25 nächsten Tag in der Schule zu dir gesagt: „Mich lädst du wohl nicht ein!" Und das sollte ein Witz sein. Aber du hast mich wütend angeguckt und hast gesagt: „Ich kann dich nicht mehr ausstehen. Hau ab!"

30 Ich hab dagestanden wie eine Blöde und immer nur gedacht: Das kann doch nicht wahr sein. Ich war doch deine beste Freundin. Und ich habe nie – ich schwör's! – nie etwas Böses über dich gesagt. Hinterher habe ich mich ge-
35 ärgert, weil ich immer wieder hinter dir hergelaufen bin und dich gefragt habe. Du bist richtig gemein, dass du mir nicht sagst, was du gegen mich hast.

Du kannst dir nicht vorstellen, wie mir zumute
40 war, als ihr alle bei dir gefeiert habt. Inzwischen weiß ich, dass du eine neue Freundin

hast. Ausgerechnet die Ruth! Du denkst jetzt bestimmt, ich sei eifersüchtig. Bin ich aber gar nicht …

45 Stimmt nicht! Ein kleines bisschen doch. Zuerst jedenfalls. Jetzt nicht mehr. Zuerst hab ich immer bloß geheult. Jetzt hab ich bloß noch Wut auf dich. Auf so eine wie dich pfeife ich. Du bist eine ganz blöde Ziege. Da kann ich
50 ganz andere Freundinnen kriegen.

Die Stoffkatze, die du mir geschenkt hast, hab ich in den Müll geschmissen. Bloß weg damit! Ich will von dir nichts mehr sehen. Ich hatte dir so ein schönes Bild zu deinem Geburtstag
55 gemalt. Da war die Hütte drauf, die wir uns im Hof gebaut hatten. Das Bild hab ich in der Mitte durchgerissen und am liebsten würde ich auch unsere Bude kaputt machen. Aber wir haben so lange daran gearbeitet … Ich werde im-
60 mer unheimlich traurig, wenn ich an unserer Bude vorbeikomme, aber du … Dir macht das ja alles nichts aus. Du denkst bestimmt gar nicht mehr an mich. Aber in mir ist alles zusammen: Wut und Traurigsein. Ein richtiger
65 Mischmasch.

Ich habe zu nichts mehr Lust. Bitte, bitte, sage mir doch endlich, was du gegen mich hast! Jetzt hab ich den Brief noch einmal gelesen.

Ich bin eine blöde Gans. Du musst ja denken,
70 ich laufe hinter dir her. Nein, das will ich nicht.
Du brauchst auch gar nicht zu wissen, wie
traurig ich bin. Oder doch? Ich weiß es nicht.
Und was würde die Ruth dazu sagen? Manchmal denke ich, ob sie vielleicht irgendetwas
75 Schlechtes über mich erzählt hat. Aber darauf
würdest du doch nicht hereinfallen?
　Vielleicht ist es besser, ich zerreiße den Brief.
Oder ich warte noch bis morgen. Jetzt fällt mir
etwas ein: Wenn du morgen wieder mit der
80 Ruth über den Schulhof gehst und mich nicht
anguckst, dann fliegt der Brief in den Papier-
korb. Dann ist es endgültig aus.

Lena

An Lena!
85 Ich schreibe dir nur, weil ich endlich meine
Wut loswerden will.
　Du hast mich schwer enttäuscht. Ich hätte nie
gedacht, dass du so gemein sein könntest. Jahr-
relang hast du so getan, als ob ich für immer
90 und ewig deine Freundin wäre. Gut, dass jetzt
endlich alles herausgekommen ist!
　Ich bin ganz schön blöde gewesen. Das hat
auch die Ruth gesagt.
　Die hat mir erzählt, was du alles über mich ge-
95 sagt hast! Ich war wie vor den Kopf geballert!
Zuerst konnte ich das gar nicht glauben, aber
die Ruth lügt sich das ja nicht alles zusammen.
Warum hast du mir nicht selbst gesagt, dass du
mich nicht mehr ausstehen kannst? Ich habe
100 geglaubt, du magst mich, und in Wirklichkeit
wolltest du bloß von mir abschreiben.
　Dass ich das nicht selbst gemerkt habe, ich
dumme Gans! Aber jetzt, wo die Ruth mir alles
erzählt hat, weiß ich erst, wie falsch und hin-
105 terlistig du bist. Um ein Haar hätte ich dich
auch noch zu meinem Geburtstag eingeladen.
Die Ruth hat zu mir gesagt: Du spinnst doch
wohl! So eine Freundin würde ich nur noch
von hinten angucken.
110 Und da hat sie Recht, die Ruth. Hoffentlich
hast du dich tüchtig geärgert, als wir gefeiert

haben. Die Ruth sagt auch, ich kann Freundinnen genug haben. Auf dich kann ich gut verzichten.
　So, jetzt ist alles heraus, jetzt geht's mir schon 115
ein bisschen besser. Die Ruth kann das nicht
verstehen, dass ich manchmal so traurig bin.
Ich habe zu nichts Lust. Sie hat mich ein paar
Mal besucht und eingeladen hat sie mich auch.
Ich bin aber nicht hingegangen. Ich weiß auch 120
nicht, was mit mir los ist. Ich liege am liebsten
auf meinem Bett und stiere Löcher in die Luft.
Früher habe ich nie Langeweile gehabt. Aber
jetzt ist eben alles anders. Eigentlich will ich
auch gar keine andere Freundin. Es kann doch 125
sein, dass die genauso gemein ist wie du.
Warum bist du auf dem Schulhof bloß immer
hinter mir hergerannt? Ich finde das richtig gemein. Du tust einfach so, als ob du nicht wüss-
test, was los ist. Du weißt doch ganz genau, wie 130
du bei der Ruth über mich hergezogen hast.
Manchmal denke ich, ich habe das alles bloß
geträumt, und dann möchte ich am liebsten
sofort zu dir laufen. Aber das ist natürlich Blödsinn. Das bringt doch nichts. Oder vielleicht 135
doch? Ich weiß bald überhaupt nichts mehr.
Warum ich dir bloß schreibe? Ich spinne schon
ein bisschen.

Wenn die Ruth das wüsste ... Ich weiß genau,
140 was die sagen würde: Schön blöde, hinter der
herzulaufen! Trotzdem ... Irgendwas sagt in
mir: Geh doch einfach auf die Lena zu und
rede mit ihr. Einfach so! Aber so einfach ist das
gar nicht, denn da sagt auch einer in mir: Lass
145 das sein! Die Lena mag dich doch nicht mehr.
Und die Ruth? – Die sagt bestimmt dasselbe.
Vielleicht machst du dich lustig über meinen
Brief. Kann doch sein!

Ich glaube, es ist am besten, ich reiße den Brief
in tausend Stücke. 150
Schluss. Ende!
Vielleicht gehe ich gleich mal zu der Ruth. Ich
muss sie noch einmal fragen, was du alles über
mich gesagt hast. Kann ja sein, dass sie mir
nicht alles erzählt hat. Heute schicke ich den 155
Brief noch nicht ab. Vielleicht morgen. Oder
auch gar nicht.

Kristin

1 **a** Tauscht euch aus: Wie gefällt euch diese Briefgeschichte?
b Erklärt knapp, was zwischen Lena und Kristin vorgefallen ist. Welche Rolle spielt dabei Ruth?
Weiß Lena, was passiert ist?
Lest hierzu noch einmal den ersten Teil beider Briefe (▶ S. 30, Z. 1–29; ▶ S. 31, Z. 84–109).

2 Beschreibt aus Lenas Sicht, wie die Freundschaft zwischen ihr und Kristin früher war.
Belegt eure Aussage mit einer passenden Textstelle.

3 **a** Stellt euch vor, Lena und Kristin würden sich treffen und mit-
einander sprechen. Entwerft ein mögliches Gespräch zwischen
den beiden Figuren. Arbeitet in Gruppen und geht so vor:
– Formuliert zwei bis drei Fragen, die sich Lena oder Kristin
stellen könnten.
– Notiert Antworten, die die andere Figur geben könnte.
Achtet auf den Text: Was weiß eure Figur, was nicht?
– Tragt eure Gespräche in der Klasse vor.
b Diskutiert: Könnt ihr verstehen, warum Lena und Kristin sich streiten?
Begründet eure Meinung.

> **Kristin:** Warum bist du
> mir eigentlich hinterher-
> gerannt?
> **Lena:** ...
> **Kristin:** Wie ...?

4 Untersucht Lenas oder Kristins Gefühle. Wählt Aufgabe a, b oder c.
a **Beschreibt Lenas Gefühle,** die in den folgenden Zitaten deutlich werden.
Erklärt, was sie mit dem „Mischmasch" ihrer Gefühle meinen könnte.
– „Es will einfach nicht in meinen Kopf rein, dass mit einem Schlag alles aus ist." (▶ S. 30, Z. 10–11)
– „Auf so eine wie dich pfeife ich." (▶ S. 30, Z. 48)
– „in mir ist alles zusammen: Wut und Traurigsein. Ein richtiger Mischmasch." (▶ S. 30, Z. 63–65)
b **Beschreibt Kristins Gefühle,** die in den beiden folgenden Zitaten deutlich werden.
Erklärt auch den Widerspruch zwischen den beiden Aussagen.
Sucht dann weitere Textstellen in Kristins Brief, die ihre Gefühle verdeutlichen.
– „Auf dich kann ich gut verzichten." (▶ S. 31, Z. 113–114)
– „Eigentlich will ich auch gar keine andere Freundin." (▶ S. 31, Z. 124–125)
c **Beschreibt Lenas und Kristins Gefühle** und **vergleicht** sie. Sucht hierzu möglichst viele Textstellen
aus beiden Briefen heraus, die ihre – auch widersprüchlichen – Gefühle verdeutlichen.
d Tauscht eure Ergebnisse aus: Erklärt, welche Gefühle sich bei den beiden ähneln und warum.

5 Diskutiert: Haben Lena und Kristin noch eine Chance, sich wieder zu vertragen? Was muss geschehen, damit sie sich wieder verstehen? Denkt dabei auch an die Rolle von Ruth.

6 a Stellt euch vor, Kristin hat von Ruth erfahren, was wirklich geschehen ist. Jetzt schreibt sie Lena einen Brief und bittet um Versöhnung. Schreibt diesen Brief.

b Lest eure Briefe vor. Was gefällt euch an den Briefen?

7 Handelt es sich bei Lenas und Kristins Briefen um „normale" Briefe, die Freundinnen sich schreiben? Begründet eure Meinung mit Hilfe von passenden Stellen aus den Briefen.

Gunter Preuß

Der Sprung

Der Wecker klingelt. Hannes zieht sich das Kissen über den Kopf. Er hat keine Lust aufzustehen. Schön wär's, wenn er jetzt krank wäre. Aber er hat weder Fieber noch Kopfschmerzen. Nur im Bauch rumort und kribbelt es ein bisschen. Schließlich springt Hannes doch aus dem Bett. Er ist allein im Haus. Seine Eltern sind bereits auf der Arbeit. Hannes duscht kalt. Er schrubbt die Zähne, schlüpft in seine Klamotten. Dann schultert er den Ranzen und macht sich auf den Schulweg. In der Schule ist die Klasse bereits auf dem Pausenhof versammelt.

„Ruhe!", ruft Frau Söller, die Sportlehrerin. „Wir sind jetzt vollzählig. Also Abmarsch zum Hallenbad." Mit einem Male ist das Bauchbrummen wieder da. Hannes geht an der Spitze der Klasse. Seine Freundin Susen geht neben ihm. Sie sagt: „Heute zeigst du es allen. Du legst ihnen einen feinen Sprung hin." „Aber klar", sagt Hannes. „Das wird ein Weltklassesprung." Hannes' Schritte werden immer langsamer und kürzer. Als sie an der Schwimmhalle ankommen, geht er am Schluss der Klasse. Sein Bauch brummt nun wie ein hungriger Bär.

Frau Söller lässt die Mädchen und Jungen am Schwimmbecken in Reih und Glied antreten. Sie wirft einen Ball ins Wasser und ruft: „Zu-
30 erst spielen wir uns warm. Dann üben wir den Kopfsprung."

„Und Hannes führt uns seinen Kopfsprung vom Dreimeterbrett vor!", ruft Susen. Mit lautem Geschrei springen die Mädchen und Jun-
35 gen vom Beckenrand ins Wasser. Sie lachen und toben.

Hannes ist ganz elend zumute. Er sieht zum Sprungturm hoch. Ganz oben ist das Dreimeterbrett. Hannes versucht sich zu beruhigen.
40 Das schaffst du doch. Kein Problem. Frau Söller ruft die Mädchen und Jungen aus dem Wasser. „Jetzt ist Hannes dran", sagt Susen. „Er wird uns als Erster seinen Sprung vom Dreimeterbrett vorführen."
45 „Hannes, bist du wirklich schon so oft von da oben gesprungen?", fragt Frau Söller besorgt.
„Hundertmal. Mindestens", antwortet Susen für Hannes. „Er kann das einwandfrei." Blödes Weib, denkt Hannes. Sie ist schuld, dass er ir-
50 gendwann einmal vor allen behauptet hat: „So ein Sprung ist kinderleicht." Nur weil Susen immer angeben will. Sie sagt, ihr Freund muss ein toller Mann sein. Einer wie Batman. „Nun gut, dann zeig uns den Sprung", sagt Frau Söl-
55 ler.

Unter den anfeuernden Rufen der Klasse steigt Hannes die ersten Stufen des Sprungturmes hinauf. Zwischendurch verweilt er einen kurzen Moment. Das Bauchbrummen wird stär-
60 ker. Und der Hals wird eng und trocken. „Höher", schreit es von unten im Chor. Endlich steht er ganz oben. Er will den Sprung schnell hinter sich bringen. Aber dazu muss er nach unten schauen. Mann, ist das tief! Das
65 Schwimmbecken wirkt, als wäre es nur so groß wie ein Planschbecken. Hannes klammert sich an das Geländer. Seine Hände sind feucht, die Knie weich. Sein Kopf scheint zu glühen.
„Spring!", schallt es herauf. Langsam lässt Han-
70 nes das Geländer los. Er tritt an den Rand des

Turmes. Dort bleibt er stehen. Bis das Bauchbrummen verschwindet. Und sein Kopf wieder frei wird, dass er denken kann. Unten ist es ganz still geworden. Alle erwarten den Sprung. Aber da tritt Hannes vom Rand des Sprung- 75 turmes zurück. Langsam steigt er die Stufen hinunter. Und dann steht er vor der Klasse.
„Warum bist du nicht gesprungen, Mensch?", ruft Susen enttäuscht. „Das ist aber eine schwache Leistung!" 80
Die anderen beginnen zu lachen. Worte wie „Angeber" und „Feigling" sind zu hören. Da nimmt Hannes all seinen Mut zusammen. Es ist, als müsste er doch noch vom Dreimeterturm springen. Nur viel schwerer ist es. 85
Er sagt: „Ich ... hatte einfach Angst."
Alle schweigen. Auch Frau Söller. Aber dann

lächelt sie ihm aufmunternd zu. Hannes sieht, wie Susen sich vom ihm abwendet. Sie stellt
90 sich neben Jens. Das gibt Hannes einen Stich in der Brust. Und doch fühlt er sich gut. Endlich kann er tief durchatmen. Er stößt Frau Söl-ler den Ball aus der Hand. Der Ball fällt ins Wasser.

„Jippiheijeee!" 95

Hannes springt vom Beckenrand dem Ball hinterher, dass das Wasser nur so spritzt.

1 **a** Tauscht eure Leseeindrücke aus: Wie gefällt euch die Geschichte?

    b Erklärt, wie es überhaupt dazu gekommen ist, dass Hannes vom Dreimeterbrett springen soll. Die Textstelle von Z. 32–55 hilft euch.

2 Untersucht Hannes' Gefühle in der Geschichte. Wählt Aufgabe a, b oder c.

    a Beschreibt seine **Gefühle vom Aufstehen am Morgen bis zum Blick vom Sprungbrett** (▶ Z. 1–68). Erklärt, warum er sich so fühlt.

    b Erklärt, **in welchem Moment es Hannes auf einmal besser geht** und wie es dazu kommt. Lest dazu noch einmal den Textabschnitt von Z. 69–97.

    c Beschreibt, **welche Gefühle Hannes in dieser Geschichte durchläuft.** Erklärt auch, wie es dazu kommt, dass er endlich wieder „tief durchatmen" (▶ Z. 91–92) kann.

    d Tauscht eure Ergebnisse aus. Überlegt gemeinsam, ob das Verhalten seiner Mitschülerinnen und Mitschüler mit Hannes' unterschiedlichen Gefühlen zu tun hat.

3 Interviewt eine Figur aus der Geschichte, nachdem Hannes zugegeben hat, dass er Angst hatte, vom Dreimeterbrett zu springen.
Ihr könnt z. B. die Hauptfigur Hannes interviewen oder Susen oder eine andere Mitschülerin / einen anderen Mitschüler. Arbeitet zu zweit und geht so vor:

    a Notiert drei bis fünf mögliche Interviewfragen. Denkt daran, möglichst offene W-Fragen zu stellen (▶ S. 17).

    b Formuliert Antworten, die die Figur geben könnte. Berücksichtigt, wie die Figuren im Text sich verhalten.

    c Tragt die Interviews als kleine Szenen spielerisch vor. Vergleicht, wie Hannes' Verhalten von ihm selbst und von den anderen gesehen wird.

> Interview mit Hannes
>
> **Frage:** Warum hast du zugegeben, dass du Angst hattest?
> **Antwort:** Ich dachte, wenn ich …
> **Frage:** …

4 Diskutiert: Ist Hannes ein Feigling? Begründet eure Meinung.

5 Tauscht euch aus: Ist es hilfreich, eine Figur aus einer Geschichte zu interviewen, obwohl in der Geschichte nicht ganz genau steht, was sie denkt?

6 Versetzt euch in die Lage von Hannes, als er auf dem Sprungbrett steht und sich entscheiden muss, zu springen oder wieder hinabzusteigen (▶ Z. 69–74). Formuliert die Gedanken, die ihm in diesem Moment durch den Kopf gehen. Ihr könnt so beginnen:

> Oh Gott, ist das tief. Und die ganze Klasse da unten, wie die alle hochstarren. Das ist ja furchtbar. Wenn ich jetzt …

Auch das folgende Gedicht handelt von jemandem, der auf einem Sprungbrett steht:

Eugen Roth

Das Sprungbrett

Ein Mensch, den es nach Ruhm gelüstet[1],
Besteigt, mit großem Mut gerüstet,
Ein Sprungbrett – und man denkt, er liefe
Nun vor und spränge in die Tiefe,
5 Mit Doppelsalto und dergleichen
Der Menge Beifall zu erreichen.
Doch lässt er, angestaunt von vielen,
Zuerst einmal die Muskeln spielen,
Um dann erhaben[2] vorzutreten,
10 Als gält's[3], die Sonne anzubeten.
Ergriffen[4] schweigt das Publikum –
Doch er dreht sich gelassen um
Und steigt, fast möcht man sagen, heiter
Und voll befriedt von der Leiter.
15 Denn, wenn auch scheinbar[5] nur entschlossen,
Hat er doch sehr viel Ruhm genossen,
Genau genommen schon den meisten –
Was soll er da erst noch was leisten?

1 gelüstet: Lust auf etwas haben
2 erhaben: feierlich, würdevoll
3 als gält's (gälte es): als würde/müsste er
4 ergriffen: beeindruckt, überwältigt
5 scheinbar: nur zum Schein, angeblich, vorgetäuscht

7 **a** Vergleicht das Gedicht „Das Sprungbrett" mit der Geschichte „Der Sprung" (▶ S. 33–35).
Folgende Leitfragen helfen euch:
   – In welchen Situationen befinden sich Hannes und der Mensch im Gedicht?
   – Warum steigt Hannes auf den Sprungturm? Warum besteigt der Mensch im Gedicht
     das Sprungbrett? Beachtet hierzu besonders die Verse 1, 6 und 14.
   – Wie fühlen sich Hannes und der Mensch oben auf dem Sprungbrett? Wie fühlen sie sich
     beim Abstieg? Nennt Textstellen.
b Übt den Vortrag des Gedichts (▶ Vortragen, S. 175). Ihr könnt auch im Team arbeiten und
   den Vortrag durch ein szenisches Spiel begleiten: Einer trägt das Gedicht vor, der andere spielt
   gleichzeitig die Szene pantomimisch (ohne Worte) vor.
c Diskutiert in der Klasse: Gefällt euch die Geschichte „Der Sprung" (▶ S. 33–35) besser oder
   das Gedicht „Das Sprungbrett"? Begründet eure Meinung.

1.3 Fit in … – Einen Brief schreiben

Die Aufgabe richtig verstehen

Stellt euch vor, ihr bekommt in der nächsten Klassenarbeit die folgende Aufgabe gestellt:

> Deine Freundin / Dein Freund aus der Grundschule ist vor einem Monat in eine andere Stadt gezogen. Nun hast du einen Brief von ihr/ihm erhalten. Schreibe einen Antwortbrief.
> So endet der Brief, den du bekommen hast:
>
> > …
> > Jetzt weißt du endlich, was bei mir in den letzten Wochen los war.
> > Wie geht es dir an der neuen Schule? Was ist denn dein Lieblingsfach? Ich bin so gespannt auf Neuigkeiten!
> >
> > Bis bald
> >
> > deine/dein …

1 **a** Lest die Aufgabe und das Briefende zweimal in Ruhe durch.

 b Arbeitet im Team: A erklärt, ohne ins Buch zu schauen, was die Aufgabenstellung verlangt. B kontrolliert mit Hilfe des Buches.

 c Überlegt, welche Bestandteile zu einem Brief gehören und worauf ihr achten müsst.

Planen

2 Plant den Inhalt eures Briefs. Geht so vor:

a Sammelt Ideen für den Brief. Überlegt: Wem schreibt ihr? Welches Erlebnis oder welche Neuigkeit könnte eure Empfängerin / euren Empfänger interessieren? Achtet auch auf die Fragen der Freundin / des Freundes, die ihr beantworten sollt. Zum Beispiel:

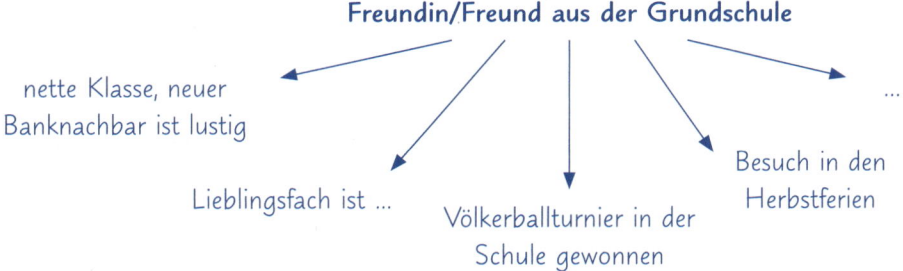

b Wählt drei bis vier Ideen aus, über die ihr schreiben wollt. Die übrigen klammert ihr ein.

c In welcher Reihenfolge wollt ihr von euren Erlebnissen schreiben? Nummeriert eure Ideen.

Schreiben und überarbeiten

3 Schreibt eure Briefe:
- Achtet auf die äußere Form des Briefs:
  Ort und Datum, Anrede, Brieftext, Grußformel und Unterschrift.
- Erzählt Neuigkeiten und teilt auch eure Gedanken und Gefühle mit.
  Nutzt hierzu die Ideensammlung von Aufgabe 2 (▶ S. 37).
- Sprecht die Empfängerin / den Empfänger wie in einem Gespräch direkt an.
  Stellt Fragen und beantwortet Fragen.

> **Beispiele, um die Empfängerin / den Empfänger direkt anzusprechen**
> - Wie gefällt dir ...? / Wie geht es dir mit ...?
> - Hast du schon ...?
> - Ich vermisse dich sehr. / Ich denke immer an dich, wenwn ...
> - Du kannst dir nicht vorstellen, wie ...
> - Was unternimmst du den ganzen Tag?
> - Wie ...?
> - Was ...?
> - Ich würde mich sehr über deinen Besuch freuen. / Wäre super, dich bald mal zu treffen.
> - Ich hoffe, du meldest dich bald. / Lass uns bald telefonieren.

4 Lest eure Texte noch einmal in Ruhe durch und prüft sie mit Hilfe der Checkliste. Geht so vor:
a Habt ihr euren Brief richtig aufgebaut? Kennzeichnet in eurem Brief mit Bleistift, wo die unterstrichenen Bausteine 1 bis 5 aus der Checkliste zu finden sind.
b Kontrolliert nun den Inhalt und die Sprache eures Briefes (Bausteine A bis D in der Checkliste).

Checkliste ▶ **Einen Brief schreiben**

Aufbau
Ist euer Brief richtig aufgebaut und hat folgende Bausteine?
- **Ort und Datum** (1) – Komma zwischen Ort und Datum setzen
- passende **Anrede** (2) – danach: Komma und klein oder Ausrufezeichen und groß beginnen
- **Brieftext** (3)
- passende **Grußformel** (4) und **Unterschrift** (5)

Inhalt und Sprache
A Seid ihr auf die Empfängerin oder den Empfänger eingegangen? Habt ihr z. B. **Fragen gestellt und beantwortet?**
B Habt ihr **Neuigkeiten,** Erlebnisse, Gedanken und/oder Gefühle mitgeteilt?
C Habt ihr **zum Schluss** ausgedrückt (z. B. durch gezielte Fragen), dass ihr euch über einen Antwortbrief freuen würdet?
D Sind die **Rechtschreibung** und die **Zeichensetzung** in Ordnung? Prüft zum Beispiel, ob ihr alle Nomen großgeschrieben habt und das Komma zwischen Ort und Datum gesetzt habt.

2 Besonderen Tieren auf der Spur –
Beschreiben

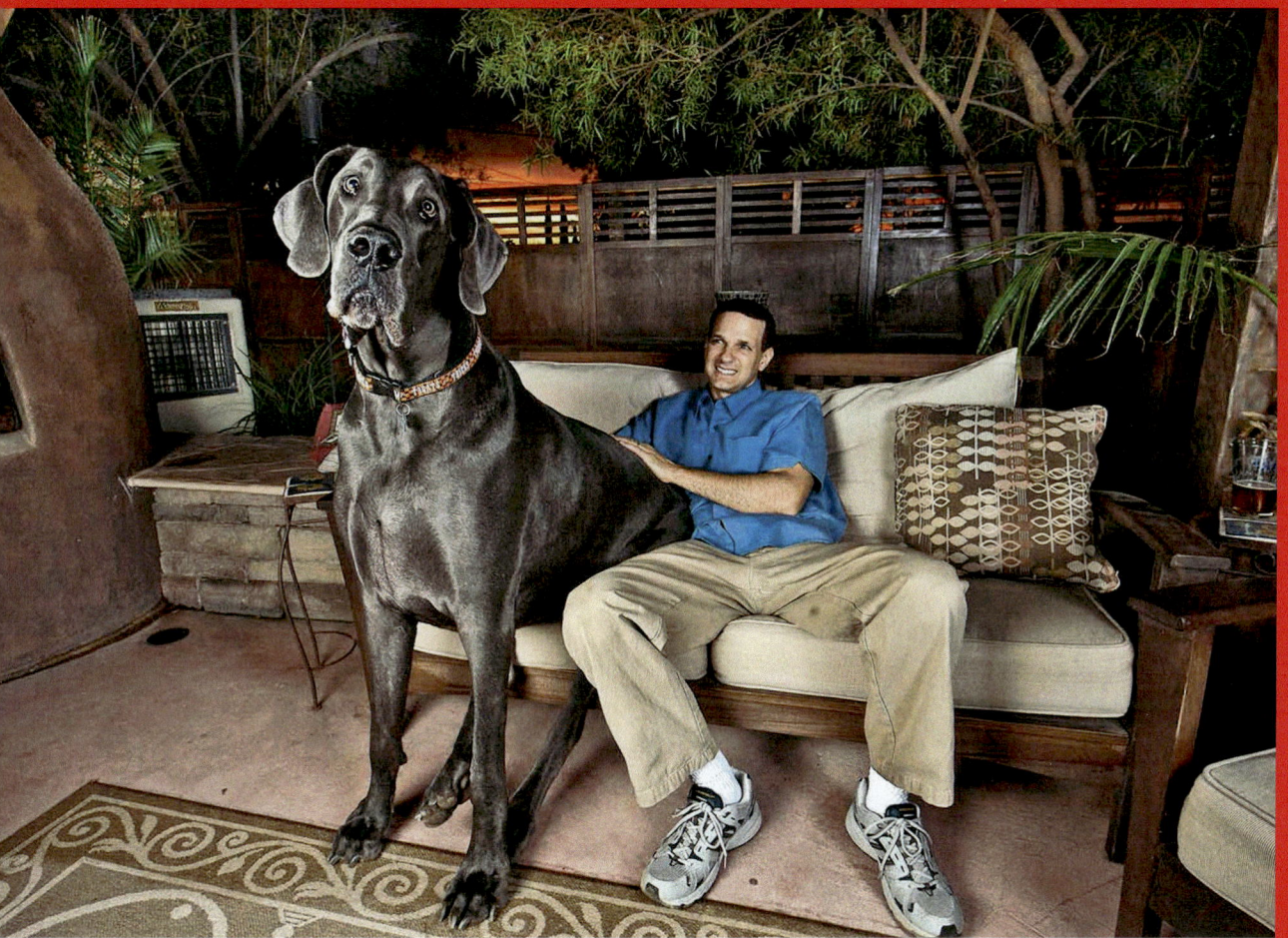

1 a Was ist das Besondere an dem Bild? Sammelt eure Eindrücke.
b Beschreibt den Hund mit Namen „Giant George" einer Person, die das Bild nicht kennt.

2 a Spielt ein Ratespiel: Beschreibt mit wenigen Sätzen ein rekordverdächtiges Tier,
ohne die Tierart zu verraten, z. B.:
Mein Tier hat vier Beine. Es ist sehr schwer ...
b Erklärt, worauf ihr beim Beschreiben
achten müsst. Was ist wichtig, damit man
sich das Tier gut vorstellen kann?

3 Nennt Bücher oder Magazine, die sich mit
Tierrekorden oder besonderen Tieren
beschäftigen.

In diesem Kapitel ...

- beschreibt ihr besondere Tiere für ein
Tiermagazin,
- lernt ihr, Wege genau zu beschreiben,
- lest und unterscheidet ihr Tierbeschreibungen
in literarischen Texten und in Sachtexten.

2.1 Tierische Rekorde – Tiere und Wege beschreiben

Beschreibende Texte untersuchen

Giant George: Ein sanfter Riese

Auf dem Foto sieht man die Deutsche Dogge Giant George, die zu den größten Hunden der Welt gehört.

Giant George misst von den Pfoten bis zur
5 Schulter rund 1,10 Meter und von der Schnauze bis zur Schwanzspitze 2,20 Meter. Obwohl er ein Gewicht von 111 Kilogramm auf die Waage bringt, wirkt sein Körperbau eher schlank und muskulös. Zu diesem Ge-
10 samteindruck tragen auch seine langen, schmalen Beine bei. Sein glänzendes, kurzes, glattes Fell hat eine dunkelbraune Farbe. Georges Kopf passt zu seiner Gesamterschei-

nung, ist also recht groß. Am Ende der spitz zulaufenden Schnauze sitzt seine große, 15 schwarze Nase. Wie sein Fell sind auch seine Augen dunkelbraun. Die langen Schlappohren haben eine runde Form und seine Lefzen, die rechts und links vom Maul herabhängen, sind sehr ausgeprägt. Georges lange Rute ist 20 rundherum mit kurzem Fell bedeckt.
Wie seine Artgenossen hat auch Giant George ein besonders freundliches und gutmütiges Wesen und ist ein gelehriger Familienhund. Ein sanfter Riese eben. 25

1 Erklärt, was ihr nach dem ersten Lesen behalten habt. Was interessiert euch besonders?

2 Übersetzt das englische Wort „giant" und erklärt, warum die Dogge den Namen Giant George trägt.

3 Klärt unbekannte Wörter, z. B. Fachbegriffe, aus dem Textzusammenhang oder mit Hilfe eines Lexikons, z. B.: die Schnauze (► Z. 6), die Lefzen (► Z. 18), die Rute (► Z. 20), die Artgenossen (► Z. 22).

4 **a** Der Text ist in drei Abschnitte gegliedert. Welche der folgenden Überschriften passt am besten zu welchem Abschnitt? Ordnet zu:

> Tierart und Besonderheit • Herkunft und Verwendung • Haltung und Ernährung •
> Verhalten und Charakter • Mögliche Lebenserwartung • Gesundheit und Pflege •
> Aussehen, Größe, Gewicht • Erziehung

b Sucht die Begriffe heraus, die zu der Beschreibung von Giant George passen:

> sachliche Sprache • persönliche Wertungen • Verwendung von Fachbegriffen •
> Umgangssprache • Präsens • Präteritum

c Formuliert gemeinsam: Zu welchem Zweck und für welche Adressaten (Leser/-innen) werden beschreibende Texte wie der über Giant George geschrieben?

5 Erstellt einen Steckbrief zu Giant George. Tragt dazu alle wichtigen Informationen aus dem Text von Seite 40 zusammen. Orientiert euch an dem Beispiel im Methodenkasten unten.

6 Es gibt im Tierreich erstaunliche Rekorde. Erstellt einen Steckbrief zu einem Tier oder einer Tierart eurer Wahl.
- Sammelt Informationen zu eurem Tier, z. B. mit Hilfe des Internets (► Internetrecherche, S. 214).
- Gestaltet eure Steckbriefe auf einem Blatt Papier. Verwendet unterschiedliche Schriftgrößen, Schriftfarben und ein Foto oder eine Zeichnung eures Tiers.

Methode ▷ **Einen Steckbrief zu einem Tier erstellen**

- Ein Steckbrief enthält **wichtige Informationen** zu einem Menschen oder einem Tier, z. B. für eine Kurzvorstellung oder ein Lexikon.
- Die Angaben sollen in einer **sinnvollen Reihenfolge** angeordnet sein.
- Je nachdem, für welchen **Zweck** und für welche Adressaten (Leser/-innen) ihr euren Steckbrief anlegt, könnt ihr **weitere Informationen aufnehmen,** z. B. Lebensraum, Nahrung, Verhalten.

> **Steckbrief**
> Name/Tierart: Giant George, Deutsche Dogge
> Besonderheit: …
> Größe/Gewicht: …
> Aussehen: – …
>   – …
>   – …
> weitere Informationen: …

Ein Tier anschaulich und genau beschreiben

Die kleinsten Pferde der Welt

– Falabella-Miniaturpferde gelten als die kleinste Pferderasse der Welt
– Fohlen wie das hier abgebildete Hengstfohlen Bliss haben eine Größe von 40 cm (gemessen vom Boden bis zum Rücken); ausgewachsene Pferde bis zu 86 cm
– aufgrund ihrer Größe werden Miniaturpferde nicht geritten; können kleine Kutschen ziehen; werden oft als Haustiere gehalten; sind sehr intelligent und menschenbezogen und können deshalb als Ersatz für Blindenführhunde eingesetzt werden
– werden bis zu 35 Jahre alt

1 Vergleicht das Falabella-Pferd mit Pferden bzw. Ponys, die ihr kennt. Welche Unterschiede und welche Gemeinsamkeiten könnt ihr feststellen? Nennt mehrere Merkmale.

2 Ordnet die Informationen aus dem Text nach Oberbegriffen in einer Mind-Map. Wählt a, b oder c.
a **Ordnet** die **Informationen** oben den passenden Oberbegriffen zu. Arbeitet im Heft.
b In der Liste oben ist das Aussehen des Minihengstes Bliss noch nicht beschrieben. **Ergänzt** im Heft unter dem Oberbegriff **Aussehen** selbstständig entsprechende Merkmale.
c **Ordnet** im Heft die **Informationen** von der Stichwortliste oben den Oberbegriffen in der Mind-Map zu und ergänzt selbstständig **Stichworte zum Oberbegriff Aussehen.**

Tierart/Besonderheit
...
...

Größe
Lebenserwartung
...

Hengstfohlen Bliss

Aussehen
...
...

Verhalten/Verwendung
...
...

⊕ **3** Informationen als Stichwortliste oder Mind-Map? Erklärt, wo ihr Unterschiede seht.

4 Wenn man ein Tier beschreibt, z. B. für eine Suchanzeige oder ein Tiermagazin, muss man die Körperteile genau bezeichnen. Hierfür verwendet man Nomen, die häufig Fachbegriffe sind.

> die Mähne • die Hufe • die Ohren •
> die Stirn • das Maul • die Augen •
> der Schweif • der Bauch • die Brust •
> die Nüstern • die Vorderbeine • der Hals •
> die Hinterbeine • der Rücken •
> der Widerrist • die Fesseln

a Zeichnet eine Pferdeskizze in euer Heft.
Nehmt eine ganze Seite und lasst um eure Zeichnung herum genügend Platz zum Beschriften.
b Beschriftet die einzelnen Körperteile mit den Begriffen aus dem Wortschatzkasten oben.
Schlagt unbekannte Wörter nach, z. B. im Lexikon oder im Internet.
c Kennt ihr weitere Fachbegriffe zu Pferden? Ergänzt sie in eurer Skizze.

5 Adjektive (▶ S. 249 f.) helfen euch, ein Tier genauer zu beschreiben, sodass es klarer erkannt wird.
a Übertragt die folgende Tabelle in euer Heft und ordnet die Adjektive aus dem Wortschatzkasten unten richtig zu. Manche Adjektive passen in mehrere Spalten.

Größe	Kopf- und Körperform	Farbe/Muster (Fell)	Beschaffenheit (Fell)
...	...	...	...

> groß • muskulös • kurz • dick • klein • breit • mittelgroß • kuschelig • getigert • grau •
> winzig • kräftig • schmal • gescheckt • zottelig • lockig • schlank • rotbraun • zierlich •
> weiß • gefleckt • lang • gestreift • graubraun • borstig • buschig • weich • glatt • schwarz

b Wählt die Adjektive aus, mit denen ihr das Miniaturpferd Bliss beschreiben könnt, und tragt diese Adjektive in eure Skizze ein. Ihr könnt auch eigene Adjektive ergänzen.

6 Verwendet nicht immer die Wörter *ist/sind* oder *hat/haben*, sondern auch andere Verben.
Bildet mit Hilfe des Wortspeichers Sätze und probiert dabei unterschiedliche Verben aus.

Falabella-Pferde	besitzen	große Intelligenz.
Das Fohlen Bliss	tragen	ein geschecktes Fell.
Es	verfügen über	einen buschigen Schweif.
	gekennzeichnet sein	

7 Beschreibt das Miniaturpferd Bliss (▶ S. 42) für ein Tiermagazin. Nutzt eure Skizze und die Ergebnisse aus den Aufgaben 5 und 6 (▶ S. 43). Formuliert am Schluss eine passende Überschrift. Wählt a, b oder c.

a Nutzt die folgenden **Satzanfänge als Gliederung:**

Falabella-Miniaturpferde sind die … Das Miniaturpferd Bliss … Sein Körper wirkt … Das flauschige Fell … Miniaturpferde gelten als sehr intelligent … Sie können als …

b Nutzt die folgende **Einleitung** und setzt die Beschreibung fort:

Falabella-Miniaturpferde sind die kleinste Pferderasse der Welt. Das Miniaturpferd Bliss ist ein Hengstfohlen und misst 40 cm. Als ausgewachsenes Pferd wird es …

c Achtet bei eurer Beschreibung auf **abwechslungsreiche Satzanfänge.**
Probiert dazu die Umstellprobe aus, um abwechslungsreicher zu schreiben. (▶ S. 264, 344).

d Gebt euch mit Hilfe des Informationskastens eine Rückmeldung zu euren Beschreibungen.

8 Diskutiert, warum Beschreibungen sachlich sein und keine Wertungen wie diese enthalten sollen:
Ich finde das Tier so süß.

Information ❭❭ **Ein Tier beschreiben** (Beispiel: Beitrag für ein Tiermagazin)

Aufbau:

- Findet eine treffende **Überschrift,** die etwas über das Tier aussagt.
- Beginnt mit der **Tierart** und informiert über die **Besonderheit** des Tieres.
- Beschreibt dann die **Größe** (evtl. Gewicht) und das **Aussehen** des Tieres. Geht auf besondere Kennzeichen ein und beschreibt **Farben** und **Formen** der **Körperteile** (z. B.: Körperbau, Farbe und Muster des Fells, Kopfform, Ohren, Augen, Maul usw.). **TIPP:** Beschreibt die Merkmale in einer sinnvollen Reihenfolge, z. B. vom Kopf zum Schwanz oder vom Allgemeinen zum Besonderen.
- Informiert zum **Schluss** z. B. über **Verhalten, Lebenserwartung, Lebensraum** oder **Nahrung** des Tieres.

Giant George: Ein sanfter Riese

Die Dogge Giant George ist einer der größten Hunde …

Giant George misst von den Pfoten bis zur Schulter …
Sein glänzendes, kurzes, glattes Fell …
Georges Kopf …
Am Ende der Schnauze …

Reihenfolge beachten

Wie seine Artgenossen gilt auch George als besonders …

Sprachliche Mittel:

- Verwendet **treffende Adjektive** *(graubraun, mittelgroß)* und **abwechslungsreiche Verben** (z. B.: *sich befinden, tragen, sich verhalten*).
- Verwendet **Fachbegriffe,** z. B. *Schnauze, Pfote.*
- Formuliert die Beschreibung im **Präsens** (Gegenwartsform).
- Schreibt **sachlich,** also ohne persönliche Wertungen, z. B.:
  Das Tier hat große, runde Augen statt *Das Tier hat süße Augen.*

Mit Adjektiven genau beschreiben

Ungewöhnliche Meeresbewohner

Kugelfische pumpen bei Gefahr ihren Körper blitzschnell zu einer **?** Kugel auf. Beim Aufblasen richten sie gleichzeitig auf der Hautoberfläche **?** Stacheln auf. So ist es selbst **?** Raubfischen nicht möglich, diese **?** Fische zu verschlingen.

Der Imperator-Kaiserfisch besticht dagegen durch seine **?** Farben. Sein **?** Körper weist ein **?** Linienmuster auf. Besonders auffallend ist die **?** Augenbinde, die sich vom **?** Kopf abhebt. Fühlen sich diese Fische bedroht, stoßen sie Grunzlaute aus.

1 **a** Überarbeitet den Text und setzt in die Lücken treffende Adjektive aus dem Wortspeicher ein. Achtet auf die richtige Form (Beugung) der Adjektive, z. B.: seine bun<u>ten</u> Farb<u>en</u>.

TIPP: Bei einigen Lücken sind mehrere Adjektive möglich.

> zitronengelb • groß • tiefschwarz • lang • gefährlich • messerscharf • spitz • bunt • stachelig • blau • bedrohlich • rund • weiß

b Vergleicht eure Texte mit dem Original. Welche Aufgabe haben Adjektive in Beschreibungen?

2 Mit zusammengesetzten Adjektiven könnt ihr noch anschaulicher beschreiben.

a Ergänzt zu Adjektiven jeweils ein Nomen, sodass man einen Vergleich vor Augen hat, z. B.:

blau: blau wie der Himmel → himmelblau
rund: rund wie eine Kugel → …
gelb: gelb wie … → …
scharf: scharf wie … → …

b Setzt möglichst viele Farbadjektive aus zwei Adjektiven zusammen, z. B.:

hell + blau = hellblau; dunkel + blau = …

> grün • hell • grau • blass • rot • orange • dunkel • grell • blau • gelb • braun

3 Je mehr Adjektive, desto besser? Was meint ihr? Begründet eure Einschätzung.

Information ▷ **Mit Adjektiven genau beschreiben**

Mit Adjektiven (▶ S. 249 f.) könnt ihr die **Farbe, Form und Eigenschaften** eines Tieres genau beschreiben.

Zusammengesetzte Adjektive sind besonders anschaulich, z. B.:

Nomen + Adjektiv: *Himmel + blau = himmelblau;* **Adjektiv + Adjektiv:** *zart + rosa = zartrosa.*

Adjektive werden **kleingeschrieben.** Stehen sie vor einem Nomen, haben sie den gleichen Kasus wie das Nomen, z. B.: *der bunte Fisch, die bunten Fische, des bunten Fisches* usw.

Eine Tierbeschreibung überarbeiten

Tierische Supernasen

Frischlinge wie das hier abgebildete Wildschweinjunge haben eine Größe von ca. 30 cm und ein Gewicht von 10 kg.

Das Fell des Frischlings ist gut geeignet, um sich im Wald zu verstecken. Es hat Streifen. An der Unterseite des Bauchs ist das Fell anders. Die Beine sind braun. Die Beine sind lang. Der

5 Schwanz ist lustig. Die Klauen sind schwarz.

Der Kopf des Frischlings ist voller Fell und geht fast ohne Hals in den Körper über. Das Tier hat Augen mit Wimpern und Augenbrauen. Die Ohren sind süß. Die Farbe des Fells ist am Hals etwas anders. Der Kopf ist nach vorne hin spitz. Am Ende ist die Nase.

10 Wildschweine können 30 Jahre alt werden. In freier Wildbahn erreichen sie aber oft nur ein Alter von acht bis zwölf Jahren.

Tierart: Wildschwein-Frischling
Größe: ca. 30 cm, ausgewachsen bis zu 180 cm
Gewicht: ca. 10 kg, ausgewachsen bis zu 180 kg
Lebenserwartung: 8–10 Jahre in freier Wildbahn, bis zu 30 Jahren im Gehege
Besonderheit: sehr feiner Geruchssinn (besser als beim Hund); finden Trüffel-pilze, die tief in der Erde liegen

1 Überarbeitet diese Beschreibung für ein Tier-magazin (▶ S. 44) mit Hilfe der Hinweise rechts und des Wortschatzkastens unten. Wählt a, b oder c.

a Überarbeitet die **Beschreibung des Körpers** (▶ Z. 3–5). Beginnt so:
Das hellbraune, … Fell des Frischlings hat … Streifen. Damit kann sich das Tier …

b Überarbeitet die **Beschreibung des Kopfes** (▶ Z. 6–9). Beginnt so: Das Fell am Kopf besitzt eine … Farbe. Der Kopf geht …

c Überarbeitet die **ganze Beschreibung** (▶ Z. 1–11) und formuliert eine **interessante Einleitung.**

d Lest eure Texte in Gruppen vor. Gebt euch gegenseitig Tipps zur Verbesserung.

> **Überarbeitungshinweise**
> - treffende Adjektive und Verben
> - keine persönlichen Wertungen
> - sinnvolle Satzverknüpfungen
> - abwechslungsreiche Satzanfänge (▶ Umstellprobe, S. 264, 344).

treffende Adjektive: dunkelbraun • rotbraun • beige • rehbraun • hellbraun • gestreift • borstig • hell • dunkel • kurz • lang • schlank • spitz • schmal • mandelförmig • rund
abwechslungsreiche Verben: sich befinden • sitzen • aufweisen • besitzen • bedeckt sein mit

Wo geht's zum Elefantenhaus? – Wege beschreiben

Pia: Entschuldigung, wie komme ich vom Eingang zum Elefantenhaus?
Lu: Du gehst zuerst ein Stück geradeaus. An der nächsten Weggabelung biegst du dann links ab. Danach bleibst du etwa 50 Meter auf dem Hauptweg, bis du zum Bistro kommst. Dort biegst du wieder rechts ab und folgst dem Weg entlang des Sees bis zur nächsten Wegkreuzung. Hier biegst du links ab und überquerst die Brücke. Hinter der Brücke siehst du auf der rechten Seite schon den Eingang zum Elefantenhaus.

1 Arbeitet zu zweit. Ein Teammitglied liest, das andere verfolgt mit dem Finger den Weg auf der Karte. Kommt ihr mit Lus Wegbeschreibung zum Ziel?

2 a Erklärt: In welchen Situationen brauchen wir Wegbeschreibungen?
Worauf kommt es bei der Beschreibung eines Weges an? Wie kann man sie sich merken?
b Sucht aus Lus Wegbeschreibung alle Orts- und Richtungsangaben heraus, z. B.:
geradeaus, an …
c Orientierungspunkte, z. B. eine Weggabelung, sind für eine Wegbeschreibung hilfreich. Erklärt, warum. Welche auffälligen Orientierungspunkte nennt Lu?

 3 Arbeitet zu zweit. Stellt euch gegenseitig Fragen zum Plan des Tierparks (▸ S. 47) und beantwortet sie.
Nutzt hierzu die Hilfen im Wortschatzkasten rechts, z. B.:
– Kannst du mir sagen, wie ich von den Giraffen zum Spielplatz komme?
– Gehe den Weg Richtung Eingang geradeaus, bis du zu …

> **Verben der Bewegung:**
> laufen • gehen • abbiegen • überqueren •
> entlanggehen • vorbeigehen • einbiegen •
> sich nähern • weiterlaufen
> **Orts- und Richtungsangaben:**
> links • rechts • geradeaus • vor • hinter •
> neben • bei • unter • über • gegenüber

4 Beschreibt mit Hilfe des Plans den Weg vom Eingang zu den Affen. Wählt a, b oder c.

a Beschreibt den **direkten Weg** vom Eingang zu den Affen.
Du gehst geradeaus und biegst an der Weggabelung … ab. An der nächsten …

b Beschreibt den Weg vom Eingang **am Giraffen-gehege** und **am Restaurant vorbei** zu den Affen.

c Beschreibt den Weg vom Eingang zu den Affen. Die Person möchte auf ihrem Weg einen **Stopp am Spielplatz** machen und einen Snack **im Café** einnehmen.

 d Stellt euch abwechselnd eure Wegbeschreibungen vor. Ein Teammitglied liest, das andere verfolgt die Strecke mit dem Finger auf der Karte und prüft, ob die Beschreibung den richtigen Weg zeigt.

5 Überarbeitet eure Wegbeschreibung mit Hilfe der Information unten.
Prüft, ob ihr alle wichtigen Punkte berücksichtigt habt.

⊕ **6** Sucht euch einen Weg innerhalb eurer Schule und beschreibt ihn genau (z. B. vom Haupteingang zum Sekretariat).

> **Information** ⟩ **Einen Weg beschreiben**
>
> Eine Wegbeschreibung muss **genau** und **anschaulich** sein, damit auch diejenigen ans Ziel finden, die sich in der Gegend nicht auskennen.
> - Die Strecke wird vom Ausgangspunkt bis zum Ziel beschrieben.
> - Nennt **auffällige Orientierungspunkte,** z. B. Kreuzungen, Ampeln, auffällige Gebäude oder wichtige Straßennamen.
> - Nutzt **Orts- und Richtungsangaben,** z. B.: *links, rechts, geradeaus, vor, hinter, über, neben, an.*
> - Nutzt Wörter, die die **Reihenfolge** angeben, z. B.: *zuerst, dann, jetzt, anschließend.*
> - Verwendet neben dem Verb *gehen* auch andere **Verben der Bewegung,** z. B.: *laufen, überqueren, abbiegen.*
> - Verwendet den **Imperativ** *(Gehe / Gehen Sie …)* oder die **Man-Form** *(Man geht von der …)* bzw. **Du-Form** *(Zuerst biegst du links …).*
> - Formuliert im **Präsens** (Gegenwartsform), z. B.: *Zuerst gehst du …*

Präpositionen verwenden

1 Wo ist der Affe? Formuliert mit Hilfe der Präpositionen aus dem Wortspeicher Sätze, z. B.:
Der Affe sitzt in der Kiste. Er versteckt sich ...
Er hockt ...

> **Präpositionen**
> in • auf • unter • über • vor • neben • hinter

2 **a** Vergleicht die beiden folgenden Sätze:
Welcher Satz antwortet auf die Frage „Wo?" (Dativ), welcher auf die Frage „Wohin?" (Akkusativ)?

    A *Der Affe sitzt auf <u>der</u> Kiste.*   **B** *Der Affe klettert auf <u>die</u> Kiste.*

  b Lest die Information unten und erklärt, worauf ihr achten müsst.

3 Dativ oder Akkusativ? Schreibt die folgenden Sätze richtig in euer Heft.
Erfragt bei jedem Satz den Fall: Wo? → Dativ oder Wohin? → Akkusativ.

> **A** Die Affen sitzen auf <u>den/dem</u> Baum.
> **B** Du läufst über <u>die/der</u> Brücke.
> **C** Der Erlebnispfad befindet sich neben <u>das/dem</u> Café.
> **D** Hinter <u>den/dem</u> See siehst du die Giraffen.
> **E** Du gehst in <u>dem/den</u> Streichelzoo.
> **F** Die Enten verstecken sich unter <u>die/der</u> Brücke.

> **Information**   **Präpositionen mit dem Akkusativ oder dem Dativ**
>
> Bei einer Wegbeschreibung könnt ihr mit **Präpositionen** ein **örtliches Verhältnis** ausdrücken, z. B.: *Das Zebragehege befindet sich <u>neben</u> dem Eingang.*
> Diese Präpositionen wechseln den Fall (Dativ oder Akkusativ = Wechselpräpositionen): *in, an, auf, über, unter, vor, hinter, neben.*
> - Auf die Frage **Wo?** folgt der Dativ: *Wo bist du? Ich stehe <u>auf der</u> Brücke.*
> - Auf die Frage **Wohin?** folgt der Akkusativ: *Wohin gehst du? Ich gehe <u>auf die</u> Brücke.*
> **TIPP:** Der Akkusativ steht, wenn die Präposition eine Richtung/Bewegung (→ Wohin?) angibt, der Dativ steht, wenn sie eine Lage (→ Wo?) kennzeichnet.

Rekordtiere beschreiben

Gepard: Größe: 1,2–1,5 Meter; Gewicht: 50–70 kg; Lebenserwartung: 6–8 Jahre; Lebensraum: Afrika, Vorderasien // Geparden sind mit einer Spitzengeschwindigkeit von bis zu 120 km/h nicht nur die schnellsten Landsäugetiere, sondern brechen auch beim Beschleunigen Rekorde.

Känguru: Größe: 1–1,6 Meter; Gewicht: 15–60 kg; Lebenserwartung: 7–15 Jahre; Lebensraum: Australien und vorgelagerte Inseln // Auf allen vieren gehen können Kängurus wegen der kurzen Vorderbeine nicht so gut, aber wenn sie abheben, sind sie kaum zu stoppen. Mit ihren Sprüngen erreichen sie eine Geschwindigkeit von bis zu 50 km/h. Das rote Riesen-Känguru ist dabei der Weitsprung-Champion. Es hüpft 13,5 Meter weit.

Kaiserpinguin: Größe: 1–1,3 Meter; Gewicht: 20–35 kg; Lebenserwartung: bis zu 20 Jahre; Lebensraum: Antarktis // Keine anderen Tiere sind so hart im Nehmen und vollbringen solche Heldentaten für den Nachwuchs wie die Pinguine. Im schlimmsten Polarwinter bei Temperaturen bis zu minus 70 Grad brüten sie ihre Eier aus und kommen dabei bis zu drei Monate ohne Nahrung aus. Dicht gedrängt stehen sie im Kreis und wechseln dabei die Positionen, damit jeder mal im Inneren der Gruppe Wärme tanken kann.

Wanderfalke: Größe: 30–50 cm; Gewicht: 600–1300 g; Lebenserwartung: 10–15 Jahre; Lebensraum: weltweit // Wanderfalken sind die schnellsten Vögel der Welt. Ihre normale Fluggeschwindigkeit liegt bei 100 km/h. Beim Angriff auf Beutetiere, im Sturzflug, erreichen sie eine Geschwindigkeit von 330 km/h. Im Sturzflug können sie bei dieser Schnelligkeit keine Tiere auf dem Boden fangen, für das Jagen von Vögeln in der Luft sind sie jedoch wie gemacht.

1 Sucht euch ein Tier aus, dessen Aussehen ihr genauer beschreiben wollt. Stellt einen Steckbrief zusammen (▶ Steckbrief, S. 41). Der Wortschatzkasten rechts kann euch helfen.

 2 Ihr habt 20 Sekunden Zeit. Beschreibt euch reihum auf der Grundlage eures Steckbriefs euer Tier. Für jedes in einem ganzen Satz beschriebene Merkmal gibt es einen Punkt.

> Schnabel • Schnauze • Fell • Gefieder • Federkleid • Flügel • Schwanz • Krallen • gebogen • spitz zulaufend • gedrungen • schlank • rotbraun • goldgelb • sandfarben • beige • cremefarben • blaugrau • silbergrau • graubraun • weiß

2.2 „Ein Faultier hängt am Baume" – Tierbeschreibungen in verschiedenen Texten

Judith Holofernes
Das Faultier

Ein Faultier
fault hier
vor sich hin
Ein langer Finger
5 kratzt das Kinn
Und dann kommt wieder länger nix –
doch seht!
Die Tiefe seines Blicks!
Ach nein
10 es hat die Augen zu
Na gut
dann lass ich es in Ruh

Dirk Held
Das Faultier

Ein Faultier hängt am Baume,
ich häng es auch nicht ab,
es wippt so nett im Traume:
    wipp wapp
5   wipp wapp
          wipp wapp.

Nicht einen Finger siehst du,
den das Faultier regt,
es wird von einem leichten Wind
10 und Geisterhand bewegt.

        Es schau
      es schau
    es schaukelt,
bis der Wind sich legt,
15 und was es dann danach tut,
hat's noch nicht überlegt.

1 **a** Welches Bild vom Faultier entsteht in eurem Kopf, wenn ihr die beiden Gedichte lest? Beschreibt eure Eindrücke.
  b Gibt es Textstellen, die euch besonders gut gefallen? Stellt sie vor und begründet, warum.
  c Sprecht die folgenden Verse laut. Erklärt, auf welche Weise hier mit Sprache gespielt wird:
    – „Ein Faultier / fault hier" (Vers 1–2, Judith Holofernes: Das Faultier)
    – „Es schau / es schau / es schaukelt" (Vers 11–13, Dirk Held: Das Faultier)

2 In den beiden Gedichten wird das Faultier aus dem Blickwinkel eines lyrischen Ichs (bzw. eines Sprechers einer Spercherin) dargestellt. Sammelt, was diese Texte von einer sachlichen Tierbeschreibung, zum Beispiel aus einem Tiermagazin (▶ S. 44) unterscheidet.

3 Stellt euch vor, ihr wollt ein Faultier malen. Welche Informationen erhaltet ihr in den Gedichten über dieses Tier und welche fehlen möglicherweise noch, um es malen zu können?

Ilona Waldera

🔊 **Friedwart von Schnorch heißt er**

Ratzepüh!

Ein Faultier ist er. Fünfundfünfzig Zentimeter lang und zottelhaarig vom runden Kopf bis zum spitzen Zehennagel.

Jeden Tag seines langen Lebens bringt er damit
5 zu, an einem Baumast zu hängen. Sicher festgekrallt baumelt er dort, mit dem Kopf nach unten, und denkt nach. Was einem, der kein Faultier ist, unbequem erscheinen mag, zugeben. Doch für ein Faultier ist es das Schönste
10 auf der Welt und erfrischend fürs Gehirn dazu. Auf diese Weise gelingt es dem Friedwart, jede noch so schwere Frage zu beantworten: Warum gekochte Eier hart sind und gebratene Eier weich, zum Beispiel. Oder warum Fliegen
15 fliegen können, Fliegenpilze aber nicht.
Wer weiß das schon, außer Friedwart? Keiner. Und dann schafft der Zottelkerl es noch, seine Antworten in appetitliche Geschichtchen zu packen. Geschichtchen, die locker und duftig

sind wie ein frisch gebackenes Omelett und die 20 nach mehr schmecken. Darum hocken unter dem Baum, an dem der Faultiermann hängt, rudelweise kleine Tiere herum.
Sie starren hinauf und betteln, er möge ihnen doch was erzählen. Irgendwas. Wenn sie nur 25 laut genug piepsen, quietschen, brummen, bellen, miauen und quieken, öffnet Herr von Schnorch tatsächlich die Augen. Ganz, ganz langsam. Erst das linke, dann das rechte. Weil beides zusammen und auf einmal viel zu an- 30 strengend wäre. Dann nimmt er ganz, ganz vorsichtig die dicken Lippen auseinander, sperrt den Mund auf – gerade so weit, dass Worte hindurchschlüpfen können – und .... schnarcht: Ratzepüh – ratzepuh!!! 35
Tja, so ist es eben: Faultier Friedwart schläft immerzu. Aber vielleicht hilft das:
Aufwachen! Auf-wachen!! Auf-wa-chen!!!

1 **a** Begründet, ob der Name „Friedwart von Schnorch" zu dem Faultier passt.
b Wie wird das Faultier in diesem Text beschrieben? Nennt Beispiele aus dem Text.
Tipp: Beachtet auch, was dieser Text mit den beiden Gedichten auf Seite 51 gemeinsam hat.

2 Prüft: Woran erkennt ihr, dass es sich bei Friedwart von Schnorch um eine Figur aus einer Geschichte und nicht um ein echtes Faultier handelt? Tragt Merkmale zusammen.

⊕ **3** Friedwart fallen lustige Geschichten zu komplizierten Fragen ein, z. B. warum Fliegen fliegen können, Fliegenpilze aber nicht. Sammelt Fragen, die ihr Friedwart gern stellen würdet.

Das Faultier: Ein Leben in Zeitlupe

Ein Faultier erkennt man in den verzweigten Baumkronen der tropischen Regenwälder erst beim genauen Hinsehen. Das merkwürdige Säugetier bewegt sich nicht nur selten,
5 *es ist auch noch perfekt getarnt.*

Tatsächlich verbringt das Faultier fast sein ganzes Leben an einem Ast hängend. Die gebogenen Klauen des Faultiers geben sicheren Halt und lassen es wie an einem Haken bau-
10 meln – selbst im Schlaf fällt es nicht herunter. Wie viel die Tiere schlafen, ist umstritten. Früher ging man davon aus, dass der Faulpelz 15 bis 20 Stunden täglich schlummert. Neue Untersuchungen ergaben aber, dass Faultie-
15 re in freier Wildbahn zum Teil nur knapp zehn Stunden pro Tag schlafen. Selbst wenn Faultiere wach sind, wirkt ihr Anblick einschläfernd: Mühsam und zögerlich hangeln sie sich wie in Zeitlupe durch das Geäst, sogar
20 auf kurzen Strecken beschleunigen Faultiere höchstens auf einen Stundenkilometer. Wenn es sich denn mal bewegt, dann sucht das Faultier meistens etwas zu fressen. Auch die Verdauung des Faultieres verläuft sehr lang-

sam, weshalb es höchstens einmal pro Wo- 25 che vom Baum heruntermuss, um sein Geschäft zu verrichten. Die Langsamkeit hat ihren Grund: Wer sich wenig oder gar nicht bewegt, fällt nicht auf. Raubtiere oder -vögel haben deshalb Schwierigkeiten, Faultiere zu 30 entdecken. Hinzu kommt ihre gute Tarnung, denn im Blätterwald sind sie mit ihrem grünlich schimmernden Fell fast unsichtbar. Das Dreifinger-Faultier besitzt eine erstaunliche Fähigkeit: Es kann seinen Kopf um 180 Grad 35 nach hinten drehen. So erreicht es mehr Grünzeug, ohne den Körper bewegen zu müssen – eine bequeme Lösung.

1 **a** Erklärt, welchen Vorteil das Faultier durch seine Langsamkeit hat.
b Was erfahrt ihr noch über das Faultier? Gebt weitere Informationen aus dem Text wieder.

2 Das Aussehen des Faultiers ist im Sachtext oben noch nicht beschrieben. Beschreibt es.
a Nutzt die folgenden **Satzanfänge:** Das Faultier ist etwa 60 cm … Es besitzt einen … Körper mit … Armen und Beinen. An seinen Fingern und Zehen befinden sich jeweils drei … Der Körper ist von einem dichten Fell bedeckt, das … Der Kopf des Faultiers wirkt … Seine Augen …
b Nutzt die folgenden **Sätze** und setzt die Beschreibung fort: Die Größe des Faultiers liegt bei 60 cm. Es hat einen … Körperbau und lange, … Arme und Beine.
c Achtet auf **abwechslungsreiche Satzanfänge.** Probiert hierbei auch die Umstellprobe aus (▶ S. 264, 344). Ihr könnt so beginnen: Das Faultier ist ca. 60 cm groß. Es …

⊕ **3** Im Gegensatz zum Faultier gelten Bienen oder Ameisen als besonders fleißig.
Wählt eines der Tiere aus und stellt es in einem Sachtext vor.
Wer mag, schreibt noch ein kleines Gedicht über das Tier.

2.3 Fit in ... – Ein Tier beschreiben

Die Aufgabe richtig verstehen

Stell dir vor, du sollst in der nächsten Klassenarbeit folgende Aufgabe bearbeiten:

Verfasse eine genaue Beschreibung des Luchses für ein Tiermagazin (▸ S. 44). Deine Beschreibung soll sachlich informieren und zugleich interessant und anschaulich geschrieben sein, damit die Leser/-innen den Text auch gern lesen und das Tier näher kennen lernen. Nutze hierzu das Foto und wähle aus dem Steckbrief geeignete Informationen aus.

Tierart: Luchs
Besonderheiten:
größte Raubkatze Europas, hat sehr ausgeprägte Sinne:
– Haarpinsel an den Ohren (bis 5 cm lang) funktionieren wie Antennen: Mit ihnen kann der Luchs herausfinden, woher ein Geräusch kommt (kann eine Maus aus 50 Metern Entfernung hören)
– ausgezeichnetes Sehvermögen, Augen sind sechsmal lichtempfindlicher als beim Menschen. Das ermöglicht die Jagd bei Dämmerung und in der Nacht
Größe: 50–70 cm Schulterhöhe (vom Boden bis zur Spitze des Schulterblattes)
Gewicht: 20–25 kg
Lebenserwartung: bis zu 15 Jahre in freier Wildbahn, bis zu 25 Jahre im Gehege

 1 Lest die Aufgabenstellung. Besprecht zu zweit, was ihr machen sollt.
Welche Informationen gehören in die Beschreibung? Wie könnt ihr die Beschreibung aufbauen?

Planen

2 **a** Lest den Steckbrief (▶ S. 54) zum Luchs: Welche Informationen erhaltet ihr, welche fehlen noch?
 b Kennt ihr die Redensart „Du hast Ohren und Augen wie ein Luchs"?
 Erklärt mit Hilfe der Informationen aus dem Steckbrief, was damit gemeint sein kann.

3 **a** Zeichnet oder paust den Luchs ab. Lasst um die
 Zeichnung herum genügend Platz, damit ihr die
 einzelnen Körperteile beschriften könnt.
 b Beschriftet die einzelnen Körperteile des
 Luchses. Sucht hierfür die richtigen Begriffe
 aus dem Wortschatzkasten heraus.

> der Schwanz • der Backenbart •
> die Haarpinsel • die Füße • die Ohren •
> die Flosse • die Pfoten • die Augen •
> die Flügel • das Fell • der Schnabel •
> die Schnauze • die Vorderbeine •
> die Hinterbeine • der Bauch •
> die Schnurrhaare

4 **a** Mit welchen Farbadjektiven könnt ihr das Fell und die Augen des Luchses beschreiben?
 Wählt aus dem Wortschatzkasten passende Adjektive aus und ergänzt sie in eurer Zeichnung.

> **weiß:** schneeweiß • cremeweiß • grauweiß
> **gelb:** goldgelb • sonnengelb • ockergelb
> **braun:** gelbbraun • ockerbraun • dunkelbraun • rotbraun
> **schwarz:** grauschwarz • pechschwarz • tiefschwarz

 b Sammelt Angaben zur Form der einzelnen Körperteile und ergänzt sie in eurer Zeichnung, z. B.:
 Ohren (spitz),

> spitz • dreieckig • mandelförmig • breit • schlank • kurz • rund • groß • kräftig • muskulös

Schreiben und überarbeiten

5 Verfasst eine Beschreibung des Luchses, die ihr in einem Tiermagazin veröffentlichen könntet. Nutzt eure Skizze und die Informationen aus dem Steckbrief (▶ S. 54–55), z. B.:

Überschrift	Die größte Raubkatze Europas / Der Luchs – Meister …
Einleitung Tierart, Besonderheit	Der Luchs ist die größte Raubkatze Europas. Das Besondere an dem Tier sind seine …
Beschreibung Aussehen Größe, Gewicht, Körperbau, Farbe und Muster des Fells, Kopfform, Ohren, Augen usw.	Luchse haben eine Schulterhöhe von … und wiegen … Das gelbbraune Fell des Luchses ist … Sein Kopf ist im Verhältnis zum Körper … An den Spitzen der dreieckigen Ohren sitzen die … Sie sind bis zu 5 cm lang und funktionieren wie …
Schluss, z. B. Lebenserwartung	Luchse können bis … Jahre … In freier Wildbahn erreichen sie …

6 Lest eure Texte noch einmal in Ruhe durch und prüft sie mit Hilfe der Checkliste. Geht so vor:
  a Prüft, ob eure Beschreibung alle wichtigen Informationen enthält.
     Notiert am Rand, wo ihr die markierten ⎡Bausteine⎤ aus der Checkliste (1 bis 6) findet.
  b Kontrolliert die Sprache eures Textes (Bausteine A bis D in der Checkliste):
    A Habt ihr das Tier anschaulich und genau beschrieben? Markiert in eurem Text alle Adjektive und ergänzt fehlende Adjektive.
    B Prüft, an welchen Stellen ihr andere Verben als *ist/sind* und *hat/haben* verwenden könnt.
    C Ist euer Text sachlich formuliert? Streicht oder ersetzt persönliche Wertungen.
    D Prüft, ob ihr durchgängig das Präsens verwendet habt. Korrigiert falsche Zeitformen.

Checkliste ▶ **Ein Tier anschaulich und genau beschreiben**

- Habt ihr eine ⎡**Überschrift**⎤ (1) formuliert?
- Gibt es eine Einleitung, in der ihr über die ⎡**Tierart**⎤ (2) und eine ⎡**besondere Eigenschaft**⎤ (3) des Tieres informiert?
- Beschreibt ihr dann die ⎡**Größe**⎤ (4) (evtl. Gewicht) und das ⎡**Aussehen**⎤ (5) des Tieres in einer sinnvollen Reihenfolge (Körperbau, Farbe und Muster des Fells, Ohren, Augen usw.)?
- Informiert ihr zum Schluss über ein ⎡**weiteres**⎤ interessantes ⎡**Merkmal**⎤ (6), z. B. über die Lebenserwartung des Tieres?

Sprache

- **A** An welchen Stellen könnt ihr das Tier noch genauer beschreiben, z. B. mit treffenden **Adjektiven?** Beispiel: *Die <u>langen, schwarzen</u> Haarpinsel …*
- **B** Wo könnt ihr die Verben *ist/sind* und *hat/haben* durch andere Verben ersetzen, zum Beispiel durch *tragen, besitzen, sich befinden, aufweisen?*
- **C** Habt ihr **sachlich formuliert** und auf persönliche Wertungen verzichtet? Beispiel: *Die Augen des Luchses sind ~~schön~~.* → Besser: *Die Augen des Luchses sind <u>goldgelb</u>.*
- **D** Habt ihr das **Präsens** als Zeitform verwendet?

3 Miteinander sprechen –
Die eigene Meinung begründen

Gesprächsregeln:
- zuhören
- Höflichkeit
- nachfragen

1 Beschreibt die abgebildeten Gesprächs-situationen in der Klasse.

2 Erklärt, welche Regeln für Klassengespräche hier eingehalten werden und welche nicht.

3 Über welche Themen diskutiert ihr in eurer Klasse? Haltet ihr die Gesprächsregeln ein?

In diesem Kapitel ...

- entwickelt ihr Gesprächsregeln, die euch helfen, mit unterschiedlichen Meinungen und Streitsituationen umzugehen,
- lernt ihr, eure Meinung mündlich und schriftlich überzeugend zu begründen,
- lest ihr Geschichten aus der Schule, die vom Einmischen und vom Mutigsein handeln.

3.1 Klassengespräche führen – Mit Argumenten überzeugen

Erst mal zuhören – Gesprächsregeln erarbeiten

Romina: Gestern haben wir auf dem Heimweg überlegt, ob wir nicht in den großen Pausen etwas zusammen machen sollten.

Lukas: Super Vorschlag! Can, Mirko und ich wollen schon länger an der Pausenliga teilnehmen. Da gibt's klasse Angebote, z. B. Fußball und Tischtennis.

Pauline: Spielen wir dann etwa mit 26 Schülern in einer Mannschaft? Was Besseres fällt dir nicht ein, Lukas?

Mirko: Du hast keine Ahnung, Pauline! In der Pausenliga gibt es mehrere kleine Teams, die gegeneinander spielen. Aber vielleicht bist du ja auch einfach faul und willst dich nicht bewegen.

Pauline *(wütend):* Boah, was du da sagst, ist echt gemein!

Romina: Die Idee mit dem gemeinsamen Sport klingt doch erst einmal gut.

Burak: Finde ich auch!

Sophia *(kichert):* Oder wir nehmen alle unsere Smartphones mit in die Pause und spielen …

Deniz *(fällt Sophia ins Wort):* Seit wann ist Daddeln denn was Gemeinsames? Außerdem haben wir an der Schule auch Handy-Regeln.

Julian: Die Handy-Regeln finde ich total blöd. Das ist echt wie zu Hause. Da muss ich auch mit meinen Eltern rumdiskutieren, wie lange ich ans Handy darf.

Lukas: Lass uns doch mal beim Thema bleiben. Es geht um unsere Pause. Es gibt doch auch noch Spiele zum Ausleihen, Bälle zum Jonglieren und Frisbee-Scheiben. Da findet doch bestimmt jeder was, worauf er Lust hat, oder?

Philipp: Die Frisbee-Scheiben bringen mich auf eine Idee: Habt ihr schon mal was von der Pausenliga gehört?

Deniz: Guten Morgen, Philipp! Hast du eben nicht zugehört?

1 a Lest das Gespräch leise für euch und überlegt, wie ihr die Beiträge betonen würdet.
  b Tragt das Gespräch mit verteilten Rollen vor. Besprecht, wie es auf euch wirkt.

2 Untersucht das Gespräch: Welche Beiträge bringen das Gespräch voran (Gesprächsmotoren), welche hemmen es (Gesprächsbremsen)? Nennt Beispiele aus dem Text.

3 Überlegt euch drei weitere Beispiele für Gesprächsmotoren und Gesprächsbremsen. Stellt sie der Klasse vor und begründet, warum sie ein Gespräch fördern bzw. blockieren.

Kann man streiten lernen?

Ein Interview mit der Pädagogin Christina Hennen.

Kann man streiten lernen?

Das muss man sogar. Streit ist wichtig, so lernt man zu sagen, was man will und was man nicht will. Man lernt seine eigenen Gren-
5 zen und die Grenzen anderer kennen.

Und wie übt man das?

Indem man guckt, was bei einem Streit funktioniert und was ihn schlimmer macht. Womit geht es hinterher allen besser? Wichtig ist,
10 sich an Regeln zu halten. Jemanden zu hau-en, ist natürlich tabu. Und Ruhe zu bewah-ren, ist immer besser.

Was ist ein guter Streit?

Wenn man sich gegenseitig zugehört hat und am Ende eine Lösung findet, mit der alle zu- 15 frieden sind.

Wäre es besser, gar nicht zu streiten?

Auch Wut und Traurigkeit gehören zum Le-ben. Wer solche Gefühle immer runter-schluckt, bekommt Bauchschmerzen. 20

---

1 Lest das Interview. Bearbeitet dann Aufgabe a, b oder c.

 a Welche Aussage trifft die **Meinung der Expertin?** Begründet.
   – Streit sollte man am besten vermeiden.
   – Streiten kann man üben und Streit ist wichtig.

b Erklärt mit eigenen Worten, was für die Expertin ein **guter Streit** ist.
   Nennt Textbelege.

c Wäre es besser, gar nicht zu streiten?
   Erklärt mit eigenen Worten, was Frau Hennen antworten würde.

d Tauscht eure Ergebnisse aus und erklärt, wie man das Streiten üben kann.

2 a Damit ihr in der Klasse gute Gespräche führen könnt, solltet ihr Gesprächsregeln vereinbaren.
   Einigt euch auf fünf Gesprächsregeln, die für alle gelten sollen. Geht so vor:
   – Einigt euch in Teamarbeit auf drei Gesprächsregeln, die ihr besonders wichtig findet.
   – Sucht ein anderes Team und einigt euch zu viert auf drei Gesprächsregeln.
   – Trefft euch mit einer anderen Vierergruppe und einigt euch zu acht auf die drei wichtigsten
     Gesprächsregeln. Schreibt jede Regel auf eine Karte oder ein Blatt Papier.
   – Jede Gruppe heftet ihre Regelkarten an die Tafel oder die Wand. Lest alle Karten und ordnet sie:
     Auf welchen stehen gleiche oder ähnliche Regeln? Diese gehören zusammen.

b Gestaltet ein großes Plakat mit Gesprächsregeln.
   Überlegt auch, wie ihr die Regeln formulieren wollt, z. B.:

Wir hören unserer Gesprächs-partnerin / unserem Gesprächspartner aufmerksam zu.	Ich höre meiner Gesprächs-partnerin / meinem Gesprächspartner aufmerksam zu.	Höre deiner Gesprächs-partnerin / deinem Gesprächspartner aufmerksam zu.	Aufmerksam zuhören!

 3 Entwerft Zeichnungen für einzelne Regeln auf dem Plakat, z. B. ein Ohr fürs Zuhören.

Vorschläge äußern – Sprechen und Zuhören üben

 1 In einem Gespräch ist es wichtig, sich gegenseitig gut zuzuhören. Mit dem Echo-Spiel (▶ Kasten unten) könnt ihr das richtige Zuhören üben. Bildet hierzu Gruppen aus vier bis fünf Personen.

a Findet Themen für das Echo-Spiel. Dazu schreibt ihr auf, was ihr euch an der Schule wünscht. Ihr könnt die folgenden Formulierungshilfen und Themenvorschläge nutzen.

> **Formulierungshilfen**
> – Ich wünsche mir ...
> – Ich fände es gut, wenn ...
> – Mir fehlt ...
> – Ich hätte gern ...

> **Themen**
> – Spielgeräte für den Schulhof anschaffen (Tischtennisplatte, Basketballkörbe, Springseile)
> – Klassenraum einrichten (Spieleecke, Pflanzen, Bücherregal)
> – Klassenfest organisieren

b Erprobt das Echo-Spiel:
– Zwei Gruppenmitglieder sprechen jeweils über ihre Wünsche und probieren dabei die Methode des Echo-Spiels aus.
– Die übrigen Gruppenmitglieder beobachten das Gespräch und notieren, ob die Regeln des Echo-Spiels befolgt wurden.
– Tauscht die Rollen und führt eine zweite Übungsrunde durch.

> Ich fände es gut, wenn wir ein Klassenfest veranstalten würden. Dann könnten wir uns besser kennenlernen.

> Joshua meint, wir sollten ein Klassenfest planen, weil wir uns dann besser kennenlernen würden. Den Vorschlag finde ich gut. Wichtig finde ich aber, dass wir die Party gemeinsam ...

c Wertet das Gespräch aus: Wie habt ihr euch bei dem Gespräch gefühlt? Haben sich die zwei Sprecher/-innen an die Regeln gehalten?

2 Diskutiert: Wie kann das Echo-Spiel euch in einem Klassengespräch helfen?

Methode ▶ **Das Echo-Spiel**

In einem Gespräch ist es wichtig, sich gegenseitig **gut zuzuhören.** Erst dann kann man aufeinander eingehen und an die Beiträge der Gesprächspartnerin / des Gesprächspartners anknüpfen. Mit dem **Echo-Spiel** könnt ihr das üben. Geht dabei so vor:
■ Die erste Rednerin oder der erste Redner formuliert die eigene Meinung zu einem Thema.
■ Bevor die nächste Rednerin / der nächste Redner die eigene Meinung äußert, muss **mit eigenen Worten wiederholt werden, was zuvor gesagt wurde.**
TIPP: Haltet Blickkontakt zu eurer Gesprächspartnerin / zu eurem Gesprächspartner und zeigt euer Interesse durch Nachfragen, Nicken usw.

So soll die Sitzordnung sein! – Meinungen begründen

1 Die Sitzordnung in der Klasse ist eine wichtige Frage:
Welche Erfahrungen habt ihr mit verschiedenen Sitzordnungen bereits gemacht?

2 Beim Thema „Sitzordnung" gibt es viele unterschiedliche Meinungen.
Welche der folgenden Meinungen werden begründet, welche nicht? Wählt a, b oder c.

> **A** Ich bin dafür, dass sich alle selbst einen Platz aussuchen dürfen.
>
> **B** Ich finde, wir sollten über die Sitzordnung diskutieren.
> Denn so können alle ihre Wünsche einbringen.
>
> **C** Eine Auslosung der Sitzordnung wäre fair, weil dann der
> Zufall entscheidet und sich niemand benachteiligt fühlen muss.
>
> **D** Unsere Lehrkraft sollte die Sitzordnung bestimmen, da sie uns am besten kennt.
>
> **E** Ich bin der Meinung, dass wir die Sitzordnung alle zwei Monate neu auslosen sollten.
>
> **F** Ich bin für Gruppentische. Das finde ich einfach am besten.

a **Findet zwei Aussagen,** in denen die eigene Meinung begründet wird.
Notiert die Buchstaben dieser Aussagen in eurem Heft.

b **Entscheidet bei jeder Aussage,** ob sie nur die Meinung wiedergibt oder ob sie begründet wird.
Notiert in eurem Heft die Buchstaben und dann ein M (= nur Meinung) oder M + B (= Meinung mit Begründung).

c Sucht die Sätze heraus, in denen nur die eigene Meinung wiedergegeben wird.
Formuliert diese Aussagen neu und **ergänzt** dabei **mögliche Begründungen.**

d Vergleicht eure Ergebnisse: Woran habt ihr erkannt, was Meinung und was Begründung ist?

3 Wie würdet ihr gern in eurer Klasse sitzen? Formuliert eure Meinung und begründet sie.
Ihr könnt die folgenden Formulierungshilfen nutzen. Achtet auf das Komma vor *da*, *weil* und *denn*.

Meinung
Ich finde...
Meiner Meinung nach...
Ich bin der Meinung, dass...
Ich bin dafür/dagegen, dass...
Ich meine, dass...

Begründung (Argument)
,da/weil...
,denn...
Dafür spricht, dass...
Ein Argument dafür ist, dass...
Das kann man so begründen: ...

Information ▸ **Meinungen begründen**

In einem Gespräch oder einer Diskussion gibt es oft unterschiedliche Meinungen (Positionen) zu einem Thema. Um andere von der eigenen Meinung zu überzeugen, braucht man gute Begründungen (Argumente).

Meinung: *Ich finde Gruppentische sinnvoll,*

Begründung (Argument): *weil man dann gut ins Gespräch kommt.*

Eine Begründung könnt ihr z. B. mit folgenden Wörtern einleiten: *weil, da, denn.*

Arthur: Ich finde es total ungerecht, dass Leon und ich einfach auseinandergesetzt wurden.

Adrian: Ihr habt schon ziemlich viel gestört. Aber ein bisschen liegt das auch an unserer Sitzord-
5 nung, weil das Quatschen bei Gruppentischen einfach leichterfällt. Ich bin für eine Sitzordnung mit Tischreihen.

Elif: Das sehe ich auch so: Ich bin eh gegen Gruppentische, denn da können nicht alle gut auf die
10 Tafel sehen. Manche müssen sich da voll den Hals verrenken.

Celina: Nur weil ein paar von uns stören, sollten wir nicht die komplette Sitzordnung ändern. In letzter Zeit arbeiten wir in so vielen Fächern zu-
15 sammen. Das geht mit Gruppentischen einfach viel besser.

Adrian: Das stimmt, Celina.

Alina: Ich schlage vor, dass wir die Tische in U-Form stellen. Da können alle Schüler problemlos
20 alles sehen. Unsere Parallelklasse hat damit auch gute Erfahrungen gemacht.

Hannah: Ich finde die U-Form auch richtig gut.

1 a Lest das Gespräch mit verteilten Rollen.
Um welches Thema geht es?
b Wer setzt sich für welche Sitzordnung ein?
Nennt Namen.
c Adrian ändert seine Meinung. Erklärt, warum.

 2 Untersucht das Gespräch genauer. Wer begründet die eigene Meinung? Legt eine Tabelle nach folgendem Muster an:

Name	Meinung	Begründung
Adrian	Das Stören liegt auch an der Sitzordnung.	Gruppentische laden zum Quatschen ein.
Elif	...	...

3 a Über welches Klassenprojekt wollt ihr diskutieren? Sammelt Themen, z. B.: *Klassenkasse anschaffen, Klassenbücherei anlegen, Klassenrat einführen, Ziel für einen Ausflug festlegen.*
b Einigt euch auf ein Thema und bereitet euch auf die Diskussion vor: Alle schreiben ihre Meinung auf einen Zettel und sammeln Begründungen (Argumente) für den eigenen Standpunkt.
c Wählt vier bis fünf Beobachter/-innen.
Sie notieren mit Hilfe eines Beobachtungsbogens, was ihnen während der Diskussion auffällt, z. B.:

Beobachtungsbogen zum Thema …	☺	😐	☹	Beispiele aus der Diskussion
Gesprächsregeln eingehalten?	X			Niemand wurde unterbrochen
Die eigene Meinung klar formuliert?				...
Meinungen durch Argumente begründet?				...

d Führt eure Diskussion. Achtet dabei auf die Gesprächsregeln (▶ S. 59).
e Besprecht, wie eure Diskussion verlaufen ist. Bezieht den Beobachtungsbogen ein.

Weil, da, denn – Wo steht das Verb in Begründungssätzen?

Azra: Ich möchte ins Computerspielemuseum fahren, <u>denn</u> dort <u>gibt</u> es Hunderte von Spielen.
Emma: Ich schlage einen Ausflug in die Kletterhalle vor, <u>weil/da</u> das Klettern viel Spaß <u>macht</u>.

1 Azra und Emma leiten ihre Begründungen mit unterschiedlichen Verknüpfungswörtern ein.

a Untersucht: Wo steht das <u>gebeugte Verb</u>, wenn man den Satz mit *denn* einleitet? Wo steht es, wenn man den Begründungssatz mit *weil* oder *da* einleitet?

b Erklärt: Was müsst ihr beachten, wenn ihr eure Begründungen mit *denn* oder mit *weil/da* einleitet?

2 a Verknüpft die folgenden Vorschläge mit ihren Begründungen. Verwendet abwechselnd *weil* oder *da* oder *denn*.
TIPP: Achtet auf die unterschiedliche Stellung des gebeugten Verbs in den Begründungssätzen und auf die Kommasetzung. Ihr könnt auch das Feldermodell nutzen (▶ S. 263).

> **A** Eine Fahrradtour finde ich gut. Wir sind dabei den ganzen Tag draußen.
> **B** Ich bin für eine Fahrt in den neuen Erlebnispark. Dort war noch keiner von uns.
> **C** Eine Lesenacht in der Klasse würde mir gefallen. Wir könnten uns besser kennenlernen.
> **D** Einen Ausflug in den Tierpark fände ich toll. Dort sind gerade vier Löwen geboren worden.
> **E** Ich würde gern den Aqua-Zoo besuchen. Das passt gut zum Biologieunterricht.

b Umkreist die Verknüpfungswörter *(weil, da, denn)* und unterstreicht die gebeugten Verben.

3 Ihr habt bestimmt eigene Ideen für einen Klassenausflug.
Formuliert selbst einen Vorschlag und leitet eure Begründung mit *weil/da* oder *denn* ein.
Achtet auf die Kommasetzung und die richtige Verbstellung im Begründungssatz.

> **Information** ▶▶ *Weil, da, denn:* **Wo steht das Verb in Begründungssätzen?**
>
> Wenn ihr Begründungen überzeugend formulieren wollt, könnt ihr sie mit Verknüpfungswörtern wie *weil, da* oder *denn* einleiten.
> - Mit den Subjunktionen **weil** oder **da** leitet ihr einen **Nebensatz** ein.
>   Hier muss die **Personalform des Verbs am Ende** des Satzes stehen, z. B.:
>   *Ich möchte in die Kletterhalle, <u>weil/da</u> das ein Abenteuer <u>ist</u>.*
> - Mit der Konjunktion **denn** leitet ihr einen **Hauptsatz** ein.
>   Die Personalform des Verbs steht im Begründungssatz an dritter Position, z. B.:
>   *Ich möchte ins Computerspielemuseum, <u>denn</u> dort <u>gibt</u> es Hunderte von Spielen.*
> **TIPP:** Achtet auf die **Kommasetzung** bei den Begründungssätzen.

Klassenfahrten in der Diskussion – Meinungen schriftlich begründen

Göppingen, den 4. Oktober 20..

Sehr geehrte Frau Schulleiterin Dr. Weber,

ich bin Vater einer Schülerin aus der 5b und habe mich furchtbar geärgert. Stellen Sie sich mal vor: Der Klassenlehrer meiner Tochter plant eine Klassenfahrt.
5 Wussten Sie das?
Meiner Meinung nach sollten Klassenfahrten komplett verboten werden, denn solche Unternehmungen führen dazu, dass der Unterricht ausfällt. Es gibt schon genug Ferien, da muss es doch nicht noch zusätzlichen
10 Unterrichtsausfall geben, oder?
Außerdem geht es bei den Klassenfahrten doch nur darum, Spaß zu haben. Und das kann ich wirklich nicht unterstützen. Die Schule ist doch nicht für Spaß zuständig, sondern dafür, dass die Schülerinnen und
15 Schüler etwas lernen.
Ein weiterer Grund für das Verbot von Klassenfahrten ist, dass bei solchen Spaßaktionen jede Menge Unfälle passieren können. Malen Sie sich doch mal aus, was bei einem Ausflug in eine Kletterhalle oder in einen
20 Erlebnispark alles passieren kann!
Ich hoffe doch sehr, dass Sie meine Position verstehen und mit diesem Unsinn schnellstens Schluss machen.

Hochachtungsvoll

Dr. Dr. Griesgram

1 **a** Erklärt, welche Meinung Dr. Dr. Griesgram vertritt. Wo im Brief findet ihr sie?
b Was haltet ihr von Dr. Dr. Griesgrams Meinung? Formuliert eure Position und begründet sie.
Ich finde, dass …, denn …
Ich bin nicht der Meinung, dass … Ein Grund hierfür ist …
Die Forderung von … kann ich nicht verstehen, weil …

2 **a** Untersucht den Brief genauer. Welche drei Begründungen (Argumente) führt Dr. Dr. Griesgram für seinen Standpunkt an? Schreibt sie mit euren eigenen Worten auf.
b Diskutiert: Überzeugen euch die Argumente von Dr. Dr. Griesgram? Was könntet ihr entgegenhalten?

⊕ **3** Lest erneut die Zeilen 16 bis 20. Was für ein konkretes Beispiel könnte hier ergänzt werden?

4 Sollen Klassenfahrten komplett verboten werden? Begründet, warum ihr gegen dieses Verbot seid. Nutzt hierzu die Begründungshand.

a Zeichnet eine Begründungshand: Legt die Hand, mit der ihr nicht schreibt, auf eine freie Seite des Heftes. Zeichnet dann eine Linie um die Hand.

b Schreibt zunächst eure Meinung in die Handfläche.

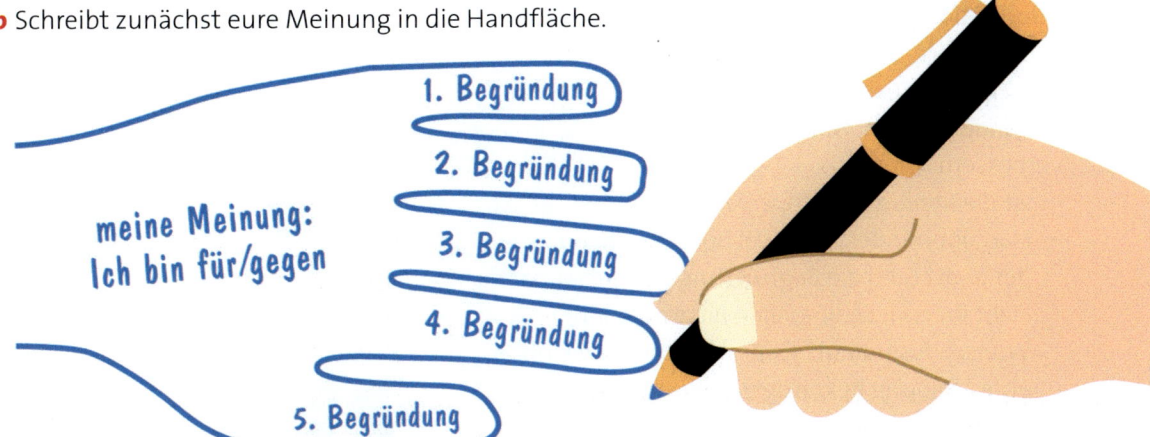

5 Überlegt, mit welchen Begründungen ihr euren Standpunkt stützen könnt. Wählt a, b oder c.

a Beantwortet die Fragen in Stichworten, sodass sich Begründungen ergeben.

---

1 Was könnte man bei einem Ausflug lernen?
2 Wie könnte sich die Stimmung in der Klasse ändern?
3 Was wäre anders als an einem anstrengenden Schultag?

---

b Ergänzt bei den vorgegebenen Begründungen **die Lücken.**

---

1 ... kennenlernen
2 ... verbessern
3 ... macht Spaß

---

c Formuliert, was euch an den Begründungen von Herrn Dr. Dr. Griesgram (▶ S. 64) nicht überzeugt. **Findet selbstständig** drei bis vier **Begründungen,** die ihr ihm entgegnen könnt.

d Tauscht euch über eure Begründungen aus und einigt euch auf zwei überzeugende Begründungen. Schreibt diese zwei Begründungen in Stichworten auf die Finger eurer Begründungshand.

Methode	Mit der Begründungshand Argumente sammeln

- Legt die Hand, mit der ihr nicht schreibt, auf eine freie Seite des Heftes.
- Zeichnet dann eine Linie um die Hand. Schreibt zunächst eure **Meinung in die Handfläche.**
- Schreibt dann die **Begründungen** (Argumente) für eure Meinung **in Stichworten auf die Finger** der Begründungshand.

6 Schreibt Dr. Dr. Griesgram einen Brief, in dem ihr begründet, warum ihr gegen ein Verbot von Klassenfahrten seid. Nutzt eure Begründungshand (▶ S. 65) und die Formulierungshilfen aus der Information unten.

7 a Tauscht eure Texte aus und prüft mit Hilfe der folgenden Fragen, was gelungen ist und was ihr noch verbessern könnt:
- Ist die Meinung deutlich formuliert?
- Habt ihr mindestens zwei Begründungen genannt? Sind die Begründungen überzeugend?
- Habt ihr zum Schluss eine Bitte oder einen Wunsch formuliert? Oder habt ihr noch einmal eure Meinung bekräftigt?

b Setzt die Verbesserungsvorschläge um und überarbeitet eure Briefe.

8 Verfasst eine kurze Antwort von Dr. Dr. Griesgram auf eure Argumente. Er soll eine Lösung vorschlagen, mit der alle zufrieden sind.

Information ▶ **Eine Meinung schriftlich begründen (E-Mail oder Brief)**

Ihr könnt eure Meinung auch schriftlich begründen, z. B. in einer E-Mail oder in einem Brief. Das macht ihr zum Beispiel, wenn ihr eine Bitte oder einen Vorschlag (z. B. einen Antrag) formuliert. Eure Texte könnt ihr nach folgendem Muster aufbauen:

Ort und Datum	Göppingen, den 10. Oktober 20..
Anrede	Sehr geehrte Frau …,/Sehr geehrter Herr …,
Einleitung Situation darstellen	ich habe gehört, dass Sie … von … habe ich erfahren, dass …
Hauptteil ■ Meinung ■ Begründung 1 ■ Begründung 2	Ich bin der Meinung, dass …/Ich finde (nicht), dass …, weil/da/denn … Außerdem denke ich, …/Ein weiterer Grund ist, dass …
Schluss Bitte/Wunsch formulieren	Ich würde mich sehr freuen, wenn Sie … Ich möchte Sie daher bitten, … Ich schlage daher vor, dass …
Grußformel und Name (Unterschrift)	Viele Grüße/Mit freundlichen Grüßen …

Meinungen begründen

Die Klassenraumgestaltung

Maria: Ich bin dafür, den Klassenraum neu zu streichen. Schön bunt und nicht so grau.

Max: Was für eine blöde Idee! Und in drei Monaten sind die Wände wieder dreckig.

5 **Nikolai** *(fällt Max ins Wort):* Aber das liegt doch an uns, wie die Wände aussehen.

Betül: Marias Idee finde ich super, denn die alte Farbe ist echt ganz schön fleckig.

Nadja: Und vielleicht können wir auch ein paar
10 Pflanzen aufstellen. Die würden unseren Raum freundlicher machen.

Philipp: Und wie wäre es mit einer Klassenbücherei? Es gibt viele in unserer Klasse, die so was gerne hätten.

Max: Und wie sollen wir das bezahlen? Für das 15 Anstreichen bekommen wir Geld vom Förderverein. Zahlen die auch Bücher?

Béla: Mein Vorschlag: Wir diskutieren alle drei Vorschläge in der nächsten Klassenlehrerstunde. Was haltet ihr davon? 20

1 Testet euch selbst und beantwortet die folgenden Fragen in eurem Heft:

a Wer verletzt die Gesprächsregeln? Notiert die Namen.

b Wer formuliert seine Meinung mit einer guten Begründung? Schreibt die Namen der Kinder auf.
TIPP: Nicht immer werden Begründungen durch Verknüpfungswörter eingeleitet.

c Stimmt Bélas Aussage zu und begründet eure Zustimmung.

2 Welche der folgenden Vorschläge werden begründet, welche nicht? Schreibt die Buchstaben der begründeten Meinungen hintereinander ins Heft. Rückwärtsgelesen ergeben sie ein Lösungswort.

Schul-Wunschliste

M Ich wünsche mir einmal in der Woche einen Tag ohne Hausaufgaben.

O Wir wünschen uns längere Pausen, weil wir dann mehr Zeit hätten, miteinander zu spielen.

N Ich wünsche mir Basketballkörbe auf dem Schulhof, denn dann könnten wir uns in den Pausen richtig austoben.

I Die Einrichtung einer Leseecke wäre toll, denn dort könnten wir in der Mittagspause in Ruhe lesen.

E Mein Vorschlag ist, gemeinsam einen lustigen Film im Kino zu besuchen und anschließend darüber zu diskutieren.

K Eine Lesenacht in der Aula wäre toll, da wir uns bei so einer Aktion besser kennenlernen können.

L Ich wünsche mir eine Klassenbücherei, in der man sich spannende Jugendbücher und auch Filme ausleihen kann.

---

 3 Vergleicht zu zweit eure Lösungen. Besprecht Zweifelsfälle in der Klasse.

3.2 Konflikte im Klassenraum – Streitgeschichten lesen, Ratschläge formulieren

Elisabeth Zöller

Der Klassen-King

Im Musikunterricht singen wir heute. Ich singe gern. Coolman macht den Mund nicht auf. Ich sehe es. Frau Hampel sieht es auch. „Warum singst du denn nicht mit, Steffen?", fragt sie.

5 „Singen nervt."

„Aber wir haben Musik", sagt Frau Hampel.

„Musik nervt", antwortet Coolman.

Frau Hampel geht auf und ab. Das macht sie immer, wenn sie nervös ist.

10 „Ist doch eh alles saulangweilig", sagt Coolman.

Frau Hampel bleibt stehen.

„Babylieder sind das, saulangweilige Babylieder!" Coolman kichert.

Frau Hampel wird sauer. „Du hast zwei Mög- lichkeiten", sagt sie. „Entweder du gehst ins 15 Sekretariat und schreibst dort unser Lesebuch- gedicht von heute Morgen ab oder du singst mit."

„Dann muss ich wohl", sagt Coolman grin- send. 20

„Was?", fragt Frau Hampel.

„Was wohl?", fragt er zurück.

„Singen?", fragt Frau Hampel.

„Nee, im Leben nicht!" Er lacht.

„Dann verschwinde", sagt Frau Hampel, „aber 25 ein bisschen plötzlich!"

Er grinst, steht ungeheuer langsam auf, zieht ungeheuer langsam seine Tasche aus der Bank. Ungeheuer langsam entnimmt er der Tasche
30 das Lesebuch, ungeheuer langsam sucht er sein Federmäppchen. Ungeheuer langsam stellt er die Tasche wieder unter die Bank. Er grinst. Alle schauen zu, wie er sich ungeheuer langsam aufrichtet und um sich schaut mit sei-
35 nem Gucken-auch-wirklich-alle-Blick.
Da reißt Frau Hampel der Geduldsfaden. Sie nimmt ein Stück Kreide und wirft nach ihm. Aber sie trifft nicht. Glück für sie, denn Lehrer müssen sich „im Griff haben" (hat meine
40 Mama gesagt), während Schüler eigentlich tun und lassen können, was sie wollen (hat auch meine Mama gesagt). Sie dürfen nur niemanden (vor allem keine Lehrer) kratzen, beißen oder treten.
45 Coolman lacht und sagt: „Ey, das dürfen Sie nicht! Und das wissen Sie ganz genau!" Dabei lässt er wieder seinen Gucken-auch-wirklich-alle-Blick schweifen.
Die ganze Klasse schweigt betreten. Frau Ham-
50 pel guckt ganz unglücklich. Sie kann einem fast leidtun.
In Zeitlupentempo geht Coolman zur Tür. In Zeitlupentempo öffnet er die Tür. In Zeitlupentempo schaut er sich um, zieht eine Fratze, grinst siegesgewiss, versichert sich, dass auch 55 wirklich alle gucken, und in seinen Augen steht die Frage: Bewundern mich auch alle? Dann geht er. Und lässt die Tür offen stehen. Frau Hampel atmet tief durch. Dann geht sie zur Tür und knallt sie zu. Bravo! 60
„Jetzt sind wir wieder unter uns", seufzt sie. Stimmt, so komisch das klingt. Coolman gehört immer noch nicht zu uns, jedenfalls nicht richtig. Und das hat nichts damit zu tun, dass er neu in die Klasse gekommen ist. 65
Noch bevor wir weitersingen können, öffnet sich die Tür wieder. Ganz langsam. Coolman steht mitten in der Tür und grinst.
„Was ist?", fragt Frau Hampel.
„Ich habe mein Heft vergessen. Hihi!" 70
Ganz langsam geht er zu seinem Platz. Holt ganz langsam seine Tasche hervor.
Zieht ganz langsam sein Heft heraus. Geht ganz langsam zur Tür und macht sie ganz langsam hinter sich zu. 75
Frau Hampel seufzt. Alle seufzen. Zum Singen hat niemand mehr Lust. Aber die Stunde ist eh gleich um.

1 **a** Erklärt vor dem Lesen, was die Überschrift „Klassen-King" für euch bedeutet. Stellt dann Vermutungen darüber an, worum es in dem Text gehen könnte.
b Tauscht euch nach dem Lesen aus: Haben sich eure Vermutungen bestätigt?
c Gebt mit eigenen Worten wieder, was im Laufe dieser Musikstunde passiert.

2 **a** Spielt die Szene, in der Coolman „ungeheuer langsam" und mit dem „Gucken-auch-wirklich-alle-Blick" die Klasse verlässt (▸ Z. 27–35) in einem Rollenspiel nach. Einer oder eine von euch ist Coolman, die anderen spielen die Klasse. Spielt die Szene mehrmals und besetzt in jeder Runde die Rolle Coolmans neu.
b Tauscht euch aus: Wie habt ihr euch in den jeweiligen Rollen gefühlt?

3 **a** Sucht euch zu zweit eine weitere Textstelle heraus, in der das Verhalten von Coolman eurer Meinung nach besonders deutlich wird.
b Coolman heißt eigentlich Steffen Kuhlmann. Erklärt, warum sein Spitzname zu Steffen passt.

4 Versucht zu begründen, warum sich Coolman so verhält. Seht ihr eine Möglichkeit, wie Coolman seinen Platz in der Klasse finden könnte? Diskutiert darüber.

5 Plant eine E-Mail an Steffen (Coolman), in der ihr eure Meinung zu seinem Verhalten begründet. Gebt ihm dabei Tipps, wie er sich zukünftig verhalten sollte.
Nutzt hierzu die Begründungshand (▶ S. 65). Geht so vor:

a Notiert auf der Handfläche der Begründungshand, welchen Ratschlag ihr Steffen geben wollt, z. B.:
   – dich bei ... entschuldigen
   – dich besser in die Klassengemeinschaft einfügen
   – nicht mehr den ... spielen
   – in Zukunft ...

b Findet für euren Ratschlag mindestens zwei Begründungen (Argumente) und notiert sie in den Fingern der Begründungshand.

6 Formuliert die E-Mail an Steffen. Wählt dazu Aufgabe a, b oder c:

a Nutzt die folgende Vorlage und **ergänzt die Lücken.**

Anrede	Lieber Steffen,
Einleitung	in der letzten Musikstunde ...
Meinung/Ratschlag Begründung 1 Begründung 2	Ich möchte dir raten, ..., weil ... Ein weiterer Grund ... ist, dass ...
Schluss	Ich hoffe, dass du ...
Grußformel und Name	Viele Grüße dein/deine ...

b **Schreibt** die folgende **Einleitung weiter.**

Lieber Steffen,

ich möchte dir gerne schreiben, wie ich die letzte Musikstunde erlebt habe.
Ich kann verstehen, wenn man manchmal keine Lust hat zu singen. Aber ich finde dein Verhalten ...
Ich möchte dir deshalb raten, ...

c **Formuliert selbstständig** eure E-Mail an Steffen, in der ihr euren Standpunkt (Ratschlag) klar formuliert und mit zwei Begründungen (Argumenten) stützt.

d Setzt euch so in kleinen Gruppen zusammen, dass ihr Beispiele aus allen Wahlaufgaben (a, b und c) habt. Lest eure Mails reihum vor und gebt euch eine Rückmeldung: Welche Ratschläge und Begründungen überzeugen euch?

7 Wie beurteilt ihr das Verhalten der Musiklehrerin? Schreibt für sie auch einen Ratschlag auf.

Felizitas und Florian Zeitz

Reingelegt

„Otte mit seinen blöden Sprüchen über Mädchen geht mir allmählich echt auf den Geist!", schimpft Gesine, als sie sich mit Kilian auf dem Schulweg darüber unterhält, dass er seit
5 einiger Zeit neben Otmar Kolle sitzen muss. Otmar war umgesetzt worden, weil er mit seinem Freund Richard Wintschek ständig den Unterricht gestört hatte.

„Otte – wenn ich an den schon denke!", sagt
10 Kilian. „Vorige Woche hab ich aus Versehen seinen Farbkasten eingesteckt. Und am nächsten Tag hat Otte einfach behauptet, mein neuer Farbkasten wäre seiner."

„Waaas?" Gesine sieht Kilian erstaunt an.

15 „Das Krasse ist, dass Otte auch Frau Harwig gegenüber steif und fest behauptet hat, es wäre sein neuer Malkasten."

„Voll gemein!" Gesine zieht die Stirn kraus. „Kannst du den Kasten nicht einfach heimlich
20 umtauschen?"

„Wie denn?" Killian schüttelt den Kopf. „Da passt Otte schon auf."

„Warte mal … ich hab 'ne Idee!" Gesine flüstert, obwohl niemand in der Nähe ist. „Heute in der
25 großen Pause schleichst du dich heimlich wieder in die Klasse und tauschst die Malkästen um."

„Spinnst du? Wenn die Aufsicht mich sieht, bin ich dran!"

30 Doch Gesine winkt ab: „Den Aufsichtslehrer lenke ich schon ab."

„Und wenn die Klasse abgeschlossen ist?", fragt Killian, dem die Sache immer noch zu schwierig scheint.

35 „Frau Harwig schließt doch nie ab!" Killian seufzt: „Also gut. Ich versuch's!"

Als Killian den Klassenraum betritt, hat er ein ungutes Gefühl im Magen. Mit wenigen Schritten ist er an Ottes Platz und durchwühlt den
40 Ranzen. Kein Farbkasten! Als er die Schultasche schnell wieder zurückstellen will, fällt sie

ihm aus der Hand und der gesamte Inhalt landet auf dem Boden. Hastig sammelt Killian die Sachen wieder ein. Dabei fällt sein Blick auf einen ganz klein zusammengefalteten Zettel. 45 Neugierig faltet er ihn auseinander.

„Das gibt's doch gar nicht!", murmelt er vor sich hin.

Kurz entschlossen steckt er den Zettel ein und schleicht wieder aus der Klasse. Unbemerkt 50 huscht Kilian auf den Schulhof, wo ihm Gesine schon entgegenkommt.

„Und?" Gesine sieht ihn erwartungsvoll an.

„Kein Farbkasten!", flüstert Kilian.

Doch als er Gesines enttäuschtes Gesicht sieht, 55 muss er grinsen. „Aber ich hab was anderes gefunden. Guck mal!" Kilian drückt Gesine den Zettel in die Hand.

„Ich glaub's nicht!" Gesine lacht. „Ein Brief an Jessica! Und ausgerechnet von Otte, der doch 60 immer den Coolen spielt. Damit hast du ihn in der Hand!"

„Auf jeden Fall."

Gemeinsam gehen sie zu Otte hinüber.

„Wie wär's, wenn du morgen wieder meinen 65 Farbkasten herausrücken würdest?", fragt Kilian und sieht Otte herausfordernd an.

„Träum weiter!" Otte sieht Kilian finster an. „Die Sache ist doch wohl geklärt. Der Farbkas-
70 ten gehört mir!"

„Schade, ich dachte, du hättest es nicht gerne, wenn ich diesen Brief in der Klasse herumzeige." Dabei wedelt Kilian mit dem Zettel in der Luft. Otte reißt die Augen auf und greift nach dem Brief. Doch Kilian steckt den Zettel schnell Ge- 75 sine zu, die damit in Richtung Mädchentoilette losrennt.

Otte presst die Lippen aufeinander und stößt schließlich hervor: „Okay, du kannst deinen dämlichen Farbkasten wiederhaben." 80

Zufrieden sieht Kilian, wie Otte sich ärgert.

1 **a** Äußert euch spontan: Was gefällt euch an der Geschichte und was nicht?
b Stellt Vermutungen an: Warum hat die Geschichte den Titel „Reingelegt"?

2 Versetzt euch in die Figuren der Geschichte.
Wählt Aufgabe a, b oder c.

a Stellt euch vor, **Kilian erzählt** einem Freund **die Geschichte mit Otte.**
Schreibt auf, was er ihm erzählen wird, z. B.:
Ich habe dir doch schon öfter von Otte, meinem Mitschüler, erzählt. Du glaubst nicht, was ich in den letzten Tagen mit ihm erlebt habe …

b „Damit hast du ihn in der Hand!" (▸ Z. 61/62). Stellt euch vor, Kilian versteht diese Bemerkung nicht sofort. Schreibt auf, wie **Gesine** ihm **erklärt, was sie meint.**
Das verstehst du nicht? Ist doch ganz logisch und klar. Also: Wenn du den Brief hast …

c Stellt euch vor: Kilian hat gerade den Brief von Otte an Jessica gelesen.
Formuliert, was **Kilian** Gesine **über den Briefinhalt erzählen** könnte.
Das glaubst du echt nicht, was in Ottes Brief steht. Zuerst hat er ihr geschrieben, dass er sie …

d Diskutiert in der Klasse: Was haltet ihr von Kilians und Gesines Verhalten?
Begründet eure Meinung.

3 **a** „Wie du mir, so ich dir": Erklärt anhand der Geschichte, was mit diesem Sprichwort gemeint ist.
Warum lässt sich ein Streit so nicht lösen?
b Macht Vorschläge, wie der Streit zwischen Kilian und Otte gelöst werden könnte.
c „Zufrieden sieht Kilian, wie Otte sich ärgert" (▸ Z. 81) heißt der letzte Satz der Geschichte. Schreibt Kilian einen Brief, in dem ihr ihm erklärt, wie ihr sein Verhalten findet, und ihm einen Tipp gebt, wie er den Streit mit Otte beenden könnte, z. B.:

> Lieber Kilian,
>
> auf dem Schulhof habe ich mitbekommen, wie du …
> Ich finde es nicht gut, dass du Otte mit dem Brief erpresst hast, denn so könnt ihr euren Streit …
> Meiner Meinung nach wäre es besser, wenn … Denn …
> Außerdem …
> Ich hoffe, dass du …

4 Wie findet ihr es, einer Figur aus einer Geschichte einen Brief zu schreiben?
Erklärt, was daran anders ist, als im Unterricht z. B. über das Verhalten einer Figur zu diskutieren.

3.3 Fit in … – Meinungen begründen

Die Aufgabe verstehen

Stellt euch vor, ihr bekommt in der nächsten Klassenarbeit die folgende Aufgabe gestellt.

Liebe Mitschülerinnen und Mitschüler,

ich bin Lisa und habe vor drei Jahren unser Schülercafé „Chilly" mitgegründet. In der nächsten Woche möchte ich bei der Schüler-vertretung einen Antrag stellen, der unser Café betrifft.

5 Meiner Meinung nach sollte das Schülercafé für die Schülerinnen und Schüler der Klassen 5 und 6 geschlossen werden. Ein wichtiger Grund hierfür ist, dass das Café einfach komplett überfüllt ist und niemand mehr einen Platz findet.
Der zweite wichtige Argument hängt mit der Gründungsidee des

10 „Cafés Chilly" zusammen. Es soll ein ruhiger und entspannter Ort sein, aber die Kleinen machen so viel Lärm, dass wir Großen uns nicht mehr in Ruhe unterhalten können. Das ist eine Situation, die uns wirklich nervt und verbessert werden muss.
Wenn ihr anderer Meinung seid, schreibt mir eine E-Mail. Dann

15 können wir eure Einwände in der Schülervertretung berücksichtigen.

Eure Lisa aus der 8 a

Aufgabe
Schreibe Lisa eine E-Mail, in der du dich gegen ihren Vorschlag äußerst.
Nenne in der E-Mail deine Meinung und begründe sie mit zwei Argumenten.

1 Habt ihr verstanden, was die Aufgabe von euch verlangt?
Schreibt die Buchstaben der richtigen Antworten in euer Heft.
TIPP: In der richtigen Reihenfolge ergeben die Buchstaben ein Lösungswort.

> **A** Ich muss meine E-Mail mit einer Anrede beginnen und mit einem Gruß beenden.
> **C** Ich muss in meiner E-Mail an Lisa begründen, warum das Schülercafé für die 5. und 6. Klasse nicht geschlossen werden soll.
> **F** Für meine Meinung soll ich zwei Begründungen anführen.
> **D** Meine E-Mail wird besser, wenn ich meine Meinung häufiger wiederhole.
> **R** Ich soll in der E-Mail verschiedene Meinungen dazu aufzählen, ob das Café geschlossen werden soll oder nicht.
> **É** In der Einleitung schreibe ich, worum es geht.

Planen

2 Erklärt mit eigenen Worten, was Lisa in ihrer E-Mail vorschlägt und wie sie ihren Vorschlag begründet:
Lisa möchte, dass die Unterstufenschüler ..., weil ...
Außerdem ...

3 Plant eure E-Mail an Lisa. Sammelt mit Hilfe der Begründungshand Stichworte.
  a Schreibt eure Meinung auf die Handfläche und notiert eure Begründungen (Argumente) auf den Fingern der Begründungshand.
  b Vergleicht mit einem Partner oder einer Partnerin eure Begründungshände. Einigt euch auf zwei Begründungen, die euch am meisten überzeugen.

Ich finde, das Café soll für die Unterstufe geöffnet bleiben.

Schreiben und überarbeiten

4 Schreibt eure E-Mail. Ihr könnt dazu Formulierungen aus der folgenden Vorlage auswählen. Lasst unter jeder Zeile eine Zeile frei.

Anrede	Liebe Lisa, / Hallo Lisa,
Einleitung	ich habe gelesen, dass das Schülercafé ...
Meinung/Ratschlag Begründung 1 Begründung 2	Ich finde deinen Vorschlag nicht gut. Meiner Meinung nach sollten ..., weil/da/denn ... Außerdem ... / Ein weiterer Grund ist, dass ...
Schluss	Aus diesen Gründen kann ich deinem Vorschlag nicht zustimmen. Daher möchte ich dich bitten, ...
Grußformel/Name	Viele Grüße / Herzliche Grüße

 5 Prüft eure E-Mails mit der folgenden Checkliste. Lasst eine Mitschülerin oder einen Mitschüler eure Mail lesen und Verbesserungsvorschläge machen. Überarbeitet eure Texte. Nutzt die freien Zeilen.

> **Checkliste** ▶ **Meinungen begründen (in einer E-Mail)**
>
> - Beginnt die E-Mail mit einer **Anrede** und endet sie mit **Gruß** und **Namen?**
> - Wird in der **Einleitung** klar, worum es geht?
> - Ist die eigene **Meinung** deutlich formuliert?
> - Hast du zwei **überzeugende Begründungen** für deine Meinung genannt?
> - Gibt es einen **Schlusssatz**, z. B. eine Bitte oder einen Wunsch?
> - Sind die **Rechtschreibung** und die **Zeichensetzung** korrekt?

4 Plötzlich ging das Licht aus! –
Spannend erzählen

1 Beschreibt genau, was ihr auf dem Bild seht.

2 a Erzählt zu dem Bild eine kurze, spannende Geschichte.
b Erklärt, was euch an euren Geschichten gut gefällt.

3 Wie erzählt man besonders spannend? Sammelt Tipps und Tricks.

In diesem Kapitel ...

- erzählt ihr ein Erlebnis anschaulich und lebendig,
- baut ihr eine Geschichte so auf, dass sie spannend ist und man beim Lesen mitfiebert,
- lest ihr unheimliche Gespenstergeschichten,
- werdet ihr zu Grusel-Profis und schreibt Geschichten, die eurer Leserschaft das Blut in den Adern gefrieren lassen.

4.1 Abenteuer im Alltag – Erlebnisse erzählen

Der rote Faden – Den Aufbau einer Erzählung untersuchen

Greta hatte in den Sommerferien ein aufregendes Erlebnis, das sie aufgeschrieben hat.

Das Zeltmonster

Endlich waren Ferien und ich war glücklich, weil meine Freundin Jana dieses Jahr mit uns auf
den Bauernhof fuhr. Aber das Beste war: Jana und ich durften in dem riesigen Garten des
uralten Bauernhofs zelten. Ganz alleine! Außer uns gab es da nur noch ein paar Fledermäuse,
die in einer knarrenden Eiche wohnten, und dann natürlich ... Aber der Reihe nach.

5   Wir lagen im Zelt und quatschten. Draußen war es bereits stockfinster. „Es ist bestimmt
schon Mitternacht", sagte Jana. „Aber weißt du was, ich habe Hunger!" Wir beschlossen, uns
im Haus etwas zum Knabbern zu besorgen. „Okay, aber wie finden wir dann unser Zelt wieder?", fragte ich. „Ganz einfach!", sagte Jana. „Wir lassen die Taschenlampe an." Das war eine
wirklich gute Idee, denn als wir uns auf den Rückweg machten, lag unser Zelt wie eine leuch-

10 tende Insel in der Nacht. Wir waren fast da, als Jana mich am Arm packte und „Psst!"
zischte. „Hörst du das?" Tatsächlich: Da war etwas, ein Rascheln und Knistern. „Was ist
das?", flüsterte ich mit zitternder Stimme. Doch dann verschlug es mir die Sprache. Auf der
Zeltwand bewegte sich ein Schatten. „Das sind Hörner!", schrie Jana. „Teufelshörner!" Ich war
starr vor Schreck. Die Hörner wurden größer und größer und größer ... Da machte der

15 Schatten auf einmal: „Määäh!" Jana beruhigte sich zuerst: „Es ist eine Ziege, Greta. Nur eine
Ziege!" Und wirklich schob eine Ziege ihren Kopf aus dem Zelt, meckerte kurz und ver-
schwand im Dunkeln.
„Teufelshörner?", fragte ich Jana lachend. „Wer außer dir kommt auf so eine Idee?" In dieser
Nacht, das könnt ihr euch sicher vorstellen, haben wir noch lange gekichert und gequatscht.

1 a Lest die Geschichte von Greta laut vor.
   b Gefällt euch die Geschichte? Begründet eure Meinung.

2 a Nennt Stellen im Text, die ihr besonders spannend findet. Begründet eure Wahl.
   b Die beiden Mädchen fürchten sich. Findet Textstellen, in denen das deutlich wird.

3 Eine spannende Geschichte wird Schritt für Schritt erzählt. Übertragt die Lesefieberkurve in euer Heft und tragt die Erzählschritte in Stichworten ein. Wählt Aufgabe a, b oder c.

Die Lesefieberkurve einer spannenden Erzählung
Einleitung   Hauptteil   Höhepunkt   Schluss

a Ordnet die folgenden **Stichworte** der Einleitung, dem Hauptteil und dem Schluss **zu:**

> Erleichterung • Hunger • alleine zelten • Teufelshörner • seltsame Geräusche • Schatten

b Tragt für Einleitung, Hauptteil und Schluss **Stichworte ein,** z. B.: *Mädchen zelten allein, …*
c Findet **für jeden Erzählschritt** in Einleitung, Hauptteil und Schluss passende **Stichworte.**
d Vergleicht eure Ergebnisse und erklärt, welche Aufgaben Einleitung, Hauptteil und Schluss in einer spannenden Geschichte haben. Prüft eure Erklärungen mit Hilfe der Information unten.

4 Sammelt Ideen für eine eigene spannende Erzählung, z. B.:
Geräusche im Keller; Begegnungen an Halloween; …

Information ▶▶ **Der Aufbau einer spannenden Erzählung**

Eine gelungene Erzählung braucht einen **roten Faden,** der durch die Geschichte leitet:
- Die **Einleitung** informiert über **Ort** und **Zeit** der Handlung und stellt die **Hauptfiguren** vor. Sie soll beim Lesen **Neugier wecken.**
- Der **Hauptteil** ist der Kern der Geschichte. Hier wird die **Spannung schrittweise bis zum Höhepunkt gesteigert.** Die Leserinnen und Leser sollen „mitfiebern".
- Der **Schluss** rundet die Geschichte ab. Es wird erzählt, **wie die Geschichte ausgeht.**
- Eine **Geschichte** wird in der Regel im **Präteritum** (1. Vergangenheit) erzählt, z. B.: *ich schlief, ich hörte.*

Höhepunkt
Einleitung   Hauptteil   Schluss
weckt Neugier → steigert die Spannung   → rundet ab

Neugier wecken – Die Einleitung schreiben

> Zum Abschluss unserer Klassenfahrt stand eine <u>Nachtwanderung</u> auf dem Programm. Es war eine glasklare Sommernacht und wir waren alle ziemlich aufgeregt. Doch Herr Borst, der Förster, schärfte uns ein: „Viele <u>Tiere gehen nachts auf die Jagd.</u> Aber wir werden sie nur hören, wenn ihr wirklich leise seid!" „Ehrlich", fragte Tom, <u>„die jagen nachts?"</u> <u>„Oh ja"</u>, bestätigte Herr Borst lachend, „aber <u>kein Grund zur Sorge, euch wird schon nichts passieren."</u>
>
> Paul

> „Ich bin der Waldgeist!", krächzte Tom und kniff mir in den Arm. Lachend stieß ich ihn zurück: „Hör auf mit dem Quatsch! Mir machst du keine Angst …" Quietschend und kichernd schoben sich die ersten Mädchen unserer Klasse auf den schmalen Trampelpfad, der in den nächtlichen Wald hineinführte. „Wenn ihr nicht leise seid, werden wir keine Waldtrolle treffen!", scherzte Herr Borst, der als Förster die letzte Wanderung unserer Klassenfahrt leitete. Zu diesem Zeitpunkt konnten wir ja nicht ahnen, wie aufregend diese Nacht noch werden sollte.
>
> Johanna

5 a Beide Einleitungen führen in die Handlung ein. Notiert im Heft Antworten auf die folgenden W-Fragen: Wer? Wann? Wo?

b Eine gute Einleitung macht außerdem neugierig. Schreibt Johannas Einleitung ab und markiert (wie bei Paul vorgemacht) Formulierungen, die Spannung erzeugen, z. B.: Waldgeist, Angst.

c Erklärt, was Johannas letzter Satz über den weiteren Verlauf der Geschichte verrät.

6 Jetzt seid ihr gefragt. Schreibt selbst eine Einleitung für eine spannende Erzählung.

a Entscheidet euch für eine Idee aus Aufgabe 4 (▶ S. 77).

b Schreibt eine Einleitung für eure Geschichte, die neugierig macht.
Die Tipps in der Information unten helfen euch dabei.

⊕ **7** Durchforscht die Geschichten in Kapitel 1. Untersucht nur die Einleitungen.
Stellt verschiedene Möglichkeiten, Neugier zu wecken, in einer Übersicht zusammen.

Information ⟩	Die Einleitung einer spannenden Erzählung schreiben
: Gute Geschichten fesseln gleich zu Beginn, indem Andeutungen gemacht werden, z. B. mit folgenden Erzähltricks:

Tricks für die Einleitung:	Beispiele:
Ein spannendes Ereignis wird angekündigt:	■ *Zu diesem Zeitpunkt ahnten wir noch nicht …* ■ *Hätten wir gewusst, dass …*
Eine Figur äußert Befürchtungen:	■ *„Ich steige niemals in diesen Keller!", sagte Kai.* ■ *„In dieser Geisterbahn spukt es!", witzelte Jan.*
Beruhigende Worte bewirken das Gegenteil:	■ *„Macht euch keine Sorgen!"* ■ *„Euch passiert schon nichts!"*

Spannend und anschaulich erzählen – Den Hauptteil schreiben

Herr Borst ging an der Spitze. „Bleibt dicht bei mir! Ich will in diesem Wald niemanden verlieren!", sagte er. Das Licht seiner Taschenlampe glitt über den Weg und strich links und rechts über das Unterholz. Dann knipste er die Taschenlampe aus und wir standen in vollkommener
5 Dunkelheit. „Jetzt spitzt mal die Ohren und macht die Augen auf", forderte Herr Borst. „Um diese Uhrzeit sind auf der kleinen Lichtung rechts manchmal Tiere unterwegs." Nach kürzester Zeit hatten sich meine Augen an die Dunkelheit gewöhnt und ich erkannte im schwachen Mondlicht eine Wiese. Ein Schatten flog vorüber und ich fühlte,
10 dass mein Herz schneller schlug. „Das war eine Eule", erklärte Herr Borst. „Fehlen nur noch Gespenster!", witzelte Tom, wurde aber schlagartig still, als sich etwas sehr Großes langsam und katzenhaft auf die Lichtung schob. „Was ist das denn?", stieß ich hervor und ich tastete Hilfe suchend nach Lisa, die neben mir stand. Plötzlich klickte es. Das
15 Licht der Taschenlampe blitzte auf und im selben Moment starrten vier schmale, gelbe Raubtieraugen zurück. Alle schrien gleichzeitig los. Ich war starr vor Schreck und dachte: „Jetzt ist es endgültig aus mit mir. Aus und vorbei!" Da hörte ich ganz von ferne Herrn Borsts Stimme: „Alles gut! Das sind zwei Fahrradfahrer." Tatsächlich erkannten wir jetzt
20 zwei Mountainbiker, denen ebenfalls der Schreck ins Gesicht geschrieben stand. „Mann, Mann", flüsterte ich Lisa ins Ohr, „ganz schön blöd von uns, vor vier Katzenaugen Angst zu haben, oder?"   Johanna

8 Der Höhepunkt ist die spannendste Stelle eines Textes. Nennt die Textstelle, die eurer Meinung nach am spannendsten ist. Begründet eure Entscheidung.

9 Im Hauptteil wird die Spannung langsam – Schritt für Schritt – aufgebaut.
Ein Schatten flog vorüber und ich fühlte, dass mein Herz schneller schlug. „Das war eine Eule", erklärte Herr Borst. „Fehlen nur noch Gespenster!", witzelte Tom, wurde aber schlagartig still, als …
a Beschreibt, mit welchen Wörtern und Wendungen in diesen Sätzen Spannung aufgebaut wird.
b Wie gelingt es Johanna, spannend und anschaulich zu erzählen? Ergänzt die Übersicht in eurem Heft.

> **Perspektive:** Schilderung aus Sicht von … → Situation klärt sich erst, als …
> **Gedanken und Gefühle:** Ich fühlte, dass mein Herz schneller schlug (Z. 9 f.), …
> **Spannungsmelder:** schlagartig (Z. 11 f.), …
> **treffende Verben:** stieß ich hervor (Z. 13), tastete (Z. 13), …
> **anschauliche Adjektive:** katzenhaft (Z. 12), …
> **wörtliche Rede:** „Bleibt dicht bei mir!" (Z. 1), …

10 **a** Jetzt seid ihr gefragt. Überlegt, wie ihr in eurer Geschichte nach und nach die Spannung steigern könnt. Haltet dann die einzelnen Erzählschritte – wie in dem Beispiel rechts – stichpunktartig in einem Schreibplan fest. Der letzte Erzählschritt des Hauptteils bildet den Höhepunkt eurer Geschichte.

   b Erklärt euch gegenseitig den Ablauf eurer Geschichte und gebt euch eine Rückmeldung: Ist alles nachvollziehbar? Steigert sich die Spannung?

> **Schreibplan für den Hauptteil:**
> 1. Erzählschritt
>   kein Licht im Keller
> 2. Erzählschritt:
>   langsam die dunkle
>   Treppe hinab
> 3. Erzählschritt:
>   unheimliches Geräusch
> 4. Höhepunkt:
>   Schatten bewegt sich in Ecke

11 Steigert die Spannung eurer Geschichte mit verschiedenen sprachlichen Mitteln.
Wählt Aufgabe a, b oder c.

a Ergänzt **Gedanken und Gefühle,** die zu euren Erzählschritten (▶ Aufgabe 10) passen.
Dabei soll sich die Spannung bis zum Höhepunkt spürbar steigern, z. B.:
1. Erzählschritt: „Es wird schon gut gehen", dachte ich. / ...
2. Erzählschritt: Mein Herz schlug etwas schneller. / ...
3. Erzählschritt: ...
4. Höhepunkt: ...

b Notiert zehn **treffende Verben** und zehn **anschauliche Adjektive,** die zu eurer Geschichte passen,
z. B.: zittern, knarren, kreischen, eiskalt, totenstill, geisterhaft, ...

c Sammelt für eure Geschichte **Wörter und Wendungen,** mit denen ihr die **Spannung** auf vielfältige Weise aufbaut. Der Informationskasten kann euch dabei helfen.

d Lest euch eure Ergebnisse gegenseitig vor und notiert Formulierungen, die euch gut gefallen.

12 Schreibt den Hauptteil eurer Geschichte. Verwendet dabei auch Spannungsmelder wie „plötzlich" oder „schlagartig".

⊕ **13** Unterstreicht in eurem Hauptteil alle spannenden Wörter und Wendungen.

> **Information** ▶▶ **Den Hauptteil spannend und anschaulich erzählen**
>
> - **Gedanken und Gefühle mitteilen,** z. B.:
>   *Mir stockte der Atem.*
>   *„Das kann nicht wahr sein!", dachte ich.*
> - **wörtliche Rede verwenden,** z. B.:
>   *„Achtung!", brüllte ich.*
> - **Spannungsmelder einbauen,** z. B.:
>   *Plötzlich ...; Auf einmal ...*
> - **treffende Verben verwenden,** z. B.:
>   *keuchen, wimmern, flattern, ...*
> - **anschauliche Adjektive finden,** z. B.:
>   *grauenhaft, pechschwarz, blutrot, ...*

Ein Ende finden – Den Schluss schreiben

> Die beiden Mountainbiker waren sehr erschöpft. Sie irrten seit Stunden im Wald umher. Zum Glück gab es in unserer Jugendherberge noch ein freies Zimmer für sie.   Paul

> Nachdem wir die Radfahrer auf den richtigen Weg gebracht hatten, sagte Herr Borst: „Also hier kommt in dieser Nacht ganz sicher kein Tier mehr vorbei. Gehen wir ein Stück tiefer in den Wald und versuchen da unser Glück!"   Vitali

> Ich war so froh, dass es eine harmlose Erklärung für diese Geschichte gab. Ich nahm mir fest vor, mich künftig nicht mehr so schnell einschüchtern zu lassen. Schließlich gibt es weder Waldgeister noch Raubkatzen in unseren Wäldern. Johanna

14 Lest die drei Schlüsse und tauscht euch darüber aus, welcher euch am besten gefällt. Begründet eure Entscheidung.

15 Den Schluss einer Erzählung kann man ganz unterschiedlich gestalten.
Ordnet jedem der drei Schlüsse oben einen Erzähltrick aus dem Infokasten zu.
TIPP: Johannas Schluss könnt ihr zwei Erzähltricks zuordnen.

16 Schreibt einen passenden Schlussteil für eure eigene Geschichte.

Information	Den Schluss einer spannenden Erzählung schreiben
Erzähltricks für den Schluss:	**Beispiele:**
Den Ausgang der Geschichte erzählen und das **Erlebnis abschließen:**	*Der tobende Geist im Keller entpuppte sich glücklicherweise als eine Katze.*
Auf die Einleitung zurückgreifen, sodass Einleitung und Schluss einen Rahmen um den Hauptteil bilden:	*So kam ich dann doch noch zu meinem Eis und es schmeckte besser als jemals zuvor!*
Den **Schluss** der Geschichte **offenlassen:**	*Ob ich den Mann je wiedersehen würde? Wer weiß?*
Einen **abschließenden Gedanken** äußern:	*So etwas Dummes würde ich sicher nie wieder tun.*

Eine treffende Überschrift finden

17 **a** Denkt euch für eure eigene Geschichte zwei Überschriften aus.
   b Tauscht euch zu zweit über eure Ideen aus und entscheidet euch für eine Überschrift.

18 Erklärt, warum es sinnvoll ist, die Überschrift erst ganz zum Schluss zu formulieren.

In der richtigen Zeitform erzählen – Das Präteritum

„Jetzt!", flüsterte Robin. Keiner aus der Gruppe achtete auf uns. Alle folgten dem Burgführer. Wir sprangen unbemerkt zur Seite und standen in einem Saal voller alter Ritterrüstungen. Wir sahen uns um. „Irgendwie kalt hier!", sagte Robin, als die Tür mit einem lauten Scheppern ins Schloss fiel. Wir hörten ein Flattern und dann griff eine eiskalte Hand nach meinem Haar.

1 Wann verwendet man meistens die Zeitform Präteritum? Wählt die richtige Antwort aus:
  A Wenn man einem Freund auf der Straße von einem Erlebnis erzählt, das gerade passiert ist.
  B Wenn man schriftlich von etwas Vergangenem erzählt, z. B. in Geschichten.

2 a Schreibt die unterstrichenen Verben aus dem Text heraus und ergänzt die Präsensformen.
  er flüsterte – er flüstert, sie achtete – sie ..., sie ... – ..., wir ... – ...
  b Ergänzt die Tabelle in eurem Heft. Tragt die unterringelten Verben richtig in die Zeilen ein.

Grundform (Infinitiv)	Präsens	Präteritum
springen	wir springen	wir sprangen
...	wir stehen	wir ...

  c Beschreibt mit Hilfe der Tabelle, wie das Präteritum bei diesen Verben gebildet wird.
  Was fällt euch auf, wenn ihr das Präteritum mit der Grundform und dem Präsens vergleicht?

3 Schreibt aus dem Buchdeckel hinten Verben heraus und bildet mit ihnen Sätze im Präteritum.

4 Übertragt das Ende der Geschichte in euer Heft. Setzt dabei die unterstrichenen Verben ins Präteritum. Überlegt jeweils, wie ihr das Präteritum bilden müsst.

„Geister!", ruft Robin. „Nein, Fledermäuse!", schreie ich und taste nach der Tür, die sich zum Glück öffnen lässt. Der Schreck sitzt mir noch in den Knochen, als ich sage: „Komm, wir suchen die andern!" Sie steigen gerade in den Burgturm und wir schließen uns unauffällig an.

| **Information** | **Verben im Präteritum** |

Wenn man eine Geschichte schreibt, die in der Vergangenheit spielt, verwendet man meist das Präteritum. Dabei muss man darauf achten, wie das Präteritum gebildet wird:
- **Bei regelmäßigen** (schwachen) **Verben** ändert sich der Vokal im Wortstamm nicht, z. B.:
  ich lebe – ich lebte; ich lache – ich lachte; ich rede – ich redete.
- **Bei unregelmäßigen** (starken) **Verben** ändert sich der Vokal im Wortstamm, z. B.:
  ich sehe – ich sah; ich gehe – ich ging; ich rufe – ich rief.

Nach Bildern erzählen – Wörtliche Rede verwenden

1 a Schaut euch jedes Bild genau an. Achtet dabei auch auf die Mimik (Gesichtsausdruck) und die Gestik (Körpersprache) der Figuren.

b Erzählt euch gegenseitig, was auf den Bildern passiert und wo der Höhepunkt der Geschichte liegt.
TIPP: Überlegt auch, was vor, zwischen und nach den einzelnen Bildern passiert sein könnte, z. B.:
Vor Bild 1: Samstagvormittag, Papa schiebt einen Kuchen in den Ofen und geht einkaufen …

2 Bereitet das Schreiben einer Geschichte zu den Bildern vor. Übertragt dafür den Schreibplan in euer Heft und füllt ihn mit euren eigenen Ideen aus. Notiert nur die wichtigsten Informationen.
TIPP: Überlegt euch Namen für die Figuren.

Thema: Eine Bildergeschichte schreiben

<u>1) Einleitung</u>:
Wer?   mein Bruder Jakob und ich, Papa
Wo?   in unserer Wohnung: Kinderzimmer, Küche
Wann?   …

<u>2) Hauptteil</u>:
Was ist passiert?   Jakob und ich spielen Karten
                  …
Höhepunkt: …

<u>3) Schluss</u>:   Papa kommt nach Hause. Entschuldigung mit …

3 Wenn ihr wörtliche Rede verwendet, wird eure Geschichte besonders lebendig.

a Schaut euch Bild 2 auf S. 83 noch einmal an:
Was könnten die Kinder in diesem Moment sagen?

b Entwerft mit Hilfe der beiden folgenden Bausteine einen kurzen Dialog. Beachtet dabei auch den Tippkasten zur Zeichensetzung. Ihr könnt zum Beispiel so beginnen:

„Es riecht so komisch. Findest du nicht?", fragte ich. „Doch", bestätigte Jakob, „irgendwie …!"

> **Zeichensetzung bei wörtlicher Rede**
> - „Oh weh!", rief Jakob.
> - Jakob rief: „Oh weh!"
> - „Oh weh", rief Jakob, „es brennt!"

> **Baustein: Wörtliche Rede der Figuren**
> Es riecht so komisch. Findest du nicht? •
> Doch! Irgendwie verbrannt! • Hier qualmt es ja richtig! •
> Oh nein! Der Kuchen!

> **Baustein: Verben im Präteritum**
> fragte • bestätigte •
> schrie • rief

4 Schreibt kurze Dialoge und achtet dabei auf die Zeichensetzung. Wählt Aufgabe a, b oder c.

a Entwerft mit Hilfe der Bausteine einen kurzen Dialog zu **Bild 1.**

> **Wörtliche Rede:**
> Nur noch drei Karten. Jetzt wird es ernst! •
> Ich habe drei Trümpfe! • Freu dich nicht zu früh.

> **Passende Verben:**
> rief • freute • warnte

b Entwerft einen kurzen Dialog zu **Bild 3.** Wählt dafür passende Verben aus dem Wortschatzkasten rechts. Beginnt so: *„Mach schnell das Fenster auf!", keuchte Jakob. „Wir ersticken hier noch!"* …

c Entwerft zu **Bild 4** einen kurzen Dialog. **TIPP:** Achtet darauf, dass die Aussagen des Vaters zu seiner Mimik und Gestik passen.

d Stellt euch eure Ergebnisse gegenseitig vor und notiert Ideen zu allen drei Dialogen.

> **sagen:**
> rufen, schreien, fragen, keuchen, beruhigen, trösten, jammern, jubeln

5 **a** Schreibt nun eine spannende Erzählung zu den Bildern.
Erzählt im Präteritum, verwendet wörtliche Rede und beschreibt, was die Figuren denken und fühlen.

b Findet eine Überschrift, die neugierig auf eure Geschichte macht.

6 Lest euch eure Geschichten vor und gebt euch gegenseitig Rückmeldungen dazu:
Was ist schon richtig gut? Was lässt sich noch verbessern?

Bei der wörtlichen Rede Zeichen setzen

> „Raucht dir etwa der Kopf?", **fragte Jakob.** Ich hatte nämlich bereits die siebte Runde verloren und meine Laune wurde schlechter. „Nein, im Ernst", **rief er,** „irgendwie riecht es hier ziemlich verbrannt." Erschrocken warf ich die Karten beiseite. Hatten wir nicht irgendetwas vergessen? Da fiel es mir wieder ein! **Ich schrie:** „Papas Kuchen!"

1 Warum setzt man eigentlich Anführungszeichen („...")? Erklärt, was sie verdeutlichen sollen.

2 Untersucht die drei unterstrichenen Sätze im Text genau.
  a Steht der fett gedruckte Redebegleitsatz vor, zwischen oder nach der wörtlichen Rede?
  Notiert z. B.: Satz 1: nach der wörtlichen Rede, Satz 2: ...
  b Der Redebegleitsatz (= blaues Puzzleteil) wird von der wörtlichen Rede durch Zeichen (= rotes Puzzleteil) abgetrennt. Setzt die Puzzleteile richtig zusammen und notiert euer Ergebnis.

3 a Übertragt den folgenden Text in euer Heft und setzt dabei alle fehlenden Satzzeichen.
  TIPP: Achtet auf die Stellung der Redebegleitsätze.

> Wir rasten in die Küche. Mach das Fenster auf keuchte ich sonst ersticken wir! Dann öffnete ich die Ofentür. Oh Gott schrie ich der Kuchen ist hinüber! So ein Mist! rief Jakob. Wir hatten doch versprochen aufzupassen jammerte ich. Aber da sagte Jakob Komm schon, es gibt Schlimmeres!

  b Erklärt euch gegenseitig eure Zeichensetzung, z. B.:
  Ich habe hier einen Doppelpunkt gesetzt, weil der Redebegleitsatz ...

Information ▷▷ **Zeichensetzung bei der wörtlichen Rede**

Wenn ihr wörtliche Rede in euren Texten verwendet, müsst ihr immer Anführungszeichen setzen. Nur so wissen eure Leserinnen und Leser, wo die wörtliche Rede beginnt und endet. Je nach Stellung des Redebegleitsatzes ändert sich die Zeichensetzung:

- Ist der **Redebegleitsatz vorne,** steht vor der wörtlichen Rede ein **Doppelpunkt,** z. B.:
  Jakob rief: „Was riecht hier so?"
- Ist der **Redebegleitsatz eingeschoben,** stehen **zwei Kommas,** z. B.:
  „Ich glaube", rief Jakob, „es brennt!"
- Kommt der **Redebegleitsatz nach** der wörtlichen Rede, steht **ein Komma,** z. B.:
  „Was riecht denn hier so?", fragte Jakob.

Nach Reizwörtern erzählen – Ideen entwickeln

1. Wurf	Achter-bahn	Schulbus	Zahnbe-handlung	Mut-probe	Lotto-schein	Einrad
2. Wurf	Papagei	Affe	Versteck	Strand-korb	Spazier-stock	Verwechs-lung
3. Wurf	Polizei	Deutsch-lehrerin	Bäckerin	Nachbar	Patien-tin	Bau-arbeiter

1 Würfelt Reizwörter für eine spannende Geschichte. Würfelt dreimal hintereinander. Die Augenzahl eines jeden Wurfes gibt euch ein Reizwort vor.
TIPP: Wenn ihr keinen Würfel habt, sucht euch einfach drei Reizwörter aus.

2 Sammelt in einzelnen Clustern Ideen zu euren Reizwörtern. Nutzt die Methode auf Seite 87.

3 Plant und schreibt eure Geschichten. Nutzt dabei eure drei Reizwörter und eure Cluster als Ideengeber.

a Überlegt, in welcher Reihenfolge sich eure Reizwörter am besten zu einer spannenden und gut nachvollziehbaren Geschichte verbinden lassen, z. B.:
Lottoschein → Affe → Polizei.

b Notiert mit Hilfe der Ideen aus euren Clustern Stichpunkte zu euren Geschichten, z. B.:
Opa gewinnt im Lotto → mit Enkel in Zoo → Opa zeigt Lottoschein am Affengehege → Affe stibitzt …

c Schreibt nun eine spannende Erzählung.

 4 Lest euch eure Reizwortgeschichten vor.
Finden die anderen heraus, zu welchen Reizwörtern ihr eure Geschichte geschrieben habt?

⊕ **5 a** Denkt euch selbst drei Reizwörter aus und schreibt dazu eine spannende Geschichte.
b Lest eure Geschichten vor und lasst euer Publikum eure Reizwörter erraten.

Methode ▶ **Reizwortgeschichten schreiben**

Mit **Reizwörtern** könnt ihr besonderes witzige Geschichten erzählen. Weil die Reizwörter auf den ersten Blick nicht zusammenpassen, müsst ihr **kreative Ideen** entwickeln.
- Die Reizwörter sollen **alle** in der Geschichte **vorkommen** und eine **besondere Rolle** spielen.
- Die **Reihenfolge** der Reizwörter könnt ihr **selbst festlegen.**
- Achtet auf den **roten Faden,** damit alles gut nachvollziehbar ist.

Ideen in einem Cluster sammeln

Ein Cluster (engl.: die Traube, der Schwarm) hilft euch, Ideen zu finden. Das können Ideen für eine Geschichte, aber auch Ideen für eine Diskussion oder einen Vortrag sein.

1. Schritt: Zentrale Begriffe aufschreiben und Ideen notieren

– Schreibt einen **zentralen Begriff in die Mitte** eines Blattes und **umkreist** den Begriff. Bei einer Diskussion zum Thema „Klassenfahrten" steht z. B. das Wort „Klassenfahrt" im Mittelpunkt.
  Bei einer Reizwortgeschichte habt ihr gleich drei zentrale Begriffe: eure drei Reizwörter.
– Notiert **in Stichworten alles rundherum, was euch** zu dem zentralen Begriff **einfällt.**
– **Umkreist** eure Stichworte und **verbindet sie durch einen Strich** mit dem zentralen Begriff.

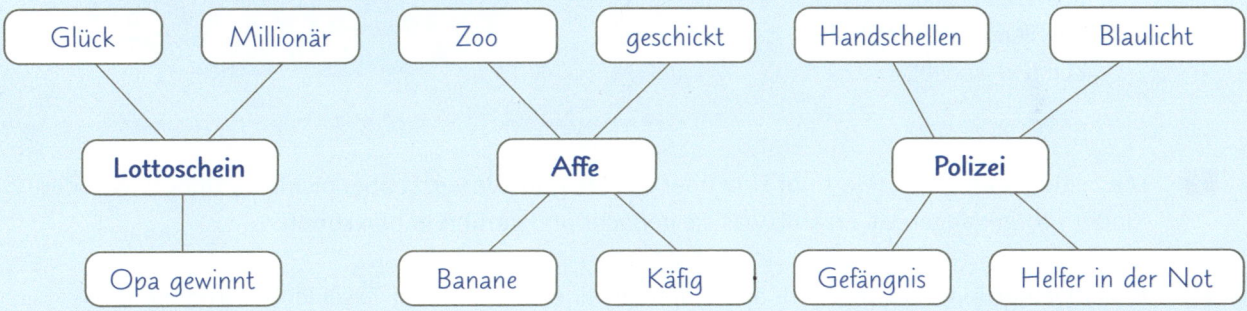

2. Schritt: Weitere Ideen entwickeln

Zu jedem Stichwort könnt ihr **weitere Einfälle** notieren.
Am Ende sollen **viele Stichworte miteinander verbunden** sein.

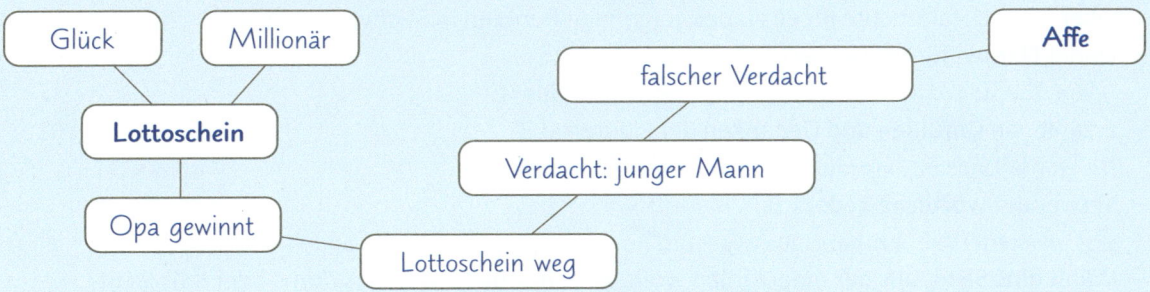

3. Schritt: Den Cluster für die weitere Arbeit nutzen

Jetzt heißt es **filtern** und das Beste aus den vielen Ideen herauspicken.
Überlegt dafür, **welche Begriffe gut zusammenpassen** und sich z. B. zu einer Geschichte verknüpfen lassen.
Lottoschein → Opa gewinnt → Zoobesuch mit Enkel → Lottoschein plötzlich weg → Opa verdächtigt jungen Mann, ruft Polizei → Polizei kommt mit Blaulicht → Affe hatte Lottoschein aus Hemdtasche geklaut → Polizistin lockt Affen mit Banane → …

Erzählkerne ausgestalten – Figuren werden lebendig

Diebe entpuppen sich als Waschbären

HANNOVER. Mehrere Nächte in Folge verschwanden aus dem beliebten Waldkiosk Lebensmittel. Die elfjährige Tochter des Kioskbesitzers beschloss, den Fall auf eigene Faust
5 zu klären, und legte sich gemeinsam mit zwei Freunden in der Nacht auf Samstag auf die Lauer. Die Kinder trauten ihren Augen nicht, als gegen Mitternacht zwei Waschbären in den Laden spazierten und sich bedienten.
10 Die Tiere hatten sich über den Schornstein Zutritt verschafft.

1 Die Zeitungsnotiz informiert nur kurz über das Ereignis. Sie verrät aber nichts darüber, was in den Kindern vorgegangen ist. Erzählt, was sie gedacht und gefühlt haben könnten.

2 Bildet Kleingruppen, in denen ihr das Schreiben einer spannenden Geschichte vorbereitet.
a Arbeitet aus der Zeitungsnotiz alle Vorgaben für eure Geschichte heraus. Stellt W-Fragen:
– Wer war beteiligt?
– Wo spielte die Handlung?
– Wann spielte die Handlung?
– Was passierte?
b Überlegt zusammen, wie ihr aus der Zeitungsnotiz eine spannende und lebendige Geschichte machen könnt. Haltet eure Ideen zu den folgenden Punkten in Stichworten fest:
– Findet **Namen** für die Figuren, z. B.:
  Maja, Kai, Tom
– Erzählt von **Gefühlen und Gedanken** der Figuren, z. B.:
  Ich wurde langsam ungeduldig. / Was waren wir erleichtert!
– Verwendet **wörtliche Rede,** z. B.:
  „Pst", flüsterte Kai, „ich habe etwas gehört!"
– Wählt **eine Sicht,** aus der ihr erzählen wollt. Zum Beispiel aus Majas, Toms oder Kais Sicht?
– Formuliert eine **Überschrift,** die neugierig macht.

3 a Jede/Jeder von euch schreibt nun eine Geschichte.
b Lest euch in der Gruppe eure Geschichten vor und vergleicht sie miteinander. Was ist gelungen? Was kann man noch verbessern?

4 Schaut euch Zeitungsberichte an (z. B. im Internet) und schreibt zu einem geeigneten Bericht eine spannende und lebendige Geschichte.

Diebe in der Nacht

Maja erzählte uns **(1)** von Diebstählen im Waldkiosk ihres Vaters. Seit Tagen verschwanden Lebensmittel. Als sie uns fragte, ob wir ihr dabei helfen wollten, den Fall aufzuklären, waren wir natürlich sofort bereit. Kai schlug vor: „Wir legen
5 uns heute Nacht auf die Lauer und stellen den Dieb." **(2)** Wir schlichen uns heimlich aus unseren Elternhäusern und treffen **(3)** uns um Punkt 23 Uhr am vereinbarten Ort. Auf dem Weg zum Waldkiosk machten wir uns Mut. „Wir schnappen die Kerle und kassieren eine fette Belohnung",
10 sagte ich **(4)**. In Wirklichkeit kamen mir aber die ersten Bedenken. War das alles eine gute Idee? Am Waldrand war es stockfinster und in dem einsamen Kiosk war es unheimlich. Wir durften ja kein Licht anmachen. Wir kauerten uns in eine Ecke und warteten endlos lange. Da flüsterte
15 Maja **(5)**: Pst, ich glaube ich höre etwas! **(6)** Tatsächlich, da war ein Geräusch. Die Diebe kamen! Kai griff nach meiner Schulter und ich war froh, dass ich nicht der Einzige war, der Angst kriegte. Ich hörte Schritte, nein, eher ein **(7)** Tappen wie von einem Tier. Die Laute kamen näher und
20 näher und sehr schnell aus verschiedenen Richtungen. Da stand Maja auf und knipste das Licht an. **(8)** Ich sah, wie sie die Hand vor den Mund schlug. Dann begann sie zu kichern. Ich dachte zuerst, jetzt dreht sie durch. Aber dann konnte ich mit eigenen Augen sehen, was das für Diebe
25 waren. „Waschbären", rief ich erleichtert, „unsere Diebe sind Waschbären!"
Natürlich waren unsere Eltern verärgert über unseren Ausflug. Aber weil wir den Fall aufgeklärt hatten, erhielten Kai und ich im Waldkiosk freie Verpflegung für die ganzen
30 Sommerferien. Maja natürlich auch.

Textlupe:

1. ergänzen: Wann?

2. ergänzen: Am Ende der Einleitung noch mehr Neugierde wecken, z. B.: Wenn wir gewusst hätten, was da auf uns zukommt.

3. Präteritum

4. ersetzen: treffende Verben verwenden, z. B.: gab ich an.

5. ergänzen: Spannungsmelder, z. B.: plötzlich

6. Anführungszeichen setzen

7. ergänzen: anschaulich beschreiben, z. B.: leises

8. ergänzen: lebendiger erzählen, wörtliche Rede einbauen, z. B.: „Da stimmt doch was nicht!", rief Maja mutig, stand auf und knipste das Licht an.

 5 Eine Arbeitsgruppe hat die Methode „Schreibkonferenz mit Textlupe" (▶ S. 90) auf den oben gezeigten Schülertext angewendet und ihre Rückmeldungen am Rand notiert.
 a Erklärt euch gegenseitig die Methode auf Seite 90.
 b Lest die Textlupen-Tabelle (▶ S. 90) genau. Besprecht, zu welchen Punkten eine Rückmeldung notiert wurde, z. B.: Hinweis 1: W-Frage in Einleitung, Hinweis 2: …

 6 Bildet Dreier- oder Vierergruppen und überarbeitet eure Geschichten in einer Schreibkonferenz mit Textlupe (▶ S. 90).

7 Besprecht, ob die Schreibkonferenz euch beim Überarbeiten eurer Texte geholfen hat.

Texte überarbeiten – Schreibkonferenz mit Textlupe

Gute Texte gelingen nicht immer beim ersten Schreiben – auch den Profis nicht. Es ist daher immer gut, Texte noch einmal gemeinsam zu überarbeiten. Geht dabei reihum vor, sodass jeder Text am Ende nach demselben Muster überarbeitet wurde.

1. Schritt: Gruppen bilden
– Bildet **Dreier- oder Vierergruppen.** Alle haben den eigenen Text und ein vorbereitetes Arbeitsblatt mit der Textlupen-Tabelle (▶ Schritt 3).

2. Schritt: Text vorlesen und positive Rückmeldung geben
– Eine Person **liest** ihren Text **vor** und die anderen **hören aufmerksam zu.**
– Gebt eine **erste positive Rückmeldung:** Was hat euch an dem Text besonders gut gefallen?

3. Schritt: Text mit der Textlupe überarbeiten
– Besprecht den Text jetzt mit der **Textlupe.** Prüft, ob der Text die wichtigsten Anforderungen erfüllt, und kreuzt an, was jeweils zutrifft.
– Formuliert **Verbesserungsvorschläge,** die die Verfasserin / der Verfasser am Rand des Textes notiert.
– Überarbeitet eure eigenen Texte mit Hilfe der Textlupe und der Verbesserungsvorschläge.

Eine Textlupe für eine spannende Geschichte könnte z. B. so aussehen:

Textlupe für eine spannende Geschichte	ja	zum Teil	nein
A Musst du noch etwas ergänzen?			
Beantwortet die Einleitung die wichtigsten W-Fragen?	X		
Macht die Einleitung neugierig auf die Geschichte?			
Steigert sich die Spannung im Hauptteil bis zum Höhepunkt?			
Werden Spannungsmelder verwendet?			
Wird deutlich, was die Figuren denken und fühlen?			
Wird wörtliche Rede verwendet?			
Wird mit Hilfe von Adjektiven anschaulich erzählt?			
Rundet der Schluss die Geschichte ab?			
Ist die Überschrift treffend und verrät nicht zu viel?			
B Musst du noch etwas ersetzen oder verbessern?			
Gibt es Verben, die ihr durch treffendere Verben ersetzen könnt?			
Ist die Geschichte im Präteritum geschrieben?			
Sind Satzbau, Rechtschreibung und Zeichensetzung korrekt?			

Erzählen

1 Die folgenden Merksätze zum Erzählen einer spannenden Geschichte sind durcheinandergeraten. Verbindet die Sätze in eurem Heft richtig miteinander.

1 Bevor ich die Geschichte schreibe,	wecke ich Neugier.
2 In der Einleitung	erstelle ich einen Schreibplan.
3 Im Hauptteil	steigere ich die Spannung Schritt für Schritt.
4 Um lebendig zu erzählen,	kann ich die Geschichte z. B. abrunden.
5 Den Höhepunkt	leite ich mit einem Spannungsmelder ein.
6 Zum Schluss	verwende ich wörtliche Rede und schildere die Gefühle und Gedanken der Figuren.

Was war denn das für ein Kratzen? <u>flüstert</u>
Tom mit zittriger Stimme. Wir <u>versuchen</u> ver-
zweifelt, etwas in der Dunkelheit zu erkennen.
Ich <u>zische</u> Lasst bloß die Taschenlampe aus,
5 sonst sieht man uns sofort hier drin! In diesem
Moment <u>fällt</u> etwas scheppernd zu Boden. Wir
<u>laufen</u> kreischend in die hinterste Ecke des La-
dens. Aber nichts <u>geschieht</u>. Es <u>ist</u> mucksmäus-
chenstill. Irgendetwas <u>sagt</u> Maja ganz leise
10 stimmt hier doch nicht. Da <u>knipst</u> Tom kurz
entschlossen das Licht an und wir <u>sehen</u> …
Waschbären! Das sind Waschbären, <u>ruft</u> Tom.
Ich <u>bin</u> so erleichtert, dass ich laut <u>loslache</u>. Die
beiden Waschbären <u>gucken</u> uns fragend an und
15 <u>verschwinden</u> dann wie von Geisterhand durch
den Schornstein in die Nacht.

2 Überarbeitet den kurzen Ausschnitt aus einer Schülergeschichte.
   a Setzt die unterstrichenen Verben ins Präteritum.
   b Setzt alle Zeichen, die bei der wörtlichen Rede fehlen: Anführungszeichen, Kommas, Doppelpunkte.

 3 Überprüft eure Ergebnisse von Aufgabe 1 und 2 zu zweit.
   Das Sprachtraining auf den Seiten 82 und 85 kann euch dabei helfen.

4.2 Da schlug es Mitternacht! – Gruselgeschichten lesen und schreiben

Sibylle Durian

Gespensterluft

Fanni ist mit ihren Eltern umgezogen. Das neue Haus macht einen unheimlichen, fast gespenstischen Eindruck. Um den Möbelpackern nicht im Weg zu stehen, streift Fanni durch das Haus und entdeckt eine Katze.

Plötzlich hörte sie ein Geräusch hinter sich. Sie drehte sich um und sah eine grauschwarz getigerte Katze in der Tür.

„Komm mal her, Tigerchen!"

5 Die Katze sah sie aus gelb funkelnden Augen an, legte den Kopf schief und stellte ihren Schwanz steil in die Höhe. Fanni kramte in ihrer Hosentasche und brachte einen zerkrümelten Keks zum Vorschein.

10 „Schau mal, was ich hier habe!"

Die Katze kümmerte sich nicht um den Keks, drehte sich um und lief die Treppe hinauf zum Dachboden.

„Warte!" Fanni folgte ihr.

Auf dem Dachboden war es stockdunkel. 15 Spinnweben streiften ihr Gesicht. Im flackernden Kerzenschein sah sie einen etwa gleichaltrigen Jungen vor sich.

„Was suchst du hier?", fragte er und musterte sie von oben bis unten. 20

„Ich wohne hier. Seit heute!" Fanni wischte sich die Spinnweben von der Wange. „Und du?" „Ich habe auch mal hier gewohnt. Früher."

„Und wieso kommst du immer noch her?", 25 fragte Fanni.

„Nur so. Ich wollte meine Katze holen!"

Die Katze schmiegte sich an die Beine des Jungen und schnurrte. Er bückte sich und hob sie auf. Ein Lufthauch ließ die Kerze flackern. Fan- 30 ni hatte Angst, sie könnte verlöschen, und schirmte sie mit der Hand ab.

„Ganz schön unheimlich hier oben", sagte sie und fröstelte. „Man könnte glauben, hier gibt's

35 Gespenster!"

„Na, und ob!" Der Junge grinste sie an. „Riech mal, du atmest echte Gespensterluft!"

„Gespensterluft! So'n Blödsinn!"

„Wenn ich's doch sage! Ich könnte dir da Ge-
40 schichten erzählen …"

„Au ja, ich mag Gespenstergeschichten", sagte Fanni.

„Na ja, du meinst erfundene. Aber ich kenne Geschichten von echten Gespenstern!"

45 „Der hält mich wohl für blöd", dachte Fanni.

„Du meinst also, es gibt in diesem Haus tatsächlich Gespenster?", fragte sie und bemühte sich, nicht zu kichern.

„Jetzt bloß noch eins", sagte der Junge. „Aber
50 früher wimmelte es hier nur so von ihnen! Von gefährlichen Piraten und Räubern", fügte er flüsternd hinzu.

Fanni lief eine Gänsehaut über den Rücken.

„Du spinnst ja", rief sie mit unsicherer Stim-
55 me.

„Ehrlich, hier hat mal 'ne richtige Räuberbande gehaust, so vor hundert oder mehr Jahren. Die waren in der ganzen Stadt gefürchtet. Sogar ein Kind soll dabei gewesen sein, ungefähr
60 so alt wie wir."

„Und das war auch so gefährlich?", fragte Fanni ungläubig.

„Jedenfalls hat es geklaut wie ein Rabe, sagt man. Eines Tages hat man sie gefasst und vor Gericht gestellt. Aber die haben den Richter 65 nur ausgelacht. Das Kind soll ihm heimlich seinen Geldbeutel gestohlen haben, während er die anderen verhört hat. Da bekam der Richter so 'ne Wut, dass er die ganze Bande zum Tode verurteilte und dazu noch verflucht hat 70 …"

„Verflucht?"

„Ihr sollt keinen Frieden finden, bis ihr eure bösen Taten gesühnt habt, hat er gebrüllt. Na ja, und von da an mussten die Räuber nachts 75 herumgespenstern."

„Alle? Auch das Kind?"

„Na klar! Aber mit der Zeit sind die meisten von ihnen müde geworden und dorthin gezogen, wo mehr los ist. Nur einer ist geblieben." 80

„Und wer?", fragte Fanni.

„Das wirst du schon sehen", grinste der Junge. „Ich schätze, ihr bleibt eine Weile hier wohnen, oder?"

„Sogar für immer", sagte Fanni. „Und dass du's 85 nur weißt: Es gibt überhaupt keine Gespenster!"

„Bist du sicher?", fragte der Junge – und verschwand mit der Katze im Arm durch die Wand … 90

---

1 Im Laufe des Gesprächs wird Fanni immer unsicherer: Soll sie dem Jungen glauben oder nicht? Erklärt, woran Fanni am Ende erkennt, dass der Junge tatsächlich ein Gespenst ist.

2 In dem Spinnennetz auf S. 94 zappeln die wichtigsten Zutaten für eine Gespenstergeschichte.
a Übertragt die Beispiele auf neun große Karteikarten.
b Ergänzt eure Grusel-Kartei durch Beispiele aus der Geschichte „Gespensterluft".

3 Stellt euch vor, Fanni steigt erneut auf den Dachboden. Erzählt die Geschichte in eurem Heft weiter. Nutzt dafür eure Gruselkartei. Ihr könnt so beginnen:
Langsam stieg ich die knarrende Holztreppe hinauf. Als ich auf der letzten Treppenstufe stand, roch ich bereits die modrige Gespensterluft. „Was war das nur für ein Junge?", fragte ich mich. „Wie konnte es sein, dass …?" Plötzlich schlug die Tür auf und …

 4 **a** Lest euch eure Geschichten vor. Entdeckt ihr Wörter aus der Gruselkartei?
b Besprecht, ob und wie euch die Gruselkartei beim Schreiben geholfen hat.

Eine Gruselkartei anlegen und nutzen

gespenstische Orte
ein dunkler Keller •
eine Tropfsteinhöhle • eine Ruine •
ein dichter Wald bei Nacht

gespenstische Adjektive
entsetzlich • grässlich • furchtbar •
finster • düster • muffig • modrig •
kreidebleich • neblig • dämmrig •
unheimlich • lautlos • schrill

gespenstische Wesen
Geister • Vampire • Werwölfe

gespenstische Verben
gehen: schlurfen • gleiten •
schweben • rasen • poltern
sagen: keuchen • ächzen •
schreien • jammern • heulen
zischen

schaurige Erscheinungen
ein grünes Leuchten • ein wehender Vorhang •
ein kalter Windhauch

gruselige Geräusche
eine knarrende Tür • ein Stöhnen •
ein krächzender Rabe

Spannungsmelder
auf einmal • in diesem Moment •
schlagartig • völlig überraschend

wörtliche Rede / Ausrufe
„Hilfe!" • „Was war das?" •
„Das kann doch nicht wahr sein!"

bildhafte Wendungen
das Herz schlägt bis zum Hals •
weiche Knie bekommen •
wie angewurzelt stehen bleiben •
wie von Geisterhand bewegt

> **Gruselkartei**
> Eure Gruselkartei könnt ihr
> ständig erweitern. Je größer
> euer Grusel-Wortschatz ist,
> desto unheimlicher werden
> eure Gespenstergeschichten.

⊕ **1** Verfasst mit Hilfe der Gruselkartei eine eigene
Gespenstergeschichte, die eure Leserschaft erschauern lässt.

Hellmut Holthaus

Alles, nur kein Gespenst

Ich weiß nicht, was ein Gespenst verdient, aber es kann so viel verdienen, wie es will, ein Gespenst möchte ich nicht sein, alles, nur das nicht! Stellen Sie sich vor, Sie gehen um, Nacht
5 für Nacht, womöglich fünfhundert Jahre lang, treppauf, treppab, immer im gleichen Haus, und verüben immer die gleichen blödsinnigen Scherze! Umgehen ist nicht einfach!

Ein Gespenst hat es mir selbst bestätigt. Ich
10 machte seine Bekanntschaft in einem alten Haus auf dem Lande, in dem ich einige Jahre wohnte. Selbstverständlich schlug die Uhr Mitternacht, als es sich durch fortwährendes Knibbeln und Kratzen an der Tapete bemerkbar
15 machte. Ich wurde ganz nervös davon, untersuchte die Tapete, fand aber nichts. Kaum saß ich wieder am Schreibtisch, begann das hässliche Geräusch von Neuem. Langsam wurde mir klar, dass hier ein Gespenst an der Arbeit
20 war, und mich packte die Wut.

„Nun hören Sie doch endlich auf mit dem Quatsch!", rief ich. „Was soll denn die dumme Knibbelei? Gehen Sie schlafen!" Ein Ächzen antwortete und dem Ächzen folgte das Ge-
25 spenst selbst!

„Ist Ihnen schlecht", fragte ich, „dass Sie so gräulich ächzen? Setzen Sie sich doch!"

Es setzte sich und sagte: „Ich heiße Mertens. Mir ist keineswegs schlecht, aber das Ächzen
30 steht auf meinem Programm. Wie gerne ginge ich schlafen, ich bin ja so müde! Die Nachtarbeit ist nichts für mich, ich bin kein Nachtmensch." Herr Mertens sah aus wie eine überjährige Kartoffel, er machte einen ungesunden
35 Eindruck. „Weshalb gehen Sie denn um", fragte ich ihn, „wenn Sie kein Nachtmensch sind?"

„Umgehen nennen Sie das?", fragte Mertens widerlich lachend zurück. „Umschluffen, sollten Sie sagen. Wir müssen Schluffen tragen,
40 das gehört zu unserer Kleidervorschrift, damit der Schluffeffekt im Treppenhaus zustande

kommt. Schuhe sind verboten. Schluffen und Nachthemd!" Wirklich trug Herr Mertens ein Nachthemd. Er fror, seine dürren Schienbeine klapperten und er hustete wie ein misshandel- 45 tes Getriebe.

„Wenn Sie", sagte ich, „in diesem Hause durchaus umgehen oder meinetwegen umschluffen müssen, dann will ich Sie nicht davon abhalten. Aber hören Sie bloß mit dem ekelhaften 50 Tapetengekratze auf, das kann ich nicht vertragen. Machen Sie doch mal was anderes! Ich hätte nichts dagegen, wenn Sie in die Küche gingen und Kaffee mahlten."

„Geht nicht", erklärte Herr Mertens. „Das ist 55 zu gemütlich. Mit großem Vergnügen würde ich Kaffee mahlen, aber gemütliche Geräusche passen nicht zu unserem Stil, darin sind wir sehr streng. Ich würde auch auf den Dachboden gehen und dort Fußball spielen, wenn Sie 60 das etwa wünschen sollten, aber auch Fußball ist uns untersagt, das ist zu modern. Es wäre die reinste Erholung für mich, einmal die Kaffeemühle zu drehen oder, mit Ihrer Erlaubnis, Elfmeter! zu rufen, aber nein, wir machen im- 65 mer die alten Sachen. Wir sind leider sehr konservativ. Meine Aufgabe besteht darin, mit der Kette zu rasseln, Möbel von der Stelle zu

rücken, schauderhaft zu wimmern und dumpf
70 zu stöhnen. Das Dumpfe bitte ich besonders
zu beachten, mit gewöhnlichem Stöhnen geben wir uns nicht ab, es muss so dumpf wie
möglich geschehen, und das eben erfordert
viel Konzentration und Anstrengung." Mer-
75 tens sah ganz abgearbeitet aus. Er fuhr fort:
„Auch gehört es zu den Obliegenheiten meines Dienstes, die Bilder von den Wänden fallen
zu lassen, irrsinnig zu kichern und an der
Wand zu kratzen, wovon ich Ihnen ja schon
80 eine Probe gab. Meine ganzen Nägel sind
schon ab. Ferner habe ich von Zeit zu Zeit
sinnlose Laute auszustoßen, mit hohler Stimme, wie Sie sich denken können. Hohle Stimme ist nicht leicht, ich habe eigens einen Kur-
85 sus in Grabesstimme mitgemacht."
Ich schüttelte den Kopf. „Nun sagen Sie selbst,
Herr Mertens", fragte ich, „ist das eine Be-
schäftigung für einen erwachsenen Mann?"
„Nicht wahr?", stimmte er zu. „Sie müssen
90 mich doch für verrückt halten! Ich bin, wenn
ich das sagen darf, ein Mann nicht ohne Verstand und einige Bildung. Können Sie sich
ausmalen, wie ich unter meinem eigenen Treiben leide? Jede Nacht dieselben Albernheiten,
dieselben abgedroschenen Späße. Glauben Sie 95
mir, mein Herr, etwas Langweiligeres, als Gespenst zu sein, gibt es nicht. Ich kann die ros-
tige Kette nicht mehr sehen! Über die Treppe
schluffen oder Tapeten kratzen, was sind das
für stumpfsinnige Aufträge! Wie ich es satt- 100
habe! Schluffen Sie mal durchs dunkle Treppenhaus, von 1431 bis heute!"
„Nein danke", sagte ich. „Was versprechen Sie
sich überhaupt davon, von dem Schluffen und
Knibbeln und all dem Gemache?" 105
„Ich glaube", antwortete Herr Mertens, „wir
sollen euch Bange machen."
Da musste ich so irrsinnig kichern, dass ein
Gespenst bei mir hätte lernen können.
Mertens begab sich auf den Boden und ich 110
lachte immer noch, während er sich an einem
alten Schrank zu schaffen machte. Das war das
Letzte, was ich von ihm hörte, er ist seitdem
nicht mehr wiedergekommen.

1 Ist das eine Gespenstergeschichte – oder eher eine „Anti-Gespenstergeschichte"?
Erklärt, was am Gespenst und am Ich-Erzähler (▶ S. 131) ungewöhnlich ist.

2 Herr Mertens will ein modernes und richtig furchterregendes Gespenst werden. Sammelt Tipps
für ihn, indem ihr die Tabelle ergänzt.

cooles Gespenster-Outfit	moderne Geräusche	moderne Streiche
– Sonnenbrille	– schrilles Handyklingeln	– Fernseher einschalten
– schwarzer Anzug	– ratternder Kaffeeautomat	– Laptop verstecken
– …	– …	– …

3 Schreibt eine gruselige Geschichte mit den neuen Zutaten. Denkt daran, dass Herr Mertens nicht
nur modern, sondern auch furchterregend wirken will.
– Überlegt, wer dem Gespenst in eurer Geschichte begegnen soll. Schreibt in der Ich-Form.
– Verwendet Zutaten aus eurer Gruselkartei (▶ S. 94).

4 a Führt zu euren Geschichten eine Schreibkonferenz mit Textlupe durch (▶ S. 90).
b Überarbeitet eure Geschichten mit Hilfe der Rückmeldungen, die ihr erhaltet.

Andreas Schlüter
??? und ich

Olli hat sich bei einem Fahrradunfall einen Zahn ausgeschlagen. Begleitet von seinem Freund Ricky, dem Ich-Erzähler, klingelt er an der Tür einer Zahnarztpraxis.

Ein hagerer Mann mit einem aschfahlen Gesicht, schwarz-grau melierten, streng nach hinten gekämmten Haaren und großen mistkäfermetallischgrün flimmernden Augen schaute
5 aus der Tür heraus. Er hatte sie nur einen Spaltbreit geöffnet; gerade weit genug, um seinen Kopf herauszustrecken – als ob er Angst hätte, das Sonnenlicht könnte ihm etwas antun. Auch der pechschwarze Kittel des Mannes
10 wirkte nicht gerade vertraueneinflößend. Im Gegenteil. Trugen Ärzte nicht für gewöhnlich weiße Kleidung? „Na, dann komm mal rein!", lockte Doktor Drach. Seine dünnen Spinnenfinger winkten Olli zu sich. Bei seiner ausge-
15 mergelten Erscheinung hätte ich eine kratzende Fistelstimme vermutet. Doch Doktor Drach dröhnte mit einer tiefen, brummenden Stimme wie ein Kontrabass. Verwundert schaute

ich mich um. Wenn mich nicht alles getäuscht hatte, dann war die Stimme mit einem Hall 20 versehen, als ob der Doktor in einer großen Halle stehen würde. Oder in einer Kirche. Oder in einer – Gruft!
„Will dein Freund auf dich warten?", fragte Doktor Drach mit dröhnendem Bass. 25
Ich schüttelte den Kopf. Olli nickte. Und schon zog mich die Spinnenhand des Doktors mit in die Praxis. Hinter uns schloss sich die Tür wie das schwere Eisentor eines Verlieses. Verriegelt für den Rest der Ewigkeit. Wir standen in 30 einem düsteren Flur, in dem lediglich zehn brennende Kerzen an einem Kronleuchter Licht spendeten.
„Ich war nicht auf Besuch gefasst", entschuldigte sich der Doktor. Und knipste Licht an. 35 Dunkelgelbes Licht. Mit einer knappen Handbewegung wies er mich an zu warten, während er Olli mit sich führte.
Olli winkte mir zu, als verabschiedete er sich für immer. Ich sah ihm nach, bis sich die Tür 40 des Behandlungszimmers hinter ihm schloss.

Dann ging ich ins Wartezimmer. Ich kannte Wartezimmer bei Ärzten. Aber so eines hatte ich noch nie gesehen. Statt mit leicht zu wi-
45 schendem Linoleumboden war dieser Raum mit einem dicken, weichen Teppich ausgelegt. In der Mitte stand eine große, schwarze, mit kunstvollen Schnitzereien verzierte Holztruhe. An den Wänden spendeten antike Kerzen-
50 leuchter ein fahles Licht. Es gab auch nicht die üblichen Plastikstühle – hier dienten Sessel aus blutrotem Samt als Sitzgelegenheiten. Einen Augenblick stand ich einfach nur stau-nend im Raum. Weil es weder etwas zum Le-
55 sen noch zum Spielen gab, stellte ich mich trotz der exotischen Aufmachung der Praxis auf eine lange, langweilige Wartezeit ein. Aber schon nach zehn Minuten wurde es mir zu blöd und ich beschloss, mich ein wenig umzu-
60 sehen.

Leise ging ich in den Flur und sah, dass die Tür, hinter der Olli behandelt wurde, ein winziges Stück offen stand. Auf Zehenspitzen schlich ich dorthin und spähte durch einen schmalen
65 Spalt, konnte aber nicht wirklich was erken-nen.

Plötzlich hörte ich Schritte. Erschrocken fuhr ich herum. Da war niemand. Dennoch wurde ich das Gefühl nicht los, nicht allein zu sein.
70 Die Flammen der Kerzen begannen zu fla-ckern, als ob jemand ein Fenster geöffnet hät-te. Es gab hier aber kein Fenster! Trotzdem fuhr auf einmal ein eisiger Windstoß durch den Flur. Mich fröstelte, gleichzeitig spürte ich
75 eine aufwallende Hitze in meinem Kopf.

Was geschah hier?

Noch immer hörte ich Schritte. Woher kamen die? Vielleicht von jemandem, der unsichtbar war?
80 Vielleicht stand der Unsichtbare schon neben mir und war kurz davor, mich anzugreifen?

Ich schrie kurz auf vor Angst und rannte zu-rück ins Wartezimmer. Der Boden unter mir knirschte wie das dünne Eis eines Sees.
85 Unbeschadet erreichte ich das Wartezimmer,

schlug die Tür hinter mir zu, lehnte mich mit dem Rücken dagegen und versuchte, meinen Atem zu beruhigen, um besser hören zu kön-nen, ob und was da draußen vor sich ging. Oder hatte der Unsichtbare es vielleicht mit 90 mir ins Wartezimmer geschafft?

Wieder hörte ich deutliche Schritte. Glückli-cherweise draußen im Flur. Hier im Wartezim-mer schien ich erst einmal sicher zu sein.

Die Schritte knirschten weiter über den Boden. 95 Langsam und ungleichmäßig. Als ob der Un-sichtbare hinkte. Dann entfernten sie sich. Und zwar nach oben. Der Unsichtbare stieg vom Flur aus eine Treppe hinauf. Es gab dort aber keine Treppe! Ich hatte jedenfalls keine 100 gesehen.

Kurz darauf herrschte wieder Stille. Alles war ruhig. Einen Moment lang rührte ich mich nicht und überlegte, was ich tun sollte. Mich in einen Sessel setzen und warten? Oder doch 105 noch mal nachschauen, was da im Flur los war? Und vor allem, wie es Olli ging? Ich holte tief Luft und legte meine Hand auf den Tür-griff, der aber plötzlich von der anderen Seite bewegt wurde. Erschrocken sprang ich einen 110 Schritt zurück. Die Tür öffnete sich und – Olli stand vor mir.

„Fertig!", rief er.

„Das ging aber wirklich schnell!", stieß ich er-
115 leichtert aus.

Olli nickte. „Er hat einen neuen Zahn eingesetzt. Ging ratzfatz!" [...]

„Weißt du, warum es so schnell ging?", fragte
Olli. „Weil er zigtausend Zähne vorrätig hatte!
120 Das ganze Zimmer war voll davon! Und es gab
auch eine Menge Gebisse!"

Ich erzählte Olli von dem seltsamen Vorfall im
Flur.

„Schritte?", fragte Olli nach.
125 „Ja", bestätigte ich ihm. Noch immer schauder-
te mich, als ich nur daran dachte. „Von einem
Unsichtbaren!"

„Nicht jeder, den du nicht siehst, ist unsichtbar", erwiderte Olli trocken.
130 „Was willst du denn damit?", wunderte ich
mich. „Wenn da einer über den Flur gegangen
wäre, hätte ich ihn doch sehen müssen."

Olli schüttelte den Kopf. „Hast du an die Decke
geschaut? Was, wenn derjenige, den du gehört
hast, nicht über den Boden lief, sondern kopf- 135
über an der Decke entlang?"

An die Decke hatte ich natürlich nicht geschaut. Und auch nicht daran gedacht.

„Wer geht denn kopfüber an einer Decke?"

„Fledermäuse zum Beispiel", antwortete Olli. 140
Fledermäuse, wiederholte ich im Stillen. Ich
sollte eine Fledermaus gehört haben? Meines
Wissens hingen Fledermäuse nur kopfüber an
Decken, aber spazierten nicht fröhlich daran
umher. Außerdem, und das sagte ich wieder 145
laut: „Das muss aber eine große Fledermaus
gewesen sein!"

Olli sagte nichts. Und damit wusste ich: Genau
das hatte er auch gemeint.

Ob Riesenfledermaus oder nicht, eines stand 150
fest: Irgendetwas stimmte mit diesem Zahnarzt oder mit seiner Praxis nicht.

 1 a Wer könnte dieser Zahnarzt sein? Findet im Text Beweise für eure Vermutung.

b Ergänzt die Überschrift. Welcher Name könnte anstelle der drei Fragezeichen stehen?

2 Untersucht, wie in dieser Geschichte Spannung erzeugt wird. Wählt Aufgabe a, b oder c.

a Untersucht, **wie Dr. Drach beschrieben wird.** Wie sieht er aus? Wie spricht er?
Schreibt aus den Zeilen 1–33 alle Grusel erzeugenden Textstellen heraus, z. B.:
aschfahlen Gesicht (Z.1f.), ...

b Findet in der Geschichte für **jede Überschrift eurer Gruselkartei** (▶ S.94) mindestens ein passendes
Stichwort, z. B.: gespenstische Orte: ... (Z.xx), gespenstische Wesen: ...

c Ricky öffnet die Behandlungstür einen Spaltbreit und dann wird es richtig gespenstisch.
Schreibt **aus den Zeilen 67 bis 112 alle Spannung erzeugenden Wörter und Wendungen** heraus.

d Stellt euch eure Ergebnisse gegenseitig vor und ergänzt eure Gruselkartei.

3 Irgendetwas stimmt da nicht. Olli und Ricky beschließen, der Sache auf den Grund zu gehen, und
planen einen zweiten Besuch bei Dr. Drach. Schreibt die Geschichte weiter.

a Plant eure Geschichte: Wie wollt ihr Einleitung, Hauptteil und Schluss gestalten? Zum Beispiel:
Ideen für die Einleitung: Vorwand: Ollis neuer Zahn ist locker, Ausrüstung: Knoblauch, ...
Ideen für den Hauptteil: Ablenkungsmanöver, ...

b Schreibt im Präteritum und erzählt mit Hilfe eurer Gruselkartei so spannend wie möglich.

4 Schreibt nach dem Muster der Geschichte „Dracula und ich" (▶ S.97) eine Geschichte mit dem Titel
„Der Werwolf und ich". Olli und Ricky begegnen dem Werwolf das erste Mal, ohne zu wissen, dass
es sich um einen Werwolf handelt. Es gibt aber viele verdächtige Anzeichen.

4.3 Fit in ... – Zu Bildern erzählen

Die Aufgabenstellung richtig verstehen

Stellt euch vor, ihr bekommt in der nächsten Klassenarbeit folgende Aufgabenstellung:

> Betrachte die Bildfolge genau. Die beiden Kinder übernachten gemeinsam mit ihrer Klasse und ihrer Lehrerin auf Schloss Grauenstein. Um Punkt Mitternacht wollen die beiden als Gespenster verkleidet ihre Mitschüler erschrecken.
> Schreibe eine spannende Gespenstergeschichte zu den Bildern.

1 **a** Lest die Aufgabenstellung oben sorgfältig durch.
   b Schlagt das Buch zu und erklärt euch gegenseitig, was die Aufgabenstellung von euch verlangt.

Ideen sammeln und einen Schreibplan erstellen

2 **a** Seht euch jedes Bild genau an und findet heraus, was in dieser Bildergeschichte passiert.
Achtet besonders auf den Gesichtsausdruck (Mimik) und die Körpersprache (Gestik) der Figuren.
Welche Gedanken und Gefühle werden hier deutlich?

b Stellt euch die Geschichte vor wie einen Film. In welchem Bild liegt der Spannungshöhepunkt?

3 Gerade in einer Klassenarbeit sollte man nicht einfach „drauflosschreiben".
Plant den Aufbau eurer Erzählung und legt einen Schreibplan an.
Beachtet dabei den Tippkasten rechts.

Thema: Eine spannende Gespenstergeschichte

1) Einleitung:
Wer?   ...
Wo?   auf Schloss Grauenstein
Wann?   ...

2) Hauptteil:
1. Erzählschritt: ...
2. Erzählschritt: ...
...
Höhepunkt: ...

3) Schluss: ...

- **Einleitung:** In die Handlung einführen und Neugier wecken!
- **Hauptteil:** Was passiert? Wie steigert sich die Spannung Schritt für Schritt bis zum Höhepunkt?
- **Schluss:** Wie geht die Geschichte aus?
- Welche **Namen** könnten die Kinder haben?

Spannend und anschaulich erzählen

Wir übernachteten mit der Klasse auf Schloss Grauenstein. Lisa und ich beschlossen, den anderen um Mitternacht einen Schrecken einzujagen. Wir wollten um Mitternacht als Gespenster durch Schloss Grauenstein laufen. Dass auch andere diese Idee hatten, konnten wir ja nicht wissen.

4 Diese Einleitung klingt noch ein bisschen langweilig.
Überarbeitet sie so, dass sie die Neugier der Leserschaft weckt:
- Schreibt anschaulicher: Könnt ihr Verben ersetzen oder Adjektive ergänzen?
- Vermeidet unnötige Wiederholungen.
- Ergänzt vor dem letzten Satz noch ein oder zwei Sätze zu Bild 1.
- Der letzte Satz verrät zu viel. Formuliert ihn um.

5 Auf Bild 2 erleben Lisa und Paul eine böse Überraschung. Beschreibt ihre Situation anschaulich. Übertragt dazu den folgenden Text in euer Heft und ergänzt die Lücken. Nutzt Vorschläge aus dem Wortschatzkasten oder Ideen aus eurer Gruselkartei (▶ S. 94).

TIPP: Setzt die Wörter in der richtigen Form ein, z. B.: die düster*en* Gänge …

> Wir schlichen als Gespenster durch die **?** Gänge des Schlosses. Ein **?** Vorfahre des Schlossherrn grinste **?** von einem Ölgemälde und einige Kerzen flackerten **?** in einem **?** Luftzug. „Ich spuke mich schon mal ein bisschen warm", kicherte Lisa und stieß ein **?** „Huuha!" aus. Nun mussten wir nur noch um die Ecke biegen und waren beim Schlafsaal unserer Klassenkameraden. Die sollten diese Gespensternacht nicht so schnell vergessen!
> Da legte Lisa plötzlich einen Finger an die Lippen und flüsterte: „Pst! Da ist doch etwas!" Wir hörten ein **?** Tappen, das sich langsam und **?** näherte. Auf einmal tanzte am Ende des Gangs ein **?** Schatten, der uns **?** .

bösartig • dumpf •
düster • uralt •
gespenstisch •
grauenhaft •
kühl •
das Blut in den Adern
gefrieren lassen •
unaufhaltsam •
furchterregend •

6 a Beschreibt das Gespenst auf Bild 3 so anschaulich, dass man es sich beim Lesen genau vorstellen kann.

b Beschreibt auch die Reaktion der beiden Kinder so genau wie möglich.

7 Überlegt, welche Gedanken sich Paul und Lisa zum Schluss der Geschichte (Bild 4) machen könnten. Schreibt den Schluss der Geschichte in euer Heft.

8 Findet eine treffende Überschrift für eure Geschichte.

Die eigene Geschichte überarbeiten

 9 Besprecht eure Geschichten in einer Schreibkonferenz (▶ S. 90) und verbessert sie anschließend. Die folgende Checkliste hilft euch dabei.

Checkliste ▶ **Eine Erzählung schreiben**

- Führt die **Einleitung** in das Geschehen ein und macht neugierig auf die Geschichte?
- Hat die Geschichte einen **roten Faden** und ist ohne Nachfragen verständlich?
- Hat die Geschichte einen **Höhepunkt?**
- Ist die **Überschrift** treffend und verrät nicht zu viel?
- Wird klar, was die **Figuren denken und fühlen?** Habt ihr **wörtliche Rede** verwendet?
- Wo fehlen **Spannungsmelder, treffende Verben** oder **anschauliche Adjektive?**
- Ist die Geschichte im **Präteritum** geschrieben?

5 Das ist ja zum Lachen! –
Literarische Texte erschließen und unterscheiden

In diesem Kapitel ...

- begegnen euch Schelme in Geschichten, Theaterstücken und Gedichten,
- lest und spielt ihr lustige Geschichten so, dass ihr andere zum Lachen bringt,
- erzählt ihr Geschichten spannend und anschaulich nach,
- untersucht ihr die Figuren, die Komik und den Aufbau von Schelmengeschichten.

 1 Erzählt eine lustige Geschichte zu dem Bild.

 2 Erklärt gemeinsam, was Narrenkappe, Spiegel und Eule bedeuten könnten.

3 Kennt ihr Eulenspiegel oder andere Narren und Schelme? Erzählt von diesen.

5.1 Von Narren und Schelmen – Literatur nacherzählen, spielen, vortragen

Eine Geschichte nacherzählen

Herbert Birken

Achmed, der Narr

Wohlgefällig[1] ließ der Sultan[2] sein Auge auf dem neuen Leibdiener ruhen und befahl ihm: „Geh, Achmed, und bereite mir ein Frühstück!" Achmed gehorchte und tat, wie sein Herr ihm
5 befohlen. Doch als der Sultan in sein Frühstückszimmer kam, begann er gewaltig zu schreien und seinen neuen Diener zu schelten: „Achmed, du verflixter Schlingel, ich werde dich in den Kerker werfen lassen! Soll das etwa
10 mein Frühstück sein?" Und was hatte Achmed auf dem kostbaren Frühstückstisch bereitgestellt: eine Tasse Kaffee, drei Reisbrotfladen und etwas Honig, genau das, was er selbst zu frühstücken gewohnt war. Und weiter nichts.
15 „Wenn ich ein Frühstück bestelle", belehrte ihn der Sultan, „hat Folgendes da zu sein: Kaffee, Mokka, Tee und Schokolade, Reisbrot, Maisbrot, Weizenbrot und Haferschleim, Butter, Sahne, Milch und Käse, Schinken, Wurst, Eier und
20 Gänseleber, Trüffel, Oliven, Feigen und Datteln, Honig, Marmelade, Gelee und Apfelmus, Pfirsiche, Orangen, Zitronen und Nüsse, weißer Pfeffer, roter Pfeffer, gelber Pfeffer, Knoblauch und Zwiebeln, Rosinen, Mandeln und
25 Kuchen. – Verstanden?" „Verzeiht, o Herr, dem niedrigsten Eurer Knechte", rief Achmed und gelobte des Langen und Breiten Besserung. Hussein der Siebente, der sich selber für einen gütigen und gerechten Herrscher hielt, ließ
30 Gnade vor Recht ergehen und verzieh seinem Diener. Am Nachmittag befahl er: „Achmed, geh und richte mir ein Bad!" Achmed gehorchte und tat, wie sein Herr ihm befohlen. Doch als der Sultan in sein Badezimmer kam, begann er
35 gewaltig zu schreien und seinen neuen Diener

1   wohlgefällig: wohlwollend
2   der Sultan: der Herrscher

zu schelten: „Achmed, du verflixter Schlingel, ich werde dich in den Kerker werfen lassen! Soll das etwa mein Bad sein!?" Und wie hatte Achmed dem Sultan das Bad bereitet? So, wie
40 er selber zu baden gewohnt war: Lauwarmes Wasser war in dem kostbaren Marmorbecken, daneben lagen ein Stück Seife und ein Handtuch. Und weiter nichts.

„Wenn ich ein Bad bestelle", belehrte ihn der
45 Sultan, „hat Folgendes da zu sein: heißes Wasser, laues Wasser und kaltes Wasser, Ambra, Moschus und Lavendel³, Seife, Creme und Eselsmilch, Tücher, Laken und Decken, Rasierzeug, Kämme und Scheren, der Bader, der Fri-
50 seur, Kosmetiker, Masseure und Musikanten. Verstanden?!" „Verzeiht, o Herr, dem niedrigsten Eurer Knechte", rief Achmed und gelobte des Langen und Breiten Besserung.

Hussein der Siebente, der sich selber für einen
55 gütigen und gerechten Herrscher hielt, ließ Gnade vor Recht ergehen und verzieh seinem neuen Diener. Am anderen Morgen, gleich in der Frühe, rief der Sultan den Leibdiener an sein Lager. „Oh, Achmed", jammerte er, „ich
60 bin krank, sehr krank und habe arge Schmerzen! Geh schnell und hole mir einen Arzt!" Achmed sah voller Mitgefühl auf den groß-

mächtigen Herrscher, der sich auf den kostbaren Kissen hin und her wälzte. Er überlegte, was er wohl tun würde, wenn er selbst krank 65 wäre, aber da fiel ihm ein, was für Lehren er gestern erhalten hatte. Er gelobte, alles Nötige zu besorgen, und lief eilig von dannen.

Vergeblich wartete der Sultan auf seine Rückkehr. Er wartete eine ganze Stunde und noch 70 eine Viertelstunde. Kein Achmed erschien, und auch kein Doktor. Sicher hatte der neue Diener wieder Unsinn angestellt, anstatt seine Befehle zu befolgen. Nun, diesmal wollte er ihn ganz bestimmt in den Kerker werfen lassen. 75

In gewaltigem Zorn rannte er im Zimmer auf und ab. Da kam Achmed, völlig außer Atem und in Schweiß gebadet, hereingestürzt. „Achmed, du verflixter Schlingel!", schrie der Sultan. „Ich werfe dich …" 80

Doch der Diener unterbrach seinen Herrn: „Mein Herr und Gebieter, es ist alles besorgt: Wundarzt, Feldscher⁴, Bader, Zahnarzt, Nervenarzt und Wurzelhexe sind im Serail⁵, der Imam⁶ wartet mit dem heiligen Öl, die letzte Fußwa- 85

---

3 Ambra, Moschus, Lavendel: Duftstoffe für das Bad

4 der Feldscher: der Militär- und Wundarzt

5 der Serail: der Palast des Sultans

6 der Imam: ein religiöses Oberhaupt im Islam

schung ist bestellt, Blumen und Kränze werden geflochten, Musikanten und Klageweiber sind angetreten, der Muezzin[7] ruft vom Minarett[8], das Grab ist geschaufelt, und der Leichen-
90 wagen steht vor der Tür."
Als der Sultan das hörte, musste er so fürchterlich lachen, dass ihm sein dicker Bauch wackelte und die Tränen ihm aus den Augen schossen; er konnte sich gar nicht wieder be-
95 ruhigen. Weil aber das Lachen eine gute Medizin ist, hatte er seine Krankheit ganz und gar vergessen und lachte sich über den Streich seines Dieners völlig gesund. Hussein der Sie-

bente, der sich selber für einen gütigen und gerechten Herrscher hielt, erkannte die weise 100 Lehre, die ihm sein Sklave gegeben hatte, und ernannte Achmed zu seinem Hofnarren. Er sollte immer um seinen Herrn sein und ihn mit Späßen aller Art erfreuen, aber auch Rat 105 und Auskunft erteilen, wenn der Sultan in schwierigen Angelegenheiten seinen Narren befragen wollte.

_____

7   der Muezzin: Person, die zum Gebet in der Moschee aufruft

8   das Minarett: der Turm in der Moschee für den Gebetsrufer

1 ▸ Erklärt, warum der Sultan am Ende so lachen muss, dass sein dicker Bauch wackelt.

2 ▸ Diskutiert: Ist Achmed ein Dummkopf, der nur Glück hat, oder ist Achmed ein kluger Narr? Überlegt dabei, ob Achmeds Verhalten Ähnlichkeiten mit dem Verhalten Eulenspiegels auf der Auftaktseite (▸ S. 103) hat.

3 ▸ Welche der folgenden Lehren zieht der Sultan aus seinem Erlebnis? Begründet eure Meinung. **TIPP:** Prüft, ob mehrere Lehren zutreffen.

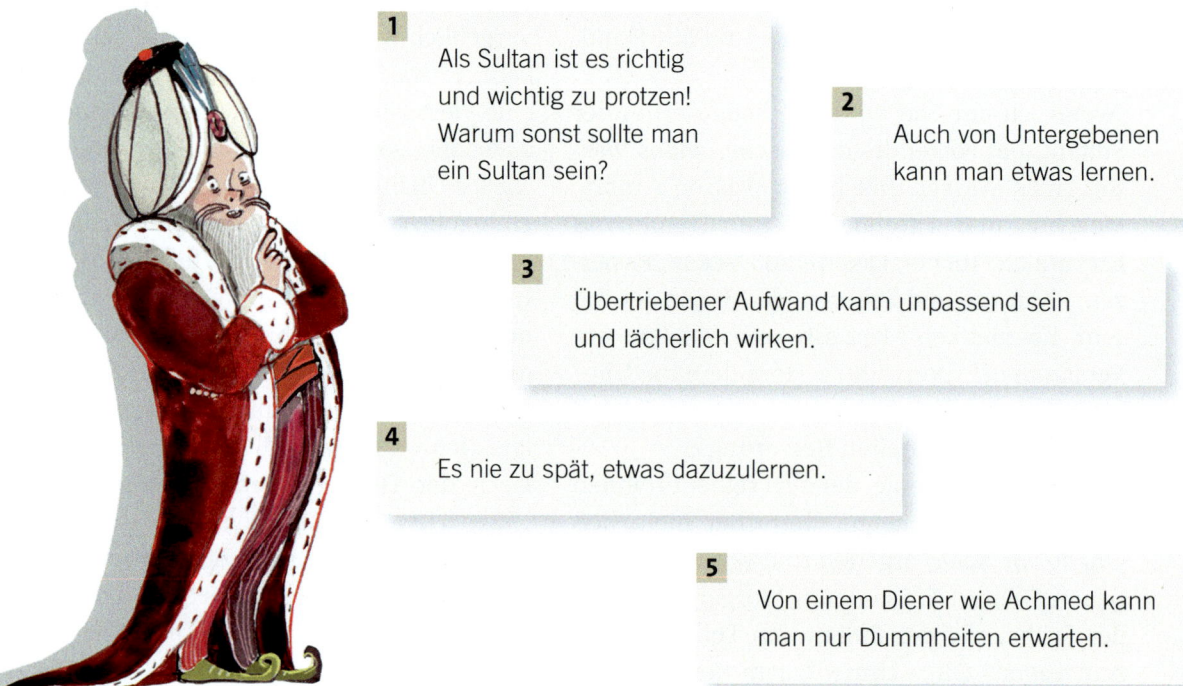

1
Als Sultan ist es richtig und wichtig zu protzen! Warum sonst sollte man ein Sultan sein?

2
Auch von Untergebenen kann man etwas lernen.

3
Übertriebener Aufwand kann unpassend sein und lächerlich wirken.

4
Es nie zu spät, etwas dazuzulernen.

5
Von einem Diener wie Achmed kann man nur Dummheiten erwarten.

4 ▸ Der Sultan hält sich selbst für gütig und gerecht. Stimmt ihr ihm zu, wenn ihr an das Ende der Geschichte denkt? Tauscht euch darüber aus.

5 Bereitet eine Nacherzählung der Geschichte vor.

a Setzt die folgenden Erzählbausteine in eurem Heft so zusammen, dass der Ablauf der Geschichte deutlich wird, z. B.: 1. Wunsch des Sultans → Frühstück → Achmed ... → ...

1. Wunsch des Sultans	Bad	Achmed enttäuscht den Sultan
2. Wunsch des Sultans	Frühstück	Achmed überrascht den Sultan
3. Wunsch des Sultans	Arzt	Achmed enttäuscht den Sultan

b Gliedert den Text in Sinnabschnitte. Gebt jedem Sinnabschnitt eine Überschrift und haltet die wichtigsten Inhalte in Stichworten fest. Übertragt dazu die folgende Tabelle in euer Heft.

Überschriften für die Sinnabschnitte:	1. Wunsch: Frühstück	...	...	Schluss
Zeile:	Z.1–31	Z.31–...	Z. ...	Z. ...
Die wichtigsten Inhalte in Stichworten:	– Sultan befiehlt ... – Achmed gehorcht ... – Doch: ...	...	...	...

6 Erzählt Achmeds Geschichte mit eigenen Worten nach.
Beachtet dabei die Hinweise im Methodenkasten. Wählt Aufgabe a, b oder c.

⚀ a Erzählt die Geschichte mit Hilfe eurer **Tabelle aus Aufgabe 5 b** nach.

⚁ b Erzählt die Geschichte nur mit Hilfe der **Erzählbausteine aus Aufgabe 5 a** nach.
TIPP: Denkt auch an den Schluss der Geschichte.

⚂ c Geht den Ablauf der Geschichte noch einmal mit Hilfe eurer Tabelle aus Aufgabe 5 b durch.
Erzählt die Geschichte dann **frei** (ohne Hilfsmittel) **nach.**

d Tragt euch eure Texte gegenseitig vor.
Eure Zuhörerinnen und Zuhörer geben euch mit Hilfe des Methodenkastens eine Rückmeldung.

⊕ 7 Schreibt eine eigene Achmed-Geschichte: Der Sultan befiehlt und Achmed gehorcht auf seine Weise. Denkt euch selbst einen Wunsch des Sultans aus oder wählt einen der folgenden Vorschläge: Der Sultan will ausreiten. / Der Sultan will sich festlich kleiden.

Methode ⟩⟩	**Eine Geschichte nacherzählen**

- Gliedert den Text in **Sinnabschnitte.** Formuliert Überschriften zu jedem Sinnabschnitt und notiert darunter **Stichworte zum Handlungsverlauf.**
- Haltet euch beim Nacherzählen an die **Reihenfolge der Ereignisse.**
- Erzählt mit **eigenen Worten.**
- Schreibt **anschaulich und lebendig.**
- Verwendet die **Zeitform der Textvorlage** (meistens Präteritum).
- Teilt **Gedanken und Gefühle der Hauptfiguren** mit und verwendet **wörtliche Rede.**

Ein kurzes Theaterstück spielen

Walter Meyer

Wer zuletzt lacht, lacht am besten

Die folgende Spielszene zeigt Eulenspiegel in Magdeburg, wo er den Bürgern vorgaukelt, fliegen zu können.

EULENSPIEGEL: Ihr sollt es sehen, Leute, die Welt ist dumm. Wenn ich recht habe, läuft hier gleich die ganze Stadt zusammen. So sind die Menschen.
5 *(Er horcht.)*
Ich glaube, da kommt schon der Erste!
(Er verbirgt sich.)
DER BADER[1] *(kommt mit dem Schmied von rechts heran):* Habt ihr es auch gehört, Meister
10 Schmied? Der Eulenspiegel ist in der Stadt!
DER SCHMIED: Nein! Ist das wirklich wahr? Was will der hier bei uns?
DER BADER: Wenn der Büttel[2] nicht gelogen hat, dann will er fliegen!
15 **DER SCHMIED:** Fliegen?
DER BADER: Fliegen! Von hier hinüber zum Rathaus und über den Kirchberg aus der Stadt.
DER SCHMIED: Ich trau dem Burschen nicht. Der ist ein Schalk[3]. Wir sollten ihm so kräftig
20 ins Kreuz treten, dass er auf diese Weise hinausfliegt!
DER SCHNEIDER *(kommt mit dem Schuster eilig von rechts):* Habt ihr's gehört? Fliegen will er! Mein Gott, fliegen!
25 **DER SCHMIED:** Ich glaube nicht dran.
DER SCHNEIDER: Warum nicht? Gibt's nicht auch Leute, die schwimmen können wie ein Fisch? Warum sollte nicht auch einer fliegen können?
30 **DER SCHUSTER:** Recht hat er! Was sagt ihr, Meister Bader?
DER BADER: Nun ja, der Eulenspiegel ist ein Teufelskerl. Was hört man nicht von überall!
DER SCHMIED: Ach was, die Hälfte ist gelogen!

DER SCHUSTER: Aber zu Nürnberg hat er mehr 35 als dreimal hundert Kranke an einem Tag gesund gemacht. Das ist gewiss.
DER SCHMIED *(spöttisch):* Nur, dass die Krüppel anderntags noch kränker waren als zuvor!
DER BADER: Wer weiß, ob nicht grad das gelo- 40 gen ist! *(Alle übrigen Bürger kommen schwadronierend*[4] *von rechts.)*

---

1 der Bader: der Friseur und Wundarzt
2 der Büttel: der Gerichtsdiener
3 ein Schalk: jemand, der mit anderen seinen Spaß treibt
4 schwadronierend: schwatzend

BÜRGERINNEN *(tanzen ausgelassen herum und singen)*: Eulenspiegel will fliegen! Eulenspiegel will fliegen!

EULENSPIEGEL *(springt vor):* Leute! Was ist das für ein Lärm! *(Stille zunächst, alle staunen Eulenspiegel an.)*

DER SCHNEIDER: Das ist er ja!

ALLE: Eulenspiegel!

EULENSPIEGEL: Begrüßt man so einen berühmten Gast?

DER SCHMIED: Berühmt? Du bist wohl mehr verrufen als berühmt!

DER BADER: Lasst das, Meister Schmied! Er soll uns etwas Besonderes zeigen.

DER SCHNEIDER *(außer sich vor Begeisterung):* Fliegen soll er!

ALLE *(wie eben der Schneider)*: Fliegen! Fliegen! *(Sie drängen auf ihn ein.)*

EULENSPIEGEL: Leute, Leute! Beruhigt euch! Sollt ich nicht lieber etwas Leichteres zeigen? Ein bisschen Spaß und Gaukelei?

DER BADER: Nein, du sollst fliegen!

ALLE *(drängen Eulenspiegel bis nach vorn links):* Fliegen! Fliegen! Fliegen!

EULENSPIEGEL: Gut, gut, wenn ihr's so wollt! Dann stellt euch brav dort drüben auf und gebt gut acht! *(Alle Bürger gehen nach hinten rechts.)*

DER BÜTTEL *(großspurig[5]):* Jetzt geht es los, Leute! Ich hab's ja gesagt.

DER SCHUSTER: Lasst mich doch auch was sehen!

DER BADER: Drängt doch nicht so! *(Eulenspiegel besteigt eine Erhöhung und macht einen Flugversuch: Er wedelt kräftig mit den Armen und richtet sich langsam auf.)*

DER SCHNEIDER: Gleich fliegt er davon! *(Eulenspiegel landet beim zweiten Flugversuch auf der Erde.)* [...]

DER SCHUSTER: Jetzt prüft er den Wind!

DER SCHMIED: Wahrhaftig! Der Kerl wagt es! *(Eulenspiegel macht einen dritten Flugversuch.)*

ALLE: Ah! Oh! Er fliegt! Er fliegt davon!

EULENSPIEGEL *(hält plötzlich inne)*: Leute, ihr seid dumm! Bin ich ein Vogel? Habe ich Flügel und Federn? Und doch wollt ihr, dass ich fliegen soll? Ich dachte immer, ich sei ein Narr. Aber hier ist tatsächlich die ganze Stadt voller Narren! *(Er lacht laut auf, springt herab, läuft vor der Bühne nach rechts und verschwindet.)*

DER BADER: Eine Unverschämtheit ist das!

DER SCHUSTER: Eine Schande!

DER SCHMIED: Recht hat er! Wir waren die Narren!

DIE ERSTE BÜRGERIN: Er hat uns belogen! *(Es entsteht ein Tumult.)*

EINIGE BÜRGERINNEN: Gelogen hat er!

DER SCHNEIDER: Fasst den Schalk!

DER BADER: Schlagt ihm den Buckel krumm!

DER BÜTTEL: An den Galgen den Vogel!

ALLE *(laufen jetzt durcheinander)*: Schlagt ihn! Fasst ihn! Hängt ihn auf!

---

5   großspurig: eingebildet, arrogant

 1 Lest den Text mit verteilten Rollen. Klärt zuerst, wie ihr die einzelnen Sätze betonen wollt.

2 Erklärt, was Eulenspiegel mit der folgenden Aussage meint.

> „Ich dachte immer, ich sei ein Narr. Aber hier ist tatsächlich die ganze Stadt voller Narren!"

3 Warum wollen die Magdeburger Eulenspiegel am Ende bestrafen? Findet Gründe dafür.

4 Formuliert die Lehre, die Eulenspiegel den Magdeburgern erteilt. Beginnt z. B. so:
Man sollte zuerst genau ..., bevor man ...

5 Bevor ihr das Stück aufführt, müsst ihr die schräg gedruckten Regieanweisungen beachten.

a Übertragt die Tabelle in euer Heft und notiert für fünf weitere Regieanweisungen (▶ S. 191), wie ihr sie auf der Bühne umsetzen wollt.

Regieanweisung	Umsetzung auf der Bühne
Er horcht. (Z. 5)	Eulenspiegel hebt den Kopf und hält eine Hand ans Ohr.
Er verbirgt sich. (Z. 7)	Eulenspiegel versteckt sich schnell unter/hinter …

b Tauscht eure Ideen aus und spielt die Regieanweisungen.

 6 Probt das Stück mit verteilten Rollen. Bildet Gruppen und wählt Aufgabe a, b oder c.

a Probt den Text **ab Z. 85.**

b Probt den Text **ab Z. 59.**

c Probt den **gesamten Text.**

d Spielt eure Szenen vor. Besprecht abschließend: An welchen Stellen wirkt der Text ganz besonders lustig, wenn man ihn vorspielt?

> Besonders echt wirkt es, wenn ihr mit passenden Kostümen und Requisiten probt.

Paul Maar

Die hungrige Tasche

Obwohl Nasreddin[1] nicht viel Geld hatte, lud er jedes Jahr zu seinem Geburtstag das halbe Dorf zu einem Abendessen ein und feierte mit Freunden und Nachbarn. Die Dorfbewohner, 5 die wussten, dass Nasreddin nicht gerade wohlhabend war und keine Berge von Essen auffahren konnte, hielten sich zurück und aßen bescheiden.

Nur einer stopfte sich nicht nur den Mund unmäßig voll, er steckte sich auch heimlich all das, was in seiner Reichweite stand, vom Tisch in die Tasche seines Kaftans[2].

Nasreddin, der dies beobachtet hatte, ging schweigend zu ihm hin, nahm die Teekanne vom Tisch und goss ihm den Tee in die Tasche. 15 „He, was machst du! Was soll das? Bist du verrückt geworden?", schimpfte der Mann.
Nasreddin antwortete: „Nachdem ich gesehen habe, wie hungrig deine Tasche ist, dachte ich, sie wird ganz bestimmt auch durstig sein." 20

---

1 Nasreddin: Nasreddin Hoca (sprich: Hodscha) ist ein türkischer Schelm, der im 13. Jahrhundert gelebt haben soll.

2 der Kaftan: ein langes, vorn offenes Kleidungsstück

7 Schreibt die Geschichte in ein kurzes Theaterstück mit Dialogen und Regieanweisungen um.

Methode	Eine Szene einüben und vorspielen

- **Lest** den Text **mit verteilten Rollen.**
- Überlegt, wie ihr die **Regieanweisungen auf der Bühne umsetzen** könnt.
- **Probt** gemeinsam. Achtet dabei darauf, dass die **Sprechweise,** die **Mimik** (Gesichtsausdruck) und die **Gestik** (Körpersprache) zu den Figuren passen (▶ S. 176).
- Gestaltet passende **Kostüme** und **Requisiten** (Gegenstände auf der Bühne).

Verse vortragen

Wilhelm Busch

Max und Moritz

Jeder weiß, was so ein Mai-
käfer für ein Vogel sei.

In den Bäumen hin und her
fliegt und kriecht und krabbelt er.

5 Max und Moritz, immer munter,
schütteln sie vom Baum herunter.

In die Tüte von Papiere
sperren sie die Krabbeltiere.

Fort damit und in die Ecke
10 unter Onkel Fritzens Decke!

Bald zu Bett geht Onkel Fritze
in der spitzen Zipfelmütze;

seine Augen macht er zu,
hüllt sich ein und schläft in Ruh.

15 Doch die Käfer, kritze, kratze!
kommen schnell aus der Matratze.

Schon fasst einer, der voran,
Onkel Fritzens Nase an.

„Bau!" – schreit er – „Was ist das hier?!!"
20 und erfasst das Ungetier.

Und den Onkel, voller Grausen,
sieht man aus dem Bette sausen.

„Autsch!!" – Schon wieder hat er einen
im Genicke, an den Beinen;

25 hin und her und rundherum
kriecht es, fliegt es mit Gebrumm.

Onkel Fritz, in dieser Not,
haut und trampelt alles tot.

Guckste wohl! Jetzt ist's vorbei
30 mit der Käferkrabbelei!

Onkel Fritz hat wieder Ruh
und macht seine Augen zu.

1 Benimmt man sich so dem eigenen Onkel oder einer anderen Person gegenüber?
a Erklärt kurz, wie der Maikäfer-Streich abläuft.
b Begründet, was ihr von Max und Moritz haltet. Sind es Schelme (▶ S. 116) oder Bösewichter?

2 Wilhelm Busch hat zu seinen Texten Bilder gezeichnet.
a Ordnet die beiden folgenden Bilder einer passenden Textstelle zu.

b Erläutert zu zweit die Wirkung der Bilder. Wozu dienen sie?
c Sucht euch zwei weitere Zeilenpaare aus und fertigt selbst passende Bilder an.

3 a Lest den Text gemeinsam laut vor. Macht zwei Durchläufe.
b Beschreibt, wie die regelmäßige Betonung und die Reime auf euch wirken.

4 Lest die drei folgenden Tipps zum Gedichtvortrag und probiert sie aus.

> **Tipp A: Den Verssprung lesen**
> Wenn der Satz- oder sogar der Wortzusammenhang über zwei oder mehrere Verse reicht,
> dann solltet ihr ausprobieren, ob ihr eine kleine Pause macht oder gleich weiterlest:
>
> Jeder weiß, was so ein **Maikäfer** für ein   „Autsch!!" – Schon wieder hat er **einen**
> Vogel sei.   **im Genicke,** an den Beinen;

> **Tipp B: Die Lautmalerei**
> Manchmal ahmen Wörter Geräusche nach. Lest diese „lautmalerischen" Wörter so, dass man
> sich das Geräusch genau vorstellen kann, hier z. B. das Kribbeln und Krabbeln von tausend
> Käferbeinen:
>
> Doch die Käfer, **kritze, kratze!**
> kommen schnell aus der Matratze.

> **Tipp C: Das hundertprozentige Leier-Verbot – lest natürlich!**
> In Gedichten wechseln sich betonte und unbetonte Silben oft ab. Wenn ihr beim Vortrag dann
> die Stimme hebt und senkt, hebt und senkt, hebt und senkt, klingt das, als würdet ihr leiern.
> Lest die folgenden Zeilen so natürlich wie möglich.
>
> In die Tüte von Papiere
> sperren sie die Krabbeltiere.

5 Tragt das Gedicht lebendig und ausdrucksvoll vor. Wählt Aufgabe a, b oder c.

a Teilt den Text auf und **tragt** ihn **zu zweit vor.** Ein Teammitglied kann bis zu der Stelle lesen, an der die Käfer hervorkrabbeln. Das andere trägt vor, wie Onkel Fritz mit den Käfern kämpft.

b **Tragt** das Gedicht **allein vor.** Achtet auf Verssprünge, Lautmalerei und einen passenden Tonfall.

c Prägt euch das Gedicht ein und **tragt** es **auswendig vor.**

d Gebt euch gegenseitig eine Rückmeldung mit Hilfe des Feedbackbogens.

Feedbackbogen zum Gedichtvortrag	☺	😐	☹
Wird deutlich gesprochen?	X		
Werden an geeigneten Stellen Pausen gemacht?		X	
Werden bei Verssprüngen nur ganz kleine Pausen gemacht?			
Werden lautmalerische Wörter gut vorgetragen?			
Wird an passenden Stellen laut oder leise gesprochen?			
Passt der Tonfall (z. B. traurig, witzig, wütend) zum Gedicht?			
Wird der Text natürlich, ohne zu leiern, vorgetragen?			

Geschichten, Theaterstücke, Gedichte unterscheiden

> Der Meister betrat seine Werkstatt und schrie seinen faulen Gesellen Eulenspiegel an:
> „Schieb du deine Arbeit nur weiter auf die lange Bank. Du wirst schon sehen, was du
> davon hast. In einer Stunde will der Bürgermeister seine Schuhe abholen!"

1 Verwendet den Text oben als Anlass für eine Erzählung, ein Theaterstück oder ein Gedicht.

a Besprecht gemeinsam und notiert:
   – Was bedeutet es, etwas auf die lange Bank zu schieben? Was will der Meister wirklich?
   – Wie wird Eulenspiegel reagieren? Wird er diese Aufforderung wörtlich verstehen?
   – Wird der Bürgermeister seine Schuhe erhalten?

b Entscheidet euch für eine kurze Erzählung, ein kurzes Theaterstück oder ein Gedicht.
   Wählt dann die entsprechende „Zutatenliste" und schreibt euren Text.

c Stellt eure Ergebnisse anschließend in der Klasse vor.

Zutaten für eine Geschichte
Der Anfang: Einmal arbeitete Eulenspiegel bei einem Schuster …
Zeitform: Vergangenheit
Erzählweise: anschaulich und lebendig; wörtliche Rede

Zutaten für ein Theaterstück
Der Anfang: SCHUSTER *(empört):* Jaja, leg du nur die Füße hoch und schieb deine Arbeit auf
die lange Bank. Du wirst schon sehen, was du davon hast. EULENSPIEGEL: …
Dialoge: Theaterstücke bestehen aus Gesprächen zwischen den Figuren.
Regieanweisungen: Hier steht z. B., wie die Figuren sprechen sollen: *zornig, traurig, laut* …

Zutaten für ein Gedicht
Der Anfang aus Eulenspiegels Sicht: Arbeit steht in diesem Schrank.
                                        Doch woher nehm ich eine Bank?
Besonderheiten: Strophen und Reime (kein Muss), z. B.: Bank/Zank/Dank; Bürgermeister/
Scheibenkleister …

Information ▷▷ **Drei Formen der Literatur: Geschichten, Theaterstücke, Gedichte**

Autorinnen und Autoren müssen nicht immer Geschichten schreiben. Sie können ihre Ideen
auch in einem Theaterstück auf die Bühne bringen oder sie in in Form von Strophen in einem
Gedicht vermitteln. Jede Literaturform – **Geschichten, Theaterstücke, Gedichte – folgt** dabei
eigenen Regeln und Gesetzen. **Gemeinsam** ist aber allen, dass sie ihre **Leserinnen und Leser
unterhalten und zum Nachdenken bringen wollen.**
Weitere Informationen zu den literarischen Formen findet ihr in den Kapiteln 6 bis 9.

Schelmengeschichten verstehen und literarische Texte unterscheiden

Paul Maar

Nasreddins weiser Rat

Einmal stellte sich Nasreddin auf den Marktplatz und rief: „Ich habe Weisheiten zu verkaufen! Außergewöhnliche, großartige, nützliche Weisheiten! Es kostet jeden Zuhörer nur einen
5 einzigen kleinen Zehner!"

„Welche Weisheiten denn?", fragten ihn die Leute.

„Ich verrate euch, wie man ohne Arbeit zu Geld kommt. Ja, wie man, ohne sich anzu-
10 strengen, eine Menge Geld verdienen kann!"

Das wollten die Leute gerne hören und alle zahlten den geforderten Preis.

Nasreddin sammelte das Geld ein und zählte es langsam und sorgfältig.

15 Die Leute wurden ungeduldig und riefen: „Jetzt sag uns schon, wie man zu Geld kommt, ohne zu arbeiten!"

Nasreddin steckte die Münzen in die große Tasche seines Kaftans und sagte: „Ihr müsst euch auf den Marktplatz stellen und laut rufen, dass 20 ihr Weisheiten verkauft. Danach müsst ihr nur noch das Geld einsammeln und schnell wegrennen!"

Und das tat er dann auch.

1 Prüft, ob ihr den Text verstanden habt. Schreibt die Buchstaben der passenden Antworten hintereinander in euer Heft, dann erhaltet ihr ein Lösungswort.

> **T** Nasreddin wird hereingelegt. Er ist halt ein Narr.
>
> **N** Nasreddin ist ein kluger Schelm.
>
> **E** Nasreddin kann gar keine Weisheiten verkaufen, weil er dafür viel zu dumm ist.
>
> **I** Am Ende muss Nasreddin begreifen, dass man ohne Arbeit kein Geld verdienen kann.
>
> **A** Am Ende erteilt Nasreddin den Leuten die Lehre, dass man nicht alles glauben soll.
>
> **R** Nasreddin spielt den Menschen einen Streich.
>
> **K** Die Leute bestrafen Nasreddin und treiben ihn aus der Stadt.
>
> **R** Nasreddin beweist, dass man ohne größere Anstrengung Geld verdienen kann.

2 Um welche Art von Text handelt es sich bei „Nasreddins weiser Rat"?

a Schreibt den folgenden Satz richtig in euer Heft.

  Es handelt sich um ein Theaterstück / eine Geschichte / ein Gedicht.

b Begründet eure Entscheidung, indem ihr zu allen drei literarischen Formen zwei Stichworte notiert.

c Vergleicht eure Lösungen mit einem Lernpartner oder einer Lernpartnerin.

5.2 Eulenspiegel und Co. – Schelmengeschichten untersuchen

Komik verstehen und Figuren untersuchen

Hermann Bote

Eulenspiegel arbeitet bei einem Schneider

Eines Abends sagte der Schneidermeister: „Wirf noch die Ärmel an die Jacke und geh danach zu Bett." Eulenspiegel sagte: „Ja." Der Meister ging zu Bett, und Eulenspiegel hängte
5 die Jacke an den Haken und warf die Ärmel an die Jacke die ganze Nacht bis zum nächsten Morgen.

Da stand sein Meister auf und kam in das Zimmer, aber Eulenspiegel kümmerte sich nicht
10 um den Meister und warf weiter die Ärmel nach der Jacke. Der Schneider sah das an und sprach: „Was, zum Teufel, machst du jetzt für ein Gaukelspiel[1]?" Eulenspiegel sagte ganz ernst: „Das ist für mich kein Gaukelspiel, ich
15 habe diese ganze Nacht gestanden und die widerspenstigen Ärmel an diese Jacke geworfen, aber sie wollen daran nicht kleben. Es wäre wohl besser gewesen, dass Ihr mich hättet schlafen gehen heißen[2], als dass Ihr mich hießet, sie anzuwerfen. Ihr wusstet doch, dass es 20 verlorene Arbeit war." Der Schneider sprach: „Ist das nun meine Schuld? Wusste ich, dass du das so verstehen würdest? Ich meinte das nicht so, ich meinte, du solltest die Ärmel an die Jacke nähen." Da sagte Eulenspiegel: 25 „Pflegt Ihr ein Ding anders zu nennen, als Ihr es meint, wie könnt Ihr das zusammenreimen? Hätte ich Eure Meinung gewusst, so wollte ich die Ärmel gut angenäht haben und hätte auch noch ein paar Stunden geschlafen. 30 So mögt Ihr nun den Tag sitzen und nähen, ich will gehen und mich hinlegen und schlafen."

---

1 das Gaukelspiel: die Vortäuschung

2 jemanden etwas heißen: auffordern, befehlen

Der Komik-Joker

Wir lachen gerne über
- **Missverständnisse:** jemand versteht etwas (absichtlich) falsch, nimmt etwas wörtlich
- **komische Situationen:** jemand ist tollpatschig, fällt auf einen Streich herein, macht wiederholt den gleichen Fehler
- **lustige Figuren:** jemand ist frech, gewitzt, klug, schlagfertig, fordert mächtige Personen heraus

 1 a Führt die Geschichte als Sketch auf (= als kurzes, lustiges Theaterstück).

b Welche Stellen des Stücks findet ihr besonders lustig? Begründet eure Meinung mit Hilfe des Komik-Jokers.

2 Untersucht andere Geschichten in Kapitel 5.1 mit Hilfe des Komik-Jokers auf lustige Stellen.

Der Figuren-Joker

Der Schelm oder Narr ist die **Hauptfigur.**
Er legt andere mit **List** und **Witz** herein.
Oft ist der Schelm ein Geselle, ein Diener oder ein
armer Mann, der einem mächtigeren **Gegenspieler**
(z. B. dem Sultan, dem Handwerksmeister) **eine
Lehre erteilt.**
TIPP: Ihr erfahrt besonders viel über eine Figur, wenn
ihr euch in sie hineinversetzt und darauf achtet,
was sie redet, denkt, fühlt und wie sie handelt.

3 Der Figuren-Joker hilft euch, die Geschichte besser zu verstehen.
In welchem Verhältnis stehen Eulenspiegel und der Schneidermeister zueinander?
Übertragt die Figurenskizze in euer Heft und ergänzt sie.

Till Eulenspiegel	Till will ...	**Der Schneidermeister**
– gibt sich als Schneidergeselle aus.	⟶	– denkt, dass ...
– ...	⟵ Der Schneidermeister will ...	– ...

4 Versetzt euch in die Figuren und wählt Aufgabe a, b oder c.

a Drückt das Verhältnis zwischen den Figuren in einem **Standbild** (ein Szenenfoto) mit einem passenden Gesichtsausdruck (Mimik) und einer treffenden Körperhaltung (Gestik) aus.

b Schreibt **aus Sicht des Schneidermeisters einen kurzen Tagebucheintrag,** in dem er seine Gedanken und Gefühle gegenüber Eulenspiegel festhält.

c Schreibt einen **Brief Eulenspiegels** an einen anderen Schelm, dem er von seinem Abenteuer berichtet, z. B.: *Lieber Nasreddin, ich muss dir unbedingt erzählen, wie ...*

d Besprecht, welche Lehre Eulenspiegel dem Schneidermeister erteilt.

Methode ▶ **Eine Figurenskizze erstellen**

Mit einer Figurenskizze könnt ihr darstellen, welche **Eigenschaften die Figuren** haben und in welcher **Beziehung** sie **zueinander** stehen.

- Tragt alle wichtigen **Informationen über die Figuren aus dem Text** zusammen.
  Achtet darauf, was die Figuren reden, denken, fühlen und wie sie handeln.
- Zeichnet für jede Figur/Figurengruppe einen **Kasten.** Schreibt in jeden Figurenkasten den **Namen** und die **Eigenschaften** der jeweiligen Figur/Figurengruppe.
- Verbindet die Kästen durch **Pfeile** und notiert daneben, in welcher Beziehung die Figuren zueinander stehen (z. B. was sie übereinander denken).

Schelmen-Steckbriefe

WANTED Till Eulenspiegel

Besondere Kennzeichen:
Narrenkappe, …

Eigenschaften:
frech, eigenwillig, ungehorsam, …

Beruf: Mal dies, mal das: …

Schwerste Untat:
Hochstapelei
– Behauptet, fliegen zu können, und
  kann es gar nicht.
– …

Überlistete und Hereingelegte:
ganze Städte, …

**Warnung an alle braven Bürgerinnen und
Bürger:**
Dieser Schelm nimmt alles wörtlich.
Also am besten den Mund halten und gar
nichts sagen!

Belohnung: Eulenspiegels Narrenkappe!

WANTED Nasreddin

WANTED Max und Moritz

WANTED Achmed

 1 Würdet ihr Eulenspiegel einfangen und bestrafen? Tauscht euch darüber aus.

2 Ergänzt den Steckbrief im Heft mit weiteren Angaben zu Eulenspiegel.

 **3** Sprecht darüber, ob so ein Steckbrief hilfreich ist. Versteht ihr den Schelm nun besser?

⊕ **4** Wählt einen der anderen Steckbriefe und legt ihn in eurem Heft als WANTED-Poster an.

Merkmale und Aufbau von Schelmengeschichten untersuchen

Janosch

Die drei Räuber

Es waren einmal drei Räuber: der Fobrokel, der Spobrokel und der Linke. Sie hausten im Walde und machten das Land unsicher, denn sie waren wilde Halunken mit roten Bärten, Le-
5 derwämsern[1] und bis an die Zähne bewaffnet; sie überfielen Reisende, Marktfrauen und arme Pilzsucher, raubten das Gepäck, plünderten einsame Häuser aus und stahlen den Leuten die Jacke vom Leib. Sie waren eine elende
10 Räuberbrut!
Niemand konnte sie besiegen; denn sie waren überall und dann wieder nirgends. Überall dort, wo es was zu rauben gab, und nirgends, wenn man sie suchte. Wenn man ihnen in der
15 Überzahl mit hundert bewaffneten Leuten auf den Leib rücken wollte, um sie zu fesseln und bei Wasser und trocken Brot im Kerker verschmachten zu lassen, wenn man die stärksten Männer im Land unter die Waffen gerufen[2],
20 die besten Schützen zusammengetrommelt und die leisesten Pirscher[3] und Anschleicher zusammengeholt hatte – dann waren die drei Halunken, der Fobrokel, der Spobrokel und

der Linke, wie vom Erdboden verschluckt. Dann konnte man sie suchen, wo man wollte 25 – sie waren nicht da.
Die Anschleicher durchforschten das Gebüsch und verteilten sich rechts und links im Gestrüpp. Nichts! Nur dann und wann kam einer im Hemd zurück, denn die drei hatten ihn aus- 30 geraubt und wieder davongejagt. Und man fand sie nicht. Wen man nicht findet, den kann man auch nicht besiegen.
Man lockte sie in Fallen, indem man große Koffer geöffnet und voll mit Gold und Edelstei- 35 nen mitten auf die Straße legte – und die Bewaffneten legten sich in den Hinterhalt. Aber die Räuber, der Fobrokel, der Spobrokel und der Linke, kamen nicht. Man hob Gruben aus und bedeckte sie mit Reisig, damit sie hinein- 40 fielen. Aber die drei gingen immer in Abstän-

---

1 die Lederwämser (das Lederwams): eine enge Jacke aus Leder

2 unter die Waffen rufen: jemanden zum Kampf bereit machen

3 der Pirscher: jemand, der sich anschleicht

den von fünf Metern hintereinander her. Fiel einer in die Grube, zogen die andern ihn wieder heraus.

45 Man setzte ein Lösegeld aus auf ihre Köpfe, einzeln oder zusammen, lose oder mit dem ganzen Leib. Aber die drei blieben unbesiegt. [...]

Sie wurden so dreist, dass es zu viel wurde. Ja, 50 sie überfielen sogar Rabennester, labten sich an den Rabeneiern und fraßen die kleinen Rabenkinder. Da strich sich Wenzel, der Rabenvater, die Federn glatt und wurde schwarz vor Wut.

55 Er kannte alle ihre Schlupfwinkel, er wusste immer, wo sie waren, und kannte ihre Lagerplätze; denn von oben sieht man alles! Und als sie nachts also schliefen, fest und wie der Igel (jeder hatte sich mit dem Kopf auf seine Beute 60 gelegt, weil er den andern nicht traute), flog Wenzel auf sanften Flügeln herunter und ließ sich mitten unter den dreien, dem Fobrokel, dem Spobrokel und dem Linken, nieder. Der Fobrokel hatte unter seinem Kopf einen Beutel 65 mit goldenen Uhren und Silbergeld. Just stibitzte der Wenzel ganz vorsichtig eine Sprungdeckeluhr mit Glockenschlag (Fobrokels Paradestück[4]!) aus dem Sack und schob es unauffällig dem Spobrokel unter die Mütze. 70 Dann stahl er dem Spobrokel die Mütze mitsamt der Uhr und setzte sie dem Linken auf das Ohr. Nicht zuletzt hackte er den Fobrokel so in die Nase, dass sie fast abfiel. Der aber schreckte auf und haute dem Spobrokel eins 75 auf den Kopf, hatte ihm den Nasenhieb aber längst verziehen, denn ein Räuber fühlt keine Schmerzen, zählte aber sicherheitshalber noch die Uhren nach. Und dann schlug er mit aller

Gewalt auf den Spobrokel ein. Alles konnte er verzeihen, aber keinen Diebstahl, bei aller 80 Freundschaft nicht! Der Spobrokel haute zurück, merkte, dass er keine Mütze hatte (er fror auf einmal auf dem Kopf), sah die Mütze auf dem Linken, schlug jetzt auch auf den ein. Der schlug auch wieder zurück und jetzt kämpfte 85 jeder gegen jeden.

So hauten sie sich eine Stunde. Mit einem Mal merkte jeder von ihnen, dass er ja ganz allein kämpfte. Dass er also nicht mehr die Freunde zur Seite hatte. Und wie man weiß, sind die 90 Räuber nur mutig, wenn sie zu mehreren sind und in der Überzahl. Sie bekamen es mit der Angst zu tun und liefen um ihr Leben. Jeder in eine andere Richtung! Weil der Wald dunkel war und unheimlich und hinter jedem Baum 95 ein Räuber lauern konnte, liefen und rannten sie, sprangen über Hecken und Büsche, schwammen durch Bäche und Flüsse und verschwanden in der Ferne. Und wurden nie wieder gesehen. 100

---

4 das Paradestück: etwas mit besonderem Wert

1 **a** Lasst euch die Geschichte vorlesen.
Hört genau zu und notiert Textstellen, die ihr besonders lustig findet.
b Erklärt mit Hilfe des Komik-Jokers (▶ S. 115), warum diese Textstellen komisch wirken.

2 Wer ist in dieser Geschichte eigentlich der Schelm: Sind es die Räuber oder ist es Wenzel, der Rabenvater? Begründet eure Antwort mit Hilfe des Figuren-Jokers (▶ S. 116).

3 Lest den nebenstehenden Joker und untersucht den Aufbau der Geschichte. Wählt a, b oder c.

⚀ **a** Formuliert je eine Überschrift für die **Einleitung** (▶ Z.1–10), für den **Hauptteil** und für den **Schluss** (▶ Z.87–100).

⚁ **b** Bestimmt den **Höhepunkt** der Geschichte und beschreibt ihn knapp.

⚂ **c** Erklärt die **Pointe am Schluss.** Was ist am Verhalten der Räuber überraschend?

d Stellt euch eure Ergebnisse gegenseitig vor und zeichnet dann den Aufbau der Geschichte in einer Lesefieberkurve (▶ S.77) nach. Übertragt dazu die Kurve in euer Heft und ergänzt Stichworte.

Der Aufbau-Joker

Einleitung: Meist werden die Figuren, der Ort und die Ausgangslage der Handlung vorgestellt.

Hauptteil: Er besteht in der Regel aus mehreren Erzählschritten, in denen sich die Spannung bis zum Höhepunkt steigert.

Auf dem Höhepunkt nimmt die Geschichte oft eine **witzige Wendung (Pointe),** die meist darin besteht, dass der Schwächere den Stärkeren hereinlegt und ihm eine Lehre erteilt.

Schluss: Er erzählt, wie die schichte auf- Manchmal steht die Poin- am Ende der Ge-

Lesefieberkurve

Einleitung: Die Räuber ...

Höhepunkt: Wenzel ...

Pointe: Alleine ...

4 Beschreibt den Aufbau der Geschichte mit Hilfe eurer Vorarbeit aus Aufgabe 3. Schreibt im Präsens (▶ „Über Texte im Präsens schreiben", S.121). Ihr könnt so beginnen:

Die Einleitung von Janoschs „Die drei Räuber" stellt zunächst die drei Räuber vor. Sie tragen auffällige und komische Namen, nämlich ... Außerdem erfahren wir, dass ...

⊕ **5** Prüft mit Hilfe der folgenden Information, ob es sich bei dem Text „Die drei Räuber" um eine richtige Schelmengeschichte handelt. Stellt euer Ergebnis in der Klasse vor.

Information ▶ **Schelmengeschichte (Schwank)**

Eine Schelmengeschichte (auch Schwank genannt) ist eine **kurze, lustige Erzählung.**
Sie handelt von einem witzigen Ereignis oder von einem Streich, der jemandem gespielt wird.
Die **Helden sind Schelme und Narren,** die ihre Mitmenschen mit einer List hereinlegen und ihnen damit auch eine Lehre erteilen.
Wie ein Witz hat auch die Schelmengeschichte einen **lustigen Höhepunkt (Pointe),** der meist darin besteht, dass der Schwächere (z. B. der Schelm, der Knecht) den Stärkeren (z. B. den Reichen, den Herrn oder den Sultan) an der Nase herumführt.

Über Texte im Präsens schreiben

Janosch: „Die drei Räuber"	Tom scheibt über Janoschs Geschichte:
Es <u>waren</u> einmal drei Räuber: der Fobrokel, der Spobrokel und der Linke. Sie <u>hausten</u> im Walde und <u>machten</u> das Land unsicher, […]	Janoschs Geschichte „Die drei Räuber" <u>beginnt</u> mit einem typischen Märchenanfang. Drei Räuber, die komische Namen <u>tragen</u>, <u>leben</u> im Wald und <u>überfallen</u> die Leute …

1 **a** Vergleicht die unterstrichenen Verbformen in den beiden Texten: In welcher Zeitform ist Janoschs Geschichte „Die drei Räuber" geschrieben? Welche Zeitform hat Tom dagegen gewählt, um über die Geschichte zu schreiben?

b Lest die Information unten und begründet, warum Tom im Präsens schreibt.

2 Schreibt den folgenden Text in euer Heft und füllt die Lücken mit passenden Verben aus dem Wortspeicher rechts. Schreibt im Präsens und achtet auf die passende Personalendung, z.B.:
Der Held der Geschichte <u>ist</u> …

> fliegen • kennen • klingen • lassen • ~~sein~~ • verstehen • verteidigen • verursachen

> Der Held der Geschichte **?** ein Rabenvater namens Wenzel. Das **?** lustig. Denn eigentlich **?** man unter einem Rabenvater einen schlechten Vater. Aber Wenzel **?** seine Jungen. Dazu **?** er sich einen Trick einfallen. Da er den Aufenthaltsort der Räuber **?** , **?** er eines Nachts zu ihnen und **?** einen Streit zwischen ihnen.

3 **a** Bei der Arbeit mit Texten begegnen euch die folgenden Verben häufiger. Findet vier dieser Verben in den Aufgabenstellungen auf dieser Seite. **TIPP:** Seht auch in der Information unten nach.

b Merkt euch: Aufgaben mit diesen Verben werden meist im Präsens beantwortet.

> untersucht • erklärt • fasst zusammen • begründet • vergleicht • beschreibt • beurteilt

---

Information ⟩⟩ **Über Geschichten und Texte im Präsens schreiben**

Wenn ihr über Geschichten und Texte schreibt, **Fragen** zu den Texten **beantwortet** oder **Aufgaben** dazu **bearbeitet,** dann schreibt ihr im **Präsens** (Gegenwart), z.B.:

- **Aufgabe: Fasst** den Anfang des Märchens kurz **zusammen:**
  Lösung: *Ein armes Mädchen <u>wohnt</u> bei seinen Eltern im Wald.* → Präsens
- **Aufgabe: Erklärt,** wie die Namen der Räuber in Janoschs Geschichte auf euch wirken.
  Lösung: *Die Räuber <u>wirken</u> durch ihre Namen albern und ungefährlich.* → Präsens

Im Präsens trifft man **Aussagen zu Texten, die immer gelten,** z.B.:
Bei Janoschs Geschichte <u>handelt</u> es sich um eine moderne Schelmengeschichte. → Präsens

5.3 Fit in ... – Eine Geschichte untersuchen

Die Aufgabenstellung richtig verstehen

Stellt euch vor, ihr bekommt in der nächsten Klassenarbeit folgende Aufgabe:

> Untersuche die Geschichte „Der faule Toaster" und bearbeite dazu folgende Aufgaben:
> 1. Schreibe in wenigen Sätzen auf, was in der Geschichte geschieht.
> 2. Beschreibe, welche Eigenschaften der Toaster hat und wie er sich gegenüber dem Ich-Erzähler verhält.
> 3. Beurteile, ob der Toaster ein Schelm ist.

Hubert Schirneck

Der faule Toaster

Als ich am vergangenen Sonntag erwachte, wusste ich gleich, dass das nicht mein Tag werden würde. Woher ich das wusste? Keine Ahnung. Ich hatte es eben im Ge-
5 fühl. Es gibt ja solche Tage, an denen alles schiefgeht, was nur schiefgehen kann: Du steigst mit dem falschen Fuß aus der Koje[1], kriegst die Augen nicht richtig auf, stolperst über alles Mögliche. Die Zahn-
10 pasta ist alle, die Milch kocht über, und dein Hund hört nicht mehr auf dich.

Am Sonntag stand ich trotzdem auf, denn den ganzen Tag im Bett bleiben, nun, das schien mir doch zu langweilig. Ich über-
15 legte ein paar Sekunden, welcher von meinen Füßen der richtige war, stieg schließlich aus dem Bett und ging ganz vorsichtig ins Bad. Die Zahnpasta war tatsächlich alle, aber nach längerem Suchen
20 fand ich noch eine neue Tube.

„Na, siehst du", dachte ich, „ist doch alles gar nicht so schlimm."

Nach dem Waschen also in die Küche. Wie gewohnt, nahm ich zwei Scheiben
25 Toastbrot und steckte sie in den Toaster. Nach zwei Sekunden kamen sie wieder

herausgeflogen. Ich versuchte es noch mal, aber es war wieder das Gleiche: Zwei Sekunden, und dann – flutsch.

Vielleicht gibt es ja Leute, die ihren Toast 30 sehr hell mögen. Ich gehöre nicht dazu. Ich mag meinen Toast mittelbraun.

Als ich es zum dritten Mal versuchte, sagte mein Toaster: „Vergiss es. Heute nicht."

Ich möchte nur nebenbei erwähnen, dass 35 ich mir seit ungefähr hundert Jahren, vielleicht sogar schon länger, jeden Morgen zwei Scheiben Toast mache. Mittelbraun. Bis zu diesem gewissen Sonntag hatte es immer geklappt. Und bis dahin 40 hatte mein Toaster auch noch nie einen Kommentar dazu abgegeben.

Ich räusperte mich und fragte beiläufig: „Was soll ich vergessen?"

„Den Toast kannst du vergessen. Ich neh- 45 me mir heut meinen freien Tag."

„Aha", sagte ich, weil mir nichts Intelligenteres einfiel. „Dann koche ich mir eben erst mal ein Ei."

---

1   die Koje: Bett

50 Ich füllte Wasser in einen Topf, stellte ihn auf den Herd und schaltete ein. Ich wartete eine Viertelstunde, aber die Herdplatte blieb kalt. Kein Toast, kein Frühstücksei.

„Na ja, wenigstens eine Tasse Kaffee", 55 seufzte ich und füllte Wasser in die Kaffeemaschine. Dabei hatte ich das unbestimmte Gefühl, dass es mit dem Kaffee auch nichts werden würde. Mein Gefühl trog mich leider nicht. Die Kaffeemaschi-60 ne tat keinen Muckser.

„Was soll das?", fragte ich ziemlich ungehalten.

„Wir streiken", sagte der Toaster.

„Wer ist wir?"

65 „Wir, die Küchengeräte", sagte der Toaster, den sie offenbar zu ihrem Sprecher gewählt hatten. „Wir wollen auch mal Sonntag feiern, mal einen ganzen Tag lang faul sein. So wie du."

70 „Ich bin schließlich ein Mensch und keine Maschine", sagte ich. „Ein Mensch muss viel arbeiten, also darf er auch mal faul sein, vor allem sonntags."

Der Toaster erwies sich als sehr redegewandt. Ich meine, dafür, dass er sonst 75 eher zu den Stillen gehörte, war das schon erstaunlich.

„Gleiches Recht für alle", sagte er. „Immer verfügst du über uns, wie es dir gerade passt. Aber heute machen wir frei. 80 Komm morgen wieder."

Einen Moment lang überlegte ich, ob ich wütend werden sollte. Doch mit leerem Magen macht sich das nicht so gut. Auf ein Frühstück mit ungetoastetem Brot 85 und Wasser hatte ich jedenfalls keine Lust.

„Weißt du was?", sagte ich. „Dann streike ich eben auch."

Also ging ich wieder ins Bett, um dort auf 90 den Montag zu warten. Und der kam dann irgendwann auch.

---

 1 **a** Lest euch die Aufgabenstellung auf Seite 122 genau durch.

b Besprecht zu zweit, was die Aufgabenstellung von euch verlangt und welche Informationen der drei Joker (▶ S. 115, 116, 120) ihr für die Bearbeitung besonders benötigt.

Den Text verstehen und Ideen sammeln

2 **a** Lest den Text (▶ S. 122–123) sorgfältig durch.

b Klärt, ob ihr den Inhalt des Textes verstanden habt. Schreibt die Buchstaben der richtigen Aussagen in euer Heft. Ergeben die Buchstaben hintereinander ein Lösungswort?

> **N** Der Toaster weiß gleich, dass der Sonntag nicht sein Glückstag werden wird.
>
> **K** Der Toaster funktioniert nicht, weil er sich einen freien Tag nehmen will.
>
> **E** Alle Küchengeräte funktionieren, nur der Toaster nicht.
>
> **L** Alle Küchengeräte nehmen sich einen freien Sonntag.
>
> **U** Der Toaster ist ein Schelm. Er wehrt sich gegen seinen „Chef", den Ich-Erzähler.
>
> **I** Auch am Montag will der Toaster nicht wieder arbeiten.
>
> **G** Der Ich-Erzähler nimmt sich einen freien Tag und geht ohne Frühstück wieder ins Bett.

3 Lest die Geschichte noch einmal und haltet fest, was ihr zu den Aufgaben (▸ S.122) herausfindet. Nutzt die drei Joker (▸ S.115, 116, 120) und listet nach folgendem Beispiel auf:

Aufgabe 1: **Handlung (Was geschieht?) → Aufbau-Joker**
– Einleitung: Der Ich-Erzähler will am Sonntagmorgen …
– Hauptteil: Der Toaster will nicht mehr …
– Schluss: Der Ich-Erzähler …

Aufgabe 2: **Welche Eigenschaften hat der Toaster? Wie verhält er sich? → Figuren-Joker**
– klug, redegewandt, widerspenstig, …

Aufgabe 3: **Ist der Toaster ein Schelm? → Komik- und Figuren-Joker**
– …

Den Aufsatz schreiben und den Text überarbeiten

4 Schreibt mit Hilfe eurer Liste (▸ Aufgabe 3) zu jeder Aufgabe (▸ S.122) einen zusammenhängenden Text im Präsens. Die folgenden Formulierungen helfen euch dabei:

Aufgabe 1:
Die Einleitung schildert, wie der Ich-Erzähler an einem Sonntagmorgen …
Im Hauptteil wird erzählt … Außerdem stiftet der … die anderen Geräte dazu an, …
Am Ende begreift der Ich-Erzähler …

Aufgabe 2:
Der Toaster verhält sich überraschend, denn …
Er bleibt bei seiner Meinung und erteilt dem Ich-Erzähler eine …

Aufgabe 3:
Das Verhalten des Toasters erinnert z.B. an die Streiche von … Daher …

 5 Überarbeitet zu zweit euren Aufsatz. Nehmt die Checkliste zu Hilfe.

Checkliste ▸	**Eine Schelmengeschichte untersuchen**

Aufgabe 1 (▸ S.122): **Handlung**
- Beschreibt ihr, was in der Einleitung über Figuren, Ort und Ausgangslage gesagt wird?
- Stellt ihr den Ablauf der Handlung im Hauptteil kurz dar?
- Beschreibt ihr, wie die Geschichte ausgeht?

Aufgabe 2 (▸ S.122): **Figuren**
- Beschreibt ihr die Eigenschaften des Toasters?
- Geht ihr auf das Verhältnis zwischen Toaster und Ich-Erzähler ein?
- Verdeutlicht ihr, wer unter normalen Umständen der „Chef" in dieser Beziehung ist?
- Beschreibt ihr, wie der Toaster redet, denkt, fühlt und handelt?

Aufgabe 3 (▸ S.122): **Schelmengeschichte**
- Begründet ihr mit Hilfe von Aufgabe 2, dass der Toaster ein Schelm ist?

6 Die Welt der Bücher –
Jugendbücher lesen und verstehen

1 a Führt ein Blitzlicht durch: Alle ergänzen der Reihe nach <u>einen</u> der folgenden Sätze:
   – Ich lese im Moment …
   – Mein Lieblingsbuch ist …
   – Früher habe ich am liebsten … gelesen.
   – Ich würde gern einmal … lesen.
   – Gar nicht gern lese ich …

b Selbst lesen, vorgelesen bekommen oder
ein Hörbuch hören? Begründet, was euch
besser gefällt.

2 a Wovon hängt es ab, ob ihr ein Buch weiter-
lest? Berichtet von euren Erfahrungen.

b Diskutiert, welche Art von Büchern ihr lest,
z. B. Geschichten über fantastische Welten
(Fantasy), Krimis, Abenteuerromane,
Bücher über Freundschaft, über
Familien … oder Sachbücher?

In diesem Kapitel …

- lest ihr die Anfänge von drei
  verschiedenen Jugendbüchern,
- untersucht ihr Figuren und Schauplätze
  einer Geschichte und lernt verschiedene
  Erzählformen kennen,
- recherchiert ihr in der Bibliothek nach
  Büchern und anderen Medien,
- stellt ihr euer Lieblingsbuch vor.

6.1 Spannung von Anfang an – Verschiedene Jugendbücher kennenlernen

Fantasy-Welten – Figuren und Schauplätze untersuchen

J. R. R. Tolkien

Der kleine Hobbit (1937)

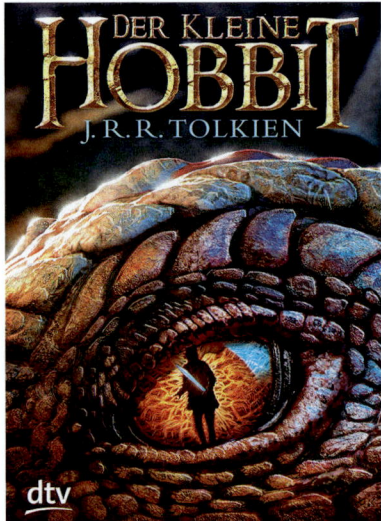

In einer Höhle in der Erde, da lebte ein Hobbit. Nicht in einem schmutzigen, nassen Loch, in das die Enden von
5 irgendwelchen Würmern herabbaumelten und das nach Schlamm und Moder roch. Auch nicht etwa in einer trockenen Kieshöhle, die so kahl
10 war, dass man sich nicht einmal niedersetzen oder gemütlich frühstücken konnte. Es war eine Hobbithöhle, und das bedeutete Behaglich-
15 keit.

Diese Höhle hat eine kreisrunde Tür wie ein Bullauge[1]. Sie war grün gestrichen und in der Mitte saß ein glänzend gelber Messingknopf. Die Tür führte zu einer röhrenförmig langen
20 Halle, zu einer Art Tunnel, einem Tunnel mit getäfelten Wänden. Der Boden war mit Fliesen und Teppichen ausgelegt, es gab Stühle da von feinster Politur und an den Wänden Haken in Massen für Hüte und Mäntel, denn der Hobbit
25 hatte Besucher sehr gern. Der Tunnel wand und wand sich[2], führte aber nicht tief ins Innere des Berges hinein, den alle Leute viele Meilen weit rund im Lande schlechthin[3] „den Berg" nannten. Zahlreiche kleine, runde Türen
30 öffneten sich zu diesem Tunnel, zunächst auf der einen Seite und dann auch auf der anderen. Treppen zu steigen brauchte der Hobbit nicht: Schlafräume, Badezimmer, Keller, Speisekammern (eine Masse von Speisekammern),
35 Kleiderschränke (ganze Räume standen aus-

schließlich für die Unterbringung der Garderobe zur Verfügung), Küchen, Esszimmer – alles lag an demselben langen Korridor[4]. Die
40 besten Zimmer lagen übrigens auf der linken Seite (wenn man hineinkommt), denn ausschließlich diese hatten Fenster, tief gesetzte,
45 runde Fenster, die hinaus auf den Garten blickten und über die Wiesen, die sich gemächlich hinab bis zum Fluss neigten.
50

Dieser Hobbit war ein sehr wohlhabender Hobbit und sein Name war Beutlin. Die Beutlins hatten seit undenklichen Zeiten in der Nachbarschaft des „Berges" gelebt und die Leute hielten sie für außerordentlich achtbar[5] 55
– nicht nur, weil die meisten Beutlins reich, sondern weil sie noch nie in ein Abenteuer verstrickt gewesen waren und nie etwas Unvorhergesehenes getan hatten. Man konnte im Voraus sagen, was ein Beutlin auf eine Frage 60 antworten würde, ohne dass man sich die Mühe machen musste, diese Frage wirklich zu stellen. Dies hier aber ist eine Geschichte von einem Beutlin, der trotzdem Abenteuer erlebte und sich selbst völlig unvorhergesehene Fra- 65

---

1 das Bullauge: kreisrundes Fenster in Schiffen und U-Booten

2 sich winden: sich schlängeln, in Kurven verlaufen

3 schlechthin: ganz einfach

4 der Korridor: Hausflur, Gang

5 achtbar: ehrenhaft, anständig

gen reden hörte. Vielleicht verlor er bei seinen Nachbarn an Ansehen, aber er gewann – nun, ihr werdet ja sehen, ob er am Ende überhaupt etwas gewann.

70 Die Mutter unseres Hobbits – was ist eigentlich ein Hobbit? Ich glaube, dass die Hobbits heutzutage einer Beschreibung bedürfen, da sie sehr selten geworden sind und scheu vor den „Großen Leuten", wie sie uns zu nennen 75 pflegen. Sie sind (oder waren) ungefähr halb so groß wie wir und kleiner als die bärtigen Zwerge (sie tragen jedoch keine Bärte). Es ist wenig, sozusagen gar nichts von Zauberei an ihnen, ausgenommen die alltägliche Gabe, rasch und 80 lautlos zu verschwinden, wenn großes, dummes Volk wie du und ich angetapst kommt und Radau macht wie Elefanten, was sie übrigens eine Meile weit hören können. Sie neigen dazu, ein bisschen fett in der Magengegend zu werden. Sie kleiden sich in leuchtende Farben 85 (hauptsächlich in Grün und Gelb). Schuhe kennen sie überhaupt nicht, denn an ihren Füßen wachsen natürliche, lederartige Sohlen und dickes, warmes, braunes Haar, ganz ähn-lich wie das Zeug auf ihrem Kopf (das übrigens 90 kraus[6] ist). Die Hobbits haben lange, geschick-te, braune Finger, gutmütige Gesichter und sie lachen ein tiefes, saftiges Lachen (besonders nach den Mahlzeiten; Mittagessen halten sie zweimal am Tag, wenn sie es bekommen kön-95 nen). Nun, das sei vorerst genug und wir wollen fortfahren.

Bilbo Beutlin hieß unser Hobbit und seine Mutter war die berühmte Belladonna Tuk, eine 100 der drei ausgezeichneten Töchter des alten Tuk. Der alte Tuk war das Haupt der Hobbits, die jenseits des „Wassers" wohnten, des schmalen Flusses am Fuß des Berges. Es wurde oft gemunkelt, dass vor langer Zeit einmal ein Tuk 105 eine Fee geheiratet habe. Das war natürlich Unsinn. Aber sicherlich war bei ihnen nicht alles hobbitmäßig. Denn ab und zu ging ein Angehöriger der Tuks fort und stürzte sich in Abenteuer. Sie verschwanden heimlich und die

Familie vertuschte es. Tatsache ist jedenfalls, 110 dass die Tuks nicht ganz so geachtet waren wie die Beutlins, obgleich[7] sie unzweifelhaft[8] reicher waren.

Nicht, dass Belladonna Tuk jemals in irgend-welche Abenteuer verwickelt gewesen wäre, 115 nachdem sie die Frau von Mister Bungo Beut-lin geworden war. Bungo, Bilbos Vater, baute (teilweise mit ihrem Geld) für sie die kostspie-ligste Hobbithöhle, die jemals unterhalb oder oberhalb des Berges oder jenseits des Wassers 120 gebaut worden war. Und dort lebten sie bis an das Ende ihrer Tage. Indessen ist es wahr-scheinlich, dass Bilbo, ihr einziger Sohn, obgleich er doch aussah und sich genauso be-nahm wie eine zweite Ausgabe seines grund-125 soliden[9] und behäbigen Vaters, irgendetwas Wunderliches in seinen Anlagen von der Tuk-seite übernommen hatte. Es war etwas, das nur auf die Chance wartete, um ans Licht zu kom-men. Die Chance ergab sich erst, als Bilbo 130 Beutlin etwa fünfzig Jahre alt geworden war, in der wunderschönen Hobbithöhle wohnte, die sein Vater erbaut hatte, und sich augenschein-lich[10] zur Ruhe gesetzt hatte.

Eines Morgens, vor langer Zeit, in der großen 135 Stille, als es noch wenig Geräusche und mehr Grün gab, als die Hobbits noch zahlreich und glücklich waren und Bilbo Beutlin nach dem Frühstück vor seiner Tür eine enorm lange Holzpfeife rauchte, die nahezu bis zu seinen 140 wolligen Zehen reichte (die immer sauber ge-bürstet waren), da ereignete sich ein merkwür-diger Zufall – Gandalf kam vorbei. Gandalf! Wenn ihr auch nur ein Viertel von dem gehört hättet, was ich über ihn gehört habe (und ich 145 habe nur sehr wenig gehört von alledem, was es da zu hören gab), so würdet ihr bestimmt höchst wunderliche Geschichten erwarten.

---

6 kraus: lockig, gewellt, wuschelig

7 obgleich: obwohl

8 unzweifelhaft: zweifellos, sicherlich, gewiss

9 grundsolide: anständig, ordentlich, brav, ehrlich

10 augenscheinlich: offenbar, offensichtlich, erkennbar

1 **a** Gibt es Textstellen, die euch besonders gut gefallen? Lest sie vor und erklärt, warum.
    b Habt ihr Lust, das Buch weiterzulesen? Diskutiert in zwei Runden.
       – Runde 1: Es darf nur teilnehmen, wer den Roman bzw. den Film noch nicht kennt.
       – Runde 2: Jetzt dürfen alle mitdiskutieren.

2 In diesem Textauszug lernt ihr die Hauptfigur des Romans, Bilbo Beutlin, kennen. Tragt in einem Steckbrief zusammen, was ihr über ihn erfahrt.

> **Steckbrief zu Bilbo Beutlin**
>
> **Name:** Bilbo Beutlin
> **Art:** Hobbit
> **Eltern:** …
> **Wohnort:** …
> **Aussehen:** …
> **Eigenschaften/Verhaltens-
> weisen:** …
> **Sonstiges:** …

3 In welcher Welt spielt die Geschichte vom kleinen Hobbit? Untersucht den Schauplatz.
Wählt a, b oder c und tauscht euch anschließend aus.

⊡ **a** Notiert in Stichworten, **wo und wie der Hobbit wohnt.** Beachtet vor allem die Zeilen 1–49.

⊡ **b** An der Einrichtung der Höhle kann man erkennen, **was dem Hobbit wichtig ist.** Nennt einige Textstellen und erläutert sie.

⊡ **c** **Vergleicht die Welt der Hobbits mit unserer** Welt. Sucht hierzu im Text nach Informationen zum Schauplatz der Geschichte.

4 Begründet, warum „Der kleine Hobbit" eine Fantasy-Geschichte ist.
Fasst eure Ergebnisse schriftlich zusammen. Nutzt dazu den folgenden Wortspeicher.

> fantastische Welt • runde Häuser • magische Orte wie … • erfundene Wesen wie z. B. … •
> völlig anders als bei uns

5 Berichtet von anderen Fantasy-Romanen, die ihr kennt.
Beschreibt die Figuren und die fantastische Welt, in der die Handlung spielt.

⊕ **6** Erfindet selbst eine übernatürliche (fantastische) Welt für eine Fantasy-Geschichte.
Beschreibt diesen Schauplatz als Beginn eines Jugendromans möglichst anschaulich.

Information 〉〉 **Figuren und Schauplätze einer Geschichte**

Die Personen, die in einer Geschichte auftreten, nennt man Figuren. Häufig gibt es eine **Hauptfigur,** über die der Leser oder die Leserin besonders viel erfährt, und mehrere **Nebenfiguren.** Man lernt eine Figur kennen,
- wenn man darauf achtet, was sie **redet, denkt, fühlt** und wie sie **handelt,**
- wenn man sich ihr **Aussehen,** ihre **Verhaltensweisen** und **Eigenschaften** sowie ihre **Lebensumstände** vor Augen führt,
- wenn man darauf achtet, welches **Verhältnis sie zu anderen Figuren** hat. Sind die Figuren befreundet oder ist ihr Verhältnis eher schlecht?

Das, was in einer Geschichte passiert, geschieht immer an bestimmten **Schauplätzen.**
Sie verraten häufig etwas über die Figuren und die Stimmung der Geschichte.

Geschichten aus dem Leben – Den Erzähler kennen lernen

> Ich weiß, dass ich kein normales zehnjähriges Kind bin.

1▶ Lest den ersten Satz des Romans in der Sprechblase. Überlegt, worum es in diesem Jugendbuch gehen könnte. Bezieht auch den Titel und das Titelbild des Buchs mit ein.

Raquel J. Palacio
Wunder (2012)

Normal

Ich weiß, dass ich kein normales zehnjähriges Kind bin. Ich meine, klar, ich mache normale Sachen. Ich esse Eis. Ich fahre Fahrrad. Ich
5 spiele Ball. Ich habe eine Xbox. Solche Sachen machen mich normal. Nehme ich an. Und ich fühle mich normal. Innerlich. Aber ich weiß, dass normale Kinder nicht andere normale Kinder dazu bringen, schreiend vom Spielplatz
10 wegzulaufen. Ich weiß, normale Kinder werden nicht angestarrt, egal, wo sie hingehen. Wenn ich eine Wunderlampe finden würde und einen Wunsch frei hätte, würde ich mir wünschen, ein normales Gesicht zu haben, das nie jemandem auffallen würde. Ich würde mir 15 wünschen, dass ich die Straße entlanggehen könnte, ohne dass die Leute diese Sache machen, sobald sie mich sehen, dieses Ganz-schnell-woanders-Hinschauen. Ich glaube, es ist so: Der einzige Grund dafür, dass ich nicht 20 normal bin, ist der, dass mich niemand so sieht.

Aber inzwischen bin ich es irgendwie schon gewohnt, dass ich so aussehe. Ich kann so tun,

25 als würde ich nicht merken, was die Leute für Gesichter machen. Wir sind alle schon ganz gut darin: ich und Mom und Dad und Via. Nein, das nehme ich zurück: Via ist nicht so gut darin. Sie kann echt sauer werden, wenn
30 die Leute gemein sind. Einmal auf dem Spielplatz zum Beispiel, da haben einige ältere Kinder so Geräusche gemacht. Ich weiß nicht mal, was genau das für Geräusche sein sollten, weil ich sie gar nicht selber gehört habe, aber Via
35 hat sie gehört, und sie hat gleich angefangen, die Kinder anzubrüllen. So ist sie eben. Ich bin nicht so.

Für Via bin ich nicht normal. Sie behauptet es, aber wenn ich normal wäre, hätte sie nicht so
40 sehr das Gefühl, mich beschützen zu müssen. Und auch Mom und Dad halten mich nicht für normal. Sie halten mich für etwas ganz Besonderes. Ich glaube, der einzige Mensch auf der Welt, der merkt, wie normal ich wirklich bin,
45 bin ich.

Ich heiße übrigens August. Ich werde nicht beschreiben, wie ich aussehe. Was immer ihr euch vorstellt – es ist schlimmer.

Warum ich nicht zur Schule gehe

Nächste Woche komme ich in die fünfte Klas- 50 se. Da ich noch nie auf eine richtige Schule gegangen bin, stehe ich total und komplett neben mir. Die Leute glauben, ich wäre nie zur Schule gegangen, weil ich so aussehe, aber das ist es nicht. Es liegt an all den Operationen, die ich 55 gehabt habe. Siebenundzwanzig seit meiner Geburt. Die größeren wurden durchgeführt, bevor ich vier war, an die kann ich mich nicht mehr erinnern. Aber seitdem hatte ich jedes Jahr etwa zwei oder drei (größere und weniger 60 große), und weil ich klein bin für mein Alter und die Medizin auch vor einige Rätsel stelle, die die Ärzte einfach nicht lösen können, war ich oft krank. Deshalb hatten meine Eltern entschieden, dass es besser wäre, wenn ich nicht 65 zur Schule gehen würde. Jetzt bin ich aber viel kräftiger. Meine letzte Operation liegt schon acht Monate zurück, und wahrscheinlich wird auch in den nächsten paar Jahren keine weitere nötig sein. 70

2 **a** Lest die ersten beiden Kapitel aus dem Roman „Wunder" (▶ S. 129–130). Haben sich eure Vermutungen über den Inhalt des Buches bestätigt? Was hattet ihr erwartet, was hat euch überrascht?

b Begründet, wie ihr den Romananfang findet. Lustig, spannend …? Reizt er euch zum Weiterlesen?

3 **a** Welche Figuren treten im Text auf? Nennt die Hauptfigur und die Nebenfiguren.

   b Stellt fest, wer die Geschichte „Wunder" erzählt.

   c Erklärt, warum August bislang nicht zur Schule gegangen ist.

4 „Ich werde nicht beschreiben, wie ich aussehe. Was immer ihr euch vorstellt – es ist schlimmer" (▶ Z. 46–48). Lest zwischen den Zeilen, was August damit über sich aussagt.

Beginnt so: *Hier spricht August die Leser an. Er will nicht sagen, wie schlimm er wirklich aussieht, weil … Er glaubt, dass …*

5 Der Erzähler August denkt darüber nach, ob er als „normal" angesehen wird.

Untersucht, zu welchem Ergebnis er kommt. Wählt hierzu a, b oder c.

   a Denkt August, dass **seine Eltern** ihn für „normal" halten? Lest hierzu noch einmal die Zeilen 38–45 und notiert wichtige Informationen in Stichpunkten.

   b Denkt August, dass **seine Schwester Via** ihn für „normal" hält? Lest noch einmal im Text nach und notiert wichtige Informationen in Stichpunkten.

   c Wie sieht **August sich selbst?** Lest zwischen den Zeilen. Schreibt hierzu auf, wie ihr die zwei Textstellen auf der Methodenseite unten (▶ S. 132) versteht.

   d Stellt euch die Ergebnisse vor und erklärt, was hier mit „normal" gemeint ist.

6 „Nächste Woche komme ich in die fünfte Klasse", teilt August mit.

Wie könnten die Mitschülerinnen und Mitschüler auf August reagieren?

Notiert, welche unterschiedlichen Verhaltensweisen vorstellbar sind.

7 Vergleicht den Ich-Erzähler mit dem Er-/Sie-Erzähler und erklärt die Unterschiede.

   a Schreibt hierzu die ersten Zeilen des Romans (▶ S. 129, Z. 1–6) in die Er-Form um, z. B.:

   Er weiß, dass er kein normales zehnjähriges Kind ist. Er meint, er mache …

   b Vergleicht euren Text in der Er-Form mit dem Originaltext (Ich-Form).

   Wie wirken die Texte jeweils auf euch?

Information ▶ **Ich-Erzähler oder Er-/Sie-Erzähler**

Geschichten werden von einem **Erzähler** erzählt, den man nicht mit dem Autor oder der Autorin verwechseln darf. So ist zum Beispiel der zehnjährige August in der Geschichte „Wunder" der Ich-Erzähler, geschrieben hat den Text aber die Autorin Raquel J. Palacio.

Ich-Erzähler/Ich-Erzählerin

- Der **Ich-Erzähler** (oder die Ich-Erzählerin) ist **selbst als handelnde Figur in das Geschehen verwickelt.** Er/Sie schildert die Ereignisse aus der eigenen, persönlichen Sicht (Ich-Form), z. B.: *Ich wurde früh wach. Draußen war es noch dunkel und ich überlegte …*

Er-/Sie-Erzähler

- Der **Er-/Sie-Erzähler** ist meist **nicht am Geschehen beteiligt** und erzählt von allen Figuren in der Er-Form bzw. in der Sie-Form, z. B.: *Mona traf Leon am Bahnhof, wo sie sich verabredet hatten. Beide freuten sich sehr, sich wieder einmal zu sehen, denn …*

A Lesemethode: Erzählende Texte lesen und verstehen

Eine Geschichte zu verstehen, ist nicht immer einfach.
Mit ein paar Fragen könnt ihr herausfinden, worum es in der
Geschichte geht, welche Figuren auftreten usw.

1. Wer sind die Figuren?
– Welche Figuren kommen vor? Gibt es eine **Hauptfigur?**
– Was **reden, denken, fühlen** sie?
– Wie **handeln** sie?

2. Was passiert (Handlung)?
– Worum geht es? Gibt euch der **Titel** einen Hinweis?
– Was passiert der Reihe nach **(Handlungsschritte)?**
– Gibt es ein **besonderes Ereignis?**

3. Wo spielt die Geschichte (Schauplatz)?
– Spielt die Geschichte in einer **Fantasiewelt** oder in **unserer
  Welt (Realität)?**

4. Wann spielt die Geschichte?
– Spielt die Geschichte **in unserer Zeit** oder **früher** (z. B. im
  Mittelalter) oder sogar in der **Zukunft** (z. B. im Jahr 3000)?

5. Aus wessen Sicht wird erzählt (Ich-Erzähler oder Er-/Sie-Erzähler)?
– Wird die Geschichte von einem **Ich-Erzähler** erzählt, der am Geschehen beteiligt ist (Ich-Form)?
  Zum Beispiel: *Ich wachte auf und schaute aus dem Fenster.*
– Oder handelt es sich um einen **Er-/Sie-Erzähler,** der nicht in das Geschehen verwickelt ist und in der
  Er-Form bzw. Sie-Form erzählt?
  Zum Beispiel: *Sie wurde wach und schaute aus dem Fenster.*

B Zwischen den Zeilen lesen

Manchmal wird in einem Text etwas nicht ausdrücklich gesagt, sondern nur angedeutet. Hier müsst ihr
zwischen den Zeilen lesen. Überlegt, wie diese Textstelle gemeint sein könnte oder wie ihr sie versteht.

Textstellen aus „Wunder" (▶ S.129–130)	Das lese ich zwischen den Zeilen. So verstehe ich diese Textstelle.
„Der einzige Grund dafür, dass ich nicht normal bin, ist der, dass mich niemand so sieht." (▶ S.129, Z. 20–22)	August denkt: Er ist eigentlich normal, aber alle anderen sehen ihn …
„Ich glaube, der einzige Mensch auf der Welt, der merkt, wie normal ich wirklich bin, bin ich." (▶ S.130, Z. 43–45)	August ist sehr einsam, weil … Dass die anderen ihn nicht …

Krimis und Detektivgeschichten – Zwischen den Zeilen lesen

M. G. Leonard

Käferkumpel

Bartholomew Cuttles rätselhaftes Verschwinden

Dr. Bartholomew Cuttle war keiner von den Männern, die auf rätselhafte Weise verschwanden. Er war einer von den Männern, die beim Abendessen dicke, alte Bücher lasen und
5 denen Spiegelei im Bart hängen blieb. Er war einer von den Männern, die immer wieder ihre Schlüssel verloren und an Regentagen keinen Schirm mitnahmen. Er war einer von den Vätern, die vielleicht fünf Minuten zu
10 spät kamen, einen von der Schule abzuholen, aber immer kamen. Und vor allem, das wusste Darkus genau, war sein Dad keiner von den Vätern, die ihren dreizehnjährigen Sohn einfach im Stich lassen.
15 Der Polizeibericht vermerkt, dass der 27. September ein Dienstag ohne besondere Vorkommnisse war. Dr. Bartholomew Cuttle, ein achtundvierzigjähriger Witwer[1], hatte seinen Sohn, Darkus Cuttle, in die Schule gebracht
20 und war weiter zum Naturhistorischen Museum gegangen, wo er die wissenschaftliche Abteilung leitete. Um halb zehn hatte er seine Sekretärin Margaret begrüßt, dann den Vormittag in Sitzungen zu Museumsfragen ver-
25 bracht und um ein Uhr mit einem ehemaligen Kollegen, Professor Andrew Appleyard, zu Mittag gegessen. Am Nachmittag war er hinunter ins Depot in den Kellergewölben gegangen, wie er es häufig zu tun pflegte, und
30 hatte an der Kaffeemaschine auf dem Weg seine Tasse aufgefüllt. Mit dem diensthabenden Wachmann, Eddie, hatte er Freundlichkeiten ausgetauscht, war dann den Korridor zum Depot entlanggegangen und hatte sich in einen
35 der Entomologie-Räume[2] eingeschlossen.
Als sein Vater an jenem Abend nicht nach Hause kam, alarmierte Darkus die Nachbarn

und diese riefen die Polizei. Bei ihrer Ankunft im Museum fand die Polizei den Raum, in den Bartholomew Cuttle gegangen war, von innen 40 verschlossen vor. Da man fürchtete, er könne einen Herzinfarkt erlitten oder einen Unfall gehabt haben, wurde eine stählerne Ramme[3] geholt und die Tür aufgebrochen. Der Raum war leer. Eine Tasse mit eiskaltem Kaffee und 45 ein paar Unterlagen befanden sich auf dem Tisch neben einem Mikroskop. Mehrere Schubladen mit Coleoptera-Präparaten[4] waren geöffnet, aber von Doktor Bartholomew Cuttle

---

1 der Witwer: Mann, dessen Ehefrau gestorben ist

2 die Entomologie: Käferkunde

3 die Ramme: Werkzeug, mit dem man Gegenstände zerstören kann

4 die Coleoptera-Präparate: haltbar gemachte Käfer

50 fehlte jede Spur.

Er war verschwunden. Der Kellerraum hatte keine Fenster und außer der Eingangstür keine weiteren Türen. Es handelte sich um eine abgedichtete Kammer mit kontrolliertem Klima.

55 Das Rätsel um den verschwundenen Wissenschaftler schaffte es auf die Titelseiten sämtlicher Zeitungen. Die mysteriöse Begebenheit machte die Journalisten verrückt und nicht einer von ihnen konnte erklären, wie Dr. Cuttle 60 aus dem Kellerraum herausgekommen sein könnte.

„WISSENSCHAFTLER VERSCHWUNDEN!", schrien die Schlagzeilen.

„POLIZEI RATLOS!", riefen Zeitungen.

65 „VERWAISTER JUNGE IN OBHUT!", berichteten sie.

„SUCHE NACH DEM EINZIGEN LEBENDEN VERWANDTEN, DEM BERÜHMTEN ARCHÄOLOGEN MAXIMILIAN CUTTLE."

70 Und am Tag darauf: „ARCHÄOLOGE IN SINAI-WÜSTE VERMISST!"

„JUNGE ALLEIN!", klagten sie.

Vor der Pflegeunterkunft wurde Darkus von Zeitungsleuten angehalten, die Fotos machten 75 und ihm Fragen zuriefen.

„Darkus, hast du von deinem Dad gehört?"

„Darkus, ist dein Vater auf der Flucht?"

„Darkus, ist dein Dad tot?"

Fünf Jahre zuvor, als seine Mutter starb, hatte 80 Darkus sich zurückgezogen. Er hatte aufgehört, draußen mit Freunden zu spielen oder sie nach Hause einzuladen. Seine Mutter, Esme Cuttle, war plötzlich aus dem Leben gerissen worden, von einer Lungenentzündung. 85 Der Schock saß schrecklich tief. Sein Vater war von Trauer überwältigt worden. An manchen Tagen – trübe Tage nannte Darkus sie – lag sein Vater nur im Bett und starrte die Wand an, unfähig zu sprechen, während ihm die Tränen über die Wangen rannen. An den trostlosesten 90 trüben Tagen brachte Darkus Tee und Kekse mit, setzte sich neben seinen Dad und las. Das war doppelt schwer gewesen, Mum zu verlieren *und* einen Dad zu haben, der die ganze Zeit so traurig war. Darkus musste lernen, auf sich 95 selbst aufzupassen. In der Schule kam er mit allen gut aus, aber freundete sich nie enger mit anderen an. Er blieb für sich. Die anderen Kinder hätten es nicht verstanden und er war sich nicht sicher, ob er es erklären konnte. Das Einzige, 100 was zählte, war, sich um Dad zu kümmern und ihm dabei zu helfen, wieder glücklich zu werden.

Nach vier Jahren wurden die trüben Tage endlich seltener, die Abstände zwischen ihnen größer 105 und Darkus beobachtete mit verhaltener Freude, wie sein Vater aus seinem langen, kummervollen Schlaf erwachte. Er wurde wieder ein richtiger Vater, der sonntags mit Fußball spielte, ihn am Frühstückstisch anlächelte 110 und ihn wegen seines widerspenstigen Haars aufzog.

Nein, Darkus war sich sicher, dass sein Vater nicht selbstmordgefährdet oder auf der Flucht war oder ein Doppelleben führte. Etwas anderes 115 war passiert und ihm wurde ganz schlecht vor Angst, weil er sich nicht vorstellen konnte, was dieses andere sein konnte. Als die Leute also ihre dummen Fragen stellten, vergrub Darkus nur die Hände in den Taschen, funkelte 120 die Notizblöcke finster an und verweigerte die Antwort.

„JUNGE MIT GEBROCHENEM HERZEN SPRICHT NICHT MEHR!", verkündeten die Zeitungen aus aller Welt. 125

Schließlich wurde Darkus' Onkel, Maximilian Cuttle, in Ägypten aufgespürt und er flog sofort nach London, damit er sich um seinen Neffen kümmern konnte.

 Beschreibt eure ersten Leseeindrücke zum Anfang des Jugendbuchs „Käferkumpel".
Möchtet ihr das Buch weiterlesen? Begründet.

2 **a** Lest den ersten Teil des Textes (▶ Z. 1–61) laut vor.

b Arbeitet im Team: Erschließt mit Hilfe der Methode „Erzählende Texte lesen und verstehen" (▶ S. 132, Fragen 1–5) die wichtigsten Informationen.

c Stellt eure Ergebnisse vor. Erklärt, was genau das „Rätselhafte" am Verschwinden des Wissenschaftlers ist.

3 Untersucht die fünf markierten Textstellen genauer. Wendet hierzu die Methode „Zwischen den Zeilen lesen" (▶ S. 132) an. Notiert eure Ergebnisse, z. B.:

Textstellen	Das lese ich zwischen den Zeilen.
1. Textstelle: „Bei ihrer Ankunft ... Kammer mit kontrolliertem Klima." (▶ Z. 38–54)	Eigentlich ist es unmöglich, dass ..., denn ...

4 Stellt Vermutungen darüber an, wie die Geschichte weitergehen könnte. Wählt a, b oder c:

a Was könnte mit dem **Vater von Darkus** geschehen sein? Schreibt ein bis zwei Sätze.

b Was könnte **Darkus** unternehmen, um herauszufinden, was mit seinem Vater passiert ist? Notiert Stichworte.

c Welche Rolle könnte **Onkel Maximilian** in der Geschichte spielen? Notiert Stichworte.

d Tauscht eure Ergebnisse aus und fasst die Ausgangssituation kurz zusammen.

5 **a** Vergleicht den Romananfang aus „Käferkumpel" mit den anderen beiden Romananfängen (▶ S. 126–127 und 129–130). Welches Buch würdet ihr am liebsten weiterlesen? Begründet.

b Tauscht euch aus: Hilft euch das Lesen eines Romananfangs bei der Auswahl eines Buchs?

c Sammelt Ideen, was euch bei der Auswahl eines Buchs noch helfen kann.

6 Führt eine Abschlussdiskussion durch:
Welches Buch, das ihr kennt, würdet ihr gern als Klassenlektüre gemeinsam lesen?

Information ▷▷ **Kinder- und Jugendromane**

Je nachdem, wo Romane spielen (Schauplatz), welche Figuren auftreten und über welche Themen sie erzählen, unterscheidet man verschiedene **Arten von Jugendromanen,** z. B.:

- **Fantasy-Geschichten** spielen in einer fantastischen Welt. Als Figuren treten erfundene Wesen auf, die anders aussehen und andere Fähigkeiten als wir Menschen haben, z. B. in „Der kleine Hobbit" von J. R. R. Tolkien (▶ S. 126–127).
- **Krimis und Detektivgeschichten** handeln von rätselhaften Fällen und Verbrechen, die aufgeklärt werden, z. B. „Käferkumpel" von M. G. Leonard (▶ S. 133–134).
- **Geschichten aus dem Leben:** Viele Kinder- und Jugendromane spielen in der heutigen Zeit und handeln von Erfahrungen und Problemen, die Kinder und Jugendliche heutzutage haben, z. B. Probleme mit Erwachsenen oder Fragen in der Freundschaft. Zu diesen Büchern gehört z. B. „Wunder" von Raquel J. Palacio (▶ S. 129–130).

TIPP: Daneben gibt es noch weitere Arten von Jugendromanen, z. B. Science-Fiction-Romane, die in einer fernen Zukunft spielen, oder Abenteuerromane.

Welcher Lesetyp bist du?

1 Fantasy-Romane, Krimis, Geschichten aus dem echten Leben oder doch lieber etwas Lustiges? Mit diesem Test kannst du herausfinden, was für ein Lesetyp du bist.
Beantworte jede Frage und notiere den Buchstaben der Antwort, die auf dich am ehesten zutrifft.

1 **Welche der folgenden Bücher magst du? Du kennst die Bücher nicht? Dann überlege, welche Bücher du aufgrund des Titels interessant findest.**
- A Harry Potter (J. K. Rowling), Warrior Cats (Erin Hunter), Die Schule der magischen Tiere (Margit Auer)
- B Gregs Tagebücher (Jeff Kinney), Der Tag, an dem ich cool wurde (Juma Kliebenstein)
- C Beschützer der Diebe (Andreas Steinhöfel), Kreuzberg 007 (Antonia Michaelis)
- D Zoë (Clay Carmichael), Mein bisher bestes Jahr (Daniela Böhle)

2 **Welche Figur sollte in deinem Wunschbuch mitspielen?**
- C ein Detektiv oder eine Detektivin; Kinder, die Verbrechen aufklären
- A Elfen, Zauberer, magische Wesen
- D ein gleichaltriges Kind, das über seine alltäglichen Erlebnisse erzählt
- B eine Person, die in komische Situationen gerät

3 **Zu welcher Zeit sollte dein Wunschbuch spielen?**
- C in der Vergangenheit
- D in der heutigen Zeit
- A in der Zukunft
- B Die Zeit ist mir egal, wichtig ist, dass ich beim Lesen viel lachen kann.

4 **Welches Thema sollte im Zentrum stehen?**
- A Magie, Zauberei, Bedrohung durch das Böse
- C ein spannendes Abenteuer
- D Freundschaft, Probleme mit Erwachsenen, etwas Alltägliches
- B Das Thema ist mir weniger wichtig, das Buch sollte witzig sein.

5 **Wann findest du ein Buch gut?**
- C wenn spannende Erlebnisse erzählt werden, bei denen ich mitfiebern kann
- A wenn ich in eine fantastische Welt voller Abenteuer eintauchen kann
- B wenn das Buch lustig ist und ich beim Lesen mitlachen kann
- D wenn über Erlebnisse aus dem echten Leben erzählt wird, z. B. über Freundschaft, Familie oder Probleme mit Erwachsenen

2 Zähle die Buchstaben zusammen. Wie häufig hast du den Buchstaben A, wie häufig den Buchstaben B usw. notiert? Schau dann auf Seite 353, was für ein Lesetyp du bist.

Rund um Bücher

1

Ich ging hinter Jack her zum Ausgang. Er hielt mir die Doppeltüre auf, und als ich an ihm vorbeikam, schaute er mir direkt ins Gesicht, fast als würde er mich auffordern, ihn anzuschauen, und das tat ich auch. Dann musste ich tatsächlich lächeln. Ich weiß auch nicht. Manchmal, wenn ich das Gefühl habe, gleich losheulen zu müssen, kommt es mir mit einem Mal so vor, als müsste ich beinahe lachen. Und genau das Gefühl muss ich in dem Moment wohl gehabt haben, denn ich lächelte so breit, als würde ich gleich auflachen.

2

Sie besaß ein so edles Gesicht wie eine Elbenfürstin, war so stark wie eine Bärin, so weise wie eine Zauberin, so ehrwürdig wie eine Zwergenkönigin und so freundlich wie der Sommer. [...] Ich wünschte, ich hätte die Zeit, um euch nur einige von diesen Geschichten oder das ein oder andere von den Liedern zu erzählen, die die Zwerge in diesem Hause hörten.

3

„Das ist fantastisch, ein echtes Abenteuer! Ich wollte schon immer Detektivin sein." Sie sprang auf und nahm ihr Hausaufgabenheft aus ihrer Blazertasche. „Wir sollten dich sofort befragen und deine Beschreibung des Tages, als dein Vater verschwand, festhalten, nur für den Fall, dass du das Gedächtnis verlierst und alles vergisst."

1 Hier findet ihr drei Auszüge aus Jugendbüchern. Um welche Art von Jugendbüchern geht es? Ordnet die Auszüge 1, 2 und 3 den folgenden Jugendbucharten zu. Schreibt die Buchstaben der zutreffenden Antworten nacheinander in euer Heft. Ergeben sie verkehrt herum gelesen ein Lösungswort?
- Krimi oder Detektivgeschichte → **ESEL**
- Fantasy-Geschichte → **WSN**
- Geschichte aus dem Leben → **TRE**

2 Bestimmt in den Jugendbuchauszügen oben, wer erzählt (▶ Information, S. 131). Notiert so: Auszug 1: ...-Erzähler/-in, Auszug 2: ...

3 Fantasy-Geschichte, Krimi oder Geschichten aus dem Leben? Manchmal kann man schon am Buchtitel ablesen, um welche Art von Buch es sich handelt. Bestimmt bei den folgenden Titeln die Art des Jugendbuches. Notiert so: A: ..., B: ... usw.
- **A** Thabo: Detektiv und Gentleman – Der Nashorn-Fall (von Kirsten Boie)
- **B** Gregor und der Fluch des Unterlandes (von Suzanne Collins)
- **C** Wir alle für immer zusammen (von Guus Kuijer)
- **D** Jinx und der magische Urwald (von Sage Blackwood)
- **E** Königin des Sprungturms (von Martina Wildner)
- **F** Die drei ??? Kids, Bundesliga-Alarm (von Boris Pfeiffer)

 **4** Vergleicht eure Ergebnisse aus den Aufgaben 1 bis 3 zu zweit.

MK 6.2 In der Bibliothek – Bücher und andere Medien suchen

1 Beschreibt: Wie ist die Bibliothek aufgebaut? Was kann man dort tun?
Welche Medien (Bücher, DVDs usw.) könnt ihr hier finden? Erläutert.

2 Wart ihr schon mal in einer Bibliothek, z. B. in eurer Schulbibliothek? Wie habt ihr die Bücher
gefunden, die ihr lesen wolltet? Wie kann man sie ausleihen? Berichtet von euren Erfahrungen.

3 Stellt euch vor, ihr wollt eine Klassenbibliothek einrichten.
Würdet ihr eure Materialien nach Themen (Sport, Krimi, Tiere, Freundschaft usw.) ordnen?
Oder würdet ihr sie lieber alphabetisch (z. B. nach dem Namen des Autors/der Autorin) sortieren?
Diskutiert darüber.

Im Online-Katalog einer Bibliothek recherchieren

 **Stadtbibliothek**

Autor/-in	Cornelia Funke
Titel	
Schlagwort	

Suche eingrenzen

Medienart

Buch (118)
Hörbuch (50)
E-Book (19)
DVD (10)
eAudio (9)
CD (1)
Computerspiel (1)

Erscheinungsjahr

Sprache

Deutsch (199)
Englisch (12)
Spanisch (4)
Türkisch (3)
Französisch (2)
Arabisch (1)
Russisch (1)

Schlagwort

Jugendbuch (42)
Kinderbuch (35)
Bilderbuch (17)
Freundschaft (16)
Gespenst (10)
Weihnachten (6)
Magie (5)
Ritter (4)

Die Farbe der Rache
Autor/-in: Cornelia Funke
Jahr: 2023
Sprache: Deutsch
Medienart: Buch

x nicht verfügbar

Das grüne Königreich
Autor/-in: Cornelia Funke
Jahr: 2023
Sprache: Deutsch
Medienart: E-Book

✓ ausleihbar

Die Farbe der Rache – Tintenwelt, Band 4
Autor/-in: Cornelia Funke
Jahr: 2023
Sprache: Deutsch
Medienart: eAudio

✓ verfügbar über
das Internet

Ein Engel in der Nacht. Ein poetisches Märchen
Autor/-in: Cornelia Funke
Jahr: 2022
Sprache: Deutsch
Medienart: Buch

✓ ausleihbar

Die wilden Hühner. Fuchsalarm.
Autor/-in: Cornelia Funke
Jahr: 2022
Sprache: Deutsch
Medienart: Hörspiel

x nicht verfügbar

(Seite 1 von 9)

1 Habt ihr schon einmal einen Online-Katalog benutzt, um nach einem bestimmten Buch oder Hörbuch zu suchen? Berichtet von euren Erfahrungen.

 2 Auf Seite 139 seht ihr den Anfang eines Suchergebnisses zur Autorin Cornelia Funke in der Bibliothek einer größeren Stadt. Was könnt ihr alles entdecken?
- Spielt ein Quiz zu zweit und beantwortet im Wechsel die folgenden Fragen.
- Zeigt euch gegenseitig, wo genau die Information im Suchergebnis (▶ S. 139) steht.

A Wie viele (gedruckte) Bücher von Cornelia Funke wurden insgesamt gefunden?

B Wie viele Übersetzungen in andere Sprachen als Deutsch gibt es insgesamt?

C Wie kannst du dir nur die Hörbücher anzeigen lassen?

D Nach welcher Reihenfolge sind die Titel angeordnet?

E Welches Symbol zeigt dir, dass es sich um ein Hörbuch oder Hörspiel handelt?

F Wie viele Titel von Cornelia Funke tragen das Schlagwort „Gespenst"?

G Gibt es auch Computerspiele von Cornelia Funke?

H Wie kannst du Titel Nr. 4 „Die Farbe der Rache – Tintenwelt, Band 4" ausleihen?

I Was musst du bei der Suche verändern, wenn du ein ganz bestimmtes Buch von Cornelia Funke suchst?

J Wie erfährst du mehr über die einzelnen Titel?

Methode > **Im Online-Katalog einer Bibliothek recherchieren**

- Alle Medien (Bücher, CD usw.) einer Bibliothek sind mit einer **Signatur** gekennzeichnet. Diese Signatur (meist eine Kombination aus Zahlen und Buchstaben, z. B. *22.4 Funke*) gibt den Standort an, damit man das Medium vor Ort im Regal findet. Bibliotheken bieten nicht nur Medien zum Mitnehmen: Inhaber einer Büchereikarte können auch Hörspiele und Hörbücher **digital ausleihen** und auf ihre Endgeräte laden.
- Ein anderes Wort für Suche lautet **Recherche.** Üblich ist die Recherche über den **Computer.** So kann man in der Bibliothek, aber auch über das Internet von zu Hause aus Medien suchen, vorbestellen und verlängern.
- Gebt in die Eingabemaske des Online-Katalogs eure Suchbegriffe ein, z. B. den **Autorennamen,** den **Buchtitel** oder ein **Schlagwort,** z. B.: *Abenteuer, Dinosaurier.* Ihr könnt eure **Suche verfeinern,** indem ihr einen bestimmten **Medientyp** auswählt (z. B. *Buch, Hörbuch).*

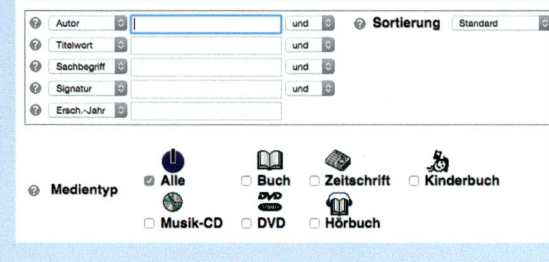

6.3 Projekt – Ein Jugendbuch vorstellen

Leila und der blaue Fuchs

Buchvorstellung von: Mona

Informationen zum Buch

Das Buch, das ich euch heute vorstellen möchte, heißt „Leila und der blaue Fuchs" und ist von der britischen Autorin Kiran Millwood Hargrave. Die wichtigsten Figuren sind das Mädchen Leila, ihre Mutter Miso und eine Polarfüchsin.

Leila reist von London zu ihrer Mutter nach Norwegen. Sie hat die Mutter jahrelang nur per Bildschirm gesehen, weiß wenig über ihre Arbeit und fühlt sich von ihr verlassen. Doch dann erleben die beiden ein Abenteuer, als sie einem Polarfuchs durch die Arktis folgen. Es geht um den Klimawandel und darum, wie er zur Suche nach neuem Lebensraum zwingt. Leila fühlt auch deshalb mit der Füchsin mit, weil sie selbst vor Jahren mit ihrer Mutter vor dem Krieg in Syrien geflohen ist.

Leseprobe

Ich lese jetzt den Beginn des ersten Kapitels vor, in dem Leila zu ihrer Mutter gefahren wird. Danach zeige ich euch auch die Seite aus dem Buch, damit ihr einen Eindruck von den Bildern bekommt.

Bereits kurz nachdem sie den Flughafen hinter sich gelassen haben, verändert sich die Landschaft, und Leila erhascht Blicke auf das Meer, das Tromsø umgibt. Und dann, ganz plötzlich, ist da ein Berg. Leila muss an sich halten, damit ihr nicht vor Staunen die Kinnlade herunterfällt. Sie hat noch nie einen richtigen Berg gesehen.
An die Berge in der Umgebung von Damaskus kann sie sich nicht mehr erinnern, weil es schon so lange her ist. Die einzige Erhebung, die sie kennt, ist Box Hill, wo sie mit ihrer Schule einen Orientierungslauf gemacht hat. Aber der hier ist riesig und wird immer größer und größer und immer noch größer, direkt neben der Straße, und schließlich ist dieser richtige, echte Berg so hoch, dass Leila den Gipfel nicht mehr sehen kann, an den sich Häuser und Bäume klammern.

Persönliche Bewertung

Mir gefällt das Buch, weil es unterhaltsam Themen wie Klimawandel und Flucht vor Krieg behandelt. Es ist gut erzählt und außerdem schön illustriert.

1 **a** Begründet, wie ihr die Buchvorstellung findet. Bekommt ihr einen Eindruck, worum es geht?
  b Welche Informationen zum Buch liefert Mona? Nennt konkrete Beispiele.
  c Beschreibt, wie die Buchvorstellung aufgebaut ist.

2 Wählt ein Buch aus, das ihr gerne in der Klasse vorstellen möchtet. Bereitet selbst eine Buchvorstellung vor. Nehmt hierzu die folgende Methodenseite (▶ S. 142) zu Hilfe.

Eine Buchvorstellung vorbereiten

1. Schritt: Notizen zum Inhalt des Buchs machen

– Macht euch Notizen zum Inhalt des Buchs und tragt die wichtigsten Informationen zusammen.

Autor/Autorin:

Titel:

Art des Buches: Fantasygeschichte

Hauptfiguren (Wer?):

Ort der Handlung (Wo?):

Handlungszeit (Wann?):

Handlung (Worum geht es?):

Aus wessen Sicht wird erzählt (Erzähler/Erzählerin?):

> Informationen zum Inhalt müssen sein, damit sich alle vorstellen können, worum es geht.
> Aber: Nicht zu viel verraten!

2. Schritt: Einen Textauszug für die Leseprobe auswählen

– Sucht eine interessante oder spannende Stelle aus dem Buch aus, die ihr vorlesen möchtet.
  TIPP: Der Auszug soll zeigen, wie das Buch geschrieben ist, und etwa eine Seite lang sein.
– Kopiert die Textstelle, die ihr vorlesen möchtet, und bereitet sie zum Vorlesen vor:
  – Lest den Textauszug mehrmals. Überlegt, welche Stimmung (lustig, spannend) vorherrscht.
    Welche Figuren treten auf? Wie könnten sie sich in ihrem Sprechen unterscheiden?
  – Unterstreicht Textstellen, die ihr besonders betonen wollt.
    Markiert im Text Lesepausen mit diesem Zeichen: |.
  – Notiert einen Einleitungssatz für eure Leseprobe, damit alle verstehen, worum es in dem Textauszug geht, z. B.:
    Ich lese euch eine Stelle aus dem Buch vor, in der …
    Vorausgegangen ist eine Situation, in der …

3. Schritt: Die Buchempfehlung begründen

– Warum möchtet ihr gerade dieses Buch weiterempfehlen?
  Begründet, warum euch das Buch besonders gut gefallen hat, z. B.:
  Mir gefällt das Buch, weil …
  Ich finde das Buch …
  Den Roman kann ich empfehlen, weil …

4. Schritt: Den Vortrag üben

– Übt eure Buchvorstellung: Ihr könnt euren Vortrag allein vor dem Spiegel üben, einem Freund oder einer Freundin, euren Eltern oder euren Geschwistern vortragen. Oder ihr lasst euch beim Vortragen filmen.

7 Es war einmal … –
Märchen untersuchen und schreiben

1 **a** In der Abbildung sind fünf verschiedene Märchen versteckt. Welche entdeckt ihr?
   b Wählt eins dieser Märchen aus und erzählt euch gegenseitig, was ihr über den Inhalt dieses
      Märchens wisst. Alternativ könnt ihr etwas
      über ein anderes, euch bekanntes Märchen
      sagen.

2 Begründet: Welches Märchen gefällt euch
   besonders gut, welches weniger?

3 Nennt typische Figuren, die in Märchen
   auftreten.

In diesem Kapitel …

- lest ihr Märchen aus Deutschland und
  aus anderen Ländern,
- findet ihr heraus, an welchen Merkmalen
  man ein Märchen erkennen kann,
- erfindet ihr selbst Märchen oder schreibt
  sie weiter.

7.1 Verzauberte Welt – Märchen lesen und vergleichen

Märchenmerkmale erkennen

🔊 Jacob und Wilhelm Grimm

Sterntaler

Es war einmal ein kleines Mädchen, dem war
Vater und Mutter gestorben, und es war so
arm, dass es kein Kämmerchen mehr hatte, darin zu wohnen, und kein Bettchen mehr hatte,
5 darin zu schlafen, und endlich gar nichts mehr
als die Kleider auf dem Leib und ein Stückchen
Brot in der Hand, das ihm ein mitleidiges Herz
geschenkt hatte. Es war aber gut und fromm[1].
Und weil es so von aller Welt verlassen war,
10 ging es im Vertrauen auf den lieben Gott hinaus ins Feld. Da begegnete ihm ein armer
Mann, der sprach: „Ach, gib mir etwas zu essen, ich bin so hungrig." Es reichte ihm das
ganze Stückchen Brot und sagte: „Gott segne[2]
15 dir's", und ging weiter. Da kam ein Kind, das
jammerte und sprach: „Es friert mich so an
meinem Kopfe, schenk mir etwas, womit ich
ihn bedecken kann." Da tat es seine Mütze ab
und gab sie ihm. Und als es noch eine Weile
20 gegangen war, kam wieder ein Kind und hatte
kein Leibchen[3] an und fror: Da gab es ihm
seins. Und noch weiter, da bat eins um ein
Röcklein, das gab es auch von sich hin[4]. Endlich gelangte es in einen Wald, und es war
25 schon dunkel geworden. Da kam noch eins

und bat um ein Hemdlein, und das fromme
Mädchen dachte: „Es ist dunkle Nacht, da sieht
dich niemand, du kannst wohl dein Hemd
weggeben", und zog das Hemd ab und gab es
auch noch hin. Und wie es so stand und gar 30
nichts mehr hatte, fielen auf einmal die Sterne
vom Himmel und waren lauter blanke Taler[5].
Und ob es gleich[6] sein Hemdlein weggegeben,
so hatte es ein neues an, und das war vom aller-
feinsten Linnen[7]. Da sammelte es sich die Ta- 35
ler hinein und war reich für sein Lebtag.

---

1 fromm: gläubig
2 segnen: über jemandem Gebetsworte sprechen
3 das Leibchen: das Hemd
4 das gab es auch von sich hin: das gab es auch weg
5 die Taler: die Geldstücke
6 und ob es gleich: und obwohl
7 das Linnen (veraltet für Leinen): der Stoff

1 ▸ Erzählt nach, was in dem Märchen geschieht.

2 **a** Welche der folgenden Eigenschaften passen zu dem Mädchen? Wählt aus und begründet.

> arm • faul • fromm • schön • fleißig • gut • großzügig • gütig • hilfsbereit

b Diskutiert: Findet ihr es richtig, dass das Mädchen belohnt wird?

3 ▸ Erklärt, ob das Mädchen eine typische Märchenfigur ist.
Denkt dabei auch an die Figuren aus dem Bild auf Seite 143.

Jacob und Wilhelm Grimm

Die Bienenkönigin

Zwei Königssöhne gingen einmal auf Abenteuer und gerieten in ein wildes, wüstes Leben, sodass sie gar nicht wieder nach Haus kamen. Der Jüngste, welcher der Dummling hieß,
5 ging aus und suchte seine Brüder. Aber als er sie fand, verspotteten sie ihn, dass er mit seiner Einfalt[1] sich durch die Welt schlagen wolle, da sie zwei nicht durchkämen und wären doch viel klüger.
10 Da zogen sie miteinander fort und kamen an einen Ameisenhaufen. Die zwei Ältesten wollten ihn aufwühlen und sehen, wie die kleinen Ameisen in der Angst herumkröchen und ihre Eier forttrügen; aber der Dummling sagte:
15 „Lasst die Tiere in Frieden, ich leid's nicht, dass ihr sie stört."
Da gingen sie weiter und kamen an einen See, auf dem schwammen viele, viele Enten. Die zwei Brüder wollten ein paar fangen und braten, aber der Dummling sagte wieder: „Lasst
20 die Tiere in Frieden, ich leid's nicht, dass ihr sie tötet."
Endlich kamen sie an ein Bienennest, darin war so viel Honig, dass er am Stamm herunterlief. Die zwei wollten Feuer unter den Baum
25 legen und die Bienen ersticken, damit sie den Honig wegnehmen könnten. Der Dummling hielt sie aber wieder ab und sprach: „Lasst die Tiere in Frieden, ich leid's nicht, dass ihr sie
30 verbrennt."

Da kamen die drei Brüder in ein Schloss, wo in den Ställen lauter steinerne Pferde standen, auch war kein Mensch zu sehen, und sie gingen durch alle Säle, bis sie vor eine Türe ganz am Ende kamen, davor hingen drei Schlösser. 35 Es war aber mitten in der Türe ein Lädlein[2], dadurch konnte man in die Stube sehen. Da sahen sie ein graues Männchen an einem Tische sitzen, das riefen sie an, einmal, zweimal, aber es hörte nicht. Endlich riefen sie zum dritten 40 Mal, da stand es auf und kam heraus. Es sprach aber kein Wort, sondern fasste sie an und führte sie zu einem reich besetzten Tisch; und als sie gegessen und getrunken hatten, führte es einen jeglichen in ein eigenes Schlafgemach. 45 Am andern Morgen kam es zu dem Ältesten, winkte ihm und brachte ihn zu einer steinernen Tafel, darauf standen die drei Aufgaben geschrieben, wodurch das Schloss erlöst werden konnte. Die erste war: In dem Wald unter 50 dem Moos lagen die tausend Perlen der Königstochter, die mussten aufgesucht werden, und wenn vor Sonnenuntergang noch eine einzige fehlte, so ward der, welcher gesucht hatte, zu Stein. Der Älteste ging hin und suchte den 55 ganzen Tag, als aber der Tag zu Ende war, hatte er erst hundert gefunden. Es folgte, wie auf der

1 die Einfalt: die Dummheit, die Gutgläubigkeit
2 das Lädlein (Verkleinerungsform von Laden), hier: das Fenster

Tafel stand, und er ward in Stein verwandelt.

60 Am folgenden Tag unternahm der zweite Bruder das Abenteuer. Es ging ihm aber nicht besser als dem ältesten, er fand nicht mehr als zweihundert Perlen und ward zu Stein.

65 Endlich kam auch an den Dummling die Reihe, der suchte im Moos, es war aber so schwer, die Perlen zu finden, und ging so langsam! Da setzte er sich auf einen Stein und weinte. Und wie er so saß, kam der Ameisenkönig, dem er 70 einmal das Leben erhalten hatte, mit fünftausend Ameisen, und es währte gar nicht lang, so hatten diese die Perlen miteinander gefunden und auf einen Haufen getragen. Die zweite Aufgabe aber war, den Schlüssel zu der Schlaf-75 kammer der Königstochter aus dem See zu holen. Wie der Dummling zum See kam, schwammen die Enten, die er einmal gerettet hatte, heran, tauchten unter und holten den Schlüssel aus der Tiefe. Die dritte Aufgabe aber war die schwerste: Aus den drei schla-80 fenden Töchtern des Königs sollte die jüngste und die liebste herausgesucht werden. Sie glichen sich aber vollkommen und waren durch nichts verschieden, als dass die älteste 85 ein Stück Zucker, die zweite Sirup, die jüngste einen Löffel voll Honig gegessen hatte, und es war bloß an dem Hauch zu erkennen, welche den Honig gegessen. Da kam aber die Bienenkönigin von den Bienen, die der Dummling 90 vor dem Feuer geschützt, und versuchte den Mund von allen dreien. Zuletzt blieb sie auf dem Mund sitzen, der Honig gegessen, und so erkannte der Königssohn die rechte.

Da war aller Zauber vorbei. Alles war aus dem 95 Schlaf erlöst, und wer von Stein war, erhielt seine menschliche Gestalt wieder. Und der Dummling vermählte sich mit der jüngsten und liebsten Tochter und ward König nach ihres Vaters Tod; seine zwei Brüder aber erhiel-100 ten die beiden andern Schwestern.

1 Ist der Dummling wirklich so dumm? Begründet eure Meinung.

2 Erklärt, warum das Märchen „Die Bienenkönigin" heißt. Schlagt einen anderen Titel vor, der zu dem Märchen passen könnte.

3 **a** Das Märchen ist in einer altertümlichen Sprache geschrieben.
Was bedeuten die folgenden Ausdrücke? Übertragt sie ins heutige Deutsch.

> **A** „und gerieten in ein wildes, wüstes Leben" (▶ Z. 2)
> **B** „ich leid's nicht, dass ihr sie stört" (▶ Z. 15–16)
> **C** „dadurch konnte man in die Stube sehen" (▶ Z. 36–37)
> **D** „und führte sie zu einem reich besetzten Tisch" (▶ Z. 42–43)
> **E** „führte es [das Männchen] einen jeglichen in ein eigenes Schlafgemach" (▶ Z. 44–45)
> **F** „so ward der, welcher gesucht hatte, zu Stein" (▶ Z. 54–55)
> **G** „und versuchte den Mund von allen dreien" (▶ Z. 91–92)

b Gibt es weitere ungewöhnliche Formulierungen? Übersetzt auch sie.

4 In Märchen werden oft wundersame Dinge erzählt, als seien sie selbstverständlich. Listet auf, welche Dinge aus dem Märchen „Die Bienenkönigin" es nur in der Märchenwelt geben kann.

5 Untersucht den Aufbau des Märchens „Die Bienenkönigin". Wählt hierzu a, b oder c.

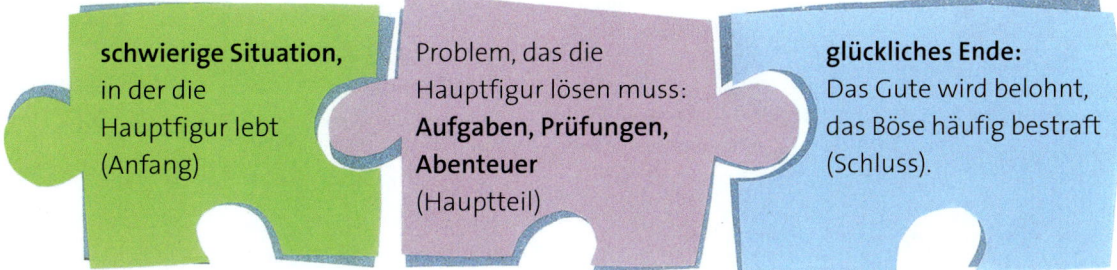

schwierige Situation, in der die Hauptfigur lebt (Anfang)

Problem, das die Hauptfigur lösen muss: **Aufgaben, Prüfungen, Abenteuer** (Hauptteil)

glückliches Ende: Das Gute wird belohnt, das Böse häufig bestraft (Schluss).

a Bestimmt mit Zeilenangaben den **Schlussteil** des Märchens. Begründet, warum das der Schluss ist, z. B.: Schluss (Zeile x–y): Es ist ein glückliches Ende, weil …

b Untersucht, wo der **Anfang** endet und der **Hauptteil** beginnt. Begründet euren Vorschlag.

c **Gliedert** das Märchen in die **drei Handlungsbausteine.** Begründet eure Gliederung.

d Diskutiert eure Ergebnisse: Was ist eindeutig und wo gibt es unterschiedliche Ergebnisse? Nennt andere Märchen und beschreibt, was in den drei Handlungsbausteinen passiert.

6 a Die Handlung des Märchens „Die Bienenkönigin" kann man auch als Märchenberg zeichnen. Beschreibt diesen Berg, den ihr unten seht.

b Auf dem Weg zum Berggipfel, dem glücklichen Ende, fehlen noch einige Informationen. Ergänzt diese Informationen in eurem Heft: 1. Aufgabe: …, 2. Aufgabe: …

c Diskutiert, inwiefern ein Märchenberg helfen kann, sich die Märchenhandlung vorzustellen.

⊕ **7** Zeichnet zum Märchen „Sterntaler" (▶ S. 144) einen Märchenberg.

Schluss (glückliches Ende): …

3. Aufgabe: …

2. Aufgabe: …

Brüder treffen auf ein verwunschenes Schloss

1. Aufgabe: …

Dummling rettet dreimal Tiere

Anfang: zwei Brüder lachen über Dummling

Heldin/Held

- der jüngste Sohn
- Schwester und Bruder
- ein tapferer Prinz
- eine arme Bauerstochter
- die kluge Prinzessin
- der Sohn eines armen Müllers

Gegenspieler/-in

- die böse Hexe
- die lieblose Stiefmutter
- der strenge Vater
- ein zorniger Riese
- eine gierige Räuberbande
- ein gefährlicher Wolf

Magische Helfer (Gegenstände, Zauberwesen, Tiere)

- ein goldener Ring
- eine weiße Taube
- ein winziger Zauberschlüssel
- hilfsbereite Zwerge
- ein geheimnisvoller Umhang
- eine Zauberin / ein Zauberer

Handlung/ Aufgabe

- jemanden retten
- einen Riesen besiegen
- einen Fluch aufheben
- ein Einhorn beschützen
- einen Drachen töten
- einen verzauberten Menschen erlösen

1 Erfindet mit Hilfe der Angaben auf den Karten ein eigenes Märchen. Geht so vor:
- Wählt von jeder Karte eine Angabe und notiert sie im Heft.
- Denkt euch mit Hilfe der Angaben ein Märchen aus und schreibt es auf.
- Gebt eurem Märchen eine passende Überschrift.

2 Lest eure Märchen vor. Welche Märchenmerkmale (▶ Information) könnt ihr entdecken?

Information ⟩⟩ **Merkmale von Märchen**

1 **Aufbau** (meist haben Märchen folgenden Aufbau):
- **Anfang: schwierige Situation/Notlage,** in der die Hauptfigur lebt, z. B.: Probleme in der Familie (Lieblosigkeit, Strenge, Missgunst), Geldsorgen, Hunger.
- **Hauptteil:** Problem, das die Heldin / der Held in **Aufgaben, Prüfungen, Abenteuern** lösen muss (oft mit Hilfe von Zauberwesen, Tieren oder magischen Gegenständen, z. B. Ring, Wunderlampe).
- **Schluss: glückliches Ende** (das Gute wird belohnt, das Böse bestraft).

2 **Figuren**
- Es treten **typische Märchenfiguren** auf wie König und Königin, Prinz und Prinzessin, Feen, Hexen, Zauberer, Riesen, Zwerge, aber auch sprechende Tiere.

3 **Erzählweise**
- In Märchen kommen häufig folgende märchentypische Formulierungen vor:
  Es war einmal … – Es begab sich vor langer Zeit … – Und wenn sie nicht gestorben sind, …
- Oft spielen magische **Zahlen** wie **3** und **7** eine Rolle, z. B.:
  drei Wünsche, *drei* Aufgaben, *sieben* Zwerge.

4 **Ort und Zeit**
- Ort und Zeitpunkt der Handlung bleiben ungenau, z. B.:
  vor langer Zeit, hinter den Bergen, in einem Schloss.

Unbekannte Wörter klären

Weil die meisten Märchen schon sehr alt sind, kommen in ihnen oft altertümliche Wörter vor, die wir heute nicht mehr oder nur noch selten verwenden.

> **Aus den Märchen der Brüder Grimm**
> – „Das klang dem Schneiderlein <u>lieblich</u> in die Ohren." *(Das tapfere Schneiderlein)*
> – „Und wenn die Prinzessin Langeweile hatte, so nahm sie eine goldene Kugel, warf sie in die Höhe und fing sie wieder; und das war ihr liebstes <u>Spielwerk</u>." *(Der Froschkönig)*
> – „Der dritte von den Burschen war aber der <u>Kleinknecht</u>, der wurde von den anderen für <u>albern</u> gehalten." *(Der arme Müllerbursch und das Kätzchen)*
> – „Was dein <u>Begehren</u> ist, weiß ich wohl." *(Der arme Müllerbursch und das Kätzchen)*
> – „Da ging es <u>allerorten</u> herum und besah sich <u>Stuben</u> und Kammern." *(Dornröschen)*
> – „Da sammelte es die Goldstücke ein und war reich für sein <u>Lebtag</u>." *(Sterntaler)*

1 a Ein Schüler hat versucht, das Wort „lieblich" zu erklären. Beschreibt, wie er das macht.
„Liebe" und „lieben" stecken in dem Wort. „Das klang dem Schneider lieblich in die Ohren." → Etwas klingt lieblich, also liebevoll, im Ohr. Vielleicht könnte man auch sagen: Etwas klingt angenehm im Ohr.

b Erklärt, was die anderen unterstrichenen Wörter aus den Sätzen oben bedeuten.
Arbeitet zu zweit und geht so vor, wie im Methodenkasten unten beschrieben.

2 In den folgenden Sätzen aus dem Märchen „Frau Holle" gibt es einige veraltete Wörter und Ausdrücke. Versucht, die folgenden Sätze ins heutige Deutsch zu übertragen.

> Weil die Alte so gut sprach, willigte das Mädchen ein und begab sich in ihren Dienst. Es besorgte auch alles nach ihrer Zufriedenheit und schüttelte ihr das Bett immer gewaltig auf, dafür hatte es auch ein gutes Leben bei ihr, kein böses Wort und alle Tage Gesottenes und Gebratenes. *(Brüder Grimm: Frau Holle)*

Methode ❯❯ **Unbekannte Wörter klären**

1 **Verwandte Wörter/Wortbausteine:** Sucht verwandte Wörter und leitet von diesen die Bedeutung des Wortes ab, z. B.: *lieblich → die Liebe, liebevoll, lieb → vertraut, angenehm.* Zerlegt zusammengesetzte Wörter in ihre Bausteine, z. B.:
Schlafkammer = schlafen + Kammer → eine Kammer zum Schlafen = Schlafzimmer.

2 **Textzusammenhang:** Lest den ganzen Satz, in dem das unbekannte Wort steht. Überlegt, was das Wort in diesem Zusammenhang bedeuten könnte, z. B.:
Taler und reich → Taler = Geldstück.

3 **Wörterbuch:** Schlagt das Wort im Wörterbuch nach. Beachtet dabei, dass die Wörter im Wörterbuch in ihrer Grundform stehen (Verben im Infinitiv, z. B. *ging → gehen;* Nomen in der Einzahl, z. B.: *die Wände → die Wand;* Adjektive in der Grundform, z. B. *lieblicher → lieblich*).

Märchen aus aller Welt vergleichen

Das Wohlgefallen[1] (ein syrisches Märchen)

Es war einmal, es war keinmal. Es lebte einst in alter Zeit ein Vater, der hatte drei Söhne. Der älteste hieß Ahmed, der mittlere Mohammed und der jüngste hörte auf den Namen Mah-
5 mud. Eines Tages erkrankte der Vater und er wusste, dass es ans Sterben ging. So rief er seinen ältesten Sohn zu sich. „Was begehrst du, Ahmed? Geld oder Wohlgefallen?", fragte er ihn. „Das Geld natürlich, denn was habe ich
10 von Wohlgefallen", antwortete jener. „Geh und rufe Mohammed!", verlangte der Vater, der auch dem mittleren Sohn seine Frage stellte. „Das Geld natürlich, denn was um alles in der Welt habe ich von Wohlgefallen", antwortete
15 auch er und der Vater schickte ihn nach dem Jüngsten, damit er entscheide. „Wohlgefallen selbstverständlich, denn was soll mir das Geld", versetzte Mahmud. „Geh, mein Sohn", sprach der Alte, „jede Faser meines Körpers ist
20 mit dir zufrieden!"
Der Vater starb und 40 Tage nach seinem Tod wandten sich Ahmed und Mohammed an ihren Bruder Mahmud. „Du bist nicht länger unser Bruder", eröffneten sie ihm. „Verlass auf
25 der Stelle dieses Haus. Wir haben eben das Geld und du das Wohlgefallen gewählt." Mahmud verließ das väterliche Haus und lief in den Straßen und Gassen als Bettler umher, der von der Gnade Allahs lebte. Er durchwanderte

30 Einöden und überquerte Berge, bis er in eine kleine Stadt kam, wo er einem alten Mann auffiel. „Wie heißt du, mein Söhnchen?", erkundigte sich jener und Mahmud erzählte ihm seine Geschichte. Da wies ihm der mitleidige
35 Alte eine Kammer in seinem Haus an und gab ihm etwas Geld zum Leben. Der Alte überließ ihm einen kleinen Laden, in dem der Bursche den ersten, zweiten und den dritten Tag arbeitete.
40 Mahmud lief zufrieden zum Ufer des Meeres und verzehrte sein Brot. Als er gegessen hatte, setzte er sich in die Sonne und grub für eine Stunde lang aufs Geratewohl im Sand. Er hatte ein tiefes Loch ausgehoben, als er auf dessen
45 Grund eine Schatulle aus rostigem Eisen fand. Er legte den Fund in seine Tasche und nahm ihn mit auf seine Kammer, wo er das Kästchen mit einem Stein aufschlug. Das Behältnis barg Eisenteile und Schrauben, die Mahmud zu-
50 sammenzufügen versuchte, bis er alles zu einem siebenarmigen Leuchter verbunden hatte. Nun lief er auf den Basar und kaufte sieben Kerzen. Des Nachts entzündete er die Kerzen und aus jedem Licht kam, sobald es brann-
55 te, eine schöne Frau zum Vorschein, die in ihrer Hand ein Musikinstrument hielt. Das

---

1   das Wohlgefallen: die Freude, die Zufriedenheit, das Wohlbehagen

erste Feenwesen trug eine Geige, das zweite eine Laute, das dritte eine Kamandscha-Fiedel und so weiter. Die Frauen musizierten und
60 tanzten unentwegt bis Mitternacht. „Ich möchte nun schlafen", bat Mahmud alsdann. „Lösche die Kerzen einfach aus", riefen sie ihm zu. Als er das erste Licht löschte und die erste Frau verschwand, drückte sie ihm zuvor noch einen
65 Beutel mit 100 Gold-Dirham in die Hand. So setzte es sich bis zur siebenten fort, wonach er dann 700 Gold-Dirham besaß. Damit lief Mahmud auf den Suk und kaufte Möbel für sein Gemach sowie reichlich Waren für seinen La-
70 den. Er erwarb noch zwei, drei Läden und Häuser sowie einen vornehmen Palast mit Dienerschaft dazu.
Auch seine Brüder Ahmed und Mohammed besaßen viele Häuser und Geschäfte, aber be-
75 reits am ersten Tag wurde ein Laden und am zweiten Tag ein Haus ein Raub des Feuers. Auf diese Weise verloren sie in nur zehn Tagen ihren ganzen Besitz und waren seither arm wie Bettler. Mahmud unterhielt über zehn Jahre
80 durch Wohltätigkeit die Bedürftigen. Die Armen kamen zu ihm und empfingen das Lebensnotwendigste. Hatte ein Mann zum Beispiel fünf Kinder, gab ihm Mahmud ganze zehn Dirham. Bald verschlug es auch Ahmed
85 und Mohammed in die Stadt, in der ihr Bruder Mahmud lebte. Sie setzten sich an den Wegesrand und versuchten zu betteln. „Hier in dieser Stadt bettelt niemand. Bei uns wohnt ein gutherziger Mann, der die Armen unterhält. Geht
90 zu ihm!", belehrten sie die Bewohner. So liefen die Brüder zu Mahmud und baten um ein paar Dirham. Mahmud indes erkannte seine beiden Brüder. „Führt sie in die Badestube", wies Mahmud die Diener an, die die Landstreicher
95 wuschen und in saubere Gewänder kleideten. „Ihr habt aber einen schönen Palast", schmeichelten die beiden.
„Ja, erkennt ihr mich denn nicht?", wunderte sich Mahmud. „Ich bin doch euer Bruder." Die
100 beiden armen Teufel freuten sich.

„Unser lieber Bruder. Gepriesen sei Allah, der uns wieder zusammengeführt hat!", jubelten sie.
Sie berichteten dem Jüngsten, wie hart ihnen das Schicksal mitgespielt hatte. Mahmud ver- 105 traute ihnen im Gegenzug das Geheimnis mit dem Leuchter an. Alsdann ging er mit seinen Brüdern auf den Basar und erwarb für sie einen Laden und noch Waren dazu. Aber schon drei Tage später fiel das Geschäft Dieben zum 110 Opfer.
„Ich habe eine Idee", sprach Ahmed zu Mohammed. „Warum stehlen wir nicht einfach den Wunderleuchter?" Der Bruder war einverstanden. „Wir werden ihn uns ausleihen und 115 über Nacht bleibt er bei mir", entwickelte Ahmed seinen Plan. „Nein, der Leuchter bleibt des Nachts bei mir", stritt der Mittlere. „Wer ist hier der Älteste? Also bleibt er bei mir", beendete Ahmed den Zwist. Ahmed borgte sich den 120 Leuchter aus und entzündete in der Kammer seine Kerzen. Diesmal traten aber aus den Lichtern sieben Sklaven, die in ihren Händen Knüppel und Peitschen schwangen, mit denen sie dem Burschen eine gehörige Tracht Prügel 125 verabreichten. Am anderen Morgen brachte Ahmed den Leuchter zu Mohammed. „Nun bist du an der Reihe", sagte er. „Und wie war die Nachtvorstellung?", wollte jener wissen. „Oh, sehr schön", log Ahmed. In der Nacht ent- 130 zündete Mohammed die Kerzen. Abermals traten sieben Sklaven mit Stöcken und Peitschen hervor, die auch ihm eine derbe Lektion erteilten. „Hat es Spaß bereitet?", erkundigte sich Ahmed scheinheilig am dritten Tag bei Mo- 135 hammed. „Warum hast du mir das angetan?", stöhnte dieser. „Hatten wir nicht beide vor, den Leuchter zu stehlen? Deshalb haben wir die Strafe verdient", sprach Ahmed und sie brachten den Leuchter, ohne ein Wort zu sagen, 140 Mahmud zurück.
Als dieser allein war, entflammte er die Lichter. Die Frauen kamen zum Vorschein und sangen und tanzten. „So Allah wollte, habt ihr auch

145 meine Brüder entzückt?", fragte er. „Im Gegenteil, wir haben beide schmerzhaft durchgewalkt. Nichts war gehöriger als diese stattliche Tracht." Mahmud wollte den Grund wissen. Die sieben Frauen verrieten ihm, dass jene beiden Leuchter zu stehlen vorhatten. Mahmud verlangte unverzüglich nach dem Diener, der Ahmed und Mohammed herbeirufen soll-150 te. „Jeder von euch bekommt noch einen Beutel mit fünfhundert Gold-Dirham", verkündete Mahmud. „Doch nun verlasst diese Stadt, ich 155 möchte euch nie wieder zu Gesicht bekommen."

Daus, daus – die Geschichte ist aus, sie war süß und schwärmt nun aus.

1 Lest den ersten Absatz des Märchens (▶ Z.1–20). Könnt ihr verstehen, dass der Vater nur mit dem jüngsten Sohn zufrieden ist? Begründet eure Meinung.

2 Lest nun das ganze Märchen und klärt dann folgende Fragen:
– Was passiert mit den beiden älteren Brüdern, nachdem sie ihren jüngsten Bruder aus dem Haus gejagt haben?
– Wie verhält sich Mahmud, nachdem er zu Reichtum gekommen ist?
– Warum möchte Mahmud am Ende des Märchens seine Brüder nie mehr wiedersehen?

3 Klärt unbekannte Wörter im Märchen. Wählt dazu Aufgabe a, b oder c.

a Erschließt die Bedeutung von *Schatulle* (▶ Z.45), *Laute* (▶ Z.58) und *Kamandscha-Fiedel* (▶ Z.58) aus dem **Textzusammenhang,** indem ihr jeweils die **nachfolgenden Sätze** lest, z.B.:

> *Schatulle* (▶ Z.45): Wenn ihr den Text weiterlest heißt es:
> „Er legte den Fund in seine Tasche und nahm ihn mit auf seine Kammer, wo er das Kästchen mit einem Stein aufschlug. Das Behältnis barg Eisenteile und Schrauben, …" (▶ Z.46–49).
> → Eine Schatulle ist also …

b Erschließt die Bedeutung von *Gold-Dirham* (▶ Z.65), *Suk* (▶ Z.68) und *Gemach* (▶ Z.69) aus dem **Textzusammenhang.** Berücksichtigt hierbei folgende **Fragen:**

> Gold-Dirham: Womit bezahlt man?
> Suk: Wo kauft man ein?
> Gemach: Wohin stellt man Möbel?

c Erschließt die Bedeutung von *alsdann* (▶ Z.61), *Wohltätigkeit* (▶ Z.80), *Landstreicher* (▶ Z.94) und *entflammte* (▶ Z.142), indem ihr **verwandte Wörter** sucht oder das Wort in Bausteine zerlegt, z.B.:

> In … stecken die Wörter/Wortbausteine … und … Zusammen könnten sie … bedeuten.

d Erklärt euch gegenseitig die Bedeutungen der Wörter und wie ihr vorgegangen seid. Sucht weitere unbekannte Wörter im Text und klärt gemeinsam ihre Bedeutung.

4 In vielen Märchen werden die Guten belohnt und die Bösen bestraft.
Ist das auch bei diesem Märchen der Fall? Begründet eure Aussage mit passenden Textstellen.

5 Welche magischen Zahlen und Gegenstände spielen in dem Märchen eine Rolle?
Notiert Textstellen, z. B.: <u>drei</u> Söhne (Zeile 2), …

6 Vergleicht das syrische Märchen „Das Wohlgefallen" (▶ S. 150–152) mit dem deutschen Märchen
„Die Bienenkönigin" (▶ S. 145–146). Wählt hierzu a, b oder c.

⚀ **a Vergleicht** die beiden jüngsten Brüder, den **Dummling und Mahmud.**
Notiert, welche Gemeinsamkeiten diese Märchenhelden haben.

⚁ **b** In beiden Märchen gibt es zwei ältere Brüder und einen jüngeren.
Vergleicht die **Figuren** in den beiden Märchen. Wie verhalten sie sich, auch untereinander?

⚂ **c Vergleicht beide Märchen** und notiert Gemeinsamkeiten. Beachtet dabei:
- Figuren (Brüder)
- magische Gegenstände/Helfer
- Aufbau (Anfang: schwierige Situation/Notlage – Hauptteil: Problem, Aufgaben/Abenteuer – Schluss: glückliches Ende)

d Tragt zusammen: Welche Gemeinsamkeiten gibt es zwischen den Märchen?

⊕ **7** Sammelt Unterschiede zwischen den Märchen „Das Wohlgefallen" (▶ S. 150–152) und
„Die Bienenkönigin" (▶ S. 145–146).

8 Märchen klingen besonders schön, wenn sie gut betont und flüssig vorgelesen werden.
a Übt das flüssige, laute Lesen mithilfe des Paar-Lesens (▶ S. 154). Geht dabei so vor:
- Lest die Informationen auf Seite 154. Erklärt euch gegenseitig diese Lautlesemethode.
- Probiert beim Märchen „Das Wohlgefallen" (▶ S. 150–152) die Methode des Paar-Lesens aus.

b Diskutiert: Hilft euch das Paar-Lesen beim Lesetraining?

Information ▶ **Märchen aus aller Welt**

Märchen werden **in allen Ländern der Erde** und in allen Kulturkreisen erzählt. In der **arabischen Welt,** aber auch in **Indien** gibt es die Märchensammlung „1001 Nacht", die berühmte Märchen wie die „Abenteuer von Sindbad", „Ali Baba und die 40 Räuber" und „Aladin und die Wunderlampe" enthält. In **Russland** sind die „Die Hexe Baba Jaga" und „Väterchen Frost" so bekannt wie hier das „Rotkäppchen" oder das „Aschenputtel" aus den Märchen der Brüder Grimm.

In **Afrika** ist die schlaue Spinne Anansi eine der wichtigsten Märchenfiguren. Aber auch in **Südamerika** und in den **arktischen Regionen,** z. B. in Grönland, erzählt man sich Märchen. Auf der ganzen Welt **ähneln sich die Märchen.** Es geschehen wundersame Dinge, Tiere und Pflanzen können sprechen und Wünsche gehen in Erfüllung.

In **Deutschland** sind die Volksmärchen vor allem durch die **Brüder Jacob Grimm** (1785–1863) und **Wilhelm Grimm** (1786–1859) bekannt geworden. Sie schrieben die Märchen auf, die damals auf Marktplätzen, in Wirtshäusern und Familien erzählt wurden. Ihre Sammlung „Kinder- und Hausmärchen" mit über 200 Märchen wurde weltberühmt.

Paar-Lesen: Lautlesen im Team

Genauso wie Sportlerinnen und Sportler durch ein regelmäßiges Training ihre Leistung steigern, könnt ihr auch das flüssige Lesen trainieren. Ihr arbeitet als Trainer/-in und Sportler/-in zusammen und werdet staunen, wie schnell erste Erfolge eintreten.

1. Lese-Teams bilden

– Bildet ein Team:
   Trainerin/Trainer (kann etwas besser lesen),
   Sportlerin/Sportler (kann etwas schlechter lesen).

2. Text leise lesen

– Lest den Übungstext zunächst still.
   Klärt dann gemeinsam, worum es geht.

3. Trainingsablauf

– Auf „3-2-1, los!" beginnt ihr **gemeinsam,** den **Text laut** zu **lesen.**
   Dabei blickt ihr zusammen auf ein Textblatt. Der Trainer soll seinen Finger in einem angemessenen Lesetempo unter der jeweiligen Textzeile entlangführen.

Was tun bei Lesefehlern?
– Wenn der Lesesportler einen Fehler macht, wird er **vom Trainer gestoppt** und hat kurz Zeit, sich zu verbessern.
– Kann sich der Lesesportler nicht selbst korrigieren, **liest** der **Lesetrainer** das Wort **richtig vor** und erklärt bei Bedarf die Bedeutung. Dann liest der Lesesportler das Wort oder die Textstelle noch einmal laut vor.
– Trainer und Sportler **beginnen** nach jedem Fehler neu **am Satzanfang** und lesen gemeinsam weiter.

4. Trainingsdauer

– Lest den Text so oft im Team, bis der Sportler den Text flüssig lesen kann.
– Der Trainer lobt natürlich die Fortschritte des Sportlers.

Der Fisch mit dem goldenen Bart (ein türkisches Märchen)

In einem Teil des Meeres lebten vor langer, langer Zeit zwei Fische, die sehr gute Freunde waren. Davon hatte der eine einen schönen, langen, goldenen Bart.

5 Die beiden Fische verbrachten, so wie es Freunde tun, viel Zeit miteinander. Doch eines Tages suchte der Fisch mit dem goldenen Bart vergeblich nach seinem Freund. Nirgends konnte er ihn finden. Tief bekümmert suchte er den
10 Zauberer Oktapus auf und erzählte ihm, dass sein bester Freund verschwunden sei.

Der Zauberer sprach: „Die Menschen haben deinen Freund gefangen. Ich werde dich an Land bringen, sodass du deinen Freund su-
15 chen kannst. Bedenke aber, du musst vor Sonnenuntergang wieder ins Meer zurückkommen, sonst musst du sterben."

Der Zauberer versetzte den Fisch mit dem goldenen Bart in Schlaf, und als dieser am Strand
20 des Meeres aufwachte, hatte er die Gestalt eines Menschen angenommen.

Auf der Erde war es Winter und der Fisch in Menschengestalt sah überall Schnee und Eisblumen. Er kam durch Wälder und eine große
25 Ebene, bis er am Horizont die schneebedeckten Türme und Dächer der Stadt sah. Er wanderte auf die Stadt zu und begann sofort, als er sie erreicht hatte, nach seinem Freund zu suchen. Lange, lange suchte er, aber die Suche
30 schien vergeblich zu sein. Der Abend näherte sich schon und er wurde sehr traurig und niedergeschlagen.

Als er schon alle Hoffnung aufgegeben hatte, was sah er da? Im Schaufenster eines Ladens schwamm sein Freund in einem Aquarium. 35 Schnell betrat er den Laden. „Bitte gib mir den Fisch dort", sagte er zu dem Verkäufer. Doch der Verkäufer verlangte Geld, was ihm der Fisch in Menschengestalt natürlich nicht geben konnte. 40

Da sagte der Verkäufer: „Wenn du nicht bezahlen kannst, kann ich dir auch nicht den Fisch verkaufen, es sei denn, du schneidest deinen goldenen Bart ab und bezahlst damit."

Was sollte der arme Fisch in Menschengestalt 45 tun? Das Wichtigste war ihm, seinen Freund zu retten. Er schnitt sich also den Bart ab, dann nahm er seinen Freund in den Arm und rannte aus der Stadt.

Die Sonne ging schon langsam unter und er 50 erinnerte sich an die Warnung des Zauberers. Er lief und lief, ohne sich eine Rast zu gönnen. Gerade als die Sonne am Horizont verschwand, erreichten beide das Meer und tauchten sofort in den Wellen unter. Der Fisch in Menschen- 55 gestalt verwandelte sich dabei wieder in einen echten Fisch. Voller Freude umarmten sich die beiden Freunde und schwammen glücklich nach Hause.

Seit diesem Tag hat keiner der beiden Fische 60 mehr einen goldenen Bart, doch sie sind die besten Freunde, die man sich vorstellen kann.

1 Tauscht euch aus: Was gefällt euch gut oder weniger gut an diesem türkischen Märchen?

2 Erklärt knapp, wie der Fisch seinen verschwundenen Freund wiederfindet.

3 a Die beiden Fische sind am Ende die „besten Freunde, die man sich vorstellen kann" (▶ Z. 62). Erklärt, warum das so ist.

b Was sagt das Märchen über Freundschaft und Zusammenhalt aus? Formuliere dies in einem Satz.

4 Überprüft, welche typischen Märchenmerkmale (▶ S. 148) das Märchen hat. Wählt a, b oder c.

a Enthält der Text **Wunder und Magie?** Nennt Beispiele.

b Folgt der Aufbau des Märchens den **drei typischen Handlungsbausteinen** (▶ S. 147)? Begründet eure Antwort.

c Besitzen die **Figuren** typische Eigenschaften von Märchenfiguren? Berücksichtigt dabei auch, welche Figuren ihr aus anderen Märchen kennt.

d Tragt eure Ergebnisse zusammen:
  – Welche typischen Märchenmerkmale enthält der Text?
  – Worin unterscheidet er sich von anderen Märchen?

5 Nicht nur in früheren Zeiten wurden Märchen laut vorgetragen. Noch heute gibt es in vielen Ländern den Beruf des Märchenerzählers oder der Märchenerzählerin und auf Märchenfestivals werden die Texte vor Publikum laut erzählt. Erzählt das Märchen frei nach.

a Lest das Märchen mehrmals laut und prägt euch die Handlung ein.

b Fasst jeden Handlungsbaustein in Stichworten zusammen wie im Beispiel rechts.

c Erzählt mit Hilfe eurer Stichworte das Märchen möglichst anschaulich und lebendig nach. Die Tipps im Methodenkasten unten helfen euch.

> Titel: **Der Fisch mit dem goldenen Bart**
>
> Anfang: Fisch mit goldenem Bart sucht ...
> Hauptteil: Zauberer ...
> Schluss: ...

⊕ **6** Wählt ein anderes Märchen aus diesem Kapitel aus, das ihr frei nacherzählen wollt.

Methode ▶ **Nacherzählen**

Beim Nacherzählen sollt ihr euch eng an die Textvorlage halten. Erfindet nichts Neues hinzu und lasst nichts Wichtiges weg. Geht so vor:

Vorbereiten
- Lest das Märchen in Ruhe **mehrmals laut** durch. Prägt euch die Handlung und den „Ton" (die Sprache, in der die Geschichte erzählt ist) genau ein.
- **Notiert wichtige Stichworte** zur Handlung.
- **Lernt** wichtige Textstellen **auswendig** (bei einem Märchen z. B. Anfangs- und Schlussformel, Zaubersprüche).

Vortragen
- Erzählt das Märchen **anschaulich** und **mit euren eigenen Worten** nach. Verwendet die Zeitform der Textvorlage (meist das Präteritum).
- Versucht, mit eurer **Stimme deutlich** zu machen, **wann welche Figur** im Text spricht.
- Sprecht deutlich, langsam und macht genügend Pausen.

Märchenmerkmale erkennen

Jacob und Wilhelm Grimm

Prinzessin Mäusehaut

Ein König hatte drei Töchter. Da wollte er wissen, welche ihn am liebsten hätte. Er ließ sie zu sich und fragte sie. Die älteste sprach, sie habe ihn lieber als das ganze Königreich. Die zweite,
5 als alle Edelsteine und Perlen auf der Welt. Die dritte aber sagte, sie habe ihn lieber als das Salz. Der König war aufgebracht, dass sie ihre Liebe zu ihm mit einer so geringen Sache vergleiche, übergab sie einem Diener und befahl,
10 er solle sie in den Wald führen und töten. Wie sie in den Wald gekommen waren, bat die Prinzessin den Diener um ihr Leben. Dieser war ihr treu und sagte auch, er wolle mit ihr gehen und ganz nach ihren Befehlen tun. Die
15 Prinzessin verlangte aber nichts als ein Kleid von Mäusehaut. Und als er ihr das geholt hatte, wickelte sie sich hinein und ging fort. Sie ging geradezu an den Hof eines benachbarten Königs, gab sich für einen Mann aus und bat den
20 König, dass er sie in seine Dienste nehme. Abends musste sie ihm die Stiefel ausziehen, die warf er ihr allemal an den Kopf. Einmal fragte er, woher sie sei. „Aus dem Lande, wo man den Leuten die Stiefel nicht um den Kopf
25 wirft." Der König wurde aufmerksam. Endlich brachten ihm die anderen Diener einen Ring: Mäusehaut habe ihn verloren, der sei zu kostbar, den müsse er gestohlen haben. Der König ließ Mäusehaut vor sich kommen und fragte, woher der Ring sei. Da konnte sich Mäusehaut 30 nicht länger verbergen. Sie wickelte sich von der Mäusehaut los und ihre goldgelben Haare quollen hervor. Und sie trat heraus, so schön, dass der König gleich die Krone von seinem Kopf abnahm und ihr aufsetzte und sie für sei- 35 ne Gemahlin erklärte. Zu der Hochzeit wurde auch der Vater der Mäusehaut eingeladen, der glaubte, seine Tochter sei schon längst tot, und erkannte sie nicht wieder. Auf der Tafel aber waren alle Speisen, die ihm vorgesetzt wurden, 40 ungesalzen, da wurde er ärgerlich und sagte: „Ich will lieber nicht leben als solche Speise essen!" Wie er das Wort ausgesagt hatte, sprach die Königin zu ihm: „Jetzt wollt Ihr nicht leben ohne Salz, und doch habt Ihr mich einmal wol- 45 len töten lassen, weil ich sagte, ich hätte euch lieber als Salz!" Da erkannte er seine Tochter und küsste sie und bat sie um Verzeihung, und es war ihm lieber als sein Königreich und alle Edelsteine der Welt, dass er sie wiedergefun- 50 den hatte.

1 Gliedert das Märchen in die drei typischen Handlungsbausteine. Gebt zu jedem Baustein die Zeilenangabe an und fasst den Inhalt knapp in Stichworten zusammen, z. B.:
1. Anfang/Ausgangssituation (Zeile x–y): Prinzessin Mäusehaut …

2 Lest die folgenden Märchenmerkmale und prüft, welche auf das Märchen zutreffen. Beweist eure Aussagen mit passenden Textstellen (Zeilenangaben aus dem Märchen).
A In Märchen kommen typische Märchenfiguren vor.
B Die Zahlen 3, 7 und 12 spielen eine Rolle.
C Märchen haben ein glückliches Ende.

 3 Überprüft eure Ergebnisse zu zweit.

7.2 Schreibwerkstatt – Märchen selbst erzählen

Einen Märchenanfang fortsetzen

Iwan Zarewitsch und Zarewna Frosch (ein russisches Märchen)

Weit hinter den blauen Meeren und hinter den sieben Bergen, da lebten einmal ein Zar und eine Zarin[1]. Lang hatte der Zar in der Welt gelebt und er hatte zu seinem Beistand drei Söh-
5 ne, drei Zarewitsche. Alle drei waren jung und kühn. Am kühnsten aber und am schönsten war der jüngste, Iwan Zarewitsch. Eines Morgens ließ der Zar seine drei Söhne kommen und sprach: „Meine Kinder, ihr seid alt genug,
10 um zu heiraten, ihr sollt euch Frauen suchen. Darum nehmt eure Pfeile und Bogen, geht an die Grenze der Gemarkung[2] und schießt eure Pfeile ab. Und wo euer Pfeil niederfällt, dort geht hin und freiet[3]."
15 Also zogen die drei Zarensöhne zur Grenze und es schoss der älteste. Sein Pfeil flog in den Hof eines Bojaren[4] und der älteste Zarensohn ging hin und freite die Bojarentochter. Es schoss der zweite. Sein Pfeil flog in das Haus
20 eines reichen Kaufmanns und der zweite Zarensohn ging hin und freite um die Kaufmannstochter. Es schoss Iwan Zarewitsch und sein Pfeil flog auf zur Sonne und man sah ihn nicht herniedersinken. Iwan Zarewitsch such-
25 te einen Tag und er suchte auch noch einen zweiten Tag und am dritten Tag, da geriet er in einen tiefen Sumpf und er suchte den Ausweg. Und wie er so suchte, da sah er seinen Pfeil bei einem Frosche liegen. Schon wollte er sich um-
30 wenden, da rief ihm der Frosch zu: „Iwan Zarewitsch, du suchest doch deinen Pfeil! Nimm deinen Pfeil, nimm aber auch mich mit, sonst wirst du nie mehr aus diesem Sumpf herausfinden." Was blieb Iwan Zarewitsch anderes
35 übrig, er nahm seinen Pfeil, packte den Frosch und schob ihn in seine Rocktasche, ging traurig zu seinem Väterchen, dem Zaren, und sprach: „Sieh an, ich kann doch keinen Frosch

zur Frau nehmen."

„Nimm sie immerhin", sprach der Zar, „viel-
40 leicht ist sie dein Schicksal." Also wurde die Brautkrone über Iwan Zarewitsch und den Frosch gehalten und so waren sie einstweilen verheiratet.

Eines Tages ließ der Zar seine drei Söhne kom-
45 men und er befahl ihnen, dass ihre Frauen bis zum nächsten Morgen ein Brot für ihn backen sollten. Traurig ging Iwan Zarewitsch nach Hause. „Warum bist du denn so traurig?", fragte seine Frau, der Frosch.
50 „Warum soll ich nicht traurig sein? Mein Väterchen, der Zar, befiehlt, dass du ihm bis zum nächsten Morgen ein Brot backen sollst."

„Sei nicht traurig", sprach sie. „Geh zu Bett. Der Morgen ist weiser denn der Abend." Und
55 sie brachte Iwan Zarewitsch zu Bett. Als er eingeschlafen war, da warf sie ihre Froschhaut ab, und sie war Wassilissa, die Allweise[5], und sie

1 der Zar und die Zarin: König und Königin in Russland
2 die Gemarkung: das Grundstück
3 freien: heiraten
4 ein Bojar: ein Adeliger
5 die Allweise: eine Frau, die große Weisheit/Klugheit hat

60 war schöner als Sonne, Mond und Sterne und sie ging zur Treppe und rief: „Kommt ihr Kinderfrauen und backt mir ein Brot, wie es mein Väterchen speiste." Und am nächsten Morgen, da war sie wieder der Frosch. Sie übergab Iwan Zarewitsch ein weißes Brot, das war mit allen 65 Städten des Zarenreiches geschmückt, und er brachte es seinem Vater, dem Zaren. Dort waren schon die beiden älteren Brüder mit dem Brot, das ihre Frauen gebacken hatten. Der Zar prüfte das Brot des ältesten und er sprach: „Das ist für die Knechte." Und er prüfte das Brot des 70 zweiten und sprach: „Das ist für die Mägde." Und er prüfte das Brot von Iwan Zarewitsch und sprach: „Dies werde ich am heiligen Osterfeste selbst speisen."

Bald darauf ließ der Zar wiederum seine drei 75 Söhne kommen. [...]

1 a Erzählt, was ihr über Iwan Zarewitsch und Wassilissa erfahrt.

 b Wie könnte das Märchen weitergehen? Sammelt zunächst alle Angaben, die euch das Märchen vorgibt, in einem Schreibplan oder in einem Märchenberg, wie ihr ihn unten seht.

2 Ergänzt im Schreibplan oder im Märchenberg die weitere Handlung. Wählt a, b oder c.

 a **Wählt** aus den folgenden **Ideen aus:**

> **Ideen für weitere Aufgaben:** einen Krug töpfern • einen Tanz aufführen • Marmelade kochen • einen Mantel nähen • einen Teppich weben
>
> **Ideen für ein glückliches Ende:** gute Fee • Zaubertrank • magischer Spiegel • sprechende Taube • Zauberer • Iwans Kuss befreit Wassilissa vom Fluch (Froschhaut)

 b **Nutzt** die folgenden **Fragen:**
 – Welche Aufgaben könnte der König den Ehefrauen als Nächstes stellen?
 – Inwiefern könnte Wassilissa die Aufgaben besonders gut lösen?
 – Wer oder was könnte Wassilissa von ihrem Fluch (der Froschhaut) befreien?

 c **Ergänzt** euren Schreibplan oder euren Märchenberg mit **eigenen Ideen.**

 d Stellt euch gegenseitig eure Ideen vor.

Schreibplan

1. Anfang:
– Pfeil führt ältere Söhne zu Ehefrauen, den jüngsten Sohn zum Frosch
– jüngster Sohn muss Frosch heiraten

2. Hauptteil:
– drei Aufgaben für Ehefrauen:
 1. …
 …

3. Schluss (glückliches Ende):
– …

Schluss (glückliches Ende): …

3. Aufgabe: …

2. Aufgabe: Ehefrauen sollen …

1. Aufgabe: Ehefrauen sollen … Frosch/Wassilissa …

Jüngster muss Frosch heiraten

Anfang: Pfeil führt ältere Söhne zu Ehefrauen, den jüngsten Sohn zum Frosch

3 Schreibt das Märchen zu Ende. Nutzt eure Ideen aus dem Schreibplan oder dem Märchenberg und die folgenden Formulierungshilfen.

Verwendet eine märchenhafte Sprache
– Wenig später geschah es, dass …
– Eines anderen Tages …
– Und am nächsten Morgen …
– Und der Zar prüfte …
– Und wie er/sie so überlegte/weinte/trauerte …
– Plötzlich stand … vor …
– Da warf sie … ab und sie war …
– Befreit von aller Last …
– Und sie lebten glücklich und zufrieden bis an ihr Lebensende.
– Und wenn sie nicht gestorben sind, …

Was sagen und denken die Figuren?
– Er/Sie sprach/entgegnete/jammerte/tröstete: „…"
– „Wie kann ich dir helfen?", sprach der/die …
– Er/Sie überlegte / wunderte sich / freute sich …

4 Lest euch eure Märchen vor: Was ist besonders gut gelungen, was könnt ihr verbessern?

⊕ **5** Gebt eurem Märchen eine andere passende Überschrift.

Information ⟩⟩ **Ein Märchen schreiben**

1 Das Märchen planen
Wie ein Zaubertrank braucht auch ein Märchen die richtigen Zutaten. Sammelt Ideen:
– Welche **Märchenfiguren kommen vor** (gute Figuren und böse Gegenspieler, verzauberte Menschen, Söhne, Töchter …)?
– Welche **Abenteuer** oder **Prüfungen** (oft drei) müssen die Figuren bestehen?
Wer hilft dabei (magischer Gegenstand, ein Zauberwesen oder ein sprechendes Tier)?
– Welchen **märchenhaften Schluss** soll euer Märchen haben (Belohnung des Guten, Bestrafung des Bösen)?

2 Das Märchen schreiben
– Schreibt euer Märchen im **Präteritum,** z. B.: *er war, es gab, sie kam …*
– Verwendet **märchentypische Formulierungen**, z. B.:
Vor langer Zeit … – Eines Tages jedoch … – Tagein, tagaus …
– Macht deutlich, was die **Figuren sagen und denken,** z. B.:
„Wie kann ich dir helfen?", sprach die …

Ein modernes Märchen ergänzen

Cornelia Funke
Prinzessin Isabella

Drusilla, Rosalinda und Isabella waren echte Prinzessinnen. Sie hatten 30 Kleiderschränke voll mit schönen Kleidern. Sie hatten Diener, die ihnen die Nase putzten, und Hofdamen,
5 die ihre Zimmer aufräumten, ihre Kleider aufhängten und ihre Kronen polierten, bis sie glänzten.

Drei Lehrer brachten ihnen jeden Morgen königliches Benehmen bei, wie zum Beispiel auf
10 dem Thron sitzen, ohne zu zappeln, Hofknickse zu machen, ohne umzufallen, Gähnen mit geschlossenem Mund und eine Stunde Lächeln ohne Pause.

Sechs Diener fegten die Krümel auf, die von
15 ihren Tellern fielen, und sechs Hofdamen passten auf, dass sie beim Spielen nicht den kleinsten blauen Fleck bekamen.

Ihre Ponys und zahmen Affen fütterten die Prinzessinnen nicht selber – oh nein, das
20 machten natürlich drei Stallknechte.

Und schließlich gab es noch Diener, die ihnen überallhin drei Kissen nachtrugen, damit ihre königlichen Pos immer schön weich saßen.

„Ach, unsere Kinder müssen wunschlos glücklich sein!", seufzte ihre Mutter, die Königin, 25 jeden Tag.

Aber Isabella, die jüngste Prinzessin, war nicht glücklich. Nein, kein kleines bisschen. Jede Nacht saß sie am Fenster, guckte zum Mond hinauf und seufzte. 30

Und eines Morgens sprang sie aus dem Bett und schrie so laut, dass das ganze Schloss erwachte: „Ich – bin – es – leid – eine Prinzessin zu sein! Es ist langweilig, langweilig, langweilig!" 35

Ihre älteren Schwestern hoben erschrocken die Köpfe von den Daunenkissen.

„Prinzessin sein ist doch wunderbar", sagte Rosalinda, „wir müssen nicht arbeiten und nicht aufräumen. Wir müssen uns nicht mal 40 selbst anziehen. Was willst du mehr?"

„Ich will mich dreckig machen!", rief Isabella und hüpfte auf dem Bett herum, dass es nur so krachte. „Ich will mir selbst die Nase putzen. Ich will nicht immer lächeln. Ich will bestim- 45 men, was ich anziehe! Ich will mir meine Brote selber schmieren! Ich – will – keine – Prinzessin – mehr – sein!"

Und sie nahm ihre Krone und warf sie aus
50 dem Fenster. Platsch! landete sie im Goldfischteich.

„Das gibt Ärger!", sagte Drusilla und läutete ihre goldene Glocke.

Die Zimmertür flog auf, und herein marschier-
55 ten sechs Diener mit goldenen Waschschüsseln, Kämmen und Bürsten, Lockenscheren, Nagelfeilen und wunderschönen Kleidern.

„Dürfen wir Eure Hoheiten für das königliche Frühstück ankleiden?", säuselte der Oberste
60 Diener.

Rosalinda und Drusilla setzten sich sofort vor den Spiegel, damit die Diener ihnen die Ohren waschen und die Haare kämmen konnten. Isabella aber kroch schnell wie der Blitz unter ihr
65 Himmelbett.

„Eure Hoheit!", rief der Oberste Diener erschrocken. „Ich bitte Euch, kommt da heraus."

„Ich will nicht gewaschen werden!", rief sie.

„Ich will auch nicht gekämmt werden oder Lo-
70 cken gedreht kriegen. Pfui Teufel, ich hasse das. Wenn schon, dann wasch ich mich selber. Unten am Goldfischteich."

„Selber?", riefen die Diener entsetzt. „Am Goldfischteich? Du meine Güte."

75 Der Oberste Diener ließ sofort den König holen.

„Isabella!", donnerte der König so laut, dass ihm die Perücke verrutschte. „Komm auf der Stelle unter dem Bett hervor!"

80 „Nein!", antwortete Isabella. „Ich will keine Prinzessin mehr sein. Lieber verhunger ich hier unten."

„Zieht sie heraus!", befahl der König. Isabella kniff und kratzte und strampelte, aber es half
85 nichts. Die Diener zogen sie an den Beinen heraus und steckten sie in ihr Prinzessinnenkleid.

„Wo ist deine Krone?", fragte der König streng.

„Sie hat sie in den Fischteich geworfen", sagte
90 Rosalinda.

„Jawohl", sagte Isabella. „Von dem Ding krieg ich Kopfschmerzen. Und in dem doofen Kleid kann ich nicht mal auf Bäume klettern. Ich will eine Hose."

„Prinzessinnen klettern nicht auf Bäume!",
95 donnerte der König.

„Ja, ja, ja!", rief Isabella. „Prinzessinnen tun überhaupt nichts, was Spaß macht. Prinzessinnen bohren nicht mal in der Nase. Prinzessinnen stehen bloß rum und sehen hübsch aus. 100 Pfui Schnecke. Ich – will – keine – Prinzessin – mehr – sein!"

„Sofort fischst du deine Krone aus dem Fischteich!", rief der König.

„Tu ich nicht!", brüllte Isabella zurück. „Weil 105 ich sie nämlich nie, nie, nie mehr aufsetze!"

Der König stampfte mit dem Fuß auf. „In die Küche mit ihr! Abwaschen soll sie, Töpfe putzen, den Herd schrubben, Zwiebeln schälen, bis sie ihre Krone aus dem Fischteich holt." 110 Also brachten die Diener Isabella in die Küche.

[…]

Er gab seiner Tochter einen dicken Kuss auf ihre schmutzige Backe, und sie küsste ihn auf seine dicke Nase. Dann gingen sie Hand in Hand zum Schloss zurück. Isabella schlief noch oft im Stall. Ihre Kleider schenkte sie der Tochter der Köchin, und Locken – Locken ließ sie sich nie wieder drehen …

1 Bei dem Märchen „Prinzessin Isabella" fehlt ein Handlungsbaustein in der Mitte. Lest den Beginn und das Ende des Märchens. Wie gefällt es euch?

2 a Erklärt, inwiefern Prinzessin Isabella nicht einer typischen Prinzessin aus dem Märchen entspricht. Was findet ihr ungewöhnlich?

b Woran erkennt ihr, dass dieses Märchen ein modernes Märchen ist? Sucht Beispiele im Text.

c Diskutiert: Findet ihr, dass dieses Märchen ein typisches Märchenende hat?

3 Füllt die Lücke in diesem Märchen, indem ihr erzählt, was Isabella erlebt, bevor sie sich am Schluss wieder mit ihrem Vater versöhnt. Geht so vor:

a Lest das Märchen (▶ S. 161–162) noch einmal und erzählt euch gegenseitig, welche Hinweise zur Handlung und zu den Figuren ihr erhaltet.

b Arbeitet im Team und sammelt Ideen für die „Märchenlücke".
Was passiert, nachdem Isabella von ihrem wütenden Vater in die Küche geschickt worden ist?
TIPP: Euer „Lückenfüller" muss sich nahtlos in das Märchen einfügen.

> – Was könnte Isabella in der Küche erleben? Gefällt es ihr dort?
> – Wird sie von ihrem Vater in der Küche besucht?
> – Was sagen Isabella und ihr Vater zueinander (wörtliche Rede)?
> – Was passiert, damit sich der König wieder mit seiner Tochter versöhnt?

c Schreibt den Mittelteil des Märchens.
– Verwendet die Zeitform der Textvorlage und ahmt die Sprache (den „Ton") dieses modernen Märchens nach.
– Lasst eure Figuren (Vater und Tochter) miteinander sprechen, z. B.:
„Holst du nun endlich deine Krone aus dem Fischteich und benimmst dich wieder wie eine Prinzessin?", rief der König.
„Nein", sagte Isabella.

4 Zeichnet ein Bild zu eurer Märchenergänzung.

5 Stellt eure Texte vor. Gebt euch ein Feedback zu den folgenden Punkten:
– Fügen sich eure Texte nahtlos in das Märchen ein? Passen also Inhalt und Sprache zum vorliegenden Text?
– Wird in eurem Text klar, warum sich Vater und Tochter am Ende wieder versöhnen?

7.3 Fit in ... – Ein Märchen fortsetzen

Die Aufgabenstellung verstehen

Stellt euch vor, ihr bekommt in der nächsten Klassenarbeit folgende Aufgabenstellung:

Schreibe das Märchen „Die verwunschene Burg" zu Ende. Die weitere Handlung und der Schluss sollen typische Märchenmerkmale haben.

Die verwunschene Burg

Es war einmal eine Königin, die hatte drei Söhne. Davon waren die beiden älteren kräftig und schön, aber der jüngste winzig klein und schwach, weshalb er nur der 5 „Winzling" genannt wurde.

Als sie zu jungen Männern herangewachsen waren, reisten die beiden älteren Söhne zu ihrem Onkel in ein fernes Land. Lange Zeit hörte die Königin nichts mehr 10 von ihren Söhnen, als eines Tages ein Bote zu ihr kam und sprach: „Ich weiß nicht, was mit euren Söhnen dort geschehen ist. Die Burg eures Bruders ist verschlossen, die Zugbrücken sind hochge- 15 zogen. Niemand geht mehr in die Burg, niemand reitet hinaus. Unheimlich ist es dort."

Als die Königin dies hörte, rief sie ihren jüngsten Sohn zu sich und berichtete ihm davon. Da antwortete der Winzling: 20 „Gleich morgen werde ich mich auf den Weg machen und herausfinden, was aus meinen Brüdern geworden ist." Die Königin erwiderte: „Du bekommst mein schnellstes Pferd. Und damit du nicht un- 25 geschützt reisen musst, gebe ich dir mein Schwert, das ich damals von einem alten, weisen Zauberer erhalten habe."

So ritt der kleine Königssohn am andern Morgen davon. Nach zwei Tagen ... 30

1 Lest euch die Aufgabenstellung genau durch. Wisst ihr, was die Aufgabe von euch verlangt? Wählt die vier richtigen Aussagen aus und notiert die Buchstaben in euer Heft.

> **Ich soll …**
>
> **A** ein modernes Märchen schreiben.
> **B** das Märchen weiterschreiben.
> **C** die Vorgeschichte zu diesem Märchen erzählen.
> **D** am Schluss das Gute siegen lassen.
> **E** märchentypische Wendungen nutzen, z. B.: *Und sie lebten glücklich bis an ihr Lebensende.*
> **F** das ganze Märchen nacherzählen.
> **G** von Aufgaben und Prüfungen erzählen, die der Held bewältigen muss.

Planen

2 Lest den Textanfang genau und macht euch die Ausgangssituation klar: Welche Figuren kommen vor, was geschieht?

3 Plant eure Märchenfortsetzung.
  – Sammelt zuerst alle Angaben, die euch das Märchen vorgibt.
  – Ergänzt dann die weitere Handlung in Stichworten.
  Der Titel des Märchens „Die verwunschene Burg" gibt euch Hinweise auf die weitere Handlung. Ihr könnt euch am folgenden Schreibplan und den Tipps zum Weiterschreiben orientieren.

> Titel: **Die verwunschene Burg**
>
> 1. Anfang
>   – ältere Königssöhne in verwunschener Burg
>   – Winzling bricht mit … auf, um …
>
> 2. Hauptteil (Wie soll das Märchen weitergehen?)
>   – drei Aufgaben/Abenteuer für Winzling:
>   1. …
>   2. …
>   3. …
>
> 3. Schluss (glückliches Ende)
>   – …

Tipps zum Weiterschreiben

  – Warum ist die Burg verwunschen?
  – Was ist mit den Brüdern passiert?
  – Welche Schwierigkeiten muss der Winzling überwinden?
  – Wer oder was hilft ihm? Das Zauberschwert, eine Fee, ein Zwerg …?
  – Wie soll das Märchen enden?

Das Märchen fortsetzen und überarbeiten

3 Der Winzling trifft auf seiner Reise bestimmt auf ein sprechendes Tier oder ein Zauberwesen, das ihm den Weg zu der verwunschenen Burg zeigt oder ihm berichtet, was mit seinen Brüdern geschehen ist. Worüber sprechen die beiden? Verfasst einen kurzen Dialog, z. B.:

> „Winzling, warum reist du alleine durch diesen dunklen Wald?", rief …

> …

> „….", sprach der Winzling.

4 Schreibt nun die Fortsetzung des Märchens „Die verwunschene Burg" in euer Heft. Verwendet das Präteritum und gestaltet den Hauptteil und den Schluss märchenhaft. Ihr könnt die folgenden Formulierungen zu Hilfe nehmen.

- Eines Tages kam er …
- Da ritt er weiter und sah …
- Als nun der Winzling …
- Der … sprach: „…"
- Ob ich …?, dachte der Winzling.
- Furchtlos …
- Glücklicherweise …
- Da war der Zauber vorbei und die Brüder …
- Und sie lebten lange glücklich und vergnügt zusammen.

 5 Überarbeitet zu zweit eure Märchenfortsetzungen mit Hilfe der folgenden Checkliste.

Checkliste ▶ Ein Märchen fortsetzen

- **Passt** eure **Fortsetzung zum Anfang** des Märchens (Figuren, Ausgangssituation)?
- Erzählt ihr, welche **Abenteuer** oder **Prüfungen** (oft drei) der Held oder die Heldin bestehen muss?
- Gibt es **Zauberwesen** (z. B. Fee, Hexe, Zwerg, Drache), einen **magischen Gegenstand** (z. B. goldener Schlüssel, Wunderlampe, Zauberschwert) oder ein sprechendes Tier?
- Spielen **magische Zahlen** eine Rolle, z. B. die Zahlen 3 oder 7?
- Lasst ihr am **Ende** das Gute siegen? Wird das Böse bestraft?
- Macht ihr deutlich, was die **Figuren sagen** und **denken**, z. B.: *„Wie kann ich dir helfen?", sprach die …?*
- Verwendet ihr **märchentypische Formulierungen** und Wendungen, z. B.: *Vor langer Zeit … – Eines Tages jedoch …?*
- Ist das Märchen in der Zeitform **Präteritum** erzählt?

DER HOLZWURM
KRIECHT AUF FALSCHEN
PFADEN
IM UNTERGRUND
WÜHLT ER HERUM
DEM HOLZE –
HEISST ES
WÜRD ER SCHADEN
DER WURM NIMMT
DAS NICHT KRUMM
ER KNAPPERT WEITER IM
ANTIKEN LADEN
UND KÜMMERT SICH
NICHT DRUM

1 ▸ Beschreibt, wie das Gedicht vom Holzwurm gestaltet ist. Was ist das Besondere daran?

2 ▸ Schreibt das Gedicht so auf, dass man es gut als Gedicht erkennen kann. Erklärt, worauf ihr geachtet habt.

3 ▸ Kennt ihr Gedichte, Abzählreime oder Zaubersprüche auswendig? Vielleicht auch in einer anderen Sprache? Tragt sie vor.

In diesem Kapitel …

- lest ihr „schmackhafte" Gedichte,
- lernt ihr Merkmale von Gedichten kennen,
- übt ihr, Gedichte vorzutragen, auswendig zu lernen und zu spielen,
- schreibt ihr selbst Gedichte,
- gestaltet ihr Gedichte mit Hilfe des Computers.

8.1 Vom Essen, Futtern und Fressen – Form und Klang von Gedichten entdecken

Vers, Strophe und Reim untersuchen

Regina Rusch

Einkaufsliste

Ich hätte gerne
ein Säckchen Sterne,
vom Mond ein Stück
und sechs Pfund Glück.

5 Dann noch zwei Schalen
mit Sonnenstrahlen,
ein Schwung-Rad und
Humor, fünf Pfund.

Pech brauch ich keines,
10 doch noch ein feines,
kleines Fitzel
Nervenkitzel.

1 Übertragt den Einkauf aus dem Gedicht auf eine echte Einkaufsliste.
Beginnt so wie das Mädchen in dem Bild.
TIPP: Klärt die Begriffe, die ihr nicht versteht.

2 Vergleicht das Gedicht mit eurer Einkaufsliste.
a Lest das Gedicht und die Liste laut vor. Wie wirkt das Gedicht durch die Reime?
b Beschreibt den Aufbau des Gedichts mit den Begriffen Vers und Strophe (▶ Information), z. B.:
Das Gedicht hat ... Strophen. Jede Strophe besteht aus ...

3 Schreibt selbst ein Einkaufslisten-Gedicht. Ihr könnt dafür die Reime in der folgenden Information nutzen.

Information ⟩⟩	Merkmale von Gedichten: Vers, Strophe, Reim

Vers: Die Zeilen eines Gedichts heißen Verse.
Strophe: Eine Strophe ist ein Gedichtabschnitt, der aus mehreren Versen besteht. Die Strophen sind durch eine Leerzeile voneinander getrennt. Häufig bestehen Gedichte aus mehreren gleich gebauten Strophen.
Reim: Zwei Wörter reimen sich, wenn sie vom letzten betonten Vokal an gleich klingen, z. B.:
Tonne – Sonne, Pfefferstreuer – Abenteuer, Truhe – Ruhe, kleine Flasche – Zauberasche.

Friedrich Hofmann

Fliegenmahlzeit

Die Familie Siebenbein
führt heut, welche Wonne,
alle hundert Kinderlein
in die Abfall **?** .

5 Mhm, wie riechts hier wunderbar
nach verfaulten **?** .
Ach, solch grüne Wursthaut gar
kitzelt mir den Gaumen.

Schimmelkäse, alt und zäh,
10 eine ganze **?** !
Kinder, wenn ich so was seh,
wässert mir der Rüssel.

Hm, mir läuft das Wasser im Mund, ich meine natürlich im Rüssel zusammen.

1 **a** Familie Siebenbein? Zählt in dem Bild nach, wie viele Beine eine Fliege wirklich hat.
   b Listet noch mehr Abfall-Leckereien auf, z. B.: Ketchup-Reste, …

2 **a** Schreibt das Gedicht ab und setzt dabei die Reimwörter aus dem
   Wörterkasten richtig ein.
   b Kennzeichnet die Verse, die sich reimen, mit gleichen Kleinbuchstaben, z. B.:

   Schüssel •
   …tonne •
   Pflaumen

Die Familie Siebenbein	a
führt heut, welche Wonne,	b
alle …	c

   c Notiert, welche Reimformen (▶ Information) die beiden Gedichte auf dieser Doppelseite haben.

3 Findet Reimwörter auf „Fliege" in verschiedenen Sprachen, z. B.:
   In Deutsch: Fliege, Siege, … In Englisch: fly, try, high, … In ???: …

Information	**Reimformen**

Die regelmäßige Abfolge von Endreimen in einer Strophe ergibt verschiedene **Reimformen**.
Verse, die sich reimen, werden mit den gleichen Kleinbuchstaben gekennzeichnet, z. B.:

Paarreim:		**Kreuzreim:**		**umarmender Reim:**	
… Baum	a	… Bauch	a	… Fisch	a
… Traum	a	… schmecken	b	… geschwommen	b
… Äste	b	… auch	a	… genommen	b
… Gäste	b	… schlecken	b	… Tisch	a

169

Wilhelm Busch

Die Schnecken (Auszug)

A Schleimig, säumig[1], aber stete[2],
immer auf dem nächsten Pfad,
finden sie die Gartenbeete
mit dem schönsten Kopfsalat.

5 **B** Tastend streckt sich ihr Gehörne[3],
schwach nur ist das Augenlicht,
dennoch schon aus weiter Ferne
wittern sie ihr Leibgericht.

C Rötlich dämmert es im Westen,
10 und der laute Tag verklingt,
nur dass auf den höchsten Ästen
lieblich noch die Drossel singt.

D Jetzt in dicht belaubten Hecken,
wo es still verborgen blieb,
15 rüstet sich das Volk der Schnecken
für den nächtlichen Betrieb.

[...]

1   säumig: langsam

2   stete: zuverlässig

3   das Gehörne: die Fühler

 1   Wenn es Nacht wird, wandern die Schnecken zu ihrer Lieblingsspeise: dem Kopfsalat.
a Bringt die Strophen des Gedichts in eine sinnvolle Ordnung.
Notiert dafür die Buchstaben A bis D in der richtigen Reihenfolge (▶ Lösung auf S. 354).
b Begründet eure Reihenfolge mit Hilfe des Gedichts.

2   Am nächsten Morgen will die Gärtnerin ihren Salat ernten. Was muss sie feststellen?
Ergänzt das Gedicht. Verwendet dabei den passenden Reim (▶ S. 169). Wählt a, b oder c.
a Schreibt **eine** weitere **Strophe.** Wählt aus folgenden **Reimwörtern** aus:
Schnecken – entdecken – Schreck – weg – Morgen – Sorgen.
b Schreibt **eine** weitere **Strophe** mit eigenen Reimwörtern.
c Schreibt **zwei** weitere **Strophen** mit eigenen Reimwörtern.
d Lest eure Strophen vor und vergleicht sie mit dem Schluss des Originals (▶ Lösung auf S. 353).

Gleich klingende Reimwörter richtig schreiben

Von unbeschreiblich großem <u>Wert</u>
ist für den Koch der eigne <u>Herd</u>.

Eine Torte, die ist <u>rund</u>
und – von mir gebacken – <u>bunt</u>!

Pizza, das ist <u>weltbekannt</u>,
isst sich prima mit der <u>Hand</u>.

Es eilt, wer seinen Kuchen <u>liebt</u>,
wenn der Küchenwecker <u>piept</u>.

1 **a** Beschreibt, was euch bei der Rechtschreibung der unterstrichenen Reimwörter auffällt.
Ergänzt dafür den folgenden Satz in eurem Heft:
Obwohl die Wörter sich reimen, werden sie …

b Erklärt die Schreibung der Wörter, indem ihr sie verlängert (▶ Information), z. B.:
der Wert – die Werte, der Herd – die …, rund – …,

Pilze, riesig von Gestal **?** ,
wachsen nur im Märchenwal **?** .

Falls die Milch mal übersch **?** mt,
hab ich grad von dir getr **?** mt.

Das Kochbuch ist mir nicht so wichti **?** ,
ich würze selber, aber richti **?** !

Wer sich nur von Wurst ern **?** hrt,
der macht irgendwas verk **?** hrt!

Schimmelkäse? Also **?** cht,
davon wird mir meistens schl **?** cht.

Es tut mir wirklich schrecklich lei **?** :
Ich hab zum Essen keine Zei **?** .

Wir fangen an, sonst wird uns bal **?**
das ganze Abendessen kal **?** .

Ich glaube, dass der Kellner hin **?** t,
der uns da grad die Limo brin **?** t.

2 **a** Schreibt die Reimwörter richtig in euer Heft. Überlegt zuerst:
– Müsst ihr *d* oder *t*, *g* oder *k* ergänzen? Die Verlängerungsprobe hilft euch (▶ Information).
– Müsst ihr *e* oder *ä*, *eu* oder *äu* ergänzen? Die Ableitungsprobe hilft euch (▶ Information).
Achtung: In manchen Fällen werden die Reimwörter gleich geschrieben.

 b Vergleicht eure Ergebnisse zu zweit und nennt jeweils das Wort, mit dem ihr die richtige
Schreibung beweisen könnt, z. B.:
Gestalt → Gestalten.

Information ▶ **Gleich klingende Laute richtig schreiben**

Obwohl Reimwörter gleich klingen, werden nicht alle gleich geschrieben. Ihr könnt die richtige
Schreibweise aber herausfinden, indem ihr die Wörter verlängert oder ableitet:

- Wenn ihr Wörter **verlängert,** könnt ihr gut hören, ob sie mit *b* oder *p, d* oder *t, g* oder *k*
geschrieben werden, z. B.: *er trin<u>k</u>t – trin<u>k</u>en, das Zel<u>t</u> – die Zel<u>t</u>e, gel<u>b</u> – gel<u>b</u>er.*
- Durch **Ableiten** stellt ihr fest, ob Wörter mit *e* oder *ä, eu* oder *äu* geschrieben werden.
Gibt es **verwandte Wörter** mit *a* oder *au*, schreibt man *ä* oder *äu*, z. B.: *die K<u>ä</u>lte – k<u>a</u>lt.*

Mit dem Metrum spielen

August Heinrich Hoffmann von Fallersleben

Vom Schlaraffenlande

Kommt, wir wollen uns begeben
jetzo[1] ins Schlaraffenland!
Seht, da ist ein lustig Leben
und das Trauern unbekannt.
5 Seht, da lässt sich billig zechen[2]
und umsonst recht lustig sein:
<u>Milch und Honig</u> fließt in Bächen,
aus den Felsen quillt der Wein.

Alle Speisen gut geraten,
10 und das Finden fällt nicht schwer.
<u>Gäns und Enten</u> gehn gebraten
überall im Land umher.
Mit dem Messer auf dem Rücken
läuft gebraten jedes Schwein.
15 O wie ist es zum Entzücken.
Ei, wer möchte dort nicht sein!

Und von <u>Kuchen, Butterwecken</u>
sind die Zweige voll und schwer;
Feigen wachsen in den Hecken,
20 Ananas im Busch umher.
Keiner darf sich mühn und bücken,
alles stellt von selbst sich ein.
O wie ist es zum Entzücken!
Ei, wer möchte dort nicht sein!

25 Und die Straßen allerorten,
jeder Weg und jede Bahn
sind gebaut aus <u>Zuckertorten</u>
und Bonbons und Marzipan.
Und von Brezeln sind die Brücken
30 aufgeführt gar hübsch und fein.
O wie ist es zum Entzücken!
Ei, wer möchte dort nicht sein!

Ja, das mag ein schönes Leben
und ein herrlich Ländchen sein!
35 Mancher hat sich hinbegeben,
aber keiner kam hinein.
Ja, und habt ihr keine Flügel,
nie gelangt ihr bis ans Tor,
denn es liegt ein breiter Hügel
40 ganz von <u>Pflaumenmus</u> davor.

---

1 jetzo: jetzt
2 zechen: viel trinken

1 **a** Erklärt mit eigenen Worten, was für ein Land das „Schlaraffenland" ist.
  b Schreibt auf, was es in eurem ganz persönlichen Schlaraffenland geben müsste.

2 Untersucht die Form des Gedichts. Wählt a, b oder c und antwortet im Heft.
  a Wie viele **Strophen** hat das Gedicht? Wie viele **Verse** hat jede Strophe?
  b Beschreibt, was euch am **Ende der Strophen 2–4** auffällt.
  c Bestimmt die **Reimform**. Die Information (▶ S. 169) kann euch helfen.
  d Stellt eure Ergebnisse vor. Sprecht dann über Funktion und Wirkung der
  Form, z. B.: Wie passt die Stropheneinteilung zum Inhalt? Welche Wirkung haben Wiederholungen?

> Verse, die sich regelmäßig wiederholen, nennt man **Refrain.**

3 Wenn betonte und unbetonte Silben in einem Vers regelmäßig wechseln, dann spricht man von einem festen Versmaß. Untersucht das Versmaß des Schlaraffenlandgedichts.

a Lest die ersten beiden Verse des Gedichts gemeinsam laut vor und klatscht bei jeder betonten Silbe in die Hände. Wie viele Betonungen hat jeder Vers?

b Schreibt die ersten vier Verse in euer Heft. Lasst über jeder Gedichtzeile eine Zeile frei.

c Setzt über jeder Silbe ein X und markiert jede Silbe, bei der ihr geklatscht habt, mit einem Betonungszeichen X́, z. B.:

X́　X　X́X　X́　X X́ X
Kommt, wir wollen uns begeben

4 Lest den Lyrik-Trick und probiert ihn an der zweiten Strophe des Gedichts aus.

> **Lyrik-Trick: Der Versmaßknacker**
>
> Zweisilbige Wörter werden oft auf der ersten Silbe betont, z. B.:
>
> *Lében, Kékse, Kúchen, gében, súchen, rúfen, fröhlich, lústig, fínster.*
>
> Nutzt dieses Wissen, um das Versmaß eines Gedichts herauszufinden.
> **Sucht in einem Vers** zuerst **nach einem zweisilbigen Wort, bei dessen Betonung ihr absolut sicher seid,** und ergänzt dann die übrigen Betonungszeichen regelmäßig.
>
> Achtung: Prüft euer Ergebnis immer durch lautes Lesen.

5 Prüft, durch welche der folgenden Wörter und Wortgruppen ihr die unterstrichenen Textstellen im Gedicht ersetzen könnt.

Achtung: Das Versmaß darf sich dadurch nicht ändern!

> Vers 7:　Kakao und Milch • Saft und Limo • Tee und Kaffee
> Vers 11:　Wurst und Schnitzel • Döner Kebab • Reis und Kartoffeln
> Vers 17:　Brötchen, Laugenstangen • Keksen, Schokoriegeln • Pizza, Spaghetti
> Vers 27:　Geburtstagstorten • Sahnetorten • Erdbeertorten
> Vers 40:　Erdbeereis • Wackelpudding • Marzipan

Information ⟩⟩ **Versmaß (Metrum)**

In den Versen eines Gedichts folgen **betonte (X́)** und **unbetonte (X) Silben** häufig regelmäßig aufeinander. Daraus ergibt sich ein Betonungsmuster. Dieses wird auch **Versmaß (Metrum)** genannt. Das Versmaß eines Gedichtes kann durch X für jede Silbe des Verses und einen Akzent / über dem X für jede Betonung dargestellt werden, z. B.:

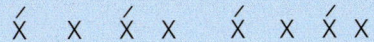

X́　X　X́　X　　X́　X　X́　X
Auch um Pommes würd ich bitten!

Die Bildsprache eines Gedichts verstehen

Ludwig Uhland
Einkehr

Bei einem Wirte, wundermild,
da war ich jüngst zu Gaste,
ein gold'ner Apfel war sein Schild
an einem langen Aste.

5 Es war der gute Apfelbaum,
bei dem ich eingekehret;
mit süßer Kost und frischem Schaum
hat er mich wohl genähret.

Es kamen in sein grünes Haus
10 viel leicht beschwingte Gäste,
sie sprangen frei und hielten Schmaus[1]
und sangen auf das Beste.

Ich fand ein Bett zu süßer Ruh
auf weichen, grünen Matten[2].
15 Der Wirt, er deckte selbst mich zu
mit seinem kühlen Schatten.

Nun fragt' ich nach der Schuldigkeit[3],
da schüttelt' er den Wipfel.
Gesegnet sei er allezeit
20 von der Wurzel bis zum Gipfel!

---

1 der Schmaus: das Essen
2 die Matten: die Wiese
3 die Schuldigkeit: die Rechnung

1 Spielt dieses Gedicht in einem Wirtshaus (Restaurant) oder an einem anderen Ort? Begründet eure Antwort mit Hilfe des Gedichts.

2 Ordnet die beiden Bilder zwei Strophen des Gedichts zu. Erklärt im Heft, wie ihr zu eurer Zuordnung gekommen seid, z. B.:
Das erste Bild passt zu Strophe … Mit den Gästen sind nämlich … gemeint, die …

3 Gestaltet das ganze Gedicht als Comic mit Sprechblasen.

Gedichte vortragen und gestalten

Dirk Held

Die Krähen

Abends hocken dunkle Gäste
auf den höchsten Tannenspitzen
und man sieht beim Abendbrot
schwarze Krähenaugen blitzen.

5 Schatten huschen über Teller
und auf Messern bricht das Licht ...

O. k., o. k.,
das reicht erst mal
für dieses Grusel-Krähngedicht.

 1 Lest das Gedicht. Sprecht dann darüber, wie sich die Spannung darin entwickelt.

2 Fasst den Inhalt des Gedichts knapp zusammen.

3 a Bereitet das Gedicht für einen Vortrag vor (▶ Methode). Überlegt,
   – wie ihr die beiden ersten Strophen betonen und dabei die Spannung steigern wollt.
   – wie ihr die dritte Strophe vortragen wollt, z. B.: *nach einer Pause, erleichtert.*
 b Übt den Gedichtvortrag zu zweit. Gebt euch gegenseitig Tipps zur Betonung.

⊕ **4** Reicht euch das Krähengedicht wirklich schon? Ergänzt zwei weitere gruselige Strophen.

Methode 〉〉 **Einen Gedichtvortrag vorbereiten**

1 Lest das Gedicht mehrmals leise und auch laut. Versetzt euch in die Stimmung des Gedichts und macht euch klar, worum es geht.

2 Kopiert das Gedicht oder schreibt es übersichtlich ab.

3 Bereitet den Vortrag vor, indem ihr euch zuerst genau überlegt, wie ihr das Gedicht betonen wollt, und dann im Gedicht möglichst **sparsam Vortragszeichen setzt**, z. B.:

– **Pausen-Zeichen:** Markiert Textstellen, an denen ihr eine Pause (❙) machen wollt, z. B. um Spannung oder Nachdenklichkeit zu erzeugen.

– **Lautstärke-Zeichen:** Notiert ◀ für „lauter" und ▶ für „leiser".

🔊 Jutta Richter

Das Eisgespenst

Im Kühlschrank wohnt das Eisgespenst,
es zittert und es brummt
und manchmal hört es sich so an,
als ob's im Kühlschrank summt.
5 Geh in die Küche und hör zu.
Du musst ganz leise sein!

Das Eisgespenst summt sich zur Ruh
und schläft beim Summen ein.
Doch öffnest du die Kühlschranktür
10 und machst ein bisschen Krach,
dann ist das kalte Eisgespenst
auf einmal wieder wach.

1 a Der Kühlschrank zittert und brummt. Erklärt, woran das in Wirklichkeit liegt.
  b Wie wirkt das Gedicht auf euch? Wählt passende Adjektive aus und begründet eure Wahl.

> unheimlich • witzig • bedrohlich • rätselhaft • komisch • ernst • … • …

2 Das Gedicht eignet sich gut für einen szenischen Vortrag.
  a Verteilt die Rollen. Ihr braucht für eure Pantomime zwei Personen: ein Kind, das sich vor dem Eisgespenst fürchtet, und das Eisgespenst selbst. Außerdem braucht ihr jemanden, der das Gedicht während des Spiels vorträgt.

> **Pantomime:** Etwas ohne Worte, nur durch Mimik und Gestik darstellen.

  b Überlegt, welche Gestik (Körperhaltung) und Mimik (Gesichtsausdruck) zu den Rollen passen.
  c Findet einfache Requisiten (Gegenstände), die ihr verwenden könnt, z. B.: *Laken, Eiswürfel*.
  d Überlegt euch passende Geräusche, die euren Vortrag untermalen, z. B.: *Brummen*.

3 Stellt euren szenischen Vortrag vor und gebt euch gegenseitig ein Feedback.

Methode 〉〉 **Tipps zum szenischen Vortrag von Gedichten**

- **Gestik:** Arbeitet mit einer Körpersprache, die euer Publikum gut erkennen kann. Verschränkt z. B. die Arme oder reibt die Hände. Spielt nicht zu schnell.
- **Mimik:** Probiert alle Muskeln aus, die ihr im Gesicht habt. Welche Gedanken, Gefühle oder Stimmungen könnt ihr mit Augen, Nase und Mund ausdrücken?
- **Geräusche:** Nutzt eure Stimme (z. B. Schnalzen, Pfeifen) oder Gegenstände (z. B. Papier, Topfdeckel, Wasserhahn), um Geräusche zu erzeugen.
- **Requisiten:** Überlegt, welche Gegenstände ihr unbedingt braucht. Weniger ist mehr!
- **Regieanweisungen:** Haltet am Rand des Textes Hinweise für die Darsteller/-innen fest.

Josef Guggenmos

Schattenspiel

Am Abend geistern Schatten
noch lustig an der Wand,
da spielen wir Theater
mit nichts als unsrer Hand.

5 Wer zeigt sich überm Bette,
welch Untier groß und grau?
Das ist der Wolf, der böse,
den kennt man ganz genau!

Sein Hunger ist gewaltig,
10 sein Rachen fürchterlich:
Du Ziegenbock da drüben,
gib acht, gleich frisst er dich!

Der Gockelhahn, der stolze,
macht seine Sache gut.
15 Wer kommt ihm da entgegen?
Sieh an, ein Herr mit Hut!

Was tut die brave Ente
in unserm Schattenspiel?
Mit ihrem Schnabel schnappt sie
20 keck nach dem Krokodil!

Am Schluss gibt's was zu lachen:
Ein Has, der Männchen macht!
Er winkt mit seiner Pfote:
Für heute gute Nacht!

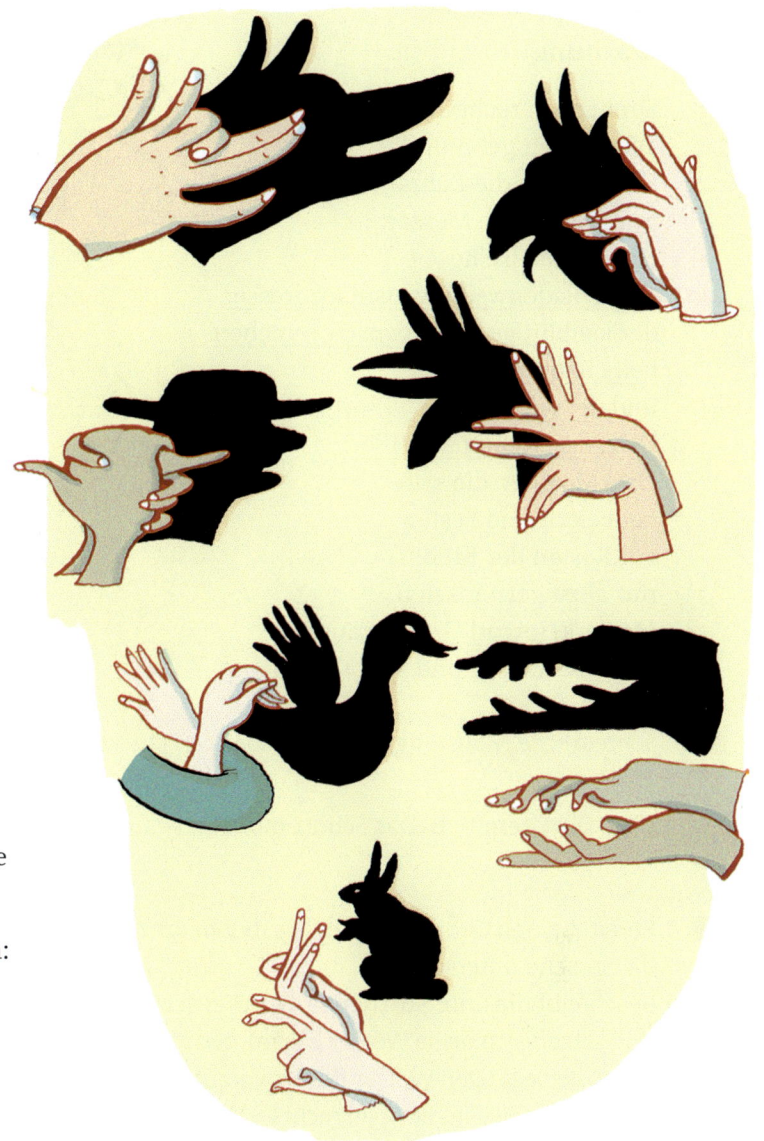

1 Wann und wo wird dieses Schattenspiel aufgeführt? Beschreibt die Situation.

2 Übt den stimmungsvollen Vortrag des Gedichts. Wählt a, b oder c.
a Tragt die **Strophen 2 und 3** bedrohlich vor.
b Tragt **Strophe 4 und 5** vor. Überlegt, wie ihr die Fragen und Antworten betonen wollt.
c Tragt die **Strophen 1 und 6** in passender Weise vor.
d Tragt euch eure Strophen gegenseitig vor und gebt euch Tipps zur Betonung.

3 Führt das Gedicht als Schattenspiel auf. Ihr braucht dafür nur ein Tuch und eine Lampe.
a Übt das Schattenspiel zunächst ohne Text. Die Schattenbilder oben können euch helfen.
b Probt dann mit den Gruppen aus Aufgabe 2 Schattenspiel und Gedichtvortrag zusammen.
c Präsentiert euer Schattenspiel vor Publikum. Überlegt euch dazu eine kurze Ansage.

Michail Krausnick

Warnung

Dreht euch nicht um!
Die Bestien gehn um!
Es fletschen die Zähne
und wetzen die Messer:
5 der kannibalische
Schokoladenweihnachtsmannfresser,
der kaltblütige Marzipanschweinchen-
beinchenverspeiser
und der ruchlose
10 Osterhasenohrenabbeißer!
Drei Monster, die sich
bei Feiern und Festen
auf Kosten der Kinder
nur allzu gern mästen.
15 Horror! Horror! Gruselgraus!
Schließt die Tür und bleibt im Haus!

1 Schreckliche Monster gehen um! Aber wer steckt dahinter? Wählt aus und begründet.

> **A** Die Eltern • **B** Das Schokomonster • **C** Die Kinder selbst

2 Bereitet einen Gedichtvortrag vor, indem ihr zuerst die Sprache untersucht.

a Beschreibt die unterstrichenen Wortneuschöpfungen. Wie setzen sich diese Wörter zusammen?

b Probt, diese langen Wörter flüssig vorzutragen. Übt dabei – wie im Beispiel rechts – Wort für Wort von hinten nach vorne.

> Verspeiser
> Beinchenverspeiser
> Schweinchenbeinchenverspeiser
> Marzipanschweinchenbeinchenverspeiser

c Das Gedicht hat sehr viele Ausrufezeichen. Was wird damit zum Ausdruck gebracht? Probiert verschiedene Möglichkeiten aus, diese Textstellen vorzutragen.

3 Habt ihr schon einmal ein Gedicht auswendig gelernt? Tauscht euch zu zweit darüber aus: Welche Schwierigkeiten hattet ihr? Welche Tricks kennt ihr?

4 a Lernt das Gedicht „Warnung" auswendig. Wählt dazu eine der Methoden auf S. 179.
b Übt den freien Vortrag zuerst in Kleingruppen. Tragt euer Gedicht dann in der Klasse vor.
c Tauscht eure Erfahrungen mit der Methode, die ihr gewählt habt, untereinander aus.

5 Wählt zu zweit oder dritt ein weiteres Gedicht aus diesem Kapitel für einen gestaltenden Vortrag aus (▶ S. 176). Lernt das Gedicht auswendig und stellt es in der Klasse vor.

Gedichte auswendig lernen

Wenn ihr ein Gedicht auswendig lernt, habt ihr beim Vortrag des Gedichts viel mehr Freiheiten. Ihr könnt z. B. Blickkontakt zu eurem Publikum aufnehmen oder euren Vortrag gestisch (z. B. mit den Händen) begleiten, ohne dabei ein Textblatt festhalten zu müssen.
Aber natürlich muss euer Gedächtnis einiges leisten. Zum Glück gibt es verschiedene Tricks, mit denen euch das Auswendiglernen bestimmt etwas leichterfällt:

Die Schreib-mal-Methode

Schreibt das Gedicht ab. Dabei könnt ihr euch das Gedicht sehr gut einprägen. Falls ihr das Gedicht am Computer schreibt, könnt ihr die Textdatei auch für die „Lies-die-Hälfte-Methode" oder die „Spickzettel-Methode" nutzen.

Die Lies-die-Hälfte-Methode

Deckt die rechte Hälfte des Gedichts mit einem Blatt ab, sodass ihr nur die Anfänge der Verse seht: Könnt ihr die Verse ganz aufsagen? Deckt dann die linke Hälfte ab, sodass ihr nur die Enden seht. Ergänzt nun die fehlenden Versanfänge.

Die Schritt-für-Schritt-Methode

Nehmt euch das Gedicht Vers für Vers und Strophe für Strophe vor. Prägt euch zuerst eine kleine Einheit des Gedichts ein (z. B. den ersten Vers oder die ersten beiden Verse). Nehmt dann die nächste Einheit dazu und macht dann immer so weiter.

Die Hör-mal-Methode

Nehmt das Gedicht auf und hört es mehrmals an. Sprecht den Text dann mit und stellt den Ton dabei nach und nach immer leiser. Ihr könnt auch die ersten Worte eines Verses aufnehmen und dann eine Pause lassen, sodass ihr den Rest ergänzen könnt.

Die Spickzettel-Methode

Fertigt einen Spickzettel an. Darauf dürfen aber nur einzelne Wörter des Gedichts stehen, z. B. die Versanfänge oder Reimwörter. Wenn ihr das Gedicht aufsagt, dürft ihr auf den Zettel schauen. Später klappt es dann auch ohne Spickzettel!

Gedichte untersuchen und vortragen

Josef Guggenmos
Rot leuchten die Johannisbeeren

Mittagsstille. Sommerzeit.
Gartenwelt voll Friedlichkeit.

Rot leuchten die Johannisbeeren.
Sie leuchten – locken zum Verzehren.

5 Ein schwarzes Vogelwesen sitzt
stillvergnügt im Busch und pickt.

Da rennt ein Mann hinzu und schreit.
Die Amsel fliegt, doch nicht sehr weit.

Sie zetert laut, ist sehr empört,
10 weil man sie bei der Mahlzeit stört.

„Bleib von den Beeren!", schreit der Mann.
Die schwarze Amsel hört sich's an.

Der Menschen-Mann verlässt den Ort,
geht heim zum Haus, verschwindet dort.

15 Die Amsel huscht zum Busch zurück.
Mittagsstille. Sommerglück.

1 Untersucht den Inhalt. Welcher Satz beschreibt das Gedicht richtig? Notiert A oder B.

> **A** Eine Amsel wird kurz gestört, kann sich dann aber doch über leckere Johannisbeeren freuen.
> **B** Ein Mann gönnt einer Amsel seine Johannisbeeren nicht und verjagt sie erfolgreich.

2 Untersucht die Form des Gedichts. Notiert die Buchstaben der richtigen Aussagen.

> **C** Jede Strophe besteht aus zwei Verspaaren.
> **D** Das Gedicht hat acht Strophen.
> **E** Bei der Reimform handelt sich um den Paarreim.
> **F** Der achte Vers beginnt mit einer unbetonten Silbe.
> **G** Der erste und der letzte Vers sind genau gleich und bilden einen Refrain.

 3 Besprecht eure Lösungen aus Aufgabe 1 und 2 zu zweit.

4 **a** Lernt das Gedicht mit einer Methode eurer Wahl auswendig (▶ S. 179) und tragt es ausdrucksvoll vor. Nutzt dafür auch eure Gestik und Mimik.
b Gebt euch gegenseitig eine Rückmeldung zu eurem Vortrag: Wurde der Text korrekt aufgesagt? War die Betonung gut? War die sonstige Gestaltung (Gestik, Mimik) überzeugend?

8.2 In der Verseschmiede – Gedichte schreiben

Gedichte in mehreren Sprachen schreiben

Paul Maar

Cat und rat

Ist *the cat*
allzu nett,
wird *the rat*
dick und fett.

Paul Maar

Schnabelwetzen

Zwei Raben wetzen ihre Schnäbel
mal am *chair* und mal am *table*.
Lieber wetzt das kluge Huhn
seinen Schnabel an *the spoon*.

Frantz Wittkamp

Wenn im Tierreich ...

Wenn im Tierreich Tiere Tieren
zum Geburtstag gratulieren,
sagt die Eule zum Uhu:
Happy birthday to youhou!

1 Lest die Gedichte laut. Betont die englischen Wörter dabei so, dass sie sich reimen.

2 Übersetzt die englischen Wörter ins Deutsche. Beschreibt, wie sich die Gedichte dadurch verändern: Wie klingen sie jetzt?

 3 **a** Schreibt mit den folgenden Reimwörtern kurze und lustige Gedichte, z. B.:

> Auf der Wiese grast a cow,
> sie ist eitel wie ein ...

mouse/Haus • flower/Bauer • sky/Ei • book/Schluck •
ear/Tier • cloud/Braut • blue/Schuh • cow/Pfau

 b Tragt eure Kurzgedichte in einem Stuhlkreis vor: Steht auf, wenn ihr mit dem Vortragen an der Reihe seid. Gebt euch auch ein Feedback durch Klatschen und Füßestampfen.

Zweizeiler, Rondelle, Bildgedichte schreiben

1 Schreibt selbst Gedichte. Wählt dafür eine der folgenden Möglichkeiten: einen Zweizeiler, ein Rondell oder ein Bildgedicht.

a Lest das Gedicht von Paul Maar. Schreibt dann selbst **vier tierische Zweizeiler.**
Verwendet zwei Reimpaare aus dem Wortspeicher und denkt euch zwei Reimpaare selbst aus.
Tipp: Zeichnet lustige Bilder zu euren Zweizeilern.

> Krokodil / Eis am Stiel • 100 Schnecken / Picknickdecken • Elefant / Kletterwand

Paul Maar

Ein Löwe fraß mit Appetit
den Metzgermeister Theo Schmitt.

b Schreibt ein **Rondell nach einem Cluster.** Geht so vor:
   – Versetzt euch in die abgebildete Situation am Kiosk auf dem Pausenhof (▶ S. 183). Was hört ihr, was seht ihr, was riecht ihr, was fühlt ihr? Wie ist die Stimmung insgesamt?
   – Sammelt in einem Cluster Wörter, die ihr mit dieser Situation verbindet. Schreibt vor allem Nomen, Verben und Adjektive auf. Arbeitet in eurem Heft.
   – Schreibt nun mit Hilfe eurer Ideensammlung aus dem Cluster ein Rondell. Die Information und das Rondell-Beispiel helfen euch dabei.

Magenknurren
Mein Magen knurrt.
Der Schokoriegel muss warten.
Wann erlöst mich die Pausenklingel?
Mein Magen knurrt.
Hätte ich doch gefrühstückt.
Gleich ist die Deutschstunde vorbei.
Mein Magen knurrt.
Der Schokoriegel muss warten.

> **Ein Rondell verfassen**
> Ein Rondell ist eine Gedichtform, die aus einer einzigen Strophe mit acht Versen besteht. Dabei wiederholen sich bestimmte Verszeilen:
> ■ die Verse 1, 4 und 7 sind gleich,
> ■ die Verse 2 und 8 sind gleich.

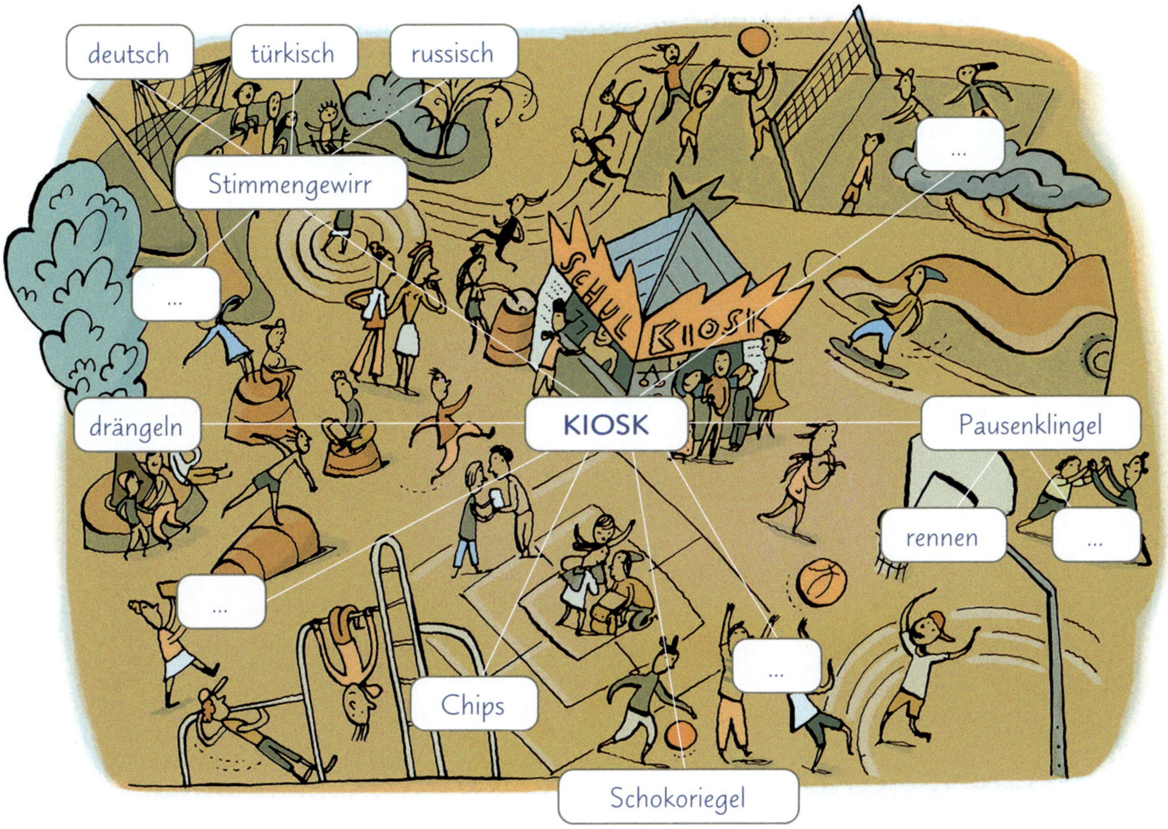
deutsch
türkisch
russisch
Stimmengewirr
...
...
drängeln
KIOSK
Pausenklingel
rennen
...
...
...
Chips
Schokoriegel
SCHUL KIOSK

c Seht euch nochmals das Bildgedicht auf Seite 167 an und gestaltet dann selbst ein Bildgedicht. Gebt eurem Bildgedicht zum Schluss einen erklärenden Titel.
TIPP: Ihr könnt eigene Ideen gestalten. Schaut euch auch die Illustrationen an: Sie zeigen, wie man einzelne Wörter bildhaft darstellen kann.

Schlange • Schnecke • Krokodil • Maus • Luftballon • Sonne • Wal

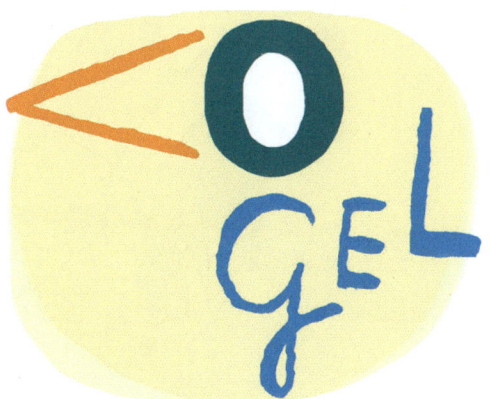

VOGEL

Vogel

FLEDERMAUS

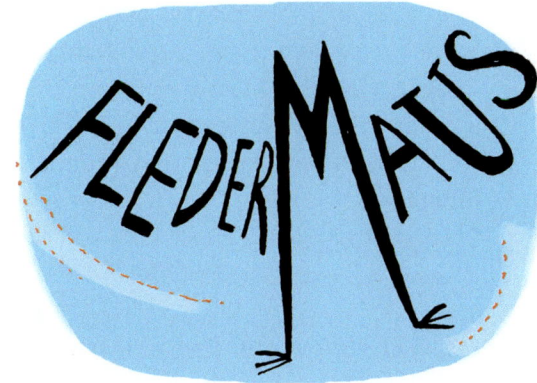

Fledermaus

2 Probiert die anderen Gedichtformen auf dieser Doppelseite aus.

Gedichte nach Mustern schreiben

Eugen Gomringer

irish

green and
sheep

sheep and
cow

5 cow and
green

green and
cow

cow and
10 sheep

sheep and
green

have been
seen

Bauplan 1:	Bauplan 2:
A + B	A + B
B + A	B + C
A + C	C + A
C + A	A + C
B + C	C + B
C + B	B + A
[Prädikat mit Reim]	[Prädikat mit Reim]

1 Auch ohne das Gedicht zu übersetzen, könnt ihr herausfinden, wie es aufgebaut ist.
Entscheidet, welcher der beiden Baupläne oben zu dem Gedicht passt.

2 Erklärt die Aussage des Gedichts mit Hilfe des
Titels und der beiden letzten Verse.
Das Bild hilft euch dabei.

3 a Schreibt zu einem Thema eurer Wahl selbst ein
Gedicht nach dem Muster von „irish".
Schreibt in eurer Muttersprache oder in einer
Fremdsprache, die ihr gut genug könnt, z. B.:
Imbiss
Currywurst und
Pommes
...

b Lest euch eure Muster-Gedichte gegenseitig vor
und erklärt ihre Bedeutung.

 4 Erfindet selbst ein Muster für ein Gedicht. Schreibt euer Gedicht und lasst eine Partnerin oder einen
Partner den Bauplan eures Gedichts herausfinden.

8.3 Projekt – Gedichte am Computer gestalten

Am liebsten wär ich gleich gekommen.

H
a
n
d
s
t
a
Im n d gelaufen oder geschwommen.
Ach, Mensch, ich **vermisse dich ehrlich,**
war in der Schule jedoch unentbehrlich.

WHEN IT RAINS LOOK FOR

RAINBOWS,

WHEN IT'S DARK LOOK FOR

STARS.

Happy Birthday to

YOU

Marmelade im Schuh!

FERIEN

1 Am Kartenkiosk gibt es Karten für jede Gelegenheit: Glückwunschkarten, Entschuldigungen, Urlaubsgrüße oder auch Karten mit lockeren und tröstlichen Sprüchen.
a Zu welchen Gelegenheiten passen die Karten oben? Ordnet sie zu.
b Beschreibt, wie die Karten gestaltet sind. Achtet auf Schrift und Farbe.
c Diskutiert: Handelt es sich bei den Kartentexten um Gedichte?

 2 Bildet Gruppen und gestaltet selbst Karten. Geht so vor:
– Verfasst kurze Gedichte, die zu einer bestimmten Kartenart (Urlaubsgruß, Spruch, ...) passen.
– Tippt eure Gedichte ab und gestaltet sie mit Hilfe des Computers. Probiert unterschiedliche Schriftarten, Schriftgrößen, Farben usw. aus. **TIPP:** Die nächste Seite hilft euch dabei.
– Besprecht eure Entwürfe und überarbeitet sie.

3 a Druckt eure Karten auf festem Papier aus und ergänzt – wenn ihr mögt – noch kleine Bilder.
b Gestaltet ein Karten-Buch oder hängt die Karten an einer Schnur in eurem Klassenzimmer auf.
TIPP: Ihr könnt eure Karten ausdrucken oder kopieren und z. B. bei einem Schulfest verkaufen.

⊕ **4** Verschickt eine Karte. Ergänzt dafür auf der Rückseite einen kurzen Text und eine Adresse.
Briefmarke nicht vergessen – und ab die Post!

Texte am Computer gestalten

TIPP: Die unten markierten Bezeichnungen lauten je nach Textprogramm anders. Probiert spielerisch aus.

1. Eine Textdatei anlegen und speichern

Wenn ihr einen Text am Computer schreiben möchtet, müsst ihr zuerst eine Datei anlegen:
— Startet den Computer und wählt ein Textprogramm aus.
— Klickt in der Menüleiste auf **Datei** und **Neu.**
— Schreibt den Text und speichert den Text unter einem Namen ab. Ihr müsst dafür in der Menüleiste **Datei** anklicken und **Speichern unter** auswählen. Dabei legt ihr auch fest, in welchem Ordner eure Datei abgelegt werden soll.

2. Das Format einrichten und den Text gestalten

Richtet euch nun das Papierformat, z. B. für eine Karte, ein. Geht so vor:
— Geht in der Menüleiste auf **Seitenlayout** und wählt dort den Reiter **Papier** aus.
— Legt unter **Benutzerdefiniertes Format** eine Breite von 17 cm und eine Höhe von 12 cm fest.
Gestaltet euren Text dann mit Hilfe der folgenden Funktionen:

 **Schriftart wählen:**
Text/Textstelle markieren, auf den Pfeil neben dem **Auswahlfeld für Schriftarten** klicken und Schriftart durch Anklicken auswählen.

 **Schriftgröße wählen:**
Text/Textstelle markieren, auf den Pfeil neben dem **Auswahlfeld für Schriftgröße** klicken und Schriftgröße durch Anklicken auswählen.

 **Textausrichtung festlegen:**
Text markieren, dann auf die **Schaltfläche für linksbündige, zentrierte oder rechtsbündige Textausrichtung** klicken oder **Blocksatz** auswählen.

 Schriftfarbe wählen:
Text markieren, dann auf die **Schaltfläche** für die **Schriftfarbe** klicken und die Farbe durch Anklicken auswählen.

 **Fett,** *kursiv* schreiben und <u>unterstreichen</u>: Text/Textstelle markieren, dann auf die **Schaltfläche für fette, kursive oder unterstrichene Schrift** klicken.

  **Kopieren:**
Text markieren, auf die Schaltfläche **Kopieren** klicken und an anderer Stelle wieder einfügen (Symbol „Einfügen").

  Ausschneiden und einfügen:
Text mit der Maus markieren, auf die Schaltfläche **Ausschneiden** klicken und an anderer Stelle wieder einfügen (Symbol „Einfügen").

9 Vorhang auf! –
Theaterszenen lesen, schreiben und spielen

Max von der Grün: Die Vorstadtkrokodile (in der Bearbeitung von Martin Burkert), Theater der Jugend, Wien (2013)

1 Beschreibt die Szene auf dem Foto:
– Welche Körperhaltung und welchen Gesichtsausdruck haben die Schauspieler/-innen?
– Welche Gefühle zeigen sie? Was könnten sie sagen?

2 Habt ihr schon einmal eine Theateraufführung besucht oder selbst Theater gespielt? Berichtet von euren Erfahrungen.

3 Sammelt Begriffe, die für das Theater von Bedeutung sind, und erklärt sie, z. B.: Schauspieler, Bühne, Dialog usw.

In diesem Kapitel ...

- lest und spielt ihr Theaterszenen,
- übt ihr, wie man sich auf der Bühne bewegt und spricht,
- lernt ihr wichtige Gestaltungsmittel des Theaters kennen,
- führt ihr ein eigenes Theaterprojekt durch.

9.1 Alles Theater!? – Alltagsszenen spielend vortragen

Max Fröhlich

Was wichtig ist

VATER: Stell jetzt mal bitte das Gerät ab, ich will mit dir reden!

KIND: Ja, gleich.

VATER: Nicht gleich – jetzt!

5 **KIND:** Das **e i n e** Level noch ...

VATER: Hör mal, das geht mir sowieso auf die Nerven, dass du andauernd vorm Bildschirm rumhängst.

KIND: Ist kein Bildschirm, ist ein Smartphone.

10 **VATER:** Und wo liegt bitte der Unterschied?

KIND: Ach, Papa! Smartphone ist kleiner!

(Der Vater bekommt eine SMS.)

VATER: Kleinen Moment ... ist wichtig. *(Er tippt eine Nachricht in sein Smartphone.)*

15 **VATER:** So, und jetzt zu dir!

(Das Kind tippt auf dem Smartphone herum.)

KIND: Kleinen Moment, ist wichtig!

VATER: Was soll denn an deinem Spiel so wichtig sein?!

KIND: Für Kinder sind eben andere Sachen 20 wichtig als für Große.

(Der Vater bekommt wieder eine SMS, er lacht kurz und tippt dann eine Antwort. Die Mutter kommt rein.)

MUTTER: Na, ihr zwei Mediensüchtigen! Bin 25 schon zurück! Ich komme gleich, muss eben mal ...

1 **a** Lest die Szene mit verteilten Rollen. Worum geht es? Kennt ihr ähnliche Situationen?

b Erklärt, woran ihr erkennt, dass es sich um eine Theaterszene handelt.

2 Spielt den Dialog in verschiedener Weise. Die Stimmung von Vater und Kind soll in eurer Sprechweise, aber auch in euren Gesichtern und eurer Körperhaltung zum Ausdruck kommen.

 3 Mit eurem Gesicht, euren Händen und euren Körperbewegungen könnt ihr genauso viel ausdrücken wie mit Worten. Spielt pantomimisch, also ohne Worte, eine der folgenden Situationen. Wählt Aufgabe a, b oder c.

a Ihr telefoniert und erfahrt von einer **schönen Überraschung,** z. B. von einem Lottogewinn.

b Ihr telefoniert und erfahrt etwas **Trauriges,** z. B. dass euer Haustier krank ist.

c Ihr sitzt vor dem Computer und der **Rechner macht nicht, was er soll.**

d Spielt euch die Szenen vor und schildert den anderen eure Erfahrungen: Was war einfach? Wobei gab es Schwierigkeiten?

4 Für die folgende Übung braucht ihr einen Würfel. Bildet Kleingruppen von fünf bis sieben Schülerinnen und Schülern und probiert dann die folgende Spieleanregung aus.

a Würfelt viermal und erspielt euch nacheinander einen Schauplatz, die Figur A, die Figur B und das Thema der Szene, z. B.:
- 1. Wurf = Drei → Schauplatz: im Café
- 2. Wurf = Eins → Figur A: Zahnärztin
- …

	Schauplatz	Figur A	Figur B	Thema
⚀	im Fahrstuhl	Zahnärztin	Kellner	die Entdeckung
⚁	beim Bäcker	Diebin	alter Mann	die Bedrohung
⚂	im Café	Flugkapitänin	Roboter	das Geheimnis
⚃	im Zugabteil	Agentin	Kind	das überraschende Wiedersehen
⚄	im Wartezimmer	Fußballtrainer	Hausmeister	das Missverständnis
⚅	Freie Wahl: Sucht euch aus den Angeboten etwas aus.			

b Besprecht, was in eurer Szene passiert und was die Figuren tun sollen.
Probiert dabei verschiedene Sprechweisen (z. B. streng, erstaunt) sowie Körperbewegungen aus.
Lest hierzu auch die Informationen im Methodenkasten unten.

c Probt eure Szene. Wechselt die Rollen (Schauspieler/-innen und Beobachter/-innen).
Die Beobachter/-innen geben eine Rückmeldung und begründen jeweils, warum sie etwas gut oder verbesserungswürdig finden.

 d Spielt eure Szenen vor der Klasse.
Ratet, was die jeweilige Gruppe gewürfelt hatte.

Methode ⟩⟩ **Szenisches Spiel: Stimme, Mimik und Gestik**

Mit Stimme, Körpersprache und Gesichtsausdruck könnt ihr genauso viel ausdrücken wie mit Worten.
- **Stimme (Sprechweise):** Eine bestimmte Sprechweise zeigt uns, wie sich jemand fühlt oder wie etwas gemeint ist. Eine Stimme kann wütend, ängstlich, streng usw. klingen.
- **Gesichtsausdruck (Mimik):** Am Gesichtsausdruck kann man erkennen, wie sich jemand fühlt und was sie/er denkt. Der Gesichtsausdruck ist z. B. traurig, besorgt, aufgeregt?
- **Körpersprache (Gestik):** Auch die Körperhaltung und -bewegung (z. B.: Kopfschütteln, Schulterzucken, auf den Boden schauen, mit dem Fuß aufstampfen usw.) drücken Gefühle und Stimmungen aus.

In Rollen schlüpfen, Regieanweisungen umsetzen

1 Beschreibt, wie sich das Mädchen in einen strengen Mann verwandelt. Achtet auf alle Details, die euch in der Körperhaltung (Gestik) und beim Gesichtsausdruck (Mimik) auffallen.

2 Probiert die folgenden Übungen aus, um in andere Rollen zu schlüpfen:

A

Eine Rolle pantomimisch darstellen

Stellt euch vor, es gäbe einen Zaubertrank, der euch verwandelt, z. B. in eine strahlende Goldmedaillengewinnerin, in eine alte Hexe, in einen Polizisten.
- Denkt euch eine Rolle aus, in die ihr schlüpfen wollt.
- Verwandelt euch in die Figur. Denkt daran: Ihr dürft nicht sprechen und keine Kostüme oder Requisiten (Gegenstände) benutzen.
- Geht zunächst mit normalen Schritten auf die „Bühne", also vor die Klasse.
- Verwandelt euch dann schrittweise in eure Rolle: Verändert nach und nach Fußstellung → Körperhaltung → Kopfhaltung → Blick → Arme.
- Die anderen raten, wen ihr verkörpert. Sagt dann: „Ich bin …"

B

In einer Rolle gehen

Probiert verschiedene Gangarten und Bewegungen aus, die zu einer bestimmten Rolle passen, und spielt sie den anderen vor. Die anderen raten, was ihr dargestellt habt, z. B.:
- Mitarbeiter/-in einer Bank geht hektisch mit einer Aktentasche zur Arbeit,
- ein alter Mensch geht am Stock,
- eine junge Frau / ein junger Mann betrachtet Schaufenster,
- ein Dieb / eine Diebin entfernt sich vom Tatort.

C

In einer Rolle sprechen

Schlüpft in eine Rolle, z. B. Hexe oder Polizist, und sprecht einen der folgenden Sätze in dieser Rolle:
- „Komm mal her!"
- „Das kann ich gar nicht glauben!"
- „Wer bist du?"

3 Tauscht euch aus: Welche Übung ist euch leichtgefallen, welche nicht? Warum?

Kurt Tucholsky (1890–1935)

Wo kommen die Löcher im Käse her? (1)

(Tobby, Sonja und Nora sitzen mit ihrer Mutter am Tisch und essen.)

Tobby: Mama, guck mal, die Löcher in dem Käse!

5 **Sonja, Nora** *(gleichzeitig):* Tobby ist aber dumm! Im Käse sind doch immer Löcher!

Tobby *(weinerlich):* Na ja – aber warum? Mama! Wo kommen die Löcher im Käse her?

Mama *(bestimmt):* Du sollst bei Tisch essen 10 und nicht so viel reden!

Tobby: Ich möchte aber wissen, wo die Löcher im Käse herkommen!

(Pause)

Mama: Die Löcher ... Also ein Käse hat immer 15 Löcher, da haben die Mädchen ganz recht! Ein Käse hat eben immer Löcher.

Tobby: Mama! Aber dieser Käse hat doch keine Löcher! Warum hat der keine Löcher? Warum hat der Löcher?

20 **Mama:** Jetzt schweig und iss. Ich hab dir schon hundertmal gesagt, du sollst bei Tisch nicht reden! Iss!

Tobby: Bwww –! Ich möcht aber wissen, wo die Löcher im Käse ...

(Die beiden Mädchen treten Tobby unter dem Tisch.) 25

Tobby: Aua, tritt doch nicht immer!

(Geschrei der Kinder. Papa tritt auf.)

Papa: Was ist denn hier los? Guten Abend!

Mama: Ach, der Junge ist wieder frech!

Tobby *(empört):* Ich bin gar nicht frech! Ich 30 will nur wissen, wo die Löcher im Käse herkommen. Der Käse da hat Löcher, und der hat keine.

---

1 Lest den Text mit verteilten Rollen. Erklärt, worum es bei dem Streit geht.

2 a An einigen Stellen steht, wie die Figuren sprechen oder sich verhalten sollen.
Nennt Beispiele für solche Regieanweisungen und erläutert, wozu sie wichtig sind.

b Probiert aus, wie man die Regieanweisungen im Text umsetzen kann.

 3 In Zeile 14–22 gibt es keine Regieanweisungen.
Übertragt den Text in euer Heft und ergänzt dabei in Klammern passende Regieanweisungen.

Information ▷ **Rolle und Regieanweisungen**

Rolle: In einem Theaterstück schlüpft die Schauspielerin oder der Schauspieler in die Rolle einer Figur und stellt diese mit ihren Eigenschaften dar, z. B. die Rolle des Königs, der Mutter usw. Meist tragen die Schauspieler ein zur Rolle passendes **Kostüm** und nutzen bestimmte **Requisiten** (Gegenstände), die zur Rolle passen (z. B. eine Aktentasche, eine Kaffeetasse). In Bühnentexten steht die Rolle oft in Großbuchstaben (TOBBY, MUTTER).

Regieanweisungen (auch: Nebentext) geben an, wie die Figuren reden und sich verhalten sollen. Sie stehen oft in Klammern und sind *kursiv* (schräg) gedruckt, z. B. *(ängstlich), (lacht).*

Kurt Tucholsky (1890–1935)

Wo kommen die Löcher im Käse her? (2)

TOBBY: Ich will nur wissen, wo die Löcher im Käse herkommen. Der Käse da hat Löcher, und der hat keine.

PAPA: Na, deswegen brauchst du doch nicht so
5 zu brüllen! Mama wird dir das erklären!

MAMA: Jetzt gib du dem Jungen auch noch recht! Bei Tisch hat er zu essen und nicht zu reden!

PAPA: Wenn ein Kind was fragt, kann man ihm
10 das schließlich erklären! Finde ich.

MAMA: Wenn ich es richtig finde, ihm das zu erklären, werde ich ihm das schon erklären. Tobby, nun iss!

TOBBY: Papa, wo die Löcher im Käse herkom-
15 men, möchte ich doch aber wissen!

PAPA: Also, die Löcher im Käse, das ist bei der Fabrikation. Käse macht man aus Butter und aus Milch, da wird er gegoren, und da wird er feucht. In der Schweiz machen sie das sehr
20 schön – wenn du groß bist, darfst du auch mal mit in die Schweiz, da sind so hohe Berge, da liegt ewiger Schnee darauf – das ist schön, was?

TOBBY: Ja. Aber, Papa, wo kommen denn die Löcher im Käse her?

PAPA: Ich hab's dir doch eben erklärt: Die kom- 25 men, wenn man ihn herstellt, wenn man ihn macht.

TOBBY: Ja, aber ... wie kommen denn die da rein, die Löcher?

PAPA: Junge, jetzt löchere mich nicht mit dei- 30 nen Löchern und geh zu Bett! Marsch! Es ist spät! Wir bekommen gleich Besuch!

TOBBY: Nein! Papa! Noch nicht! Erklär mir erst, wie die Löcher in den Käse ...

PAPA: Jetzt reicht's! Ab ins Bett! Sofort! 35
(Ungeheuerliches Gebrüll. Die drei Kinder stehen auf und wollen rausgehen.)

1 a Lest die Szene mit verteilten Rollen.

   b Wie verhält sich der Vater im Gespräch? Diskutiert über die folgenden Aussagen:

     A Der Vater erklärt seinem Sohn, wo die Löcher im Käse herkommen.

     B Der Vater nutzt die Gelegenheit, seiner Frau zu sagen, wie man Kinder erziehen soll.

     C Der Vater weicht aus und versucht, Tobby abzulenken.

2 Tragt die Zeilen 23–35 mit verteilten Rollen vor. Macht durch eure Sprechweise deutlich, wie der Vater sich durch Tobbys Fragen mehr und mehr in die Enge gedrängt fühlt. Der Vater kann z. B. Tobby genervt ins Wort fallen, mit seinem Sohn im Befehlston sprechen, ihn überheblich zurechtweisen, lauter werden usw.

3 a Spielt nun beide Teile (▶ S. 191–192). Schlüpft in eure Rolle und versucht, durch eure Sprechweise, aber auch durch eure Mimik und Gestik eure Rolle überzeugend zu spielen.
    TIPP: Bleibt ernsthaft in eurer Rolle. Das heißt: Nicht lachen, keine Kommentare abgeben!

   b Gebt euch gegenseitig ein Feedback zu den folgenden Punkten:
     – In der Rolle geblieben?
     – Gestik und Mimik überzeugend?
     – Sprechweise angemessen?

Eine Szene spielen

Josef Guggenmos (1922–2003)

Haudenhund, Traumichnicht, Tutmirleid

(Telefonklingeln)

HERR BIERKRIEGLE: Hallo?

(Am anderen Ende): Haudenhund!

HERR BIERKRIEGLE: Trau mich nicht!

5 *(Am anderen Ende):* 'tschuldigung. Falsch verbunden!

(Telefonklingeln)

HERR BIERKRIEGLE: Hallo?

(Am anderen Ende): Haudenhund!

10 **HERR BIERKRIEGLE:** Tut mir leid!

(Am anderen Ende): 'tschuldigung! Falsch verbunden!

(Frau Bierkriegle tritt auf.)

FRAU BIERKRIEGLE: Entsetzlich! Diese Hand-

15 werker! Seit drei Tagen warte ich schon auf diesen Herrn Haudenhund, dass er mir endlich meinen Kühlschrank in Ordnung bringt!

HERR BIERKRIEGLE: Wie heißt der Mann? Haudenhund?

FRAU BIERKRIEGLE: Natürlich! Er hat doch das 20 neue Geschäft ums Eck!

HERR BIERKRIEGLE: Richtig! Ich war selbst dort! Ich hatte den Namen völlig vergessen. Eben hat sich Herr Haudenhund zweimal am Telefon gemeldet – und ich habe gedacht, ich 25 solle einen Hund hauen!

FRAU BIERKRIEGLE: Du bist doch ein ...

(Telefonklingeln)

HERR BIERKRIEGLE: Gottlob, das ist er bestimmt wieder! – Bierkriegle! 30

(Am anderen Ende): Haudenhund! – Herr Bierkriegle, ein Glück, dass ich Sie endlich erreiche! Ich habe schon zweimal anzurufen versucht, aber zuerst meldete sich ein Herr Traumichnicht und dann ein Herr Tutmirleid. 35

1 Welche Aussagen treffen auf die Szene zu? Schreibt die zutreffenden Sätze in euer Heft.

A Das Gespräch zwischen Herrn Bierkriegle und Herrn Haudenhund führt zu Missverständnissen, weil ein Name falsch verstanden wird / weil sie einander belügen.

B Es gibt in dieser Szene zwei / drei Rollen zu besetzen.

C Neben den beiden Bierkriegles gibt es noch eine weitere Rolle, nämlich den Handwerker Traumichnicht / Haudenhund / Tutmirleid.

D Die kursiv gedruckten Aussagen in den Klammern nennt man Regieanweisungen / Regieeinfälle / Regietexte.

2 Schlüpft in die Rollen, spielt die Szene und gebt euch ein Feedback mit Hilfe des folgenden Bogens:

Feedbackbogen: Spielen und Sprechen auf der Bühne			
	Sprechweise angemessen?	**Gestik** und **Mimik** überzeugend?	In der **Rolle** geblieben?
Lea	☺	☺	1 x nicht
...	...	...	...

9.2 Wie die Profis – Szenen entwickeln und einstudieren

Im Folgenden sollt ihr selbst kleine Szenen entwickeln, um sie anschließend in der Klasse zu spielen. Wählt in kleinen Gruppen eine der folgenden Stationen (1, 2 oder 3).

⊡ Station 1

🔊 Im Klassenraum

LEHRER: Wie immer beginnen wir mit der Frage des Tages: Welcher Vogel baut kein eigenes Nest?

MAXIE: Der Kuckuck!

5 **LEHRER:** Richtig. Und warum nicht? – Ja, Lena!

LENA: Weil er in einer Uhr wohnt!

LEHRER: Seeeehr witzig! – Wir kommen zum Fach Erdkunde: Was ist weiter von uns entfernt? Italien oder der Mond? – Leyla!

10 **LEYLA:** Italien!

LEHRER: Warum nicht der Mond?

LEYLA: Das ist doch klar! Den Mond kann ich sehen – Italien nicht.

LEHRER: Nächste Frage. Wiederholung! Wie 15 viele Erdteile gibt es?

JOHANNA: Sechs.

LEHRER: Johanna, genauer bitte.

JOHANNA: Eins, zwei, drei, vier, fünf, sechs.

LEHRER: Damit kommen wir auch schon zur Mathematik. Wir wollen schätzen. Schätzt mal, 20 wie hoch unsere Schule ist.

CAN: 33 Meter.

ELSA: 18 Meter.

(Alle Schülerinnen und Schüler rufen Zahlen in den Raum.) 25

LEHRER: Ruhe! Ruhe, bitte! Wie hoch ist unsere Schule? Max, schätz du mal!

MAXIE: 1,10 Meter.

LEHRER: Aber Max, wie kommst du denn darauf?! 30

MAXIE: Ganz einfach: Ich bin 1,40 Meter, und die Schule steht mir bis zum Hals.

 1 Lest die Szene mit verteilten Rollen. Setzt euch dabei so, wie man im Unterricht oft sitzt.

 2 a Schreibt die Szene weiter. Nutzt dazu Witze, die ihr kennt und die zur Situation passen.
   TIPP: Überlegt euch, in welcher Reihenfolge die Witze gut zueinanderpassen.
   b Legt fest, wer welche Rolle übernimmt, und lernt eure Texte auswendig. Probt die Szene zusammen und gebt euch ein Feedback, z. B. mit Hilfe des Bogens auf Seite 193.
   TIPP: Vor allem die Rolle des Lehrers muss überzeugend verkörpert werden.

Station 2

Die Lügenmumie

Seit heute gibt es eine ägyptische Lügenmumie in der Familie, die immer, wenn jemand die Unwahrheit sagt, wackelt. Der Sohn kommt nach Hause. Die Mutter befragt ihn nach dem
5 Ergebnis seiner Mathearbeit. Nach einigem Hin und Her kommt immer noch keine Note heraus. Da lässt die Mutter die Lügenmumie herein. Sie wackelt so lange, bis der Sohn die Fünf zugibt. Bald kommt der Vater nach Hause und regt sich über die schlechte Mathenote sei- 10 nes Sohnes auf. Er behauptet, dass er früher in Mathematik immer nur Einser und Zweier geschrieben habe. Da kippt die Lügenmumie um.

 **1** Gebt den Inhalt der Szene wieder. Erklärt, warum der Schluss besonders lustig ist.

2 Verfasst auf Grundlage des Textes eine Spielszene. Besetzt mindestens vier Rollen (Sohn, Mutter, Vater, Lügenmumie) und formuliert Sprechtexte sowie Regieanweisungen für eure Figuren. Ihr könnt auch weitere Rollen ergänzen, z. B. Oma, Nachbarn, Schwester usw.

> **MUTTER:** Und, wie war's in der Schule? Mathe zurück?
> **SOHN:** Na ja, war eigentlich ganz gut.
> **MUTTER** *(streng):* Mathe zurück? Eine Antwort bitte!
> **SOHN** *(zögerlich):* Ja, schon.
> **MUTTER:** Und?
> **SOHN:** Ganz okay.
> **MUTTER:** Mir reicht es jetzt. Ich hole die Mumie …

3 Verteilt die Rollen, lernt eure Texte auswendig und probt das gemeinsame Spiel.

Station 3

Erich Kästner (1899–1974)
Das verhexte Telefon

Neulich waren bei Pauline
Sieben Kinder beim Kaffee.
Und der Mutter taten schließlich
Von dem Krach die Ohren weh.

5 Deshalb sagte sie: „Ich gehe.
Aber treibt es nicht zu toll.
Denn der Doktor hat verordnet,
Dass ich mich nicht ärgern soll."

Doch kaum war sie aus dem Hause,
10 Schrie die rote Grete schon:
„Kennt ihr meine neuste Mode?
Kommt mal mit ans Telefon."

Und sie rannten wie die Wilden
An den Schreibtisch des Papas.
15 Grete nahm das Telefonbuch,
Blätterte darin und las.

Dann hob sie den Hörer runter,
Gab die Nummer an und sprach:
„Ist dort der Herr Bürgermeister?
20 Ja? Das freut mich. Guten Tag!

Hier ist Störungsstelle Westen.
Ihre Leitung scheint gestört.
Und da wäre es am besten,
Wenn man Sie mal sprechen hört.

25 Klingt ganz gut ... Vor allen Dingen
Bittet unsere Stelle Sie,
Prüfungshalber was zu singen.
Irgendeine Melodie."

Und die Grete hielt den Hörer
30 Allen sieben an das Ohr.
Denn der brave Bürgermeister
Sang: „Am Brunnen vor dem Tor."

Weil sie schrecklich lachen mussten,
Hängten sie den Hörer ein.
35 Dann trat Grete in Verbindung
Mit Finanzminister Stein.

„Exzellenz, hier Störungsstelle.
Sagen Sie doch dreimal ‚Schrank'.
Etwas lauter, Herr Minister!
40 'tschuldigung und besten Dank."

Wieder mussten alle lachen.
Hertha schrie: „Hurra!", und dann
Riefen sie von Neuem lauter
Sehr berühmte Männer an.

45 Von der Stadtbank der Direktor
Sang zwei Strophen „Hänschen klein",
Und der Intendant[1] der Oper
Knödelte[2] die „Wacht am Rhein".

Ach, sogar den Klassenlehrer
50 Rief man an. Doch sagte der:
„Was für Unsinn? Störungsstelle –
Grete, Grete! Morgen mehr."

Das fuhr allen in die Glieder.
Was geschah am Tage drauf?
55 Grete rief: „Wir tun's nicht wieder."
Doch er sagte: „Setzt euch nieder.
Was habt ihr im Rechnen auf?"

---

1 der Intendant: der Verwalter, der Leiter

2 knödeln: undeutlich singen

 1 **a** Erklärt, welchen Streich die Kinder den Erwachsenen spielen. Wie gehen sie vor?
   b Besprecht, wie ihr die Reaktion des Klassenlehrers versteht (▶ Z. 51–52, 56–57).

2 Erstellt einen Spieltext zu Erich Kästners „Das verhexte Telefon". Geht so vor:
   – Schreibt aus dem Text die wörtliche Rede, d. h. die Sprechtexte der einzelnen Figuren (Mutter, Grete usw.), heraus und ergänzt passende Regieanweisungen.
   – Überlegt, ob ihr eng am Text bleiben und einen Erzähler / eine Erzählerin einsetzen wollt, z. B.:
   ERZÄHLER: Neulich waren bei Pauline ...
   PAULINE (springt auf die Bühne und winkt)
   ERZÄHLER: ... sieben Kinder zum Kaffee.
   Oder ihr kommt ohne Erzähler/-in aus, z. B.:
   (Acht Kinder sitzen lärmend um einen Tisch. Paulines Mutter hält sich mit schmerzverzerrtem Gesicht die Ohren zu.)
   MUTTER: „Ich gehe. Aber ..."

 3 Verteilt die Rollen, lernt eure Texte auswendig und probt das gemeinsame Spiel.

9.3 Projekt: Wir laden ein! – Szenen aufführen

In dem Kapitel habt ihr viele kleine Szenen einstudiert, die ihr an einem Theaterabend vorführen könnt. Natürlich könnt ihr sie auch umschreiben und modernisieren, z. B. indem ihr aus einem Bürgermeister eine Bürgermeisterin macht. Auf den folgenden beiden Seiten erhaltet ihr Tipps, wie ihr eure Szenen auf die Bühne bringen könnt.

1 **a** Einigt euch, welche Szenen ihr aufführen möchtet.
b Erstellt einen Spielplan. Ordnet die Szenen so, dass sich ein sinnvoller Ablauf ergibt. Notiert auch, wer in den einzelnen Szenen auftreten soll.
TIPP: Beginnt mit der Szene, die den aufwendigsten Bühnenaufbau verlangt. Diese Bühne könnt ihr dann vor Beginn eurer Veranstaltung einrichten.

2 Zur Vorbereitung einer Theateraufführung gehören viele verschiedene Aufgaben.
a Erstellt gemeinsam einen großen Projektfahrplan (z. B. in Form einer Wandzeitung). Der Plan sollte für alle jederzeit sichtbar sein. Ihr könnt ihn so anlegen:

Projektfahrplan für den Theaterabend der 5 b		
verantwortliche Gruppe	Aufgaben	Termine
Gruppe 1 Schauspieler/-innen	– Texte auswendig lernen – Proben der einzelnen Szenen – gemeinsame Probe	... ... am 2. Juli, 14 Uhr (Aula)
Gruppe 2 Kostüme, Requisiten	– alte Handys besorgen – ...	
Gruppe 3 Bühnenbild und Licht	– Stühle organisieren – ...	
Gruppe 4 Werbung	– Text für die Durchsage formulieren – Plakat ...	ab 25. Juni: Plakate aufhängen

b Bildet vier verschiedene Gruppen, die die folgenden Aufgaben übernehmen (▸ S. 197–198).

> **Gruppe 1: Schauspielerinnen und Schauspieler**
> – Legt die Rollen so fest, dass möglichst viele von euch auftreten können.
> – Lernt eure Rollentexte auswendig und probt die einzelnen Szenen zusammen.
> **TIPP:** Diejenigen, die in einer Szene zusammen spielen, verabreden sich zum Proben. Erst bei der Generalprobe sollten alle dabei sein.

Gruppe 2: Kostüme und Requisiten
– Überlegt, welche Kostüme und Requisiten ihr braucht und woher ihr sie bekommt.
  Bedenkt: Oft ist weniger mehr! Ein Jackett kann z. B. ausreichen, um zu zeigen: Dies ist ein
  Erwachsener.

Gruppe 3: Bühnenbild und Licht
– Klärt, welcher Raum für eure Aufführung zur Verfügung steht.
– Überlegt, welche Möbel ihr braucht: Tische, Stühle ...
– Wie soll die Bühne beleuchtet werden?

Gruppe 4: Werbung (Plakat, Durchsage)
– Wenn ihr euren Theaterabend vor einem größeren Publikum aufführen wollt, solltet ihr für
  eure Veranstaltung werben. Ihr könnt z. B. ein Plakat erstellen und einen Text für eine
  Durchsage in eurer Schule entwerfen.
– Tragt mit Hilfe der W-Fragen (Was? Wann? Wo?) wichtige Informationen für das Plakat und
  die Durchsage zusammen.
  – **Plakat:** Arbeitet zunächst von Hand auf einem großen Papierbogen (DIN-A3-Blatt).
    Später könnt ihr euer Plakat auch am Computer entwerfen. Wollt ihr Fotos oder Bilder
    verwenden? Wo könnt ihr die Plakate aufhängen?
  – **Durchsage:** Schreibt einen knappen Text für eine Durchsage. Eure Sätze sollten kurz sein,
    denn das Publikum kann nicht allzu viele Informationen auf einmal aufnehmen.
    TIPP: Eure Ankündigung solltet ihr ein paar Tage vor der Aufführung durchsagen.

Turbulenter Theaterabend
der Klasse 5 b

*Mit Texten von Erich Kästner,
Kurt Tucholsky und vielen eigenen Werken!*

Freitag, 6. Juli, 18 Uhr

Hildegard-von-Bingen-Gymnasium (Aula)
(Bergstr. 12, Buslinie 12, Haltestelle Bergstraße)
Eintritt frei / Spenden erbeten

Morgen findet ein Theaterabend der
5 b statt. Wir spielen Theaterstücke
mit Texten von Erich Kästner und Kurt
Tucholsky. Und ihr seht eigene Werke,
die wir selbst geschrieben haben.
Versprochen: Es wird lustig!
Also: Morgen um 18 Uhr in der Aula!
Der Eintritt ist frei. Wir sammeln aber
Spenden für ...

3 Führt gemeinsam die Generalprobe durch:
Baut die Bühne mit den Requisiten auf, testet die Lichteinstellungen und probiert eure Kostüme
und Requisiten aus. Spielt nun alle Szenen ohne Unterbrechung.

1 Welches der abgebildeten Sachbücher interessiert euch am meisten?
Begründet eure Meinung.

2 Unser Gehirn ist die „Schaltzentrale" für den ganzen Körper.
Tauscht euch über folgende Fragen aus:
— Was wisst ihr bereits über das Gehirn?
— Woher habt ihr dieses Wissen?
— Wofür kann dieses Wissen nützlich sein?

3 a Berichtet von weiteren Sachbüchern,
die ihr kennt. Wovon handeln sie?
b Beschreibt den Unterschied zwischen
Sachbüchern und anderen Büchern.
c Begründet, was ihr lieber lest:
Sachbücher oder andere Bücher?

In diesem Kapitel ...

- erfahrt ihr, wie euer Gehirn arbeitet und wie
  Lernen funktioniert,
- prüft ihr, wie Sachbücher aufgebaut sind,
- lernt ihr, wie ihr die wichtigsten Informationen
  aus einem Sachtext herausfiltern könnt,
- sucht ihr selbst Informationen zu einem
  Thema und erstellt ein Informationsplakat.

10.1 Wissenswertes über unser Gehirn – Sich in Jugendsachbüchern informieren

Inhaltsverzeichnisse untersuchen und vergleichen

2 / Inhaltsverzeichnis

Hier siehst du, wo du bist!

Wo ist was?

Seite 12

Verzweigte Nervenzellen sind Vermittler zwischen Gehirn und Körperteilen.

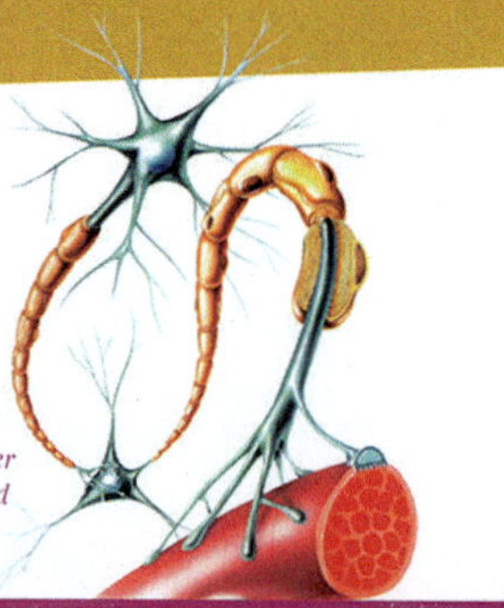

10 / **Was dich steuert**

10 Kommandozentrale Gehirn
12 Stille Post

4 / **Wunderwerk Körper**

▶ **4 Perfektes Zusammenspiel**
6 Wunder des Lebens
▶ **8 Bausteine des Lebens**

Die mit ▶ markierten Seiten könnten dich besonders interessieren!

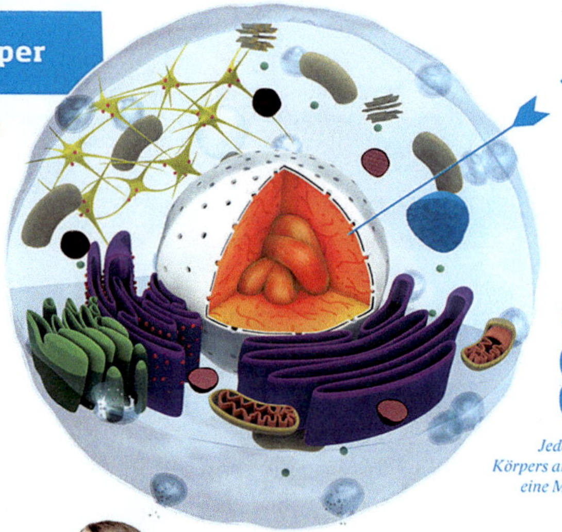

Zellkern

Seite 8

Jede Zelle des Körpers arbeitet wie eine Minifabrik.

Seite 15

Deine Ohren sind feine Sinnesorgane. Lärm und laute Geräusche können sie schädigen und dich krank machen.

14 / **Mit allen Sinnen**

▶ **14 Tore in die Welt**
16 Wer riecht, der schmeckt
▶ **18 Voll im Blick: Auge, Nase und Co**

aus: **WAS IST WAS** Band 50 Der menschliche Körper, © 2014 TESSLOFF VERLAG Nürnberg

Denkste?! – Verblüffende Fragen und Antworten rund ums Gehirn (nachgebauter A Ausschnitt aus dem Inhaltsverzeichnis), ©Thienemann Verlag Stuttgart

1 Betrachtet die beiden Inhaltverzeichnisse. Welches spricht euch spontan mehr an? Begründet.

2 a Vergleicht die beiden Inhaltsverzeichnisse, indem ihr folgende Fragen beantwortet:
   – Wie viel Text und Abbildungen gibt es? Wie ist die farbliche Gestaltung?
   – Wie sind Texte und Abbildungen im Inhaltsverzeichnis angeordnet?
   – Welche weiteren Hinweise und Elemente (z. B. Pfeile) gibt es?
 b Stellt eure Ergebnisse vor. Diskutiert dann Vor- und Nachteile der Inhaltsverzeichnisse.

3 Untersucht, was die Inhaltsverzeichnisse über die Themen der Sachbücher verraten. Wählt a, b oder c und tauscht dann eure Ergebnisse aus.
 a Erklärt, worum es in den einzelnen Kapiteln des Buchs **„Denkste?!"** gehen könnte.
    Das erste Kapitel könnte davon handeln, wie das Gehirn ...
 b Erklärt, worum es in den einzelnen Kapiteln des Buchs **„WAS IST WAS?"** gehen könnte.
 c **Vergleicht** die Inhalte der **beiden Sachbücher.** Was ist gleich, was ist anders?

4 Entscheidet, welches Kapitel aus den Sachbüchern ihr am liebsten lesen würdet. Begründet anhand eurer Interessen und Vermutungen über die Inhalte der Kapitel.

> **Information** ▷ **Sachbücher**
>
> **Sachbücher** sind Bücher, die über ein bestimmtes Thema **informieren,** z. B. über den menschlichen Körper oder über das Gehirn. Sie verdeutlichen die Informationen **meist** durch **Fotos, Abbildungen, Karten, Tabellen oder Grafiken.** Sachbücher sind in verschiedene Kapitel unterteilt, die man häufig auch unabhängig voneinander lesen kann.

Einen Sachtext lesen und verstehen

Das hab ich im Kopf
Wissenswertes zur Wundermaschine Gehirn

Was ist die Hirnrinde?

Faltig wie eine Walnuss ist das Gehirn oder besser gesagt die ein paar Millimeter dicke <u>Außenschicht</u>. Man nennt sie Hirnrinde, weil sie wie die Rinde eines Baumes <u>dünn</u> ist und außen sitzt. Wenn wir
5 die Hirnrinde nicht hätten, könnten wir nicht <u>denken, lernen, fühlen, lesen, schmecken, hören, sprechen</u> und viele andere Dinge, die wir Menschen besonders gut können. Unsere Hirnrinde ist daher <u>größer als</u> die der meisten <u>Tiere</u>. Aber da das Gehirn in den Kopf passen muss, ist die Hirnrinde <u>in Falten gelegt</u>. So passt mehr da-
10 von in unseren kleinen Kopf. Das ist wie bei einem großen Badetuch, das man auch nur in die Sporttasche bekommt, wenn man es zusammenknautscht.

? ? ? ? ? ?

Unser Gehirn ist nicht nackt, sondern so wie wir auch angezogen. Es ist von drei Häuten umgeben, die dem Schutz, der Befestigung im Kopf und der Blutversorgung dienen. Obwohl sie unterschiedlich 15 dick sind, fühlen sich alle so ähnlich wie Leder an. Wenn man die Hirnhäute entfernt und über die Oberfläche des Gehirns streicht, fühlt sie sich glatt und etwas nachgiebig an, etwa so wie eine reife Pflaume.

20 **? ? ? ? ? ?**

Kennst du den Spruch „Streng mal deine grauen Zellen an"? Klar, gemeint ist unser Gehirn oder genauer noch die Bausteine, aus denen das Gehirn besteht. Du kannst dir diese Bausteine so ähnlich wie einen Baum mit ganz vielen Ästen und Ästchen vorstellen:
25 winzig kleine, mit Flüssigkeit gefüllte Säckchen, die ganz lange und stark verzweigte Ausstülpungen haben. Und die werden wegen ihrer Farbe auch „graue Zellen" genannt. Genauer heißen sie Nervenzellen und ihre Ausstülpungen Nervenzellfortsätze. […]
In der Hirnrinde sitzen viele Nervenzellen, von denen jede über ihre
30 langen Fortsätze mit ein paar Tausend anderen Nervenzellen verbunden ist. Dieses dichte Netzwerk aus vielen verbundenen Nervenzellfortsätzen füllt das Gehirn fast komplett aus.

1 **a** Blickt auf den Text als Ganzes und verschafft euch einen Überblick: Lest nur die Überschrift des Textes und die ersten zwei bis drei Zeilen jedes Abschnitts. Schaut euch die Fotos an.
b Überlegt: Was wisst ihr bereits über das Thema? Wozu kann Wissen zum Thema nützlich sein?

2 a Arbeitet mit einer Kopie des Textes. Lest den Text zügig durch und unterstreicht mit einem Bleistift, was ihr wichtig findet. Haltet euch bei diesem Lesedurchgang nicht an Einzelheiten auf, die ihr nicht sofort versteht.

b Erklärt euch zu zweit gegenseitig, was ihr nach dem ersten Lesen bereits verstanden habt, z. B.:

> Das Gehirn ist wie ein Handtuch ...

> Der Junge auf dem Foto trägt mehrere Lederjacken übereinander. Auch das Gehirn ...

> ...

3 a Lest den Text gründlich, und zwar Absatz für Absatz.
  - Notiert für den zweiten und dritten Absatz eine Frage (als Überschrift), die in dem Absatz beantwortet wird.
  - Markiert oder unterstreicht Wörter (Schlüsselwörter), die für die Beantwortung dieser Frage wichtig sind.

  TIPP: Im ersten Abschnitt sind die Schlüsselwörter schon unterstrichen, die auf die Frage „Was ist die Hirnrinde?" antworten.

> **Schlüsselwörter** sind Wörter, die für das **Verstehen** des Textes wichtig sind. Markiert/Unterstreicht nicht zu viele Wörter, sonst verliert ihr den Überblick.

b Klärt unbekannte Wörter oder schwierige Sätze, die für das Verständnis des Textes wichtig sind.

4 a Arbeitet zu zweit: Erklärt euch gegenseitig, was die einzelnen Fotos über den Aufbau des Gehirns verdeutlichen. Nennt dann zwei Informationen aus dem Text, die ihr besonders wichtig oder interessant findet.

b Fasst die wichtigsten Informationen in wenigen Sätzen zusammen. Beantwortet hierbei geeignete W-Fragen (z. B. Wo ...? Wie ...? Was ...?).

 5 Man kann die Informationen eines Textes auch in einer Tabelle oder in einem Schaubild übersichtlich darstellen. Ergänzt die Tabelle mit Hilfe eurer Arbeitsergebnisse.

Hirnteile	Aufbau	Funktion
Hirnrinde	dünne Außenschicht des Gehirns, in Falten gelegt (platzsparend) ...	u. a. denken, lernen, fühlen, lesen, schmecken, hören, sprechen

6 a Lest die Schritte der Lesemethode auf Seite 210.
  b Ihr habt diese Schritte in den Aufgaben 1 bis 4 bzw. 5 angewendet.
  Was fiel euch leicht, wo hattet ihr Schwierigkeiten?
  c Bastelt aus der Lesemethode (▶ S. 210) einen Lesefächer.
  d Erklärt, in welchen Fächern und Situationen ihr diesen Lesefächer verwenden könnt.

Schwierige Wörter klären und Schlüsselwörter finden

Unser Gehirn: Die Schaltzentrale im Körper

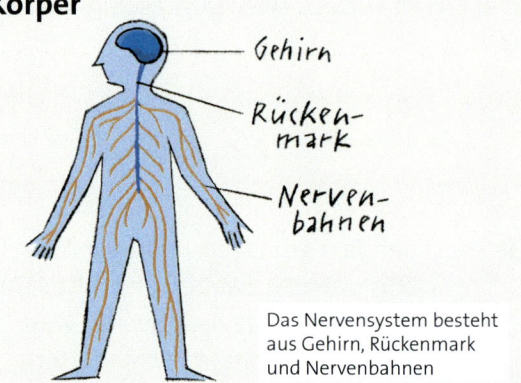

Das Nervensystem besteht aus Gehirn, Rückenmark und Nervenbahnen

Was ist alles mit dem Gehirn verbunden?

Willkommen in der Schaltzentrale des Körpers. Ohne das Gehirn geht nichts, keine Empfindung und kaum eine Bewegung. Und
5 deshalb ist eigentlich alles in unserem Körper mit dem Gehirn verbunden. Aus dem Gehirn und dem in der Wirbelsäule liegenden Rückenmark erstrecken sich die Nervenbahnen zu allen unseren Gliedmaßen und Organen.
10 Sie gehen zu den Muskeln, damit wir unsere Arme, Beine, Finger und Zehen bewegen können. Auch das, was wir nicht bewusst merken, wie zum Beispiel der Blutdruck, wird über die Nervenbahnen an das Gehirn ge-
15 meldet. So steuert es die Organe.

Was sind Reflexe?

Ein weiterer wichtiger Teil unseres Nervensystems liegt nicht im Kopf, sondern im Rückenmark, das für die Reflexe zuständig ist. Die
20 kennst du vielleicht vom Arzt, wenn er mit einem Hämmerchen gegen deine Kniescheibe klopft und das Bein etwas zuckt. Ein Reflex ist also eine Reaktion, über die du keine Kontrolle hast. Daher gehören auch Niesen,
Atmen und Husten zu den Reflexhandlun- 25 gen. Solche sind auch für das Stehen und Gehen wichtig, denn sie halten deine Muskeln in einer Grundspannung, ohne dass du darüber nachdenken musst. Zudem schützen sie dich, indem sie beispielsweise dafür 30 sorgen, dass du die Hand schnell zurückziehst, wenn du auf eine heiße Herdplatte fasst. Das Gute an Reflexen ist also, dass sie von ganz allein funktionieren. So reagieren die Armmuskeln und ziehen die Finger von 35 der Herdplatte zurück, bevor das Gehirn von der Gefahr (Vorsicht heiß!) erfährt. Für ganz dringende Nachrichten wird also direkt das Rückenmark benutzt.

1 Lest den Text einmal zügig durch und macht euch klar, was ihr schon verstanden habt.

2 Im Text gibt es einige Wörter, die sich auf etwas beziehen, das vorher genannt wurde (Pronomen). Erklärt, auf was sich die folgenden Pronomen beziehen:

> Sie (▶ Z. 10) • es (▶ Z. 15) • Die (▶ Z. 19) • er (▶ Z. 20) • Solche (▶ Z. 25) • sie (▶ Z. 27 und 29)

3 Einige Sätze werden durch bestimmte Wörter am Satzanfang miteinander verknüpft. Erklärt, auf welche Information im Satz davor sich die folgenden Verknüpfungswörter beziehen.

> deshalb (▶ Z. 5) • So (▶ Z. 15) • Daher (▶ Z. 24) • Zudem (▶ Z. 29) • So (▶ Z. 34)

4 **a** Tauscht euch über Möglichkeiten aus, unbekannte Wörter zu verstehen.

b Klärt, was die folgenden Wörter im Text bedeuten. Nehmt den Methodenkasten unten zu Hilfe.

> bewusst (▶ Z. 12) • Blutdruck (▶ Z. 13) • Reflexe (▶ Z. 19)

5 Im Text findet ihr für jeden Absatz eine Überschrift (W-Frage). Markiert die Schlüsselwörter, die für die Beantwortung dieser Fragen wichtig sind. Arbeitet mit einer Kopie des Textes und wählt Aufgabe a, b oder c. Vergleicht anschließend eure Ergebnisse.

a **Wählt** aus dem folgenden Wortspeicher die **Schlüsselwörter aus,** die für die Beantwortung der ersten Zwischenüberschrift (Was ist alles mit dem Gehirn verbunden?) wichtig sind.

> Willkommen (▶ Z. 2) • Schaltzentrale des Körpers (▶ Z. 2–3) •
> Empfindung und … Bewegung (▶ Z. 4) • alles … mit … Gehirn verbunden (▶ Z. 5–6) •
> Gehirn (▶ Z. 6) • Nervenbahnen zu … Gliedmaßen … Organen (▶ Z. 8–9) •
> Muskeln (▶ Z. 10) • Arme, Beine (▶ Z. 11) • was wir nicht bewusst merken (▶ Z. 12–13) •
> zum Beispiel (▶ Z. 13) • wird … gemeldet (▶ Z. 13–15)

b **Markiert im ersten Textabsatz** (▶ Z. 1–15) **Schlüsselwörter,** die für die Beantwortung der ersten Zwischenüberschrift (Was ist alles mit dem Gehirn verbunden?) wichtig sind.

c **Markiert im gesamten Text Schlüsselwörter,** die jeweils für die Beantwortung der beiden Zwischenüberschriften wichtig sind.

Methode ▶ **Schwierige Wörter klären**

1 Um einen Text zu verstehen, müsst ihr nicht jedes einzelne Wort kennen. Viele **unbekannte Wörter** werden aus dem Zusammenhang verständlich. Die Tipps helfen euch:
   - Sucht nach **Hinweisen im Text.** Bleibt nicht an dem Wort hängen, das ihr nicht versteht, sondern lest weiter und achtet auf entsprechende Erklärungen, die vielleicht folgen.
   - **Zerlegt** das unbekannte **Wort in** seine **Bausteine,** z. B.: *Nervenbahnen (Z. 14) = Nerven + Bahn (Weg, Strecke) → Nervenbahnen sind Wege für die Nerven (in unserem Körper).*
   - Schlagt im **Wörterbuch** oder im **Online-Lexikon** nach, was ihr nicht erschließen könnt.

2 Auch manche **bekannte Wörter** sind nicht immer leicht zu verstehen. Hier muss man den Text als Ganzes ansehen und **Beziehungen zwischen Wörtern und Sätzen** erkennen.
   - Achtet auf **Pronomen** (z. B. *sie, es, solche, der*). Sie beziehen sich auf etwas, das im Text an anderer Stelle (meist davor) genannt wurde, z. B.:
     Ohne das Gehirn funktioniert nichts. Es ist das Steuerzentrum für den Körper.

   - Achtet auch auf **Verknüpfungswörter** (z. B. *so, deshalb, daher, aus diesem Grund*). Sie schaffen gedankliche Brücken zwischen den Informationen, z. B. können sie eine Folge, eine Ursache oder eine Begründung signalisieren, z. B.:
     Ohne das Gehirn funktioniert in unserem Körper nichts. Deshalb ist …

Tabellen lesen

Warum träumt man nachts?

Warum genau wir träumen, wissen auch die besten Wissenschaftler noch nicht. Man kann aber trotzdem eine ganze Menge zu der folgenden Frage sagen: Was geht während des
5 Schlafs im Gehirn vor sich? Jede Nacht wechseln sich im Schlaf mehrmals die ruhige Tiefschlafphase und die aktive REM-Phase ab. REM ist die Abkürzung für „Rapid Eye Movement", was übersetzt „schnelle Augenbewe-
10 gung" bedeutet. Tiefschlaf dient der Erholung und wird etwa alle 90 Minuten von REM-Schlaf abgelöst, der dann zwischen fünf und 30 Minuten dauert. In der REM-Phase ist unser Gehirn sogar wacher und aktiver als am
15 Tag! Die meisten Träume haben wir in dieser REM-Phase. „Unsere Träume sind jede Nacht wild. Wir kämpfen jede Nacht mit Monstern und bösen Typen", sagt Dr. Kunz. Damit wir in unseren Schlaf-Abenteuern nicht wild um
20 uns schlagen, sind alle Muskeln entspannt, nur die Augen zittern kreuz und quer durch die Gegend. Viel schneller, als wir das am Tag bewusst hinbekommen würden.

Man nimmt heute an, dass der REM-Schlaf
25 folgende Aufgaben hat. Erstens: Abspeichern und Ausmisten. Wichtige Erlebnisse des Tages speichert das Gehirn im Langzeitgedächtnis ab. Unwichtiges wird einfach komplett gelöscht. So ist wieder Speicherplatz frei für den
30 neuen Tag.

Zweite Aufgabe: Lernen! Im REM-Schlaf lernt

Altersgruppe	Alter	Schlafbedürfnis in Stunden (h)
Babys	0–2 Monate 2–11 Monate	12–18 h 14–15 h
Kleinkinder/ Kinder	1–3 Jahre 3–5 Jahre 5–11 Jahre	12–14 h 11–13 h 10–11 h
Jugendliche	11–17 Jahre	9–10 h
Erwachsene	18–50 Jahre 50–80 Jahre	7–9 h 6–8 h

das Gehirn dazu. Richtig gut erforscht ist das für automatische Bewegungen wie Fahrradfahren oder Klavierspielen: Wenn der REM-Schlaf in der ersten Nacht nach der Klavier- 35 Doppelstunde sehr gut ist, klappt die komplizierte Griffkombination am Tag danach locker.

Warum ist Schlaf so wichtig? Menschen sind tagaktive Lebewesen. Wir sollten nachts 40 schlafen, sagt unsere innere Uhr. Diese Uhr gibt auch etwa vor, wie viel Schlaf wir brauchen. In der Regel brauchen junge Menschen jede Nacht etwa neun Stunden Schlaf, damit das Gehirn während des Tages aktiv sein 45 kann. Viele Erwachsene schlafen nachts weniger als sechs Stunden und erhalten dadurch nicht ausreichend Schlaf. Hält dieser Zustand zu lange an, kann eine ernsthafte Erkrankung die Folge sein, wie beispielsweise 50 Herzprobleme oder Depressionen.

1 Verschafft euch einen Überblick über den Text: Lest nur die Überschrift und die ersten drei Zeilen. Schaut euch dann die Tabelle an. Notiert, worum es in dem Text gehen könnte.

2 **a** Lest nun den ganzen Text zügig durch. Welche Vermutungen aus Aufgabe 1 haben sich bestätigt? **TIPP:** Auf einer Textkopie könnt ihr das, was euch wichtig scheint, unterstreichen.
b Tauscht euch aus: Was habt ihr nach dem ersten Lesen bereits verstanden?

3 **a** Lest den gesamten Text gründlich.

b Im ersten Absatz (▶ Z.1–23) ist schon eine Frage unterstrichen, auf die der Absatz antwortet. Schreibt aus dem ersten Absatz die Schlüsselwörter heraus, die für die Beantwortung dieser Frage wichtig sind.

TIPP: Auf einer Textkopie könnt ihr Schlüsselwörter markieren oder unterstreichen.

c Verfahrt nun mit dem restlichen Text genauso:
- Notiert für jeden Absatz eine Frage, ein Stichwort oder eine Überschrift.
- Schreibt dann die Schlüsselwörter heraus, die für die Beantwortung dieser Frage (oder für die Überschrift / das Stichwort) wichtig sind.

4 Erklärt, worüber die Tabelle informiert. Welche Angaben enthalten die Spalten, welche die Zeilen?

5 Vergleicht die Informationen aus dem Text mit den Informationen in der Tabelle. Wählt dazu Aufgabe a, b oder c.

a Im Text erhalten wir die Information, dass junge Menschen in der Regel neun Stunden Schlaf benötigen. **Nennt zusätzliche Informationen,** die uns die Tabelle zum Schlafbedürfnis junger Menschen liefert.

b Lest den **letzten Absatz** (▶ Z.39–51) noch einmal gründlich. **Vergleicht** diese **Textinformationen** mit den Informationen in der **Tabelle.** Nennt zwei Unterschiede.

c Lest den **letzten Textabsatz** (▶ Z.39–51) noch einmal gründlich. Beschreibt die **Unterschiede und Gemeinsamkeiten** der Informationen aus **Text** und **Tabelle.**

d Stellt euch eure Arbeitsergebnisse vor: Informationen in Form eines Textes oder in Form einer Tabelle? Bewertet die verschiedenen Darstellungsformen.

6 **a** Begründet, welche Informationen aus dem Text ihr besonders interessant findet.

b Formuliert Tipps für einen erholsamen Schlaf. Nutzt hierzu die Informationen aus dem Text und der Tabelle und bringt auch eigenes Wissen ein.

7 Vergleicht die Aussagen zu Träumen und Schlafdauer mit euren eigenen Erfahrungen.

Methode ▶ **Tabellen lesen**

In Sachtexten findet ihr häufig Tabellen, mit denen man Informationen **knapp** und **übersichtlich** darstellen kann.

1 Stellt fest, worüber die Tabelle informiert. Meist gibt es eine **Überschrift** oder die oberste Zeile der Tabelle gibt Hinweise.

2 Verschafft euch einen Überblick darüber, welche Informationen die **Spalten** und die **Zeilen** enthalten.

3 Lest die **Angaben in den einzelnen Feldern** der Tabelle. Gibt es **Maßeinheiten** in der Tabelle, z. B. Meter (m), Kilogramm (kg), Stunden (h) usw.?

4 Notiert eure Beobachtungen: Welche Angaben werden in der Tabelle gemacht?

Der Aufbau einer Tabelle

Eine Spalte verläuft von oben nach unten. Eine Zeile verläuft von links nach rechts.

	Spalte
Zeile →	

Bilder zuordnen und Grafiken auswerten

Vom Merken, Vergessen und Erinnern

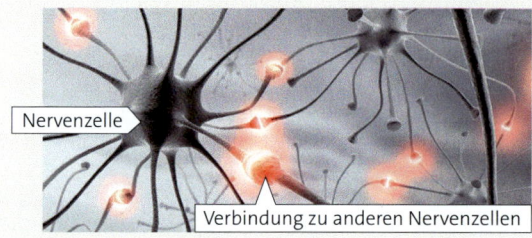

Nervenzelle
Verbindung zu anderen Nervenzellen

Wie kann man das Gehirn trainieren?

Sport für das Gehirn? Das gibt es eigentlich schon. Alles, einfach alles, was wir tun, verändert das Gehirn. Wenn wir etwas intensiv,
5 lange und möglichst auch noch gern machen, werden wir darin immer besser. In den zuständigen Hirnbereichen werden die Verbindungen zwischen den Nervenzellen verbessert und manchmal auch zusätzliche
10 Nervenzellen dafür eingesetzt. Das Gehirn bekommt auf diese Weise tatsächlich so etwas wie Muckis. Aber genauso, wie Sportler vor allem die für ihre Sportart wichtigen Muskeln trainieren, bekommt auch unser Gehirn
15 nur für das Muckis, was wir trainieren: beim Auswendiglernen von Gedichten das Gedächtnis, beim Computerspielen die Reaktionsfähigkeit usw. Umgekehrt werden wir in den Dingen, die wir nicht mehr tun, schlech-
20 ter, weil Verbindungen zwischen Nervenzellen wieder abgebaut werden. Um also kein einseitiger Typ mit schlechtem Gedächtnis, lahmen Bewegungen und Sprachstörungen zu werden, sollten wir am besten immer mal
25 wieder was anderes machen, und das richtig

intensiv: Bücher lesen und Sport treiben und Computer spielen und Musik machen und raus in die Natur gehen …

Wie lange hält das Wissen aus der Schule?

Stell dir mal einen Trampelpfad durch eine 30 ungemähte Wiese vor. So ähnlich funktioniert dein Gedächtnis. Je häufiger du diesen Weg benutzt, desto fester und breiter wird er. Bist du ihn aber lange nicht gegangen, wird er überwuchert. Du musst dir den Weg neu bah- 35 nen, doch du erkennst ihn irgendwie wieder. Wenn dein Gehirn aus dem in der Schule Gelernten ein Langzeitgedächtnis gebildet hat, gibt es in deinem Kopf einen Pfad dieser Erinnerung. Das ist eine Kette aus aneinander- 40 geknüpften Nervenzellen. Je nachdem, wie oft du das Gelernte angewendet hast oder wie wichtig es dir ist, sind die Verknüpfungen fester oder weniger fest. Das Gelernte wird dadurch schwerer oder einfacher zu finden. 45 Doch bleibt meist etwas von diesem Erinnerungspfad bestehen und dir fällt urplötzlich wieder etwas ein, was du längst vergessen geglaubt hast.

1 **a** Lest den Text zweimal und schaut euch die Abbildungen an.
b Erklärt mit eigenen Worten, wie unser Gedächtnis funktioniert. Verwendet folgende Begriffe:

Aufbau der Verbindungen zwischen den Nervenzellen • Langzeitgedächtnis •
Erinnerungspfad • Kette aus Nervenzellen

2 **a** Beschreibt, was auf den beiden Abbildungen (▶ S. 208) zu sehen ist.
   b Notiert, welche Textstellen jeweils veranschaulicht werden. Nennt die Zeilenangaben.
   c Erklärt, was die Abbildungen leisten.

3 Die Abbildung rechts ist eine Grafik. Schaut sie euch genau an.
   a Erklärt in einem Satz, was in der Grafik gezeigt wird. Lest hierzu auch die Informationen im Methodenkasten unten.
   b Entscheidet, welche Aussagen auf die Grafik zutreffen:

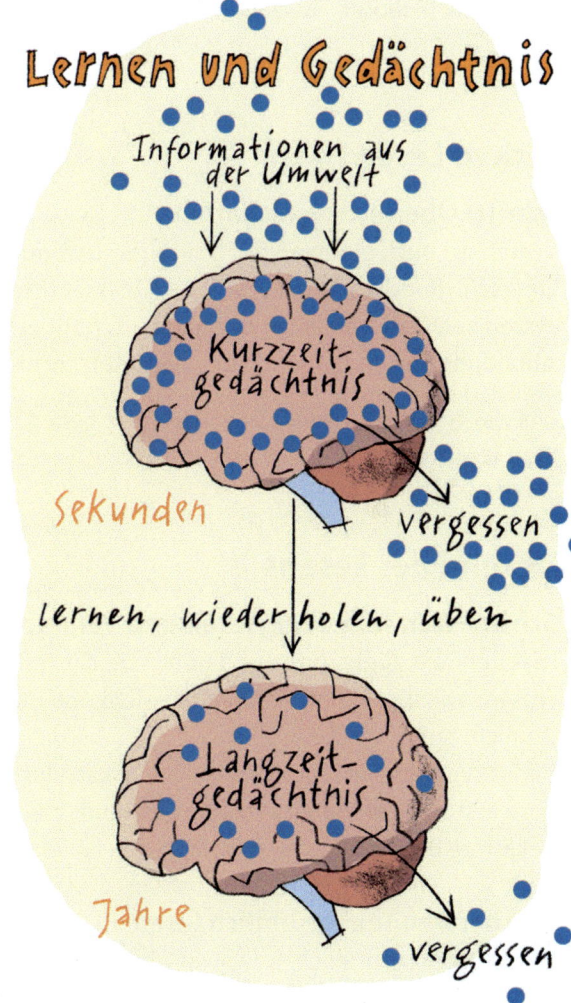

> **Die Grafik ...**
> **A** ... zeigt, wie Informationen vom Kurzzeit- ins Langzeitgedächtnis gelangen.
> **B** ... stellt dar, dass Menschen ihr Leben lang lernen.
> **C** ... gibt an, wie lange wir Informationen im Kurzzeit- und im Langzeitgedächtnis speichern.
> **D** ... veranschaulicht, dass sehr viele Informationen aus dem Kurzzeitgedächtnis verloren gehen.

   c Beschreibt die Grafik mit eigenen Worten.

⊕ **4** Beschreibt den Zusammenhang zwischen dem Text (▶ S. 208) und der Grafik.

Methode ▶▶ **Grafiken auswerten**

Eine Grafik stellt etwas bildlich dar. Sie kann zum Beispiel zeigen, **wo sich etwas befindet** (z. B. Landkarte), **wie etwas funktioniert** (z. B. das Lernen) oder sie kann Angaben über Mengen machen (Diagramme).

Beim Entschlüsseln einer Grafik könnt ihr so vorgehen:
1 Stellt fest, **worum es** in der Grafik **geht.** Hierbei hilft euch die Überschrift.
2 Untersucht, **was** in der Grafik **dargestellt wird:**
   Erklärt sie einen Vorgang oder den Aufbau von etwas?
   Gibt sie ein Größenverhältnis an oder verdeutlicht sie eine Lage, wie z. B. eine Landkarte?
3 Prüft, ob die Grafik **Farben, Beschriftungen oder Symbole** enthält, die erklärt werden.
4 Formuliert schriftlich, was die Grafik **aussagt**, d. h. **worüber** sie informiert und welche **Zusammenhänge** sie aufzeigt.

Lesemethode: Einen Sachtext lesen und verstehen

Sachtexte wollen über ein bestimmtes Thema informieren, z. B. über den Menschen (das Gehirn), über Tiere, über Technik (Roboter, Flugzeuge) usw. Sachtexte findet ihr überall, z. B. in Sachbüchern, Zeitungen, Zeitschriften und natürlich auch im Internet. Die folgenden Schritte helfen euch, einen Sachtext zu verstehen.

Vor dem Lesen

1. Schritt: Überblick verschaffen

– Verschafft euch einen ersten Überblick: **Lest nur die Überschrift** (evtl. auch die Zwischenüberschriften) **und die ersten zwei bis drei Zeilen des Textes.** Schaut euch die **Abbildungen** und evtl. auch die Bildunterschriften an.

– Überlegt: Worum könnte es in dem Text gehen? Was wisst ihr bereits über das Thema?

Während des Lesens

2. Schritt: Den Text zügig lesen und Verstehensinseln bilden

– **Lest** den Text **zügig** durch und **unterstreicht mit einem Bleistift,** was ihr wichtig findet. Haltet euch nicht an Einzelheiten auf, die ihr nicht sofort versteht.
– Bildet „Verstehensinseln". Macht euch also klar, **was ihr** nach dem ersten Lesen **bereits verstanden habt,** z. B. eine Aussage, bekannte Begriffe, ein verständliches Beispiel.

3. Schritt: Den Text gründlich lesen

– Lest den Text gründlich, und zwar Absatz für Absatz.
  – **Notiert für jeden Absatz** (am Textrand) **ein Stichwort oder eine Frage,** die in diesem Absatz beantwortet wird, z. B.: *graue Zellen* oder *Was sind graue Zellen?*
  – **Markiert Schlüsselwörter** (wichtige Wörter), die für die Beantwortung eurer Frage oder für eure Stichworte wichtig sind.
– Klärt **unbekannte Wörter** oder **schwierige Sätze,** die für das Verständnis des Textes wichtig sind.

Nach dem Lesen

4. Schritt: Informationen des Textes zusammenfassen

– Fasst die wichtigsten Informationen des Textes in wenigen Sätzen, in Stichpunkten oder in einer Tabelle zusammen. **Beantwortet** die **W-Fragen** (Was ...? Wie ...? Warum ...? usw.).

Informierende, argumentierende und werbende Texte unterscheiden

Lernen mit verschiedenen Sinnen

Hirnforscher haben herausgefunden, wie man besonders gut lernt. Wenn man sich etwas einprägen möchte, sollte man versuchen, mit allen Sinnen zu ler-
5 nen. Dann werden verschiedene Bereiche des Gehirns angesprochen und am Lernen beteiligt.
Das belegen Untersuchungen zum Vokabellernen: Wenn man die neu-
en Wörter einfach immer wieder im Vokabel- 10 heft liest, behält man sie nicht so gut, wie wenn man sie gleichzeitig auch hört. Noch besser lernt man Vokabeln, wenn man sie außerdem laut liest. Den besten Lernerfolg 15 erreicht man, wenn man die neuen Wörter auch noch aufschreibt oder mit einer Geste verbindet.

Lernen mit dem Tablet – eine gute Idee?

Die Frage, ob es sinnvoll ist, mit dem Tablet zu lernen, wird von zwei erfahrenen Lehrkräften unterschiedlich beurteilt:

Herr Schreiber

Lernen mit dem Tablet ist auf jeden Fall eine
5 gute Idee, weil damit Schülerinnen und Schülern die ganze Welt offensteht. Denn sie finden im Internet die aktuellsten Informationen zu jedem Thema. Diese werden außerdem viel anschaulicher präsentiert als in einem
10 Buch, z. B. in Erklärvideos.
Hinzu kommt, dass Jugendliche viel lieber mit digitalen Medien lernen. So ist z. B. das spielerische Vokabellernen mit einer passenden App abwechslungsreicher als das Lernen
15 mit dem Vokabelheft, da man die Vokabeln hier nicht nur liest, sondern auch hört und schreibt.

Frau Althaus

Lernen mit Tablets ist problematisch. Denn die Schüler werden abhängig von diesen Ge- 20 räten, und das behindert das Lernen. So sind viele Jugendliche heute nicht mehr dazu bereit, selbst nachzudenken oder auch nur im Schulheft nachzuschauen. Stattdessen sucht man sofort zu jeder Frage im Internet eine 25 Antwort, z. B. mit Hilfe einer Suchmaschine. Außerdem sind Schülerinnen und Schüler mit dem Überangebot des Internets schnell überfordert. Denn sie müssen die geeigneten Informationen selbst auswählen, die von 30 einem guten Schulbuch schon vorgegeben werden. Und dabei werden sie auch noch leicht abgelenkt, z. B. durch Werbung, Spiele und Videos, die die Konzentration stören.

Der perfekte Begleiter für Ihr Kind

Cat Tablet garantiert Spiel, Spaß und Lernen in einem. Fördern Sie Ihr Kind mit dieser idealen Mischung! Mit 20 vorinstallierten Apps kann es
5 sofort loslegen, z. B. mit hochwertigen Lernspielen, Geschichten und kreativen Werkzeugen. Es gibt keine

nervige Werbung, es werden keine persönlichen Daten erfasst. Für maximale Sicherheit ist gesorgt. Cat Tablet ist super einfach zu bedienen und funktioniert zuverlässig. Es ist das allerbeste Geschenk für Ihr Kind! 10

1 Was findet ihr an den drei Texten oben besonders interessant? Begründet eure Meinung.

2 a Welcher der Texte informiert sachlich über das Lernen, welcher argumentiert für/gegen eine Lernmethode und welcher wirbt für ein Produkt? Begründet mit Textbelegen.

b Erklärt, zu welchem Zweck ihr welchen der Texte lesen würdet, z. B.: sich Anregungen holen, sich informieren, sich entscheiden, Tipps bekommen, jemanden überzeugen.

3 Untersucht die drei Texte genauer. Wählt a, b oder c.

a Worüber informieren die beiden Absätze im Text **Lernen mit verschiedenen Sinnen?**
Gebt jedem Absatz eine **Zwischenüberschrift.** Erklärt, wie die **Abbildungen** zum Text passen.
1. Absatz: …
Die Abbildungen zeigen … Dadurch wird deutlich, dass alle vier Sinne …

b Schreibt aus dem Text **Lernen mit dem Tablet** jeweils zwei **Argumente** für und zwei Argumente gegen das Lernen mit dem Tablet heraus.
Argumente für das Lernen mit dem Tablet:
Schüler können im Internet …

c Notiert zum Text **Der perfekte Begleiter für Ihr Kind,** mit welchen Mitteln das „Cat Tablet" positiv dargestellt wird. Untersucht Text und Bild, z. B.:
– Die Überschrift macht neugierig und … Das Bild zeigt … Das wirkt …

d Tauscht eure Ergebnisse in der Klasse aus. Fasst zusammen, was sie unterscheidet.

Information ▶ **Funktionen von Sachtexten**

Sachtexte können unterschiedliche **Funktionen** haben und unterschiedlichen Zielen dienen:
- **Informieren:** Ein Informationstext bietet **sachliche Informationen** zu einem Thema.
- **Argumentieren:** Der Autor oder die Autorin eines argumentierenden Textes versucht, die eigene **Meinung überzeugend** zu **begründen,** z. B. durch **Argumente** und **Beispiele.**
- **Werben:** Das Ziel von **Werbung** ist es, **Interesse** z. B. für ein Produkt zu wecken und es **positiv darzustellen,** um zum Kauf zu bewegen. Oft werden **Bilder** eingesetzt.
- Sachtexte können **informierende und argumentierende** Abschnitte haben.
In einer Buchempfehlung wird z. B. zuerst über das Buch informiert, anschließend wird eine Meinung zum Buch **begründet.** Bei werbenden Texten gehen Information (z. B. Preis, Größe eines Produkts) und Werbung ineinander über.

Einen Sachtext lesen und verstehen

Gibt es verschiedene Gehirnzellen für die verschiedenen Schulfächer?

Nach einer Nervenzelle für Mathe sucht man im Gehirn vergeblich – selbst wenn du ein Mathe-Genie bist. Denn eine einzelne Nervenzelle ist für das Lösen einer Aufgabe nicht
5 entscheidend. Das Erfolgsrezept liegt im guten Zusammenspiel vieler Zellen. Die Nervenzellen, die zusammen an etwas arbeiten, liegen meistens nah beieinander. Aus diesem Grund wissen wir auch grob, wo welche Auf-
10 gaben im Gehirn bearbeitet werden. Zum Beispiel im vorderen Teil der Großhirnrinde, also dem Bereich, der direkt hinter der Stirn liegt, löst du die Probleme, die sich aus dem Zusammenleben mit anderen ergeben. Der
15 hauptsächlich im Hinterkopf gelegene Teil ist für das Sehen zuständig und der Bereich vor deinen Ohren für Bewegung. Und Mathe? Bei

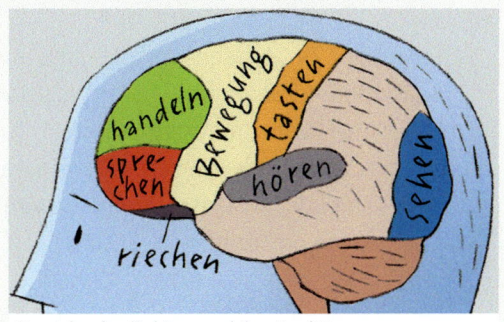

Bereiche des Gehirns und ihre Funktionen

Rechenaufgaben arbeiten vermehrt die Bereiche des Gehirns, die ungefähr dort sind, wo der Bügel deines Kopfhörers liegt. Aber da 20 du die Aufgabe auch liest und das Ergebnis hinschreibst, sind bei den Schulfächern immer sehr viele Teile des Gehirns gleichzeitig aktiv.

1 Überprüft bei jeder Aussage mit Hilfe des Textes, ob sie richtig oder falsch ist. Schreibt die Buchstaben ab und notiert daneben: **r** (für richtig) und **f** (für falsch).

A Beim Lösen einer Aufgabe arbeiten mehrere Nervenzellen zusammen.

B Bei Rechenaufgaben sind meist die Bereiche tätig, die im Hinterkopf liegen.

C Nervenzellen, die nah beieinanderliegen, arbeiten meist auch zusammen.

D Man weiß nicht, welche Aufgaben wo im Gehirn bearbeitet werden.

2 Was bedeuten die folgenden Wörter im Textzusammenhang? Notiert die Wörter und dahinter die richtige Bedeutung. Lest dazu noch einmal genau im Text nach.

– entscheidend (▶ Z. 5): unverzichtbar • entscheidungsbefugt • günstig

– grob (▶ Z. 9): gewalttätig • ungefähr • bestimmt

– aktiv (▶ Z. 24): stark • beweglich • bemüht • tätig

3 **a** Wo findet ihr die folgenden Informationen wieder: im Text oder in der Grafik? Notiert den entsprechenden Buchstaben und dahinter ein **G** (für Grafik) oder ein **T** (für Text). ACHTUNG: In einem Fall findet ihr die Information sowohl in der Grafik als auch im Text.

A Einzelne Nervenzellen können keine Aufgaben lösen.

B Der Gehirnteil im Hinterkopf ist für das Sehen verantwortlich.

C Ein Teil im vorderen Bereich des Gehirns übernimmt das Sprechen.

 b Vergleicht eure Ergebnisse in Partnerarbeit.

10.2 So sprechen Tiere miteinander – Informationen recherchieren, auswerten und präsentieren

Im Internet recherchieren

Seit einiger Zeit wissen wir, dass sich auch Tiere untereinander verständigen, z. B. durch ihre Körpersprache oder durch bestimmte Laute. In diesem Kapitel informiert ihr euch darüber, auf welche Weise Tiere miteinander „sprechen". Ihr erarbeitet ein Plakat zur Sprache von Tieren, das ihr dann in der Klasse präsentiert (▶ S. 218 f.)

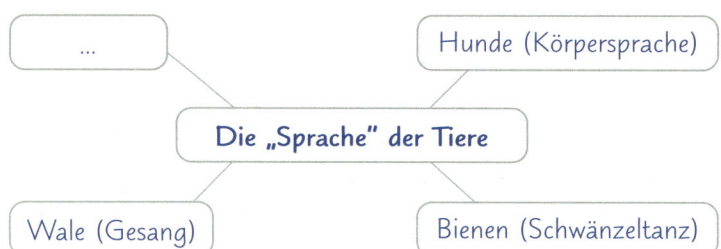

...

Hunde (Körpersprache)

Die „Sprache" der Tiere

Wale (Gesang)

Bienen (Schwänzeltanz)

1 **a** In dem Cluster wurden verschiedene Ideen zum Thema „Die Sprache der Tiere" gesammelt. Seht euch die Ideensammlung an und erklärt, was ihr schon über das Thema wisst.

 b Sammelt in Gruppenarbeit weitere Ideen zum Thema „Die Sprache der Tiere" und ergänzt den Cluster. Arbeitet im Heft oder auf einem großen Blatt Papier.

 c Entscheidet euch in der Gruppe für eine Tierart, über deren Sprache ihr mit einem Plakat informieren wollt.

2 **a** Wie könnt ihr euch über ein Thema informieren? Nennt verschiedene Möglichkeiten.

b Erklärt, welche Vor- und Nachteile die verschiedenen Informationsquellen haben.

c Berichtet über eure Erfahrungen bei der Informationsrecherche im Internet: Wie geht ihr vor? Welche Suchmaschinen verwendet ihr?

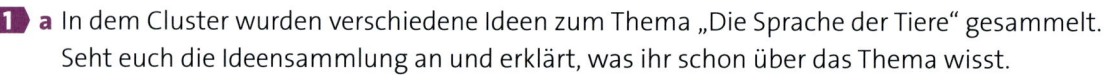

Methode **Im Internet recherchieren**

Es gibt spezielle **Suchmaschinen für Kinder,** mit denen ihr im Internet gezielt nach Informationen suchen könnt, z. B.: *fragfinn.de, helles-koepfchen.de.*
Um brauchbare Informationen zu finden, müsst ihr euch geeignete Suchbegriffe überlegen. Es gibt verschiedene Möglichkeiten:

- **Eingabe eines Suchbegriffs,** z. B. *Gorilla*
  → Internetseiten, die dieses Wort enthalten, werden angezeigt.
- **Eingabe mehrerer Suchbegriffe,** z. B. *Gorilla Sprache*
  → Die Suche beschränkt sich auf die Seiten, die beide Begriffe enthalten.
- Eingabe eines Themas oder eines Namens **in Anführungszeichen,** z. B. *„Sprache bei Gorillas"*
  → Der genaue Wortlaut oder der vollständige Name wird gesucht.

| **Suchergebnisse** | Gorilla Sprache | 🔍 |

Es wurden **26 Seiten** gefunden, die deiner Suche entsprechen!

Seite **1** 2 3 > Treffer **1** bis **10** (Treffer anklicken, um die Seite zu öffnen)

Koko – Der sprechende Gorilla

Das „Projekt Koko" begann im Juli 1972, als das Gorilla-Mädchen Koko seinen ersten Geburtstag feierte. Psychologiestudentin Francine Patterson trainierte Koko in Gebärdensprache und brachte ihr über die Jahre hinweg mehr als 1000 Worte bei.

http://www.tierchenwelt.de/specials/beruehmte-tiere/471-koko-der-sprechende-gorilla.html

Affensprache

Wie verständigen sich Affen untereinander? Können Menschenaffen das Sprechen lernen? Diese und andere Fragen werden hier beantwortet.

https://naturdetektive.bfn.de/lexikon/tiere/saeugetiere/affensprache.html

Gorillababys

Im Jahr 2008 gab es den ersten Gorilla-Nachwuchs in der Geschichte des Duisburger Zoos. Am 7. September brachte „Safiri" ihr erstes Jungtier zur Welt. Es erhielt den Namen „Kiburi". Das suahelische Wort kommt aus Afrika (Suaheli ist eine ostafrikanische Sprache) und bedeutet „Stolz".

http://www.medienwerkstatt-online.de/lws_wissen/vorlagen/showcard.php?id=19590

3 Hier seht ihr eine Seite aus einer Suchmaschine für Kinder.
- **a** Beschreibt die Seite aus dem Internet, indem ihr die folgenden Fragen beantwortet:
  - – Welche Suchbegriffe wurden eingegeben?
  - – Wie viele Treffer (Suchergebnisse) wurden insgesamt gefunden?
- **b** Prüft die drei Suchergebnisse. Begründet, welche Seiten ihr aufrufen würdet, um etwas über die Sprache der Gorillas zu erfahren.

 4 Findet euch in euren Arbeitsgruppen zusammen.
Sucht zu eurer Tierart und ihrer Sprache Informationen im Internet. Geht so vor:
- **a** Notiert zuerst geeignete Suchbegriffe.
- **b** Ruft im Internet eine Suchmaschine auf und gebt in das Eingabefeld eure Suchbegriffe ein.
- **c** Wertet eure Suchergebnisse aus. Welche Seiten liefern brauchbare Informationen?

5 Tauscht euch über eure Erfahrungen bei der Internetrecherche aus.
Diskutiert mögliche Gründe, wenn ihr mit dem Suchergebnis nicht zufrieden seid.

Das Informationsmaterial auswerten

Die Sprache bei Menschenaffen

Koko: ein Sprachgenie

Was man von der älteren Dame hören kann, klingt zunächst nicht besonders aufregend. Ihr Intelligenzquotient liege bei rund 95, er-
5 klären ihre Betreuer. Damit bleibt die ältere Dame knapp unter dem durchschnittlichen IQ von normal begabten Menschen – der beträgt 100. Die Dame kennt rund 1000 Wörter. Das entspricht dem Grundwortschatz der
10 meisten Sprachen. Dennoch gilt sie als außergewöhnliches Sprachgenie. Denn die ältere Dame mit dem Namen Koko ist ein Gorillaweibchen. Koko ist in den Augen ihrer Betreuerin Francine Patterson der Beweis, dass
15 Tiere sprechen können. Ihre Betreuer haben ihr die Zeichensprache beigebracht, in der sich die meisten Gehörlosen verständigen.

Affensprache in der Wildnis

Auch in der freien Wildbahn haben Forscher
20 in den letzten Jahren immer neue Verständigungsformen bei Affen entdeckt. So hat die Grüne Meerkatze verschiedene Rufe entwickelt, um ihre Artgenossen vor Raubtieren zu warnen – ganz in der Art von Wörtern, die
25 unterschiedliche Bedeutungen haben. Wenn eine Meerkatze einen Leoparden sieht, stößt sie ein lautes Bellen aus. Die anderen Affen klettern dann schnell auf die nächstgelegenen Bäume, um sich in Sicherheit zu brin-
30 gen. Wenn eine Meerkatze hingegen eine Art Husten ausstößt, klettern ihre Artgenossen nicht auf Bäume, sondern verstecken sich unter einem Busch. Denn das Husten ist der Laut, mit dem sich Meerkatzen warnen, wenn
35 sie Raubvögel erkennen. Vor denen auf einen Baum zu fliehen, wäre keine gute Idee. Wenn eine Meerkatze schließlich eine Schlange entdeckt, bringt sie eine Art Quieken hervor. Ihre Artgenossen stellen sich dann auf die Hinter-
40 beine und suchen die Umgebung nach dem gefährlichen Reptil ab.

„Lass uns drüber reden" gibt es nicht

Meerkatzen können zwar mit verschiedenen „Wörtern" vor verschiedenen Gefahren warnen und damit ihre Artgenossen zu entspre-
45 chendem Verhalten bringen, doch eines können die Meerkatzen nicht: über Leoparden, Adler oder Schlangen reden, wenn diese Tiere gerade nicht da sind. Keine Meerkatze kommt auf die Idee, abends beim Sonnen-
50 untergang „Leopard" zu rufen, weil sie sich daran erinnert, wie sie beim Sonnenaufgang ein solches Raubtier gesehen hat. Und es ist auch gut, dass die Meerkatze den Ruf „Leopard" nicht einfach so in den Mund nimmt.
55 Denn wenn sie es täte, würden alle anderen Meerkatzen in Panik davonlaufen.

Die Grenzen der Affensprache

Wie viele andere Tiere haben Affen Mittel zur Kommunikation entwickelt, die der menschlichen Sprache ähneln. Viele Wissenschaftler nennen diese Zeichensysteme aber dennoch
5 nicht „Sprache", da sie in vielerlei Hinsicht eingeschränkt sind. So haben Affen im Vergleich zu Menschen nicht die körperlichen Voraussetzungen, um zu sprechen. Sie können unter anderem ihre Kehlkopfmuskeln
10 und Stimmbänder nicht so frei und kontrolliert bewegen wie wir Menschen. Auch eine geistige Voraussetzung fehlt den Affen: Sie können ihre Zeichen (= Wörter) nicht miteinander kombinieren, um zum Beispiel einen
15 Satz zu bilden. Darüber hinaus können Affen nur über Dinge kommunizieren, die sich in

Die amerikanische Forscherin Susan Savage-Rumbaugh verständigt sich mit einem Affen über ein Zeichensystem.

ihrer unmittelbaren Umgebung befinden, z. B. über Gefahren oder Fressen. Der Mensch kann hingegen über Vergangenheit und Zukunft sprechen, also auch über Orte 20 und Sachen, die gerade nicht zu sehen sind.

1 Lest die Informationstexte auf den Seiten 216–217. Ihr könnt hierzu euren Lesefächer (▶ S. 203) nutzen. Arbeitet mit einer Kopie der Texte, dann könnt ihr Wichtiges markieren bzw. unterstreichen.

2 Fasst die wichtigsten Informationen aus den Texten in Stichworten zusammen.
Formuliert treffende Überschriften und notiert darunter die wichtigsten Informationen, z. B.:

Können Affen sprechen lernen? (S. 216, Z. 1–18)
– Beispiel: Gorillaweibchen Koko

– ...

Wie verständigen sich Affen in der Wildnis? (S. 216, Z. x–y)
– Beispiel: Grüne Meerkatzen ...

– ...

Warum können Affen nicht wie Menschen sprechen? (S. xx, Z. x–y)

– ...

---

3 Ihr habt zu einer Tierart (und ihrer Sprache) Informationen gesucht (▶ S. 215, Aufgabe 4).
Fasst nun die wichtigsten Informationen zusammen und ordnet sie. Geht so vor:
– Lest die Texte und unterstreicht Wichtiges mit dem Bleistift.
– Notiert, über welche Bereiche ihr auf eurem Plakat zu eurer Tierart informieren wollt.
  Formuliert Fragen als Überschriften, z. B.: Wie sprechen ...? Warum ...?
– Ordnet eure Informationen nach diesen Bereichen (Fragen).
– Sucht auch Abbildungen, die zu den Informationen passen.

Ein Informationsplakat erstellen und präsentieren

Die Sprache der Affen

Wie verständigen sich Affen in der Wildnis?

Wer? Grüne Meerkatzen

Was? unterschiedliche Warnrufe (bellen, husten, quieken) mit verschiedenen Bedeutungen

Warum? Affen müssen bei verschiedenen Feinden unterschiedlich reagieren
- Leopard -> Flucht auf Baum
- Raubvogel -> ...

Können Affen sprechen lernen?

Wer? Gorillaweibchen Koko
Was? ...

Warum können Affen nicht wie Menschen sprechen?

...

Über die Sprache der Affen gibt es viel zu berichten

- Die grünen Meerkatzen haben in der Wildnis unterschiedliche Rufe entwickelt, um ...

- Das Gorillaweibchen Koko kennt 1000 Wörter und hat eine Zeichensprache erlernt. Es ...

- Zum Sprechen fehlen den Affen ...

1 Auf einem Informationsplakat habt ihr alles übersichtlich im Blick.

a Erklärt mit Hilfe der beiden Abbildungen, wie ein gelungenes Plakat gestaltet sein sollte und was man vermeiden sollte.

b Haltet diese Punkte fest: Tipps (oder Kriterien) für ein gutes Plakat.

2 Gestaltet nun euer Informationsplakat. Arbeitet in der Gruppe und geht so vor:
- Teilt die Bereiche (Themen/Fragen) unter euch auf und schreibt zu jedem Thema einige Stichworte oder kurze Sätze auf einzelne Blätter.
- Wählt aus euren Abbildungen wenige, passende aus.
- Schiebt die Textblätter und Abbildungen auf dem Plakat hin und her, bevor ihr sie aufklebt. Probiert aus, wie es am übersichtlichsten aussieht.
- Gebt eurem Plakat einen Titel und gestaltet ihn in einer auffälligen Farbe.

TIPP: Die Hinweise im Methodenkasten auf Seite 219 helfen euch dabei.

3 Entwerft einen Bewertungsbogen für die Beurteilung eurer Informationsplakate. Berücksichtigt dabei auch die Präsentation der Plakate. Euer Bewertungsbogen könnte so aussehen:

Bewertungsbogen zum Informationsplakat (Inhalt und Präsentation)	☺	☺	☹	Verbesserungsvorschläge
Ist das Thema auf einen Blick zu erkennen?	X			...
Sind die Texte knapp und gut lesbar?		X		...
...				...
Wurde das Plakat verständlich vorgestellt?		X		...
Konnten Fragen zum Thema / zum Plakat beantwortet werden?	X			...
...				...

4 **a** Hängt die Plakate in der Klasse auf. Präsentiert sie euch gegenseitig.
Stellt und beantwortet danach Fragen zum Thema.
b Gebt euch mit Hilfe des Bewertungsbogens Rückmeldungen zu euren Plakaten und Präsentationen: Was ist gelungen? Was könnt ihr noch verbessern?

> **Methode** 〉〉 **Ein Informationsplakat gestalten**
>
> **1** **Sucht** zu eurem Thema **Informationstexte,** Bilder oder Grafiken
> (▶ Im Internet recherchieren, S. 214).
> **2** **Lest** euer Informationsmaterial und **wertet** es **aus.** Nutzt hierzu die Lesemethode (▶ S. 210).
> **3** **Ordnet** die Informationen, die ihr den Texten entnommen habt, nach Bereichen (Themen/ Fragen), z. B.: *Wie sprechen ...? Warum ...?*
> **4** **Schreibt** zu jedem Thema **Stichworte oder einen kleinen Informationstext** auf.
> Schreibt die Texte auf einzelne Blätter, die ihr hinterher auf das Plakat aufkleben könnt.
> Achtet darauf, dass die Texte nicht zu lang sind, und verwendet eigene Formulierungen.
> Schreibt groß und gut lesbar.
> **5** Sucht **Abbildungen** (Fotos, Bilder, Grafiken, Zeichnungen), die ihr verwenden könnt.
> **6** Schiebt die Textblätter und Abbildungen auf dem Plakat hin und her, bevor ihr sie **aufklebt.** Probiert aus, wie es am übersichtlichsten aussieht.
> **7** Gebt eurem Plakat einen **Titel** und gestaltet ihn in einer gut lesbaren Schrift und in einer auffälligen Farbe.

10.3 Fit in ... – Einen Sachtext untersuchen

Die Aufgabenstellung richtig verstehen

Stellt euch vor, ihr bekommt in der nächsten Klassenarbeit folgende Aufgaben:

1. Lies den Text „Delfine: intelligente Meeressäuger" sorgfältig durch.
   Formuliere für jeden Absatz (1–5) eine Frage, die in diesem Absatz beantwortet wird.
   TIPP: Du kannst für jeden Textabsatz auch eine Überschrift formulieren.
2. Beschreibe mit eigenen Worten, wie man den Spiegeltest durchführt.
   Erkläre dann, was man mit diesem Test herausfinden kann.
3. Welches der drei Fotos würdest du für den Text auswählen?
   Notiere die Nummer und begründe deine Entscheidung.

Delfine: Intelligente Meeressäuger

1 Zwei Delfine schafften vor einigen Jahren den sogenannten Spiegeltest in einem New Yorker Aquarium. Die beiden in Gefangenschaft geborenen Delfinmädchen schwammen deutlich länger vor dem Spiegel hin und her, nachdem man sie mit wasserfester Farbe bekleckst hatte. Dabei drehten und wendeten sie sich, um die bemalte Stelle besser sehen zu können. Flecken bei Artgenossen interessierten sie hingegen nicht.

2 Delfine sind nicht die einzigen Tiere, die sich in einem Spiegel wiedererkennen können. Das schaffen auch einige Affenarten (Schimpansen oder Orang-Utans), Elstern (Vögel), Elefanten und – wie man seit Kurzem weiß – auch Schweine. Übrigens: Menschenkinder nehmen sich selbst erst ab etwa 18 Monaten im Spiegel wahr. Vorher haben sie offenbar keine feste Vorstellung davon, dass sie eigenständige Wesen sind.

3 Mit dem Spiegeltest, der 1970 von dem Forscher Gordon Gallup erfunden wurde, untersucht man, ob ein Tier sich selbst als eigene Persönlichkeit wahrnimmt, die Gefühle und Gedanken hat.

4 Dass Delfine die Fähigkeit besitzen, sich selbst als Persönlichkeit wahrzunehmen, hängt sicher auch mit ihrem sehr hoch entwickelten Gehirn zusammen. Es ist ähnlich groß und kompliziert gebaut wie das des Menschen, sieht im Detail aber ganz anders aus. Vermutlich sind Delfine mindestens so intelligent wie Menschen, aber man kann diese Intelligenz bisher kaum messen.

5 Für Forscher, die sich seit Langem mit Walen und Delfinen beschäftigen, kam das Testergebnis nicht überraschend. Die Meeressäuger pflegen sehr intensive Beziehungen zu ihren Artgenossen und behandeln sie nicht als Dinge, sondern als Lebewesen, indem sie ihnen zum Beispiel helfen. Dass sie sich selbst auch als Lebewesen wahrnehmen, war für die Forscher nur eine logische Schlussfolgerung daraus.

1 **a** Lest euch die Aufgabenstellung auf Seite 220 (im Kasten oben) genau durch.

b Habt ihr verstanden, was ihr tun sollt? Entscheidet, welche der folgenden Aussagen zutreffen, und schreibt die Buchstaben in euer Heft.

O Ich soll von meinem Wissen über Delfine berichten.

L Ich soll ein Foto auswählen, das zum Inhalt des Textes passt.

E Ich soll erklären, was auf den Fotos zu sehen ist, und begründen, ob sie mir gefallen.

A Ich soll zu jedem Textabsatz eine Frage notieren, die in dem Absatz beantwortet wird.

I Ich soll erklären, warum Delfine den Spiegeltest bestehen.

W Ich soll erklären, wie der Spiegeltest durchgeführt wird und was man mit diesem Test untersuchen kann.

---

c Vergleicht zu zweit eure Lösungen. Wenn ihr alles richtig habt, ergeben die Buchstaben rückwärts gelesen den Namen eines Säugetieres, das wie der Delfin im Wasser lebt.

Den Text lesen und verstehen

2 Lest den Text ein erstes Mal zügig durch und macht euch klar, was ihr verstanden habt.
TIPP: Wenn ihr eine Kopie des Textes habt, könnt ihr Wichtiges auch mit Bleistift unterstreichen.

3 Lest den Text ein zweites Mal.
a Welche der folgenden Aussagen zum Text sind richtig? Notiert die Buchstaben der zutreffenden Sätze. Schreibt hinter jeden Buchstaben die Nummer des Absatzes (1, 2, 3, 4 oder 5), in dem diese Information zu finden ist.
b Vergleicht eure Lösungen.

A Es überraschte die Forscher nicht, dass die Delfine sich als eigenständige Wesen wahrnehmen. Delfine sehen auch ihre Artgenossen als Lebewesen. Das zeigt sich zum Beispiel darin, dass sie ihnen helfen.

B Malt man Delfinen einen Farbfleck auf die Haut, reagieren sie beim Betrachten ihres Spiegelbildes darauf. Sie erkennen sich also im Spiegel selbst wieder.

C Mit dem Spiegeltest wird geprüft, ob sich ein Lebewesen als eigenständige Persönlichkeit wahrnimmt.

D Delfine sind die einzigen Tiere, die den Spiegeltest bisher bestanden haben.

E Delfine haben ein hoch entwickeltes Gehirn und sind sehr intelligent.

F Auch andere Tiere (z. B. Schimpansen, Elefanten) und Menschen ab 18 Monaten schaffen den Spiegeltest.

G Mit dem Spiegeltest wird untersucht, ob Tiere Beziehungen zu ihren Artgenossen aufbauen können oder nicht.

Die Aufgaben beantworten und den eigenen Text überarbeiten

4 Bearbeitet nun nacheinander die Aufgaben 1 bis 3 von Seite 220. Geht Schritt für Schritt vor:

Aufgabe 1 (▶ S. 220):
Formuliert für jeden der fünf Textabsätze eine Frage, die in diesem Textabsatz beantwortet wird. Ihr könnt auch für jeden Absatz eine Überschrift formulieren, z. B.:

> 1. Textabsatz: Wie funktioniert …?
> 2. Textabsatz: …

Aufgabe 2 (▶ S. 220):
Erklärt in eigenen Worten, wie der Spiegeltest funktioniert und welche Aussagen man mit seiner Hilfe treffen kann. Lest hierzu noch einmal die Textabsätze 1 und 3.
Bei eurer Beschreibung des Spiegeltests solltet ihr die „Man-Form" verwenden, z. B.:

> Bei einem Spiegeltest bringt man …
> Mit Hilfe des Spiegeltest kann man erkennen, ob …

Aufgabe 3 (▶ S. 220):
Entscheidet, welches der drei Fotos ihr für den Text auswählen würdet. Beachtet, dass die Abbildung zu den Informationen des gesamten Textes passen soll. Begründet eure Entscheidung, z. B.:

> Ich finde das Foto mit der Nummer … besonders passend, weil …

 5 Überprüft zu zweit eure Texte mit Hilfe der Checkliste. Gebt euch gegenseitig eine Rückmeldung, was besonders gut gelungen ist und was ihr noch verbessern solltet.

Checkliste **Fragen zu einem Sachtext beantworten**

Aufgabe 1 (▶ S. 220):
- Habt ihr zu jedem Textabsatz eine Frage formuliert, die in dem Absatz beantwortet wird? Oder habt ihr für jeden Absatz eine Überschrift formuliert, die zu seinem Inhalt passt?

Aufgabe 2 (▶ S. 220):
- Habt ihr mit eigenen Worten beschrieben, wie man den Spiegeltest durchführt? Habt ihr dabei durchgängig die „Man-Form" verwendet?
- Habt ihr erklärt, was man mit dem Spiegeltest prüfen kann?

Aufgabe 3 (▶ S. 220):
- Habt ihr ein Foto ausgewählt, das zum gesamten Textinhalt passt?

Zu allen Aufgaben:
- Habt ihr euch verständlich ausgedrückt?
- Sind die Rechtschreibung und die Zeichensetzung korrekt?

1 a Stellt Vermutungen darüber an, was die Kinder sich gerade ansehen könnten.
b Beschreibt die Mimik und Gestik der Kinder und erklärt, welche Wirkung die Sendung auf sie hat.

2 a Nennt eure Lieblingssendung und erzählt, was euch daran gefällt.
b Tauscht euch darüber aus, wie viel Zeit ihr mit Fernsehen oder Streaming verbringt.

3 Erklärt, welche unterschiedlichen Arten von Sendungen ihr kennt, z. B. Tiersendungen, Spielfilme usw.

In diesem Kapitel ...

- informiert ihr euch über Informations- und Unterhaltungssendungen,
- untersucht ihr eine Filmserie und eine Wissenssendung,
- erfahrt ihr, wie die Kamera Geschichten erzählt,
- untersucht ihr Mediengewohnheiten und diskutiert darüber.

11.1 „Tiere bis unters Dach" – Eine Filmserie untersuchen

Sich über verschiedene Sendungen informieren

1 a Beschreibt anhand der Bilder, mit welchen Geräten die Kinder Sendungen aufrufen und anschauen.
b Tauscht euch darüber aus, welches Gerät ihr bevorzugt, um Sendungen anzusehen oder zu hören.

2 Berichtet, wie ihr euch über Filme, Serien und andere Sendungen informiert.

3 a Nennt Sendungen, die für Kinder geeignet sind. Woran kann man sie erkennen,
wenn ihr euch z. B. über das Internet oder eine Mediathek informiert?
Tipp: Berücksichtigt auch Fernsehsender wie ARD und ZDF bzw. KIKA, Arte und andere.
b Gibt es bei den Anbietern Angaben über die Art der Sendung, z. B. ob es sich um eine Serie,
Nachrichten usw. handelt? Wie sehen diese Angaben aus?

Wissen macht Ah!

heute 9:25, KiKA
Shary und Ralph: Technik Ta-daa!
Magazin, 25 Min.

Shary und Ralph zeigen, wie schnell sich die Erde dreht. Sie verraten außerdem,
5 wie aus acht Papierquadraten fliegende Hummeln werden,
und geben die Antworten auf folgende Fragen: Die Erde dreht sich schnell.
10 Warum rutscht sie nicht unter einem durch, wenn man hochspringt? Wie fliegen Hummeln? Wie funktioniert eine automatische Schiebetür? Warum heißt das Fax Fax? Warum frisst man wie ein
15 Scheunendrescher?

Emil und die Detektive

heute 17:45, 3sat
Kinderkrimi, D 2011

Emil Tischbein ist 12 Jahre alt und lebt mit seinem Vater
5 in einer Kleinstadt. Ein
Autounfall des Vaters verändert das Leben der beiden: der Vater landet im Krankenhaus, verliert seinen Führer-
10 schein und seinen Job. Emil schickt er zu Bekannten nach Berlin. Doch als Emil auf der Zugfahrt in die Hauptstadt sein gesamtes Geld geklaut wird, fängt ein Abenteuer für ihn an. Gemeinsam
15 mit einer Berliner Kinderbande verfolgt Emil den Dieb quer durch Berlin.

1 Lest die beiden Programmhinweise. Begründet, welche Sendung ihr lieber ansehen würdet.

2 **a** Woran kann man erkennen, dass es sich um eine Informationssendung oder eine Unterhaltungssendung handelt? Sammelt Merkmale.

b Arbeitet zu zweit. Sucht über das Internet, eine Mediathek oder eine Programmzeitschrift zwei Sendungen heraus, die eher sachlich informieren, und zwei Sendungen, die eher unterhalten. Notiert diese.

c Bei welchen Sendungen ist eine eindeutige Zuordnung schwierig? Begründet.

3 Recherchiert im Internet weitere Unterhaltungs- und Informationssendungen und verfasst selbst einen Programmhinweis, der deutlich macht, um welche Art von Sendung es sich handelt.

Information ▶▶ **Informations- und Unterhaltungssendungen**

Sendungen, die man sich im Fernsehen oder über das Internet anschaut, können verschiedene Ziele haben: Sie können das Publikum eher sachlich informieren oder eher unterhalten.

- Zu den **Informationssendungen** gehören z. B. Nachrichtensendungen, Dokumentationen (Filmbeiträge über wirkliche Ereignisse, Menschen oder Tiere) und Wissenssendungen oder -magazine.
- Zu den **Unterhaltungssendungen** gehören z. B. Spielfilme, Shows (z. B. Quizshows oder Castingshows) und Filmserien.

 # Die Figuren einer Fernsehserie kennenlernen

Tiere bis unters Dach

Familie Hansen zieht aus Hamburg in das beschauliche Waldau im Schwarzwald. Greta Hansen, ihre kleine Schwester Lilie und ihre neuen Freunde erleben spannende Abenteuer in der Natur und treffen dabei jede Menge Tiere.

Familie Hansen

Dr. Philip Hansen hat in Waldau eine Tierarztpraxis. Obwohl Vinzenz Grieshaber ihm das Leben nicht leicht macht, gibt er sein Bestes. Für seine Tochter Greta ist er immer da, wenn sie Tiere in Not zu ihm bringt.

Annette Hansen ist die Mutter von Greta und Lilie und hat für ihre Kinder stets ein offenes Ohr. Zum Auftakt der 5. Staffel zieht sie zurück nach Hamburg, um dort ihre Mutter zu pflegen.

Greta Hansen liebt Tiere über alles und hat schon einige Rettungsaktionen durchgeführt. Sie ist meist vernünftig und ein echter Familienmensch. Dabei hat sie immer ein wachsames Auge auf ihre jüngere Schwester Lilie.

Auf **Lilie Hansen,** Gretas kleine Schwester, ist immer Verlass. Durch ihre quirlige und manchmal launische Art geht sie ihrer großen Schwester schon mal auf die Nerven. Aber Lilie gibt alles, um Greta bei ihren Tierrettungsaktionen zu helfen.

Nelly Spieker ist Gretas und Lilies Cousine und besonders abenteuerlustig. Sie lässt sich nicht verbiegen und hat einen ausgeprägten Gerechtigkeitssinn.

Jessie Nagel ist die beste Freundin von Nelly. Sie lässt sich selten etwas vorschreiben und fällt in Waldau mit ihren roten Haaren sofort auf. Hinter ihrer ruppigen Art verbirgt sich aber auch eine sensible Seite.

Pawel Kulka, Nellys bester Freund, hat stets einen lockeren Spruch auf den Lippen, mit dem er alle zum Lachen bringt.

Paulina Kulka, Pawels kleine Schwester, ist eher zurückhaltend, dabei aber alles andere als ängstlich. Nelly und ihre Freunde nehmen sie gerne zu ihren Abenteuern mit.

Familie Grieshaber

Vinzenz Grieshaber ist Großbauer und der Bürgermeister von Waldau. Großstädter wie die Hansens kann er nicht leiden.

Josefine Grieshaber, Bäuerin und Frau des Bürgermeisters, ist die gute Seele von Waldau und nimmt die Familie Hansen herzlich auf.

Jonas Grieshaber ist ziemlich cool und findet Schule nicht so wichtig. Er ist viel mit Greta unterwegs und unterstützt sie dabei, Tiere zu retten.

1 Kennt ihr die Serie „Tiere bis unters Dach"?
Tauscht euch aus.
– 1. Runde: Alle, die die Serie nicht kennen, überlegen, worum es gehen könnte.
– 2. Runde: Jetzt dürfen sich alle austauschen.

2 Lest die Informationen zu der Fernsehserie „Tiere bis unters Dach" (▶ S. 226).
Würdet ihr diese Serie gern sehen oder schaut ihr sie schon regelmäßig?
Begründet, warum.

3 **a** Beschreibt, welche Familien und Kinder in Waldau leben.
Die folgenden Formulierungen können euch helfen:
In Waldau leben die Familien ... und ...
Die Familie Hansen besteht aus den folgenden Mitgliedern: ...
Zur Familie Grieshaber gehören ...
Außerdem leben in Waldau ...
b Erklärt, warum in dieser Serie sowohl Mädchen als auch Jungen eine wichtige Rolle spielen.

4 Betrachtet die Eigenschaften der Figuren und ihr Verhältnis zueinander genauer.
Wählt a, b oder c.
⚀ **a** Vergleicht die Eigenschaften der folgenden Figuren: **Dr. Philip Hansen** und **Vinzenz Grieshaber.**
Notiert, welche Konflikte es zwischen diesen Figuren geben könnte.
⚁ **b** Beschreibt die Beziehung zwischen den Geschwistern **Greta** und **Lilie Hansen.**
Notiert, warum die Beziehung dieser Figuren für die Serie interessant sein könnte.
⚂ **c** Schaut euch die Eigenschaften von **Jessie Nagel** und **Nelly Spieker** genau an.
Haltet fest, warum diese beiden Figuren für die Serie wichtig sein könnten.
d Stellt eure Ergebnisse vor und tauscht euch aus:
Welche Konflikte könnte es in der Serie geben? Welche Abenteuer könnten die Figuren erleben?

⊕ **5** Wählt ein Figurenpaar aus und erfindet für die beiden ein Abenteuer.
Beachtet die Eigenschaften der Figuren und ihr Verhältnis zueinander:
Welche Konflikte könnte es geben? Was könnte Lustiges oder Spannendes geschehen?
Welches Tier könnte im Mittelpunkt stehen?

Information ▶ **Die Figuren in einer Fernsehserie**

- Meist sind die Figuren so gewählt, dass sich das **Publikum gut in sie hineinversetzen kann.**
  So handeln beispielsweise viele Kinderserien von Kindern in eurem Alter, die ähnliche
  Fragen, Aufgaben und Probleme haben wie ihr.
- Häufig haben die Figuren **klare Eigenschaften.** Sie sind z. B. sehr lustig, sehr mutig, sehr
  vernünftig oder sehr frech.
- Oft gehören bestimmte Figuren zusammen. Solche **Paare oder Gruppen** können sich
  nahestehen, z. B. weil sie befreundet oder verwandt sind. Sie können aber auch Gegen-
  spieler sein, zwischen denen es Streitigkeiten gibt.

Den Handlungsaufbau einer Folge untersuchen

In der Folge „Engel gesucht" aus der Serie „Tiere bis unters Dach" werden diese drei Geschichten erzählt:

1. Geschichte (Handlungsstrang)

Der einsame Orgelbauer Stiller ist mit seiner Tochter zerstritten. Gesellschaft leisten ihm nur seine rund 40 Wellensittiche. Doch es sind einfach zu viele Tiere, sodass er sich nicht um alle kümmern kann. Nelly und Paulina helfen ihm, einige der Sittiche in gute Hände abzugeben und den Familienstreit zu beenden.

2. Geschichte (Handlungsstrang)

Lilie Hansen ist beunruhigt, weil Josefine Grieshaber so viel Zeit mit ihrem Vater verbringt, während ihre Mutter in Hamburg bei der kranken Großmutter ist. Dabei ist Herr Hansen einfach nur dankbar, dass die gute Freundin der Familie ihn während der Abwesenheit seiner Frau etwas unterstützt. Das sieht auch Lilie schließlich ein und entschuldigt sich bei allen Beteiligten für ihren falschen Verdacht.

3. Geschichte (Handlungsstrang)

Greta Hansen mag ihren Freund Jonas Grieshaber. Doch im Reitstall lernt sie Luis kennen, der neu in Waldau ist. Er fährt sie mit seinem Roller nach Hause und bringt Gretas Gefühle ganz schön durcheinander. Was wohl Jonas dazu sagen wird?

1 **a** Erzählt mit eigenen Worten, was in den drei Geschichten passiert.
   b Beschreibt die Bilder und erklärt, welche Situationen darauf dargestellt werden.

2 **a** Erklärt, woran man einen neuen Handlungsstrang (eine neue Geschichte) erkennt.
Bei einem neuen Handlungsstrang tauchen häufig neue … auf. Außerdem …

b Erläutert, warum in einer Serienfolge meist mehrere Geschichten (Handlungsstränge) erzählt werden.

3 Die Abfolge der unterschiedlichen Handlungsstränge (Geschichten) in einer Serienfolge kann man in einem Schaubild veranschaulichen. Erklärt das Schaubild.

Handlungsstränge (Haupthandlung und Nebenhandlungen) in einer Serie

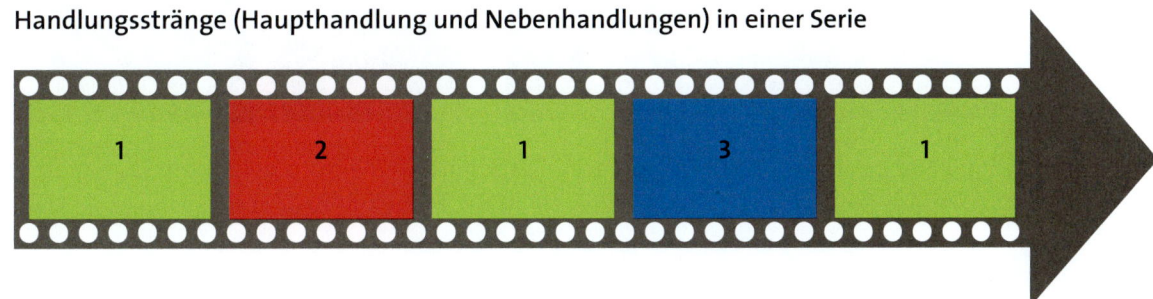

4 Schaut euch, z.B. über eine Mediathek, die Folge „Engel gesucht" an (Staffel 5, Folge 4).
Erstellt zu dieser Serienfolge selbst ein Schaubild wie im Beispiel oben.
Wählt dann a, b oder c und tauscht euch anschließend aus.

a **Markiert** in eurem Schaubild jeweils die **Haupthandlung** mit einem Kreuz.

b **Markiert** im Schaubild jeweils die **Haupthandlung** mit einem Kreuz.
Gebt der Haupthandlung einen Titel.

c **Markiert** in eurem Schaubild jeweils die **Haupthandlung und die beiden Nebenhandlungen** in unterschiedlicher Farbe. Gebt jedem der **drei Handlungsstränge** einen **Titel.**

5 **a** Untersucht, welche Handlungsstränge (Geschichten) in der Folge „Engel gesucht" abgeschlossen werden und welche offenbleiben.
Der Handlungsstrang / Die Geschichte, in der …, bleibt offen. Denn man erfährt nicht, …

b Erklärt, warum in einer Folge einzelne Handlungsstränge am Ende offenbleiben.
Die Zuschauerinnen und Zuschauer sollen …

c Schreibt auf, wie die offene Geschichte in der nächsten Folge weitergehen könnte.

⊕ **6** Ihr wisst jetzt schon einiges über Filmserien.
Sammelt Erklärungen dafür, dass Serien so beliebt sind.

Information ▷ **Der Handlungsaufbau einer Serienfolge**

- Die Handlung einer Serienfolge besteht meist aus **mehreren Handlungssträngen,** die im Wechsel gezeigt werden. **In jedem Handlungsstrang** wird **eine kleine Geschichte** erzählt.
- Einen **neuen Handlungsstrang** erkennt man z.B. daran, dass die **Hauptfiguren wechseln** oder **andere Ereignisse** im Vordergrund stehen.
- In einer Serienfolge werden meist **nicht alle Handlungsstränge beendet.** Es bleiben immer **Fragen offen** oder **Probleme ungelöst,** damit man gespannt ist, wie es weitergeht.

Einstellungsgrößen unterscheiden

Nelly hat bei Herrn Stiller in einem Müllsack ein Familienfoto gefunden. Es zeigt ihn mit seiner Enkelin. Als Jessie erfährt, dass Nelly bei dem Orgelbauer war, reagiert sie sehr gereizt. Sie lässt Nelly einfach stehen und läuft davon.

Jessie und Nelly sprechen sich aus. Nelly erfährt, dass Herr Stiller Jessies Großvater ist. Weil sich Jessies Mutter mit ihm zerstritten hat, haben sich Jessie und ihr Großvater seit Jahren nicht mehr gesehen. Jessie ist darüber sehr traurig.

1 Lest den Text unter den Bildern. So erfahrt ihr, wie die Folge „Engel gesucht" weitergeht. Was würdet ihr an Nellys Stelle tun, um Jessie zu helfen?

2 **a** Beschreibt, was genau auf den einzelnen Filmbildern zu sehen ist. Erklärt dabei, wie weit die Kamera von den Figuren und Gegenständen entfernt ist, z. B.: *sehr nah – nah – mittlerer Abstand – sehr großer Abstand.*
   b Wählt aus dem Informationskasten auf Seite 231 die passenden Bezeichnungen für die jeweiligen Einstellungsgrößen der Kamera aus.
   c Sucht euch zwei Bilder aus und beschreibt ihre unterschiedliche Wirkung. Erklärt auch, warum in diesen Szenen diese Einstellungsgrößen verwendet wurden.

 3 Begründet im Team: Welche Einstellungsgröße würdet ihr für die folgenden Szenen wählen:
   – Greta und Lilie finden im Pferdestall eine kleine Maus.
   – Nelly und Jessie machen eine Radtour über die Felder.
   – Jonas fragt Greta, ob sie mit ihm ein Eis essen möchte.

4 Probiert in Gruppen selbst aus, welche Wirkung unterschiedliche Einstellungsgrößen haben. Wählt dafür eine der drei folgenden Geschichten aus (a, b oder c).
Macht vier bis sechs Fotos, die die Geschichte möglichst gut erzählen. Achtet dabei auf geeignete Einstellungsgrößen. Die Fotos sollten nicht weiter veröffentlicht werden.

a Zwei von euch spazieren über den Schulhof. **Auf einmal findet ihr ein kleines Schmuckstück,** z. B. einen Ring, eine Kette oder ein Armband. Ihr überlegt und diskutiert, was ihr nun tun solltet.

b Einige von euch spielen auf dem Schulhof Fußball, Basketball oder Tischtennis.
Plötzlich fällt einer oder eine hin und reibt sich mit schmerzverzerrtem Gesicht den Knöchel. Jemand läuft los, um Hilfe zu holen.

c Ihr sitzt im Unterricht. Einer oder eine von euch langweilt sich und schaut aus dem Fenster. **Er oder sie kommt auf die Idee, ein Bild zu zeichnen,** und zeichnet das, was er oder sie draußen gesehen hat.

d Stellt euch eure Fotos gegenseitig vor. Diskutiert, welche Einstellungsgrößen gut ausgewählt wurden und bei welchen Fotos eine andere Einstellungsgröße passender gewesen wäre.

Information ❯❯ **Die Kamera: Einstellungsgrößen unterscheiden**

Je nachdem, **wie nah** die Kamera an das Geschehen heranführt oder **wie weit** sie **entfernt** bleibt, entstehen unterschiedliche Einstellungsgrößen und Wirkungen.

Totale:
Die **Figuren** werden **in einer größeren Umgebung** gezeigt. Man erhält einen Überblick über den gesamten Schauplatz.

Halbnah:
Die **Figuren** werden **von der Hüfte an aufwärts** gezeigt. Die nahe Umgebung ist erkennbar.

Nah:
Man sieht **Kopf und Schultern der Figuren.** Der Gesichtsausdruck (die Mimik) ist sehr gut zu erkennen. Man kann leicht auf besondere Gefühle schließen. Diese Einstellung wird häufig bei Dialogen verwendet.

Detail:
Ein bestimmter **Ausschnitt** wird **groß** dargestellt, z. B. Augen, Mund oder ein Detail eines Gegenstandes. Dadurch wird die Aufmerksamkeit auf das gezeigte Detail gelenkt.

Einstellungsgrößen bestimmen

Tiere bis unters Dach

In der Folge „Welpenschutz" (Staffel 5, Folge 7) prüft eine strenge Kontrolleurin die Sauberkeit und Ordnung auf dem Hof der Grieshabers. Dummerweise machen genau jetzt zehn Bernhardinerwelpen den Hof unsicher. In einem unbeobachteten Moment knabbert ein besonders frecher Welpe einen Milchschlauch im Kuhstall an. Dieser platzt natürlich genau in dem Moment, in dem die Kontrolleurin sich die Schläuche näher anschaut.

1 **a** Totale, Halbnah, Nah, Detail? Bestimmt die Einstellungsgrößen in den sechs Bildern.
Notiert euer Ergebnis so: 1 = Halbnah; 2 = …
b Sucht euch zwei Bilder aus und begründet, warum in diesen beiden Szenen diese Einstellungsgrößen verwendet wurden.

 2 Vergleicht in Zweierarbeit eure Ergebnisse.
Wenn ihr unsicher seid, nutzt zur Kontrolle die Information auf Seite 231.

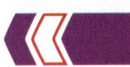

11.2 „Wissen macht Ah!“ – Eine Wissenssendung untersuchen

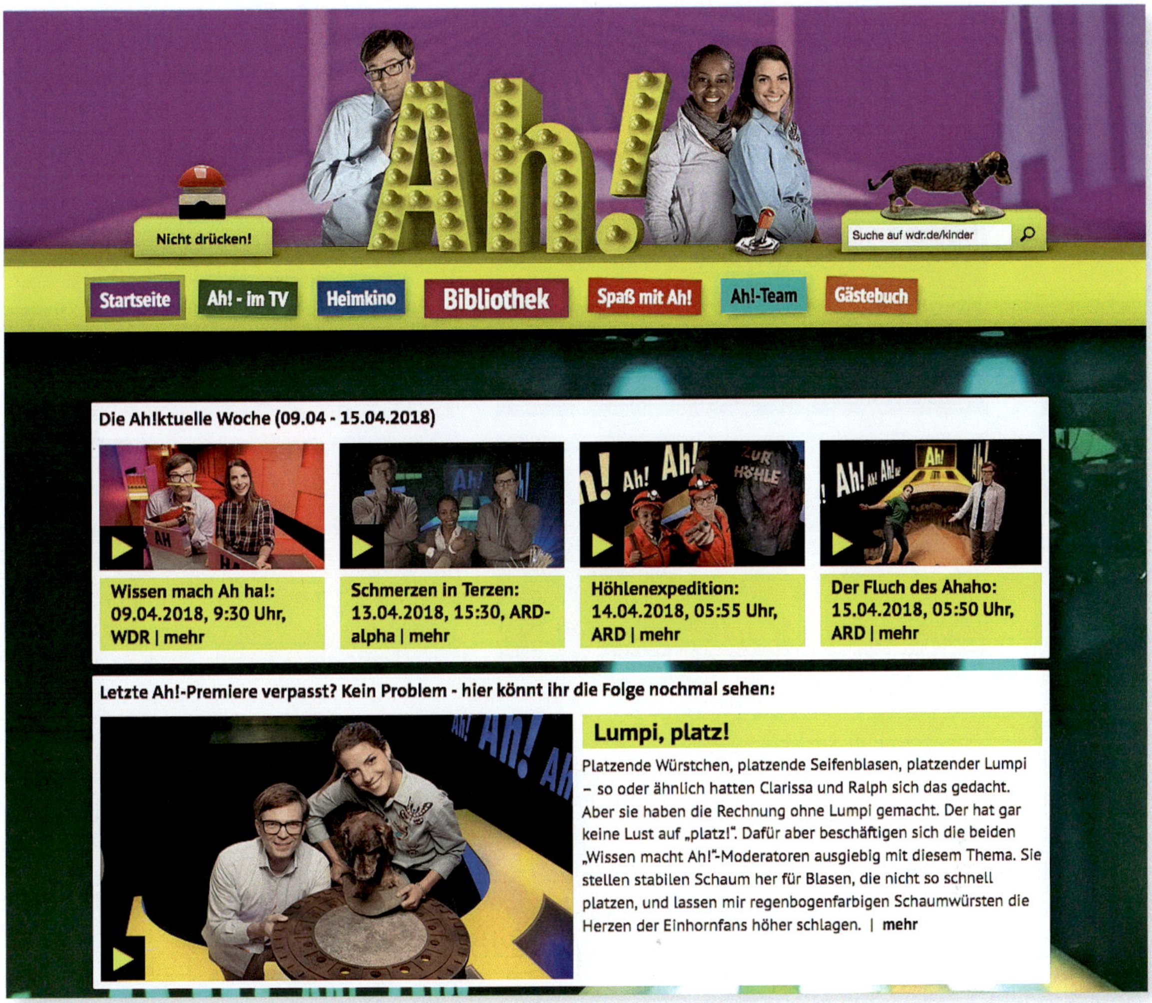
Ah!
Nicht drücken!
Suche auf wdr.de/kinder
Startseite
Ah! - im TV
Heimkino
Bibliothek
Spaß mit Ah!
Ah!-Team
Gästebuch
Die Ah!ktuelle Woche (09.04 - 15.04.2018)
Wissen mach Ah ha!: 09.04.2018, 9:30 Uhr, WDR | mehr
Schmerzen in Terzen: 13.04.2018, 15:30, ARD-alpha | mehr
Höhlenexpedition: 14.04.2018, 05:55 Uhr, ARD | mehr
Der Fluch des Ahaho: 15.04.2018, 05:50 Uhr, ARD | mehr
Letzte Ah!-Premiere verpasst? Kein Problem - hier könnt ihr die Folge nochmal sehen:
Lumpi, platz!
Platzende Würstchen, platzende Seifenblasen, platzender Lumpi – so oder ähnlich hatten Clarissa und Ralph sich das gedacht. Aber sie haben die Rechnung ohne Lumpi gemacht. Der hat gar keine Lust auf „platz!“. Dafür aber beschäftigen sich die beiden „Wissen macht Ah!“-Moderatoren ausgiebig mit diesem Thema. Sie stellen stabilen Schaum her für Blasen, die nicht so schnell platzen, und lassen mir regenbogenfarbigen Schaumwürsten die Herzen der Einhornfans höher schlagen. | mehr

1 Kennt ihr die Fernsehsendung „Wissen macht Ah!“ oder andere Wissenssendungen? Berichtet davon.

2 **a** Beschreibt, was die Internetseite zu „Wissen macht Ah!“ an Informationen, Material usw. anbietet.
- *Man findet Links zu ...*
- *Man kann sehen, wann ...*
- *Im Gästebuch kann man bestimmt ...*
- ...

b Ruft die Internetseite der Wissenssendung „Wissen macht Ah!“ auf. Prüft, was sich hinter den einzelnen Links verbirgt.

3 In jeder Folge werden meist fünf Fragen aus dem Alltag beantwortet. Sammelt Themen oder Fragen, um die es in den einzelnen Folgen gehen könnte.

Geysire

Ein Geysir ist ein beeindruckendes Naturphänomen. Aus einer heißen Quelle im Boden stößt er in Abständen eine Wasserfontäne hoch in die Luft. Der Grund dafür ist Hitze im Erdboden. Geysire befinden sich nämlich in der Nähe von Vulkangebieten. Wird kochendes Wasser zu Dampf, braucht es mehr Platz. Wegen dieses Drucks schießt es dann durch ein Loch im Boden nach oben. In der Folge „Hoch und runter" erklären Shary und Ralph, wie ein Geysir funktioniert.

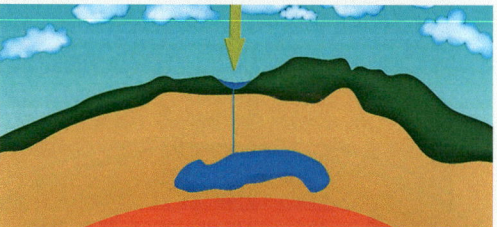

1 Hier seht ihr Bilder aus der Folge, in der es um das Thema „Geysire" geht.
Beschreibt, was zu sehen ist. Was könnten die einzelnen Bilder mit dem Thema zu tun haben?

2 Eine Wissenssendung besteht aus verschiedenen Elementen. Wählt a und c oder b und c.

a Macht euch anhand der Bilder klar, aus welchen Elementen die Sendung besteht.
Wählt hierzu Vorschläge aus dem folgenden Kasten aus.

> Das Moderationsteam führt ein Experiment durch. • Computerspiele sorgen für Abwechslung. • Ein Erklärfilm oder Schaubild zeigt, wie etwas funktioniert. • Ein Einspieler (Film) zeigt, wo wir das Phänomen in der Wirklichkeit oder im Alltag finden. • Das Moderationsteam liest aus Büchern vor. • Fragen werden in einer Quizshow beantwortet.

b Erklärt anhand der Bilder, auf welche Weise das Publikum über das Thema Geysire informiert wird.
Beginnt z. B. so:
In Bild 1 …
Bei Bild 2 werden in einem Schaubild …

c Erklärt: Warum kann man manche Informationen besser in einem Erklärfilm, andere besser durch einen Einspieler (Film, der zeigt, wo wir das Phänomen im Alltag finden) vermitteln?

d Erläutert gemeinsam, warum eine Wissenssendung aus verschiedenen Elementen besteht.

3 Wissenssendung oder Sachbuch? Diskutiert, wie ihr euch am liebsten informiert.

4 **a** Zu den Bildern aus der „Wissen macht Ah!"-Folge (▶ S. 233) wurden folgende Tonbeiträge ausgestrahlt. Begründet, welcher Tonbeitrag am besten zu welchem Bild passt.

> **A** Professor Schulz hat an der Uni Köln alle Teile, die nötig sind, um einen künstlichen Geysir zu bauen.
>
> **B** Die Bonbons fallen runter in die Flasche, es gibt eine Reaktion und dabei entsteht ganz viel Gas, das schäumt die Cola auf und das braucht natürlich auch ganz viel Platz.
>
> **C** Über dem Grundwasser-Reservoir ist ein schmaler Riss in der Erde. In dem steht auch Wasser. Dieses Wasser drückt auf das Wasser im Reservoir.
>
> **D** Das Wasser kocht und verdampft schlagartig wie eine Explosion. Und der einzige Weg hinaus ist der Riss in der Erde, so wie hier in Island.

b Erklärt, wer den Ton zu den einzelnen Bildern sprechen könnte. Ist der Sprecher bzw. die Sprecherin im Bild zu sehen (On-Ton) oder hört man nur seine/ihre Stimme (Off-Ton)?

 5 Bildet Gruppen und nehmt jeweils eine Wissenssendung genauer unter die Lupe.
Erstellt hierzu einen Bewertungsbogen, z. B.:

Bewertungsbogen für ... (Name der Sendung)	★★★ = sehr gut ★★ = gut ★ = mittelmäßig
Sendetag und Sendezeit	...
Thema / Inhalt der Sendung	– Luftdruck – ...
Verständlichkeit	Insgesamt haben wir die Sendung gut verstanden. Es gab aber auch ...
Unterhaltungswert	★★★
Informationswert	★★
Gesamtbewertung	Die Moderation war sehr ...

> **Information** ▷▷ **Wissenssendung/Wissensmagazin**
>
> Wissenssendungen oder -magazine zeigen und **erklären Wissenswertes aus Natur, Alltag, Technik** und **Wissenschaft.**
> Sie beantworten Fragen wie: Wie funktioniert ein Kran? Warum hat ein Igel Stacheln?
> Meist führt ein **Moderator** / eine **Moderatorin** oder ein **Moderationsteam** durch die Sendung.
> Wissenssendungen bestehen aus **verschiedenen Elementen,** z. B.: Erklärungen und Selbstversuche des Moderators / der Moderatorin, kurze Filmbeiträge, in denen z. B. etwas veranschaulicht wird, Interviews mit Experten/Expertinnen, Experimente usw.

11.3 Über die eigene Mediennutzung nachdenken – Ein Medientagebuch führen

	Montag	Dienstag	Mittwoch
Medium (Gerät)	S T/C B/EB	S SK	F S T/C …
Was? (Inhalt)	Mes Ha Ro	Mes Ga Se Mu	…
Zeit (Minuten)	30 45 60	65 50 45 30	…
Medienzeit gesamt	135 Minuten = 2 Stunden, 15 Minuten	…	…
Wie? (Gefühle, Gedanken)	😊 entspannt	…	lustig, unterhaltsam

Erklärungen zu den Symbolen und Abkürzungen im Medientagebuch:

Medien (Geräte)	… Was?	Wie?
B = Buch / **EB** = E-Book 📖 **S** = Smartphone **T** = Tablet / **C** = Computer 💻 **F** = Fernseher 🖥 **SK** = Spielkonsole 🎮	**Mes** = Messenger/Nachricht **Ha** = Hausaufgaben **Ro** = Roman **Ga** = Gaming/Spiel **Se** = Serie (Film) **Mu** = Musik **Pod** = Podcast **Hör** = Hörbuch/Hörspiel	😊 entspannt 😟 traurig 😃 fröhlich 😤 gestresst

1
a Beschreibt, wie das abgebildete Medientagebuch aufgebaut ist.
b Diskutiert, ob ihre andere Medien ergänzen oder aus der Liste streichen würdet.
c Prüft, ob ihr weitere Inhalte ergänzen würdet. Einigt euch auf Abkürzungen für diese.

2
Führt eine Woche lang ein Medientagebuch. Geht so vor: Schreibt je Wochentag auf, welches Medium (Gerät) ihr wofür (Inhalt) wie lange (in Minuten) genutzt habt. In der untersten Spalte könnt ihr eure Gefühle oder Gedanken dazu eintragen.

3
a Rechnet je Tag die Gesamtzeit aus, die ihr mit den Medien verbracht habt.
b Vergleicht in der Klasse je Tag eure Medienzeiten und berechnet den Durchschnitt. Dazu müsst ihre alle Gesamtzeiten zusammenzählen und durch die Anzahl der Klassenmitglieder teilen.

4
a Probiert einmal aus, einen Tag ohne eure digitalen Geräte zu verbringen. Notiert, was ihr an diesem Tag macht, wen ihr trefft und wie ihr euch fühlt.
b Tauscht euch über eure Erfahrungen aus und begründet, ob ihr eure Mediennutzung ändern wollt.

Diagramme auswerten und eine Umfrage durchführen

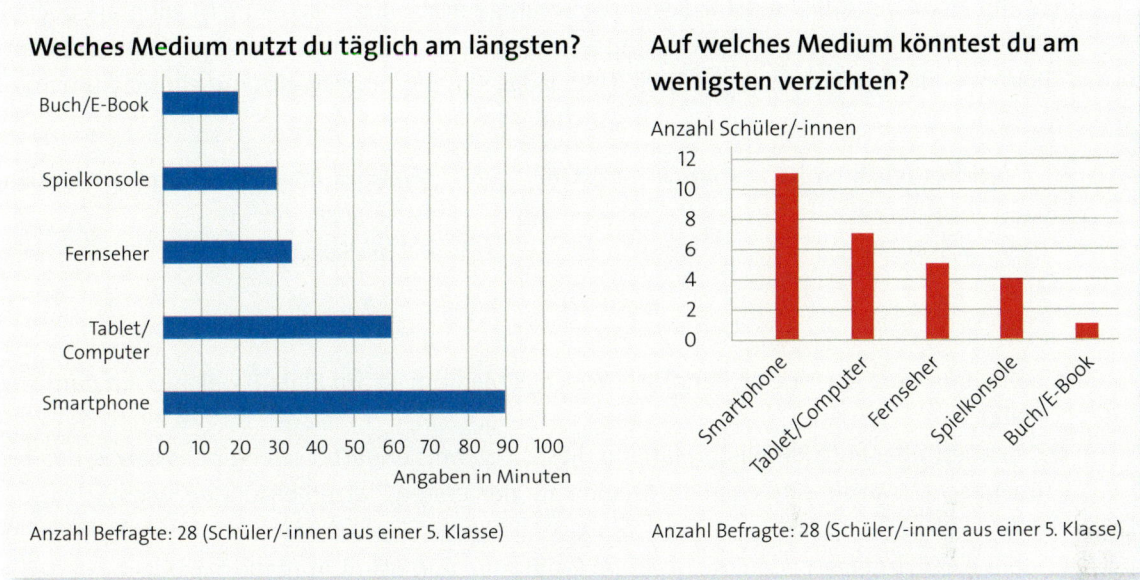

Welches Medium nutzt du täglich am längsten?

Angaben in Minuten

Anzahl Befragte: 28 (Schüler/-innen aus einer 5. Klasse)

Auf welches Medium könntest du am wenigsten verzichten?

Anzahl Schüler/-innen

Anzahl Befragte: 28 (Schüler/-innen aus einer 5. Klasse)

1 **a** Betrachtet die beiden Diagramme: Lest die Überschriften und die übrigen Angaben.

b Erklärt, worüber die Diagramme informieren. Welche Personen wurden jeweils befragt?

2 Wertet die Diagramme aus und haltet euer Ergebnis in einem zusammenhängenden Text fest. Wählt a, b oder c.

a Drückt die **Umfrageergebnisse** aus dem **Diagramm links** in einem Text aus.
Ihr könnt die folgenden Formulierungshilfen nutzen:

> Bei einer Umfrage wurden insgesamt ... Kinder aus einer 5. Klasse gefragt, ...
> Die Umfrage zeigt, dass das Smartphone mit ... Minuten das am meisten genutzte Medium ...
> Auf Platz zwei steht mit ... Minuten ...
> Der Fernseher mit ... Minuten auf Platz 3 ...
> Die Nutzung einer Spielkonsole ...

b Haltet die **Umfrageergebnisse** aus dem **Diagramm rechts** in einem Text fest.
Ihr könnt folgende Formulierungen nutzen:

> Bei einer Umfrage wurden ... aus einer 5. Klasse gefragt, ...
> Die Umfrage zeigt, dass die meisten ...

c Haltet die **Umfrageergebnisse beider Diagramme** jeweils in einem Text fest.

d Vergleicht die Angaben aus den beiden Diagrammen und erklärt, ob es einen Zusammenhang zwischen den Ergebnissen der beiden Diagramme gibt.

3 Smartphone, Spielkonsolen, Bücher, Fernsehen ...?
Welche Medien sind euch besonders wichtig? Führt selbst eine Umfrage durch. Geht so vor:

a Sammelt an der Tafel Medien, die ihr regelmäßig nutzt. Nutzt dazu eure Medientagebücher.

b Welches Medium ist euch am wichtigsten? Welches Medium nutzt ihr täglich am längsten?
Sammelt die Ergebnisse an der Tafel. **TIPP:** Jedes Klassenmitglied gibt nur ein Medium an.

Welches Medium ist uns am wichtigsten? – Smartphone: 7 – Spielkonsole: ... – ...	**Welches Medium nutzen wir am längsten?** – Smartphone: 13 – Spielkonsole: ... – ...

c Erstellt für eure Klasse eine Rangliste: Welches Medium ist auf Platz 1, welches auf dem letzten Platz?

d Diskutiert über eure Rangliste. Habt ihr dieses Ergebnis erwartet oder gibt es etwas, das euch überrascht? Warum sind euch die Medien auf den ersten Plätzen besonders wichtig?

4 Stellt eure Umfrageergebnisse in einem Diagramm dar. Wählt Aufgabe a, b oder c.

a Stellt in einem **Balkendiagramm** dar, welches Medium euch in der Klasse **am wichtigsten** ist.
Orientiert euch an dem Beispiel links auf Seite 235.
TIPP: Nutzt kariertes Papier. Verwendet pro Schüler/-in ein Kästchen auf dem Karopapier.

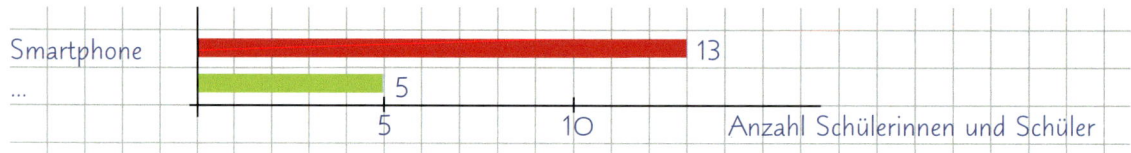

b Stellt in einem **Säulendiagramm** dar, welches Medium ihr in eurer Klasse **täglich am längsten** nutzt.
Nutzt kariertes Papier. Verwendet pro Schüler/-in ein Kästchen auf dem Karopapier.

c Befragt eure **Eltern** oder eure **Lehrkräfte,** welches Medium für sie **am wichtigsten** ist und welches Medium sie **täglich am längsten** nutzen. Erstellt dazu **zwei Diagramme.**

d Vergleicht die Angaben eurer Diagramme mit den Diagrammen auf Seite 235.

Methode ⟩	**Diagramme lesen und auswerten**

In Diagrammen werden Angaben
(z. B. Größen, Mengen, Zeiten) bildlich dargestellt.
Um ein Diagramm auszuwerten, könnt ihr so vorgehen:

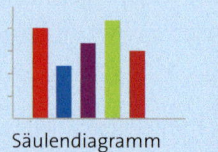
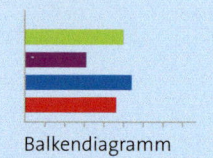

Säulendiagramm   Balkendiagramm

1 Schaut euch das Diagramm an.
Lest die Überschrift und alle übrigen Angaben.

2 Stellt fest, worüber das Diagramm informiert: Was ist das Thema?
Welche Personen wurden befragt? Welche Informationen werden gegeben?
Wofür stehen die Zahlen (Zeit, Gewicht, Größe, Menge usw.)?

3 Wertet das Diagramm aus. Vergleicht die Angaben und haltet fest, was euch auffällt.

12 Grammatik erforschen –
Wortarten, Sätze und Satzglieder

> Aua!
> **Mir** tut das ganze **alte Blech** weh!
> Hoffentlich **geht** meine Sprach-App noch.
> **Einen Moment!** Suche unter Sprachen mit D,
> ratter, ratter ... DEUTSCH. Puh, **Glück** gehabt!
> Dann **kann die Arbeit** ja losgehen!

1 Gruka reist durch das All, um Sprachen
zu erforschen.
a Sammelt alle Sprachen, die ihr in eurer
Klasse sprecht, z. B.: Deutsch, Englisch, ...
b Erklärt, wie ihr euch die Arbeit
einer Sprachforscherin oder eines
Sprachforschers vorstellt.

2 Gruka möchte wissen, welche Wortarten
es im Deutschen gibt.
a Lest die Sprechblase: Bestimmt die
Wortarten der fett gedruckten Wörter.
b Erklärt, woran ihr diese Wortarten
erkannt habt.

In diesem Kapitel ...

- lernt ihr die wichtigsten Wortarten und
ihre Funktionen kennen,
- bestimmt ihr Nomen nach Numerus,
Kasus und Genus (deklinieren),
- bestimmt ihr das Tempus von Verben,
- erkennt ihr Wortgruppen und bestimmt
verschiedene Satzglieder und derer Position
im Satz,
- überarbeitet ihr Texte mit Proben,
- bildet ihr Satzreihen und Satzgefüge,
- vergleicht ihr verschiedene Sprachen.

12.1 Gruka landet – Wortarten untersuchen

Nomen erkennen

Gestatten: Gruka von Exoplaneo

„Wo kommst du denn her?", ruft Leo, als er in der Nähe der Schule über eine kniehohe Metallbüchse stolpert. „Vom Planeten Exoplaneo natürlich. Woher denn sonst?", ant-
5 wortet die Büchse mit blecherner Stimme und zwinkert Leo mit ihrem einen, riesigen Auge zu. „Ich heiße übrigens Gruka und reise im Auftrag des intergalaktischen Sprachinstituts zur Erde, um die deutsche Sprache und
10 die anderen – warte, ratter, ratter – gerade mal 6 000 Sprachen dieses kleinen Planeten zu erforschen." „6 000! Wow!" Leo muss schlucken. „Immerhin, zwei kann ich schon. Aber sag mal, Gruka, wie bist du eigentlich
15 hierhergekommen? Du fährst doch nicht mit dem Fahrrad, oder?" „Siehst du das Raumschiff dahinten beim Heuhaufen? An guten Tagen, also wenn es nicht gerade müde ist oder schlechte Laune hat, fliegt es Lichtge-
20 schwindigkeit."

1 Es gibt über 6 000 Sprachen auf der Erde.
Wie viele Sprachen hättet ihr geschätzt?
Stellt Vermutungen darüber an, wie es zu dieser hohen Zahl kommen kann.

2 a Gruka fragt: „Stimmt es, dass Nomen nur Lebewesen und Dinge bezeichnen, die ich anfassen kann?" Findet im Text ein Gegenbeispiel und gebt Gruka eine Antwort.
b Übertragt die Tabelle in euer Heft und ordnet alle Nomen aus dem Text richtig ein.

Lebewesen/Eigennamen	Gegenstände/Dinge	Begriffe (Gedanken, Gefühle, Zustände)
Leo	Schule	Nähe

c Erklärt, woran ihr die Nomen erkannt habt.

 3 Vergleicht eure Tabellen: Habt ihr alles gleich zugeordnet oder gibt es Unterschiede?
Erklärt mögliche Unterschiede.

4 Untersucht, an welchen Begleitern man Nomen erkennen kann. Wählt Aufgabe a, b oder c.

a Schreibt alle Nomen aus dem Text auf Seite 240 heraus, die von einem **bestimmten Artikel** *(der, die, das)* begleitet werden, z. B.: der Nähe, ...

b Schreibt alle Nomen aus dem Text heraus, die von einem **Adjektiv** begleitet werden, z. B.: eine kniehohe Metallbüchse, ...

c Manchmal verstecken sich die Begleiter. Schreibt die **unterstrichenen Formulierungen** aus dem Text heraus und erklärt jeweils, welcher Begleiter sich verbirgt, z. B.: In der Formulierung „zum Mond" versteckt sich der Artikel „dem": zu dem Mond.

d Tragt eure Ergebnisse zusammen und notiert euch die verschiedenen Arten der Begleiter.

5 Stellt fest, ob ihr einen bestimmten Artikel *(der, die, das)* vor die folgenden Wörter setzen könnt. Wenn ja, handelt es sich um ein Nomen. Schreibt die Nomen mit Artikel in euer Heft.

PLANET • HELL • ASTRONAUT • SCHÖN • WETTER • LICHT • ERDE • UNIVERSUM •
ERSTAUNLICH • WELTRAUM • RAKETE • FLUG • RAUMSCHIFF

6 Nomen begegnen euch im Satzzusammenhang auch ohne Begleiter.
Ihr erkennt sie sicher, wenn ihr ausprobiert, ob ihr einen Artikel und ein Adjektiv davorstellen könnt.
Ergänzt die folgenden Sätze entsprechend, z. B.: Wir machen die schönste Musik.

A Wir machen Musik. • **B** Gruka trifft auf Leo. • **C** Mein Onkel ist Arzt. •
D Leo ist Schüler. • **E** Du hast Geduld. • **F** Gruka lernt Deutsch.

Information ▸▸▸ **Das Nomen** (Plural: die Nomen)

Die meisten Wörter in unserer Sprache sind Nomen (auch: Hauptwörter, Substantive).
Sie bezeichnen:
- **Lebewesen/Eigennamen,** z. B.: *Schüler, Baum, Eule, Außerirdischer, Gruka.*
- **Gegenstände,** z. B.: *Schule, Raumschiff, Erde.*
- **Begriffe** (Gedanken, Gefühle, Zustände ...), z. B.: *Idee, Problem, Freundschaft.*

Nomen werden immer **großgeschrieben.**
Nomen werden häufig **von Wörtern begleitet,** an denen wir sie erkennen können, z. B.
Artikeln *(die Sprache, eine Sprache)* oder Adjektiven *(schwierige Sprachen).*
Um sicher festzustellen, ob ein Wort ein Nomen ist, setzt man einen Artikel und ein Adjektiv
davor, z. B.: *das große Freignis.*

Artikel begleiten Nomen

Eine Festplatte voller Sprach-Apps

„Ich habe <u>ein</u> sicheres Gespür für neue Sprachen", sagt Gruka und fasst sich an <u>die</u> Stelle ihres Gesichts, an der eigentlich <u>die</u> Nase sein sollte. „Ich kann sie beinahe riechen!" „Gruka, <u>das</u> Sprachgenie aus dem All!", ruft Leo lachend. „Oder bist du am Ende nur <u>eine</u> Angeberin?" Da blinkt in Grukas Auge <u>eine</u> lange Zahl auf. „671 453", liest Leo laut vor. „Was soll das bedeuten?" „Ach", antwortet Gruka, „das ist bloß <u>die</u> Zahl der Sprach-Apps, die <u>die</u> kleine Aufschneiderin aus dem All auf der Festplatte hat."

1 Übertragt die Tabelle in euer Heft. Schreibt die unterstrichenen Artikel mit ihren Nomen aus dem Text heraus und ordnet sie in die richtige Spalte ein. Die Information unten hilft euch dabei.
TIPP: Manchmal steht ein Adjektiv zwischen Artikel und Nomen.

	bestimmter Artikel *(der, die, das)*	**unbestimmter Artikel** *(ein, eine, ein)*
männlich	…	…
weiblich	die …	eine …
sächlich	…	…

2 Erklärt anhand der beiden folgenden Sätze den Bedeutungsunterschied zwischen dem unbestimmten und dem bestimmten Artikel.
Ich beherrsche <u>eine</u> Sprache.   Ich beherrsche <u>die</u> Sprache Deutsch.

3 Findet heraus, wie die Artikel im Plural (Mehrzahl) lauten.
a Setzt die bestimmten Artikel aus der folgenden Information in den Plural. Schreibt dazu die Nomen mit ihren Artikeln auf, z. B.: der Forscher – die Forscher. Erklärt, was euch auffällt.
b Versucht, die unbestimmten Artikel aus der Information in den Plural zu setzen. Was stellt ihr fest? Formuliert mit den Ersatzformen „einige" und „mehrere" zwei Beispielsätze.

Information ▶ **Nomen: der Artikel** (Plural: die Artikel)

Nomen werden häufig von Artikeln **begleitet.** Man unterscheidet bestimmte Artikel *(der, die, das)* und unbestimmte Artikel *(ein, eine, ein)*, z. B.:

	bestimmter Artikel	**unbestimmter Artikel**
männlich	*der Forscher*	*ein Forscher*
weiblich	*die Reise*	*eine Reise*
sächlich	*das Programm*	*ein Programm*

Nomen haben ein grammatisches Geschlecht (Genus)

Deutsch	Spanisch	Türkisch
der Mond (m.)	la luna (f.)	ay
die Sonne (f.)	el sol (m.)	güneş
das Weltall (n.)	el universo (m.)	evren
Abkürzungen: m. = Maskulinum (männlich); f. = Femininum (weiblich); n. = Neutrum (sächlich)		

1 ▸ Übersetzt die drei Wörter in weitere Sprachen, die ihr kennt.

2 ▸ Vergleicht den Gebrauch der Artikel in den drei Sprachen. Wählt Aufgabe a, b oder c.

a Vergleicht die **Anzahl der Artikel** im Deutschen und im Spanischen und erklärt den Unterschied, den ihr entdeckt, z. B.: Im Spanischen gibt es nur …

b *der Mond – la luna:* Erklärt, was ihr anhand dieses Beispiels über das **Geschlecht der Nomen** (männlich, weiblich, sächlich) erfahrt, z. B.: Der Mond ist im Deutschen …

c Gruka speichert **eine Ausnahme:**
„In vielen Sprachen haben die Nomen einen Artikel und ein Genus. Aber …"
Ergänzt Grukas Festplatteneintrag.

d Tragt eure Ergebnisse zusammen. Diskutiert anschließend: Stellt man sich im Deutschen Mond und Sonne anders vor als im Spanischen?

3 ▸ In unserer Sprache können wir aus zwei Wörtern ein neues Wort zusammensetzen: *der Raum + das Schiff = das Raumschiff.*

a Nach welchem Einzelnomen richtet sich das Geschlecht des zusammengesetzten Nomens?
TIPP: Vergleicht die Artikel.

b Bildet Wörterketten aus zusammengesetzten Nomen.
Denkt dabei an den richtigen Artikel, z. B.: Spieler 1: das Raumschiff →
Spieler 2: der Schiffskapitän → Spieler 3: die Kapitäns …

4 ▸ Übersetzt die Wörter „Mond", „Sonne" und „Weltall" mit Artikel ins Englische.
Erklärt, welche Schwierigkeiten englische Schüler/-innen haben könnten, die Deutsch lernen.

Information ▸	**Nomen: das Genus** (das grammatische Geschlecht; Plural: die Genera)

Im Deutschen hat **jedes Nomen ein Genus,** das man **am Artikel erkennen** kann:
- ein **Maskulinum:** *der Junge, der Landeanflug,*
- ein **Femininum:** *die Frau, die Fähre* oder
- ein **Neutrum:** *das Mädchen, das Raumschiff.*
Das grammatische Geschlecht stimmt nicht immer mit dem natürlichen überein, z. B.:
das Mädchen, das Kind.

Nomen haben eine Anzahl (Numerus)

Die Schule der Sprachastronauten

„Endlich ist die Schule aus", sagt Leo. „Jetzt will ich richtig schön faul sein!" „Faul?" Gruka schließt das riesige Auge und denkt nach. „Warte, ratter, ratter … Willst du etwa verschimmeln wie der Apfel da unter dem Baum?" Leo verdreht die Augen: „Wie sind eigentlich die Schulen bei euch so?" „Das Internat für Sprachastronautinnen und -astronauten ist die beste Adresse im All!", antwortet Gruka. „Ich mochte die Fächer *Reparaturen in der Schwerelosigkeit* und *Die Sprachen des Weltalls*. Das Fach *Fliegen* war auch o. k." „Klingt gut", gibt Leo zu. „Aber bis zur perfekten App musst du die Sprache Deutsch noch etwas lernen. Was, glaubst du, habe ich mit ‚schön faul' wirklich gemeint? Ein Tipp: Vergiss die Äpfel!"

1 ▸ Gruka hat keine Übung darin, „schön faul" zu sein. Erklärt ihm, was Leo meint.

2 ▸ **a** Die unterstrichenen Nomen kommen im Text noch einmal im Plural vor.
Sucht die Nomenpaare heraus und schreibt sie nebeneinander in eine Tabelle.

Nomen im Singular (Einzahl)	Nomen im Plural (Mehrzahl)
die Schule	die Schule_n_

b Unterstreicht bei allen Pluralformen, was sich gegenüber der Singularform verändert hat.

> **A** die Wolke • die Nase • die Spitze • die Wanderung • die Kreuzung
> **B** das Glas • der Hut • der Traum • der Bruder • die Mutter • der Vater
> **C** der Weg • das Auto • das Schild • das Brötchen • das Haus

3 ▸ Setzt die Nomen in den Plural und beschreibt die Pluralformen. Wählt a, b oder c.
⚀ **a** Setzt die Wörter aus **Reihe A** in den Plural. Was fällt euch auf?
⚁ **b** Erklärt: Was ändert sich im Wortstamm, wenn ihr die Wörter in **Reihe B** in den Plural setzt?
⚂ **c** Notiert zu jedem Wort aus **Reihe C,** wie es den Plural bildet.
d Tragt eure Ergebnisse zusammen. Welche Formen der Pluralbildung gibt es?

⊕ **4** ▸ Prüft, welche der folgenden Nomen nur im Singular, welche nur im Plural vorkommen:
die Eltern • die Leute • das Gold • die Möbel • das Glück • der Regen

Information ▸ **Nomen: der Numerus** (die Anzahl; Plural: die Numeri)

Nomen haben einen **Numerus,** d. h. eine Anzahl. Sie stehen
- im **Singular** (Einzahl), z. B.: *der Tisch, die Tasse, das Haus,* oder
- im **Plural** (Mehrzahl), z. B.: *die Tische, die Tassen, die Häuser.*

Nomen gibt es in vier Fällen (Kasus)

Ein Fall für Detektivin Gruka (Teil 1)

? der Schule tut so, als ob er die Sprach-App erfunden hätte. Tatsächlich soll die Sprach-App aber eine Idee **?** sein. Er hat angeblich **?** um Hilfe bei der Grammatik gebeten. Dann lieferte er **?** einen ersten Vorschlag für die App.

> des Mathematiklehrers •
> den Englischlehrer •
> dem Computerfachmann •
> der Direktor

1 Findet heraus, wer die Sprach-App erfunden haben soll. Schreibt dafür den Text ab und setzt anstelle der Fragezeichen jeweils die richtige Person ein.

Frage 1: Wer oder was tut so, als ob er die Sprach-App erfunden hätte?
Frage 2: Wessen Idee soll die Sprach-App tatsächlich gewesen sein?
Frage 3: Wem lieferte er einen ersten Vorschlag für die App?
Frage 4: Wen oder was bat er angeblich um Hilfe bei der Grammatik?

---

2 **a** Beantwortet die vier Fragen (= Kasusfragen) oben mit Hilfe des Textes. Schreibt die Fragen und Antworten in euer Heft, z. B.: Frage 1: Wer oder was tut so, als ob …? Antwort 1: Der Direktor …
b Unterstreicht die Fragewörter und in den Antworten die Nomen mit ihren Artikeln, die auf die Fragen antworten. Was fällt euch auf? **TIPP:** Achtet auf die Endungen.

Ein Fall für Detektivin Gruka (Teil 2)

In Wirklichkeit war <u>die App</u> eine Erfindung <u>der Frau</u> des Mathematiklehrers. Sie hat <u>ihrem Mann</u> eines Abends <u>ihre Idee</u> erzählt und <u>der Schuft</u> hat sie gleich am nächsten Morgen <u>seinen Kollegen</u> verraten. Ich weiß das genau, weil Andromeda, die Tochter <u>des Mathematiklehrers</u>, eine ganz enge Freundin von mir ist. Na ja, so eng nun auch wieder nicht … ratter, ratter, ratter …

3 Übertragt die Tabelle ins Heft. Stellt zu den markierten Wörtern jeweils die Kasusfrage (▶ Information, S. 246). Bestimmt dann den Kasus, den Numerus und das Genus.

Wortbeispiel	Kasusfrage	Kasus	Numerus	Genus
die App	Wer oder was war …?	…	…	Femininum

4 Erklärt anhand der folgenden Sätze, warum verschiedene Kasus wichtig sind.
Der Roboter baut einen Computer.   *Den Roboter baut ein Computer.*

Umtopfer

Mit Hilfe des <u>Umtopfers</u> kann man alle <u>Lebewesen</u> von einem Ort an den anderen versetzen. Die <u>Menschen</u> können so weit entfernte <u>Kontinente</u> bereisen. Das <u>Umtopfen</u> von Bäumen gelingt <u>Gruka</u> bisher nicht.

Kopfrechner

<u>Der Kopfrechner</u> ist ein Computer, der sich mit Hilfe <u>das Gehirn</u> steuern lässt. Man legt sich in Gedanken <u>ein blitzgescheiter Text</u> zurecht und <u>der Text</u> erscheint fertig auf dem Bildschirm <u>der Computer</u>.

LEG

Eine <u>Idee</u> für den <u>Haushalt der Menschen</u> ist der Lieblingsessensgenerator (LEG)! Der LEG würde <u>Leo</u> die <u>Nudeln</u> mit Tomatensoße zubereiten, <u>Fleischklöpse</u> ausbrüten und <u>Gemüse</u> keine Chance geben.

---

1 Welche von Grukas Erfindungen gefällt euch am besten? Begründet.

2 Bestimmt den Kasus der Nomen. Wählt a, b oder c und tauscht euch anschließend aus.

⚀ **a** Bestimmt beim „**Umtopfer**" den Kasus der unterstrichenen Nomen.
Schreibt die Nomen mit Begleitern (falls vorhanden) aus dem Text heraus, z. B.: *des Umtopfers = ...*

⚁ **b** Übertragt den Text „**Kopfrechner**" in euer Heft. Setzt dabei die unterstrichenen Wörter richtig ein. Bestimmt anschließend den Kasus der Nomen. **TIPP:** Achtet auf die Begleiter.

⚂ **c** Bestimmt beim „**LEG**" den Kasus der unterstrichenen Nomen. Arbeitet im Heft.

⊕ **3** Knobelt: Welche beiden Kasus sind im Plural gleich?

Information ⟩	**Nomen: der Kasus** (Fall; Plural: die Kasus, mit langem *u* gesprochen)

Im Deutschen gibt es **vier Kasus,** die man durch Fragen ermitteln kann:

Kasus	Kasusfrage	Beispiele
1. Fall: **Nominativ**	Wer oder was ...?	*Der Junge stellt eine Frage.* *Die Lehrerin erklärt die Regeln.* *Das Spiel macht Spaß.*
2. Fall: **Genitiv**	Wessen ...?	*Die Frage des Jungen ist klug.* *Die Idee der Lehrerin ist gut.* *Die Regeln des Spiels sind einfach.*
3. Fall: **Dativ**	Wem ...?	*Ein Mitschüler antwortet dem Jungen.* *Die Klasse vertraut der Lehrerin.* *Manche sehen dem Spiel nur zu.*
4. Fall: **Akkusativ**	Wen oder was ...?	*Die Antwort überzeugt den Jungen nicht.* *Viele Kinder mögen die Lehrerin.* *Manche Schüler mögen das Spiel.*

Der Kasus ist oft am Artikel oder an der Endung des Nomens erkennbar: *des Kindes.*
Wenn man ein **Nomen in einen Kasus setzt,** nennt man das **deklinieren** (beugen).

Was Pronomen können

Nomen haben Stellvertreter: Personalpronomen

> Gruka fehlen die Wörter. Die App hat die Wörter verschluckt!
> Bring Gruka bitte zum Schrotthändler und behalte das
> Raumschiff! Das Raumschiff ist so gut wie neu. Warte!
> Gruka muss aufstoßen: ich, du, er, sie, es, wir, ihr, sie. Da sind
> sie wieder! Und es kommen noch mehr: mir, dir, mich, dich ...

1 Welche Wörter fehlen Gruka plötzlich? **TIPP:** Achtet auf die unterstrichenen Wörter.

2 a Ersetzt die umrahmten Wörter durch passende Personalpronomen, z. B.:
  Mir fehlen die Wörter. Die App hat ...
 b Klingt der Text jetzt besser als vorher? Erklärt, was die Personalpronomen leisten.

Leo erzählt seinem Bruder Jonas von seiner neuen Freundin. Er erzählt ihm von Gruka. Er hört
ihm interessiert zu und er fragt ihn, ob er ihm Gruka auch einmal vorstellen kann. Er würde ihm
dann auch etwas Tolles zeigen.

---

3 Der Text ist nicht leicht verstehbar. Schreibt ihn ab und überarbeitet ihn. Wählt a, b oder c.

  a Ersetzt die ganz unterstrichenen Personalpronomen **3 x** durch „Leo" und **2 x** durch „Jonas".

  b Ersetzt die ganz unterstrichenen Pronomen **5 x** durch „Leo" oder „Jonas".

  c Überarbeitet den Text. Erklärt, warum die unterpunkteten Pronomen nicht ersetzt werden müssen.

  d Vergleicht eure Ergebnisse und erklärt, warum der Ausgangstext weniger verständlich war.

| **Information** | **Das Personalpronomen** (persönliches Fürwort; Pl.: die Personalpronomen) |

Mit **Personalpronomen** kann man **Nomen ersetzen.**
Beispiel: *Die Katze möchte ins Haus. Sie miaut. Schnell lassen wir sie herein.*

Personalpronomen werden wie die Nomen **dekliniert** (gebeugt):

Kasus	Singular			Plural		
	1. Pers.	**2. Pers.**	**3. Pers.**	**1. Pers.**	**2. Pers.**	**3. Pers.**
1. Fall: **Nominativ**	*ich*	*du*	*er/sie/es*	*wir*	*ihr*	*sie*
2. Fall: **Genitiv**	*meiner*	*deiner*	*seiner/ihrer/seiner*	*unser*	*euer*	*ihrer*
3. Fall: **Dativ**	*mir*	*dir*	*ihm/ihr/ihm*	*uns*	*euch*	*ihnen*
4. Fall: **Akkusativ**	*mich*	*dich*	*ihn/sie/es*	*uns*	*euch*	*sie*

Possessivpronomen zeigen den Besitz an

1 a Ergänzt die Sätze aus den Sprechblasen oben in eurem Heft.
  b Unterstreicht die Wörter, die ihr neu eingesetzt habt. Erklärt, was sie verdeutlichen.

> **Grukas Lichtklavier:** „<u>Mein</u> Hobby ist das Lichtklavier. <u>Seine</u> Tasten werfen Regenbogen an unseren Himmel. Erzählst du mir von <u>deinen</u> Hobbys? Eines eurer Ballspiele habe ich ja bereits kennengelernt. Wie war noch mal <u>sein</u> Name? Irgendetwas mit Fuß…?"

2 Untersucht die Possessivpronomen und die dazugehörigen Nomen. Wählt a, b oder c.
  a Schreibt die **unterstrichenen Pronomen** mit den dazugehörigen Nomen heraus. Notiert, welche Zugehörigkeit das Pronomen ausdrückt, z. B.: mein Hobby = Grukas Hobby …
  b Schreibt **sechs Possessivpronomen** heraus und erklärt, worauf sie sich beziehen.
  c Erklärt mit Hilfe des Textes, wonach sich der **Kasus der Possessivpronomen** richtet.
  d Tragt eure Ergebnisse zusammen.

3 Schreibt die folgenden Sätze ab und ergänzt dabei passende Possessivpronomen. Achtet darauf, in welchem Kasus (Fall) das Possessivpronomen stehen muss.
  – Fragst du **?** Bruder, ob er uns **?** Ball leihen kann?
  – Ich werde **?** Freundin sagen, dass sie am Wochenende zu uns kommen kann.
  – Habt ihr **?** Badesachen eingepackt?
  – In der letzten Woche haben wir **?** Klassenzimmer neu gestrichen.

Information	Das Possessivpronomen (besitzanzeigendes Fürwort)

Possessivpronomen *(mein/meine – dein/deine – sein/seine, ihr/ihre – unser/unsere – euer/eure – ihr/ihre)* **geben an, zu wem etwas gehört,** z. B.: *mein Fahrrad, dein Freund.*
Possessivpronomen **begleiten meist Nomen** und stehen **im gleichen Kasus** wie das dazugehörige Nomen: *Ich erzähle meinen Freunden von dem Spiel.* (Wem? – Dativ)
Als **Begleiter eines Nomens** wird das **Possessivpronomen auch Artikelwort** genannt, z. B.: *dein Roboter.*

Eigenschaften genauer beschreiben – Adjektive

Mit Adjektiven beschreiben

traurigen •
winzigen •
schwarzen •
unpraktische •
volle •
leere •
harte •
anstrengenden •
engen

Fliegende Wohnkugeln

Auf unserem **?** Planeten Exoplaneo haben wir keine Häuser, sondern schweben in **?** Kugeln durch den **?** Himmel. Unsere **?** Einrichtung
5 fliegt ebenfalls. Mal kommt der **?** Schreibtisch vorbei, mal der **?** Kühl-schrank, mal die **?** Matratze. Es geht doch nichts über einen **?** Kurzschlaf. Im ganzen **?** Universum schlafen
10 wirklich nur die Erdlinge stundenlang am Stück.

herrlichen •
lichtdurch-lässigen •
blauen •
moderne •
leere •
volle •
weiche •
erholsamen •
weiten

 1 **a** Lest euch den Text gegenseitig vor.
Partner/-in A ergänzt dabei die Adjektive der linken, Partner/-in B die Adjektive der rechten Spalte.
b Besprecht, wie sich der Text durch die unterschiedlichen Einsetzungen verändert. Welcher Eindruck entsteht jeweils vom Leben auf dem Planeten Exoplaneo?
c Formuliert in einem Satz, wozu wir Adjektive brauchen, z. B.:
Mit … können wir genau …

2 **a** Vergleicht die Adjektive der beiden Spalten. Welche Adjektive drücken das genaue Gegenteil voneinander aus?
b Formuliert die ersten vier Adjektive der linken Spalte in ihr genaues Gegenteil um.

3 **a** Beschreibt Grukas Aussehen. Verwendet dabei anschauliche Adjektive (▶ S. 265 f.).
b Vergleicht eure Beschreibungen. Sind eure Adjektive so genau wie möglich?

  **Information** **Das Adjektiv** (das Eigenschaftswort; Plural: die Adjektive)

Mit Adjektiven können wir die **Eigenschaften** von Lebewesen, Dingen, Vorgängen, Gefühlen und Vorstellungen **genau beschreiben,** z. B.:
der starke Wind, der schwache Wind, der eiskalte Wind.
Adjektive werden **kleingeschrieben.** Adjektive, die vor einem Nomen stehen, haben den **gleichen Kasus wie das Nomen:** *der kalte See, des kalten Sees, die kalten Seen.*

Mit Adjektiven vergleichen

Geschwindigkeit	Gewicht
Grukas Raumschiff: Lichtgeschwindigkeit	Wal: 200 000 kg
Gepard: 120 km/h	Elefant: 5 000 kg
Sprintweltmeister: 37,5 km/h	Gruka: 25 kg

1 Der Gepard ist sehr schnell und der Wal ist sehr schwer.
Kennt ihr weitere Tierrekorde? Berichtet von diesen.

2 Formuliert Vergleiche (▶ S. 266). Verwendet dabei die Adjektive
schnell und *schwer* jeweils in der richtigen Form, z. B.:
Der Elefant ist schwerer als … / Der Wal ist am schwersten.

3 Übertragt die Tabelle in euer Heft und steigert die Adjektive. Wählt Aufgabe a, b oder c.

Grundform	1. Steigerungsstufe	2. Steigerungsstufe
…	…	…

> **A** laut • langsam • leicht • warm • jung • fröhlich • dünn • freundlich • klug
> **B** am frischsten • alt • reicher • neugieriger • gut • schön • am teuersten • leise
> **C** am wildesten • ruhig • abgelegener • quadratisch • dramatischer • blind • viel

a Schreibt die Adjektive aus **Reihe A** in die linke Spalte. Ergänzt die Steigerungsstufen und
unterstreicht die typischen Endungen, z. B.: laut – lauter – am lautesten.

b Tragt die Adjektive aus **Reihe B** in die richtige Tabellenspalte ein und ergänzt jeweils die fehlenden
Formen. Welches Adjektiv wird anders gesteigert als die übrigen?

c Tragt die Adjektive aus **Reihe C** in die Tabelle ein und ergänzt fehlende Formen.
Warum ist die Steigerung nicht immer sinnvoll? Begründet und streicht zwei Adjektive durch.

d Tragt eure Ergebnisse zusammen und überlegt, wann man Adjektive steigern muss.

Information ⟩⟩	**Steigerung der Adjektive**

Die **meisten Adjektive** kann man **steigern,** z. B.: *schön – schöner – am schönsten.*
Dadurch kann man z. B. Lebewesen oder Dinge vergleichen. Es gibt drei Steigerungsstufen:

Positiv (Grundform)	Komparativ (1. Steigerungsstufe)	Superlativ (2. Steigerungsstufe)
Ole ist groß.	*Lara ist größer.*	*Bihar ist am größten.*

Vergleiche mit dem Positiv werden mit **wie** gebildet: *Ole ist so groß wie Felix.*
Vergleiche mit dem Komparativ werden mit **als** gebildet: *Lara ist größer als Ole.*

Leben in die Dinge bringen – Verben

Infinitiv und Personalformen

> **Leckerer Strom:** „Ich habe solchen Hunger!", sagt Leo. „Zum Glück kochen meine Eltern heute einen Berg Spaghetti." „Sie <u>kochen</u>?", fragt Gruka. „Moment, suche unter Verben mit k, ratter, ratter … *KOCHEN: Eine warme Mahlzeit zubereiten.* Aha, ihr habt also Hunger, und wenn der Hunger zu groß wird, dann <u>kocht</u> ihr Spaghetti?" „Du <u>kochst</u> wohl nie, oder?" „Nein, ich <u>koche</u> nicht! Wir haben unseren Strom immer fertig, und zwar in allen Geschmacksrichtungen." „Hast du dann zufällig auch einen Strom-Schokoriegel dabei? Ich habe solchen Hunger!"

1 **a** Schreibt fünf unterschiedliche Verben aus dem Text heraus und ergänzt jeweils den Infinitiv (die Grundform), z. B.: habe – haben; sagt – …

b Übertragt die Tabelle in euer Heft und ordnet die unterstrichenen Formen des Verbs *kochen* ein. Ergänzt dann die übrigen Formen.

	Singular (Einzahl)	**Plural (Mehrzahl)**
1. Person	ich koche	wir …
2. Person	du …	ihr …
3. Person	er/sie/es …	sie …

c Bildet aus „eine warme Mahlzeit zubereiten" einen Aussagesatz. Was geschieht mit dem Verb?

d Unterstreicht die Verbendungen in eurer Tabelle. Was ändert sich jeweils an ihrer Form?

2 **a** Konjugiert (beugt) die folgenden Verben: *merken, weinen. drücken, schweigen, sprechen, halten.* Umrahmt bei jeder Verbform den Verbstamm und die <u>Personalendung</u>, z. B.: ich merke, …

b Beschreibt, welche Besonderheiten ihr bei den Verben *sprechen* und *halten* feststellen könnt.

Information > **Das Verb** (das Tätigkeitswort; Plural: die Verben)

Mit Verben gibt man an, **was jemand tut** (z. B. *laufen, reden*), **was geschieht** (z. B. *regnen, brennen*) oder **was ist** (z. B. *haben, sein, bleiben*). Verben werden **kleingeschrieben.**
- Die Grundform des Verbs nennt man **Infinitiv.** Sie endet auf *-en* oder *-n*: *gehen, rudern.*
- Nutzt man ein Verb im Satz, bildet man die **Personalform.** Dazu wird das Verb **konjugiert** (gebeugt). An den **Verbstamm** wird dabei die passende **Personalendung** gehängt, z. B.: *sprech-en* (Infinitiv) → *ich sprech-e* (1. Person), *du sprich-st* (2. Person) usw.
- Von einem **Partikelverb** spricht man, wenn eine Verbpartikel, z. B. *ab*, in einem **einfachen Satz** mit dem Verb, z. B. *fliegen*, eine Verbklammer bildet, z. B.: *Gruka <u>fliegt</u> um 12:00 Uhr <u>ab</u>.* Im **Nebensatz** stehen sie **zusammen**, z. B.: *Leo sieh zu, wie Gruka <u>abfliegt</u>.*

Mit Verben Zeitformen bilden

1 **a** Ordnet jedem Bild oben einen der folgenden Begriffe zu:

> Gegenwart • Zukunft • Vergangenheit

b Verwendet nun das Verb *fliegen* in verschiedenen Zeitformen, um dadurch auszudrücken, wann etwas passiert. Setzt die Zeitformen passend ein.

Die Menschen **?** mit dem Raumschiff **?** .

Die Menschen **?** mit dem Hubschrauber.

Die Menschen **?** mit dem Fesselballon.

> flogen • werden fliegen • fliegen

2 Der „Zug der Zeit" zieht zwei Vergangenheitsformen. Benennt sie.

3 Zeichnet den „Zug der Zeit" ab und füllt die Wagen mit neuen Beispielen, indem ihr die Sätze Er geht. und Sie singt. in die verschiedenen Zeitformen setzt.

> Futur und Perfekt sind **zusammengesetzte Verbformen.** Das Futur wird mit *werden* gebildet, das Perfekt mit *haben* oder *sein.*

⊕ **4** Nur Verben kann man in verschiedene Zeitformen setzen, behauptet Gruka. Beweist mit Grukas Probe, dass *träumen* ein Verb ist, *gelb* aber nicht.

> **Information** ▶▶ **Die Zeitformen des Verbs**
>
> Verben kann man in verschiedenen Zeitformen (Tempora; Singular: das Tempus) verwenden, z. B. im **Präsens,** im **Präteritum,** im **Futur.** Die **Zeitformen der Verben** sagen uns, **wann etwas passiert,** z. B. in der **Gegenwart,** in der **Vergangenheit** oder in der **Zukunft.**

Präsens und Futur: Von Gegenwart und Zukunft sprechen

Neueröffnung! Neueröffnung!

Endlich geht es los! Heute eröffnet das Weltraumrestaurant „Urknall"!

Bei uns isst man nicht an Tischen,
sondern in gemütlichen Raumschiffen.

Das Essen schmeckt überirdisch gut!!!

Achtung: Wer sich heute als Wesen aus dem All
verkleidet, isst und trinkt für den halben Preis!
Wir freuen uns schon jetzt auf eure lustigen Kostüme!

Galaktische Informationen:

– Die Speisekarte gibt es im Internet unter
  www.milchvommars.univers.
– Die Lebensmittel von allen Planeten
  stammen aus umweltfreundlicher
  Landwirtschaft ☺.
– Im Weltraum sind alle gleich.
  Deshalb duzen wir uns.

1 Habt ihr Lust auf eine grüne Milch vom Mars?
Formuliert ein paar witzige Vorschläge für die Speisekarte des neuen Weltraumrestaurants.

2 Übertragt die Tabelle in euer Heft und ordnet die zehn Sätze des Restaurant-Flyers in die passende
Spalte ein.

Die Zeitform Präsens drückt aus:

Was gerade geschieht	Was immer so ist oder für längere Zeit gilt
– …	– Bei uns isst man nicht an Tischen, …

3 Findet drei weitere Beispielsätze für jede Spalte der Tabelle.

Leo: „Genial! Heute Abend gehen wir in das neue Restaurant. Ich verkleide mich als Meister Yoda und du bleibst, wie du bist. Ich esse für die Hälfte, du schlürfst heimlich etwas Strom und niemand merkt etwas."

Gruka: „O.k., aber auf Exoplaneo werde ich dich richtig zum Essen einladen. Ich werde für dich alle Spezialitäten des Planeten auffahren, abgesehen von Strom natürlich. Du wirst mich doch besuchen, oder?"

4 Um was geht es? Warum wird niemand etwas merken? Erklärt Leos Idee mit eigenen Worten.

5 Leo und Gruka sprechen beide von der Zukunft, nutzen aber verschiedene Zeitformen.
a Notiert, welche Zeitform Leo und welche Zeitform Gruka nutzt.
b Schreibt Grukas Text ab und unterstreicht alle Futurformen, z. B.:
O.k., aber auf Exoplaneo <u>werde</u> ich dich richtig zum Essen <u>einladen</u>.
c An welcher Zeitangabe könnt ihr erkennen, dass auch Leo von der Zukunft spricht?

6 Schreibt über ein Ereignis, das in der Zukunft liegt. Wählt Aufgabe a, b oder c.
a Schreibt **Leos Text** ab. Setzt ihn dabei ins **Futur,** z. B.: Genial! Heute Abend werden …
b Setzt **Leos Text** in die Zeitform **Futur.**
Erweitert den Text noch um **zwei Sätze,** die ebenfalls im Futur stehen.
c Formt **Grukas Text** so um, dass zwei Sätze im **Präsens** stehen.
Aber Achtung: Es muss trotzdem klar sein, dass Gruka von der Zukunft spricht.
d Stellt euch eure Ergebnisse gegenseitig vor.

⊕ 7 Wie stellt ihr euch das Leben in 100 Jahren vor?
Schreibt in der Zeitform Futur auf, was sich in 100 Jahren alles verändert haben wird.

 Information ▶ **Die Zeitformen Präsens und Futur**

Das Präsens (die Gegenwartsform) wird verwendet,
- wenn man über etwas spricht, was **gerade jetzt** geschieht: *Gruka <u>denkt</u> gerade nach.*
- wenn eine Aussage **immer** gilt: *Deutsch <u>ist</u> eine schöne, aber schwierige Sprache.*
- um etwas **Zukünftiges** auszudrücken. Meist verwendet man dann eine Zeitangabe, die auf die Zukunft verweist, z. B.: *Morgen <u>gehe</u> ich ins Kino.*

 Das Futur (die Zukunftsform) wird verwendet, um ein zukünftiges Geschehen auszudrücken, z. B.: *Ich <u>werde</u> dich <u>anrufen</u>.*
Das Futur wird gebildet durch die Personalform von *<u>werden</u>* im Präsens + **Infinitiv** des Verbs, z. B.: *Ich <u>werde</u> **schreiben**, du <u>wirst</u> **schreiben**, wir <u>werden</u> **schreiben**.*

Perfekt und Präteritum: Von Vergangenem erzählen und berichten

> **?**
>
> Vor einigen Jahren sah unser berühmter Forscher Eusebius Milch durch sein Sternenfernrohr. Er beobachtete die Sterne und zählte die Ringe des Saturns, als er plötzlich eine kleine blaue Kugel entdeckte. Er lief sehr aufgewühlt in sein Labor, ging mehrmals um den Labortisch und aß zur Beruhigung ein paar Blaubeeren. Und gerade dabei fiel ihm der Name ein: Er nannte die kleine Kugel den „blauen Planeten".

> **?**
>
> Also, Eusebius Milch hat durch sein Fernrohr gesehen. Wie immer hat er die Planeten beobachtet und hat die Ringe des Saturns gezählt. Nur hat er dieses Mal zufällig eine kleine blaue Kugel entdeckt. Er ist aufgeregt in sein Labor gelaufen, ist immer um den Tisch gegangen und hat jede Menge Blaubeeren gegessen. Und dabei – wegen der Blaubeeren! – ist ihm der Name eingefallen. Er hat die kleine Kugel „blauer Planet" genannt.

1 **a** Das stimmt doch nie! Erklärt, warum man die Erde wirklich einen blauen Planeten nennt.
   b Formuliert mündlich eine Überschrift, die zu beiden Texten passt.

2 Lest euch die beiden Texte gegenseitig vor. Welcher Text stammt eurer Ansicht nach aus einem Buch? Welcher ist mündlich erzählt? Erklärt, woran ihr das erkennt.

3 Untersucht die Zeitformen der Verben in den beiden Texten.
   a Erzählen die beiden Texte von einem gegenwärtigen, zukünftigen oder vergangenen Ereignis?
   b Übertragt die Tabelle in euer Heft. Stellt darin die neun Verben der beiden Texte gegenüber.
   c Lest die Information auf Seite 256 unten und ergänzt in der Kopfzeile eurer Tabelle jeweils die passende Zeitform: entweder „Perfekt" oder „Präteritum".

schriftlich:	mündlich:
sah	hat gesehen
beobachtete	hat beobachtet

4 **a** Übertragt die Tabelle in euer Heft.
   Schreibt aus dem rechten Text alle Verben im Perfekt heraus und ordnet sie in die Tabelle ein.

haben *(habe, hast, hat …)* **+ Partizip II**	**sein** *(bin, bist, ist, sind, seid)* **+ Partizip II**
hat … gesehen	ist … gelaufen

   b Ordnet die folgenden Verben aus dem Kasten rechts in die richtige Spalte ein.

> Verben der Fortbewegung bilden das Perfekt mit *sein*, z. B.: *rennen – schwimmen – reisen – fahren – fliegen.*

Das Sternenfernrohr

Eusebius Milch **?** das Sternenfernrohr vor 30 Jahren **?** *(erfinden)*. Seine Mitarbeiter **?** dafür eine besonders starke Linse **?** *(entwickeln)*. Zur Präsentation des Fernrohrs **?** sehr viele Bewohner von Exoplaneo **?** *(kommen)*. Wir **?** alle einmal durch das Teleskop in die unendliche Weite des Weltraums **?** *(blicken)*. Ich …

1 **a** Schreibt den Text ab und setzt die eingeklammerten Verben ins Perfekt.
b Unterstreicht in den Sätzen beide Teile des Perfekts, z. B.: … <u>hat</u> … <u>erfunden</u>.

2 Setzt den Text ins Präteritum, z. B.: Eusebius Milch <u>erfand</u> das Sternenfernrohr …

3 **a** Schreibt aus eurem Text aus Aufgabe 2 alle Verbformen im Präteritum heraus und bildet zu jeder Verbform den Infinitiv und das Präsens. Übertragt dazu die Tabelle in euer Heft:

Präteritum (Vergangenheit)	Präsens (Gegenwart)	Infinitiv (Grundform)
er erfand	er erfindet	…

b Vergleicht und beschreibt die unterschiedliche Bildung des Präteritums.
Markiert dann in eurer Tabelle, woran ihr die Präteritumform erkennt, z. B.: er erf<u>a</u>nd.

4 Tragt die folgenden Verbformen in die richtige Spalte der Tabelle ein und ergänzt die fehlenden Verbformen.

ich schlafe • sie essen • wir gehen • ihr wolltet • sie trägt • ich gebe • ich sitze • du sagst

⊕ 5 Schreibt die Erzählung Grukas um einige Sätze weiter. Schreibt entweder nur im Perfekt oder nur im Präteritum. Beginnt z. B. so: Ich <u>bin</u> dabei <u>gewesen</u> … oder: Ich <u>war</u> dabei …

> **Information** ▷▷ **Die Zeitformen Perfekt und Präteritum**
>
> Die Zeitform **Perfekt** verwendet man meist, wenn man **mündlich von Vergangenem** erzählt oder berichtet. Das **Perfekt** ist eine **zusammengesetzte Vergangenheitsform**. Es wird mit einer Präsensform von *haben* oder *sein* und dem *Partizip II* gebildet, z. B.:
> *ich <u>habe</u>* **begonnen,** *du <u>hast</u>* **gegessen,** *wir <u>sind</u>* **gelaufen,** *du <u>bist</u>* **gekommen.**
>
> Das **Präteritum** ist eine **einfache Zeitform der Vergangenheit**. Es wird vor allem in schriftlichen Erzählungen (z. B. Märchen) und Berichten verwendet. Man unterscheidet:
> - **regelmäßige** (schwache) **Verben:** Der Vokal im Verbstamm ändert sich nicht, wenn das Verb ins Präteritum gesetzt wird, z. B.: *ich r<u>e</u>de* (Präsens) – *ich r<u>e</u>dete* (Präteritum).
> - **unregelmäßige** (starke) **Verben:** Der Vokal im Verbstamm ändert sich im Präteritum, z. B.: *ich s<u>i</u>nge* (Präsens) – *ich s<u>a</u>ng* (Präteritum).

Plusquamperfekt: Von der Vorvergangenheit berichten

> ### Astronautennahrung
>
> Juri Gagarin, der erste Mensch im All, aß auf seinem Flug noch Süßigkeiten. Allerdings musste er sie aus Tuben drücken. <u>Nachdem sich die Astronauten aber über ihr Essen beschwert hatten, begann die Entwicklung der Astronautenkost</u>. Zunächst hatte man Lebensmittel in kleine Würfel gepresst, dann aber erfand man appetitlichere Speisen. So konnte Essen in Trockenform mitgenommen werden, nachdem man den Lebensmitteln zuvor das Wasser entzogen hatte. Die Astronauten gaben einfach wieder Wasser dazu.

1 **a** Übertragt den unterstrichenen Satz in euer Heft. Lasst darunter zwei Zeilen frei.
b Markiert alle Verbformen.
c Unterstreicht den Teil des Satzes, der die frühere Handlung wiedergibt, und unterringelt den anderen. Notiert unter den entsprechenden Satzteilen die Fachbegriffe „Präteritum" und „Plusquamperfekt" (▸ Informationskasten unten).

2 **a** Schreibt zwei weitere Sätze aus dem Text heraus, in denen das Plusquamperfekt steht.
b Unterstreicht das Plusquamperfekt in euren Sätzen.

A Nachdem Gruka ihr Essen (beenden), zog sie den Stecker aus der Steckdose.
B Schon früh (erfinden) die Wissenschaft Astronautenkost in vielen Geschmacksrichtungen.
C Später (geben) es auch Erdnussbutter im All, Fischsuppe (entwickeln) man schon früher.

---

3 Verwendet die Zeitform Plusquamperfekt. Wählt Aufgabe a, b oder c.
a Übertragt **Satz A** ins Heft und setzt das eingeklammerte Verb ins Plusquamperfekt.
b Übertragt **Satz B** ins Heft und setzt das eingeklammerte Verb ins Plusquamperfekt.
c Übertragt **Satz C** ins Heft. Setzt die eingeklammerten Verben ins richtige Tempus.
d Kontrolliert eure Lösungen gegenseitig.

> **Information** ▸ **Die Zeitform Plusquamperfekt**
>
> Wenn etwas vor dem passiert, wovon im Präteritum oder im Perfekt erzählt wird, verwendet man das **Plusquamperfekt.** Das Plusquamperfekt wird deshalb auch **Vorvergangenheit** genannt, z. B.: *Nachdem sie* <u>*bestellt hatten*</u>*, brachte der Kellner die Getränke.*
> Das Plusquamperfekt ist wie das Perfekt eine **zusammengesetzte Vergangenheitsform,** weil es mit einer Form von *haben* oder *sein* im Präteritum (z. B. *hatte, war*) und dem *Partizip II* des **Verbs** (z. B. *gegessen, bestellt, gegangen*) gebildet wird, z. B.:
> *Nachdem wir* ***gegessen*** <u>*hatten*</u>*, baten wir um die Rechnung.*
> *Nachdem wir* ***gegangen*** <u>*waren*</u>*, setzten sich andere Gäste an den Tisch.*
> **TIPP:** Die Konjunktion *nachdem* leitet oft einen Satz im Plusquamperfekt ein.

Etwas in Beziehung setzen – Präpositionen

 1 Arbeitet zu zweit: Parkt Grukas Raumschiff aus. Verschiebt dazu die anderen Raumschiffe im Kopf so, dass der Weg zum Ausgang nach und nach frei wird. Ihr dürft nur auf leere Felder ziehen.

2 a Auf dem Raumschiffparkplatz ist immer ein Gedränge. Beschreibt mit Hilfe der Wortspeicher, wo die Raumschiffe sich genau befinden, z. B.: Raumschiff A steht <u>vor</u> dem Ausgang.

> Ersatzteillager • Waschanlage • Tanksäule • Ausgang •
> Plane • Hebebühne • Garage • Lackierer

> **Örtliche Präpositionen:**
> in • in • unter • vor •
> an • im • auf • beim

b Ergänzt in den folgenden Sätzen passende Präpositionen aus dem Kasten rechts.
TIPP: In einem Fall sind unterschiedliche Lösungen möglich.

> Raumschiff A steht **?** Raumschiff B.
> Grukas Raumschiff steht links **?** Raumschiff B.
> Raumschiff B steht **?** Raumschiff D.
> Raumschiff A steht **?** Raumschiff F.
> Raumschiff B steht **?** Grukas Raumschiff und Raumschiff A.

> **Örtliche Präpositionen:**
> über • unter • neben •
> vor • zwischen

 3 Sucht euch einen Gegenstand im Klassenraum und beschreibt mit Präpositionen, wo er sich genau befindet. Die anderen müssen den Gegenstand erraten.

Beim Raumschiff-TÜV

„Wo warst du?", fragt Leo. „Ich war auf Exoplaneo <u>bei</u> unserem TÜV. Leider!!! Ich musste mein Schiff <u>wegen</u> seines hohen Alters technisch überprüfen lassen. Die Techniker krabbeln dann tagelang <u>mit</u> ihren Werkzeugen und <u>ohne</u> den geringsten Respekt vor dem Alter <u>in</u>, <u>unter</u> und <u>auf</u> meinem Schiff herum. <u>Vor</u> den Augen aller Leute wird endlos <u>an</u> ihm herumgeschraubt. Und dann machen die auch noch einen Probeflug <u>nach</u> irgendwo. Ich bin erst <u>vor</u> einer Stunde wieder gelandet. Der nächste TÜV ist glücklicherweise erst <u>in</u> einem Jahr."

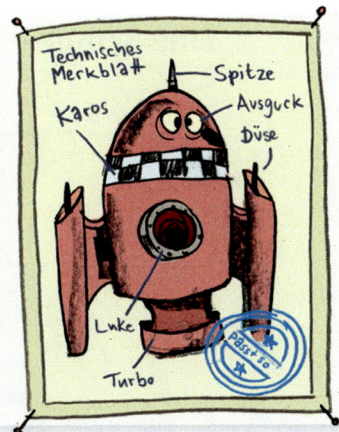

4 a Untersucht, welche Angaben die unterstrichenen Präpositionen machen. Übertragt die Tabelle in euer Heft und tragt die Präpositionen in die richtige Spalte ein.

örtliche Angabe	zeitliche Angabe	Angabe des Grundes	Angabe der Art und Weise
bei	...	...	...

b Ergänzt weitere örtliche und zeitliche Präpositionen in eurer Tabelle.
c Unterstreicht Präpositionen, die sowohl örtliche als auch zeitliche Angaben machen.

 5 Übertragt den folgenden Zeitungsbericht in euer Heft. Markiert alle Präpositionen und bestimmt, welche Art von Angaben sie machen.

> Gestern sah Herr Wolfgang Peter, der wegen seines Hundes noch in der Nacht unterwegs war, direkt neben dem Sportplatz ein Raumschiff starten. Aus dem Cockpit winkte ein freundlicher Roboter. Trotz der Dunkelheit ist Herr Peter sich sicher: „Wir hatten ohne jeden Zweifel Besuch aus dem All!"

Information ▶▶ **Die Präposition** (das Verhältniswort; Plural: die Präpositionen)

Präpositionen wie *in, auf, unter* drücken **Verhältnisse und Beziehungen** von Gegenständen, Personen oder anderem aus. Präpositionen beziehen sich auf
- **örtliche** Verhältnisse *(auf dem Dach)*: in, hinter, neben, unter, vor, über, zwischen,
- **zeitliche** Verhältnisse *(nach vier Tagen)*: vor, seit, um, während, bis, in,
- **Gründe** *(wegen der Dunkelheit)*: trotz, aufgrund,
- **die Art und Weise** *(mit Sorgfalt)*: ohne, mit.

Präpositionen sind nicht **flektierbar** (veränderbar). Die Präposition steht meist vor einem Nomen und **bestimmt den Kasus des nachfolgenden Wortes** (oder der Wortgruppe): *Ich spiele mit dem Ball. – Ich laufe auch ohne den Ball.*

mit + Dativ   ohne + Akkusativ

Eine Schule – Viele Sprachen

> Köyde yaşıyordum.

> I lived in a village.

> Vivía en un pueblo.

> Mieszkałem na wsi.

1 Vier Kinder sagen denselben Satz in ihrer Muttersprache.
a Welche dieser Sprachen kennt ihr? Benennt sie.
b Ordnet den Sätzen die folgenden Sprachen zu: Polnisch – Englisch – Spanisch – Türkisch.

2 **a** Was bedeutet der Satz? Entscheidet euch für eine der drei folgenden Übersetzungen:
   A Ich spielte im Wald. **B** Ich lebte in einem Dorf. **C** Vivien lebte in Peru.
b Erklärt, woran ihr die richtige Übersetzung erkannt habt, z. B.:
   Ich habe das spanische Wort „pueblo" erkannt. Es bedeutet …
c Könnt ihr den Satz noch in eine weitere Sprache übersetzen?
d Wenn ihr eine Übersetzungs-App habt, probiert aus, ob sie die vier Sätze übersetzen kann.

3 Untersucht die Unterschiede zwischen den vier Sprachen. Wählt Aufgabe a, b oder c.
a Nur in einer der vier Sprachen wird „ich lebte" ebenfalls in zwei Wörtern (Personalpronomen + Verb) ausgedrückt. In welcher Sprache? Schreibt euer Ergebnis auf.
b Notiert, in welchen Sprachen das Nomen von einem Artikel begleitet wird.
c In welcher Sprache verschmilzt die Präposition mit dem Nomen? Notiert.
d Tragt eure Ergebnisse zusammen: Was fällt euch bei den verschiedenen Sprachen auf?

4 Zählt, wie viele Wörter die vier anderen Sprachen für den Satz „Ich lebte in einem Dorf" benötigen. Erklärt, wie es zu den Unterschieden kommt.

Nomen, Pronomen, Adjektiv, Verb, Präposition

1 Löst Grukas Wortarten-Quiz. Notiert jeweils den richtigen Lösungsbuchstaben.
Geht im Uhrzeigersinn vor.

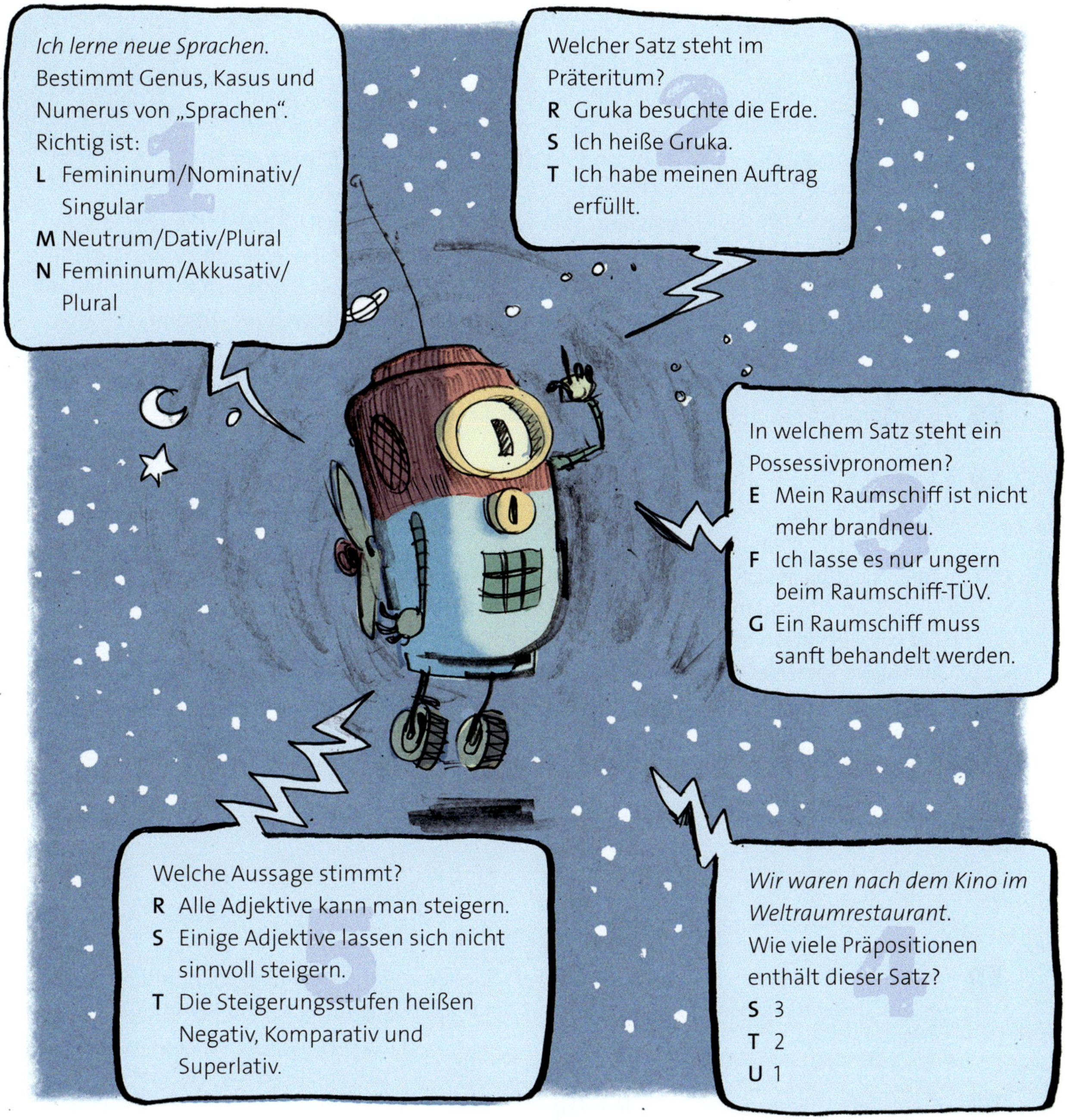

Ich lerne neue Sprachen.
Bestimmt Genus, Kasus und
Numerus von „Sprachen".
Richtig ist:
L Femininum/Nominativ/
Singular
M Neutrum/Dativ/Plural
N Femininum/Akkusativ/
Plural

Welcher Satz steht im
Präteritum?
R Gruka besuchte die Erde.
S Ich heiße Gruka.
T Ich habe meinen Auftrag
erfüllt.

In welchem Satz steht ein
Possessivpronomen?
E Mein Raumschiff ist nicht
mehr brandneu.
F Ich lasse es nur ungern
beim Raumschiff-TÜV.
G Ein Raumschiff muss
sanft behandelt werden.

Welche Aussage stimmt?
R Alle Adjektive kann man steigern.
S Einige Adjektive lassen sich nicht
sinnvoll steigern.
T Die Steigerungsstufen heißen
Negativ, Komparativ und
Superlativ.

*Wir waren nach dem Kino im
Weltraumrestaurant.*
Wie viele Präpositionen
enthält dieser Satz?
S 3
T 2
U 1

2 Prüft eure Ergebnisse. Die Lösungsbuchstaben von hinten an gelesen, ergeben ein Lösungswort.

 3 Tauscht euch in der Klasse aus:
Wenn ihr Fragen falsch beantwortet habt, lasst euch die richtigen Lösungen erklären.

12.2 Blicke ins Weltall – Sätze untersuchen

Der Aufbau von Sätzen – Felder, Satzklammer, Satzglieder

Aus dem Tagebuch einer Sternforscherin

1 Gestern schlief ich tatsächlich ein in meiner Sternwarte. **2** Nach zwei Stunden weckte mich ein Signal meines Smartphones wieder auf aus meinen Träumen. **3** Jede Textnachricht kommt darauf mit einem lauten „Huhu" an. **4** Ich solle dringend durch mein Fernrohr schauen. **5** Also sprang ich sofort auf, als ich das gelesen hatte. **6** Zuerst sah ich nichts. **7** Dann aber winkte mit etwas zu. **8** Ich rieb mir mehrmals die Augen. **9** Beim nächsten Hinschauen streckte mir ein Wesen in einem Raumschiff die Zunge heraus. **10** So etwas hatte ich noch nie erlebt. **11** Sofort legte ich mich zurück auf meine Liege in der Sternwarte. **12** Vermutlich hatte ich nur weiter geträumt.

1 Habt ihr auch schonmal Traum und Wirklichkeit verwechselt? Erzählt davon.

2 a Arbeitet zu zweit: Untersucht den Aufbau der Sätze aus dem Tagebuch mit Hilfe des Feldermodells (▸ Information unten, S. 263). Übernehmt dazu die Tabelle in euer Heft und tragt die Sätze 2 bis 12 wie im nachstehenden Beispiel ein.
Tipp: Nicht bei jedem Satz sind alle Felder besetzt.

b Unterstreicht in allen Sätzen mit einem zweiteiligen Prädikat die Satzklammer.

c Bei Aussagesätzen mit einem einteiligen Prädikat bleibt die rechte Satzklammer leer. Nennt die Sätze des Tagebucheintrags, bei denen das der Fall ist.

d Nennt die drei Sätze, bei denen auch das Nachfeld besetzt ist.

Vorfeld	linke Satzklammer	Mittelfeld	rechte Satzklammer	Nachfeld
Gestern	schlief	ich tatsächlich	ein	in meiner Sternwarte
...	...	...	...	...

3 Alle Teile eines Satzes, die ihr ins Vorfeld verschieben könnt, sind Satzglieder (Vorfeldprobe). Probiert es anhand von mindestens drei Sätzen aus dem Tagebucheintrag aus und rahmt die Satzglieder in eurem Heft ein.

4 Gestaltet die Sätze 1 und 2 aus dem Tagebuch abwechslungsreicher. Wählt a, b, oder c.
a Stellt beide Sätze je einmal um. Setz zum Beispiel das Nachfeld ganz nach vorn.
b Stellt die Satzglieder des zweiten Satzes so oft wie möglich um. Welche Teile des Satzes könnt ihr ins Vorfeld verschieben? Tragt die möglichen Varianten in die Tabelle ein.
c Stellt die Satzglieder beider Sätze so oft wie möglich um. Erläutert, welche Variante euch jeweils am besten gefällt.

Die Sternenforscherin

laut

schnarchte

nach ihrem Erlebnis.

hatte ... geschnarcht

5 **a** Übernehmt die folgende Tabelle in euer Heft und tragt in sie mit Hilfe der obigen Satzbausteine Aussagesätze ein. Beginnt mit Sätzen, in denen alle Felder besetzt sind, auch das Nachfeld.

b Notiert weitere Sätze, in denen ihr die Anzahl der besetzten Felder und/oder der verwendeten Satzbausteine immer weiter verringert.

c Vergleicht eure Sätze. Welche Felder sind immer besetzt? Nennt sie.

d Welche Felder können auch frei bleiben? Notiert sie ebenfalls.

e Welche Regel über die Besetzung von Feldern in Aussagesätzen lässt sich daraus ableiten? Schreibt die Regel mit eigenen Worten auf und prüft sie (▶ Information unten).

Vorfeld	linke Satzklammer	Mittelfeld	rechte Satzklammer	Nachfeld
Die Stern-forscherin	hatte	...	geschnarcht	...
...	hatte	...	geschnarcht	...
...	...	...	...	...

Information ▶▶ **Die Grundstruktur des Satzes – Das Feldermodell**

Der Aufbau eines Satzes wird im Deutschen durch das **Verb** bestimmt. Das Prädikat (▶ S. 267) ist **oft zweiteilig** und **bildet eine Satzklammer.**

Die Sternforscherin	*schlief*	*sehr schnell*	*ein*	*auf ihrer Liege.*
Vorfeld	**linke Satz-klammer**	**Mittelfeld**	**rechte Satz-klammer**	**Nachfeld**

Satzglieder nennt man die **Wörter oder Wortgruppen, die beim Umstellen des Satzes immer zusammenbleiben** (▶ Umstellprobe, S. 264). Durch die Satzklammer ergeben sich drei Felder, in denen die Satzglieder stehen können:

- Im **Vorfeld** steht im Aussagesatz **nur ein Satzglied.** Häufig ist es das Subjekt (▶ S. 269).
- Im **Mittelfeld** (nach dem flektierten Verb) können **mehrere Satzglieder** stehen.
- Im **Nachfeld** steht in der Regel **nicht mehr als ein Satzglied.**
- Vorfeld und linke Satzklammer müssen in selbstständigen Sätzen immer besetzt sein. Die anderen Felder können auch frei bleiben.

Vorfeld	linke Satz-klammer	Mittelfeld	rechte Satz-klammer	Nachfeld
Die Sternforscherin	*schlief*	*sehr schnell*	*ein.*	
Die Sternforscherin	*schlief.*			

Satzglieder erkennen – Die Umstellprobe

1 Die Sternforscherin hat ihr Erlebnis (▶ S. 262) in einem Text zusammengefasst. Sie überlegt, wie sie den ersten Satz ihre Fortsetzung überarbeiten könnte, damit der Satz besser klingt:
Ich schaute nach merkwürdigen Träumen über Außerirdische wieder durch das Fernrohr am nächsten Tag.

a Probiert andere Möglichkeiten aus, die Satzbausteine anzuordnen. Schreibt die Sätze auf.

b Vergleicht eure Sätze. Zählt, wie viele verschiedene Anordnungen ihr gefunden habt.

c Einige Wörter werden immer zusammen umgestellt. Findet heraus, welche das sind.

d Lest die Information unten auf der Seite. Kreist die Satzglieder in euren Sätzen ein.

2 Die Sternforscherin schreibt weiter:
Ein Raumschiff sah ich erneut an mir vorbeifliegen. Wieder schnitten die Außerirdischen freudig die komischsten Grimassen. Meine Zunge streckte ich ihnen daraufhin ebenfalls mit einem fröhlichen Gesichtsausdruck heraus. Diese Art der Begrüßung war vielleicht bei ihnen auf ihrem Planten so üblich.

a Verbessert ihre Fortsetzung, indem ihr auch hier wieder Satzglieder umstellt.
Achtet darauf, dass der Inhalt verständlich und der Satzbau abwechslungsreich bleibt.

b Kreist in euren Sätzen die einzelnen Satzglieder ein.

Information ⟩⟩	**Satzglieder erkennen und abwechslungsreich schreiben – Die Umstellprobe**

Ein Satz besteht aus verschiedenen Satzgliedern. Diese Satzglieder können von einem einzelnen Wort oder von mehreren Wörtern (einer Wortgruppe) gebildet werden.
Mit der **Umstellprobe** könnt ihr feststellen, wie viele Satzglieder ein Satz hat. **Wörter und Wortgruppen, die beim Umstellen immer zusammenbleiben** und die im Vorfeld des Satzes stehen können, **bilden ein Satzglied,** z. B.:

Vorfeld	linke Satz-klammer	Mittelfeld	rechte Satz-klammer	Nachfeld
Die Außerirdischen	*fliegen*	*mit ihren Raumschiffen an der Erde*	*vorbei*	
An der Erde	*fliegen*	*die Außerirdischen mit ihren Raumschiffen*	*vorbei*	

In einem **Text** sollten eure Sätze **nicht immer mit dem gleichen Satzglied beginnen.**
Mit Hilfe der **Umstellprobe** könnt ihr eure **Texte abwechslungsreicher gestalten,** z. B.:
Die Sternforscherin hat seltsame Träume. Die Sternforscherin schreibt darüber einen Bericht.
Besser: *Die Sternforscherin hat seltsame Träume. Darüber schreibt die Sternforscherin einen Bericht.*

Wortgruppen unterscheiden

> **A** Das berühmte Weltraumteleskop Hubble war lange ein wichtiges Forschungsinstrument.
> **B** Ein Weltraumteleskop ist ein hochkompliziertes Fernrohr.
> **C** Im Jahr 2022 wurde das alte Hubble-Teleskop durch das neue James-Webb-Teleskop abgelöst.
> **D** Das Auffinden neuer Sterne und Galaxien ist ein wesentliches Ziel.
> **E** Mein kleines Zimmerteleskop ist dagegen unbedeutend.

1 **a** In den vier Sätzen wurden die Nominalgruppen bereits unterstrichen. Beschreibt die Nominalgruppen, indem ihr die folgenden Satzbausteine sinnvoll zusammensetzt: *Nominalgruppen sind Wortgruppen in einem Satz • Es steht • den Kern bildet. • in denen das Nomen • am rechten Rand der Nominalgruppe, • egal wie viele Wörter zwischen Artikel oder Pronomen und Nomen stehen.*

b Übertragt den folgenden Satz in euer Heft und unterstreicht die Nominalgruppen: *Die kleine Gruka ist eine nette, freundliche und kluge Mitbewohnerin.*

> **F** Die herrlich blaue Erde ist unsere Heimat.
> **G** Die ziemlich scheue Außerirdische hat sehr grüne Augen.
> **H** Der unermesslich große Weltraum gibt der Forschung überaus viele Rätsel auf.

2 **a** Untersucht in den Sätze F bis H die unterschlängelten Adjektivgruppen (▶ Information unten): Welches Wort verändert seine Endung, welches nicht?

b Übertragt die Sätze F bis H in euer Heft. Unterschlängelt die Adjektivgruppe und markiert gesondert die Endung, die sich verändert.

c Formuliert eigene kurze Aussagesätze mit einer Adjektivgruppe innerhalb einer Nominalgruppe mit verstärkenden Wörtern wie *sehr, überaus, unglaublich, wahnsinnig.*

Information ▶ **Wortgruppen I: Nominal- und Adjektivgruppe**

Satzglieder bestehen oft aus Wortgruppen. Häufig sind die folgenden:

- Von einer **Nominalgruppe** spricht man, wenn ein **Nomen den Kern einer Wortgruppe** bildet. Das **Nomen** steht immer am **rechten Rand** dieser Gruppe. Den **linken Rand** bildet ein **Artikel oder ein Pronomen.** Dazwischen können ein oder mehrere <u>Adjektive</u> stehen, z. B.: *Jupiter ist <u>der größte Planet</u>. <u>Mein kleiner, grüner Außerirdischer</u> ist nett.*
- Auch **Nominalisierungen** können den Kern einer Nominalgruppe bilden, z. B.: *<u>Das Beobachten</u> der Sterne ist interessant.*
- Innerhalb einer Nominalgruppe kann eine **Adjektivgruppe** stehen, um das Nomen näher zu beschreiben. In Adjektivgruppen **vor Nomen verändern die *verstärkenden Wörter* ihre Endung nicht,** z. B.: *der **sehr** große̱ Planet, die **ungewöhnlich** heiße̱ Strahlung.*

> **A** Die Erde ist in etwa so groß wie der Planet Venus.
>
> **B** Der Gasriese Jupiter ist sehr viel größer als Erde und Venus zusammen.

3 **a** Vergleicht die Adjektive in den Sätzen A und B. Wie unterscheiden sie sich?

b Untersucht die Sätze A und B. Wann verwendet man die Adjunktion *als* und wann die Adjunktion *wie*?

> **C** Die Sonne ist **?** **?** Jupiter, aber **?** **?** der Riesenstern Beteigeuze im Sternbild Orion. (*groß/klein*)
>
> **D** Die Galaxie GN-z11 ist mit etwa 200 Millionen Jahren **?** **?** unsere Milchstraße. (*alt*)
>
> **E** Die Sonne ist etwa 109 mal so **?** **?** die Erde. (*groß*)
>
> **F** Die Raumrakete Saturn 5 war ähnlich **?** **?** ein 36-stöckiges Haus. (*hoch*)

4 Schreibt die Sätze C bis F ab und ergänzt an der richtigen Stelle den Positiv oder den Komparativ (► S. 250) sowie die notwendige Adjunktion *als* oder *wie*.

> Der französische Schriftsteller Jules Verne veröffentlichte 1873 seinen Roman „<u>Von</u> der Erde <u>zum</u> Mond". <u>Seit</u> dieser Zeit ist viel geschehen. Vor allem <u>während</u> der 1950er und 1960er Jahre ging die technische Entwicklung rasant voran. Und <u>am</u> 21. Juli 1968 landeten wirklich die ersten Menschen <u>auf</u> dem Mond.

5 **a** Die gekennzeichneten Wörter sind Präpositionen. Erklärt, was sie angeben (► S. 259).

b Präpositionen bestimmen den Kasus des darauffolgenden Nomens oder der Nominalgruppe. Ordnet die Präpositionen mit ihren Nomen oder Nominalgruppen aus dem Text in die Tabelle ein.

Präposition mit Genitiv	Präposition mit Dativ	Präposition mit Akkusativ
während …	…	…

Information ▶ **Wortgruppen II: Adjunktor- und Präpositionalgruppe**

- Mit Adjektiven kann man Dinge miteinander vergleichen (► S. 250). Für den
  - **Vergleich im Positiv** verwendet man die **Adjunktion wie,** z. B.: *Er ist so groß wie du.*
  - **Vergleich im Komparativ** verwendet man die **Adjunktion als,** z. B.: *Er ist kleiner als du.*

  Zusammen mit einer Nominalgruppe entsteht so eine **Adjunktorgruppe,** z. B.: *als die Sonne.*
- Präpositionen (► S. 258) machen z. B. **zeitliche** (temporale) oder **örtliche** (lokale) **Angaben.** Sie stehen **vor Nomen oder Nominalgruppen** und bestimmen deren **Kasus** (► S. 246). Mit ihnen zusammen bildet die <u>Präposition</u> eine **Präpositionalgruppe,** z. B.: *Die Rakete startete **am Montag in der Früh.***

Das Prädikat als Satzkern

	Vorfeld (1. Stelle)	linke Satzklammer (2. Stelle)	Mittelfeld (3. Stelle)	Nachfeld (4. Stelle)
1. Satz	Caroline Herschel	arbeitete	als Astronomin	für den englischen König
2. Satz	Als ...	...	...	...

1 **a** Übertragt die Tabelle in euer Heft und bildet mit Hilfe der Umstellprobe weitere Aussagesätze.
Tipp: Die rechte Satzklammer (▶ S. 262 f.) ist in diesem Satz nicht besetzt.
b Welches Satzglied bleibt bei allen Umstellungen an der gleichen Stelle? Markiert es.

Caroline Herschel – eine Astronomin im Dienst des Königs

Carolines Bruder Wilhelm (entdecken) im Jahr 1781 den Planeten Uranus. Das (bedeuten) für die Geschwister Herschel den Durchbruch als Wissenschaftler. Caroline (aufgeben) ihre erfolgreiche Karriere als Sängerin gerne und (eintreten) gemeinsam mit ihrem Bruder in den Dienst des englischen Königs. Sie (erhalten) als erste Frau für ihre wissenschaftliche Arbeit als Astronomin ein regelmäßiges Einkommen. Mit ihrem Teleskop (absuchen) Caroline den Sternenhimmel nach Kometen. Ihre zahlreichen Entdeckungen (verhelfen) ihr zu Weltruhm. Einen Mondkrater und einen Kometen (haben, benennen) man nach ihr.

2 **a** Schreibt den Text ab. Setzt die eingeklammerten Verben so ein, dass ein gut lesbarer Text entsteht. Schreibt im Präteritum, z. B.: Carolines Bruder Wilhelm entdeckte ...
Achtung: Der letzte Satz soll im Perfekt stehen.
b Markiert in euren Texten alle Prädikate. Was fällt euch auf?
c Wiederholt und erklärt an einem Beispiel aus dem Text den Begriff „linke und rechte Satzklammer".

3 Schreibt einen kurzen Text über eine eigene Beobachtung am Nachthimmel, z. B. über Sternschnuppen oder ein Feuerwerk. Verwendet dabei Satzklammern (▶ Information).

 Information ▶▶ Satzglieder: Das Prädikat (Plural: die Prädikate)

Der **Kern des Satzes** ist das **Prädikat** (Satzaussage). Prädikate werden durch Verben gebildet.
In einem **Aussagesatz** steht die **Personalform des Verbs** (der gebeugte Teil) **immer an zweiter Satzgliedstelle**, z. B.: Forscher <u>beobachten</u> den Sternenhimmel.
Ein Prädikat kann aus **mehreren Teilen** bestehen, die eine **Satzklammer** (▶ S. 262 f.) bilden, z. B.:
- bei mehrteiligen Verben, z. B.: ankommen – Der Brief <u>kommt</u> zwei Tage später <u>an</u>.
- bei zusammengesetzten Zeitformen wie Futur und Perfekt, z. B.:
  Ich <u>werde</u> morgen <u>ausschlafen</u>. / Ich <u>habe</u> am Wochenende lange <u>geschlafen</u>.

Eine Schule – Viele Sprachen

> Gruka zabiera mnie na swoją planetę.

> Gruka nimmt mich auf seinen Planeten mit.

> Gruka beni kendi gezegenine götürür.

> Gruka takes me to his planet.

1 Vier Kinder sagen denselben Satz in vier Sprachen.

   a Welche Sprachen erkennt ihr? Ordnet zu: Deutsch – Türkisch – Polnisch – Englisch.

   b Könnt ihr den Satz in eine weitere Sprache übersetzen? Tragt euren Satz in der Klasse vor.

2 Wie viele Wörter benötigen die vier Sprachen für denselben Satz mit derselben Anzahl von Satzgliedern? Stellt eine Liste auf, z. B.: 1. Das Deutsche = … Wörter; 2. …

3 a Vergleicht die rot geschriebenen Prädikate. Übertragt die Tabelle in euer Heft und kreuzt an.

Für das Prädikat gilt:	Deutsch	Polnisch	Englisch	Türkisch
Es besteht aus einem Wort.				
Es besteht aus mehreren Teilen.				
Es bildet eine Satzklammer.				
Die Personalform des Verbs steht an zweiter Satzgliedstelle.				
Es steht an letzter Satzgliedstelle.				

   b Tauscht euch über eure Ergebnisse aus: Was fällt euch auf?

Satzglieder erfragen – Das Subjekt

Urlaub auf dem Mars?

Viele Wissenschaftlerinnen und Wissenschaftler rechnen schon in naher Zukunft mit einer Landung auf dem Mars. Auf unserem Nachbarplaneten liegt ein Urlaub dagegen noch in weiter Ferne. Dabei gleicht der Mars der Erde in mancher Hinsicht. Auch auf ihm wechseln die Jahreszeiten. Tagsüber können die Temperaturen sogar angenehm warm werden. Für einen erfrischenden Sprung in den nächsten Badesee fehlt dem Mars allerdings das Wasser. Unser rötlicher Nachbar ist bedauerlicherweise ein Wüstenplanet.

1 Begründet eure Wahl: Urlaub an der Nordsee oder Urlaub auf dem Mars?

 2 a Arbeitet zu zweit. Erfragt in dem Text oben alle Subjekte: Eine/-r von euch fragt nach dem Subjekt, z. B.: Wer oder was rechnet …? Die oder der andere antwortet.

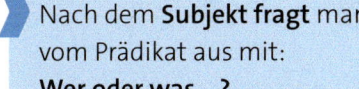 Nach dem **Subjekt fragt** man vom Prädikat aus mit: **Wer oder was …?**

b Schreibt alle Subjekte aus dem Text heraus.
Achtung: Das Subjekt kann aus einem Wort oder mehreren Wörtern bestehen.

> **Satz 1:** Der Forschung liefern Marsroboter und Weltraumsonden viele Bilder und Informationen.
> **Satz 2:** Mit einem Umzug auf den Mars müssen wir noch eine Weile warten.
> **Satz 3:** Trotz großer Fortschritte ist die Erforschung des Mars noch lange nicht abgeschlossen.

3 Erfragt die Subjekte in den drei Sätzen oben. Wählt Aufgabe a, b oder c.
a Bestimmt das Subjekt von **Satz 1.** Tipp: Das Subjekt besteht aus mehreren Wörtern.
b Bestimmt das Subjekt von **Satz 2.** Tipp: Das Subjekt ist nicht immer ein Nomen.
c Bestimmt das Subjekt von **Satz 3.** Tipp: Wendet die Umstellprobe (▶ S. 264) an.
d Tragt eure Ergebnisse zusammen. Erklärt, welche Aufgabe ein Subjekt im Satz hat.

Information ▶ **Satzglieder: Das Subjekt** (Plural: die Subjekte)

Das Satzglied, das angibt, **wer oder was handelt** oder etwas tut, heißt **Subjekt** (Satzgegenstand), z. B.: *Der Wissenschaftler* untersucht die Oberfläche des Planeten.
- Das Subjekt könnt ihr vom Prädikat aus mit der Frage **Wer oder was …?** ermitteln, z. B.: *Die Marsoberfläche* besteht aus Stein. – Wer oder was besteht aus Stein?
- Das Subjekt kann **aus einem oder mehreren Wörtern** bestehen. Wendet die Umstellprobe an.
- Das Subjekt eines Satzes **steht immer im Nominativ** (1. Fall; ▶ S. 246).

Satzglieder erfragen – Akkusativ- und Dativobjekte

Das Rätsel vom gelben Zwerg

Ihr solltet [?] nicht zu viel Aufmerksamkeit schenken! Ich meine nicht [?], wie er vielleicht im Garten eurer Nachbarn steht. Ihr seid [?] schon eher auf der Spur, wenn ihr an etwas sehr, sehr Großes denkt. Dieser besondere gelbe Zwerg hilft z. B. [?]. Er spendet [?], das Blumen und Bäume zum Leben brauchen. Man kann [?] übrigens nicht ausknipsen. Er scheint sogar nachts. Forscher sprechen nur deshalb von einem „Gelben Zwerg", weil es noch [?] gibt. Die größten nennt man blaue oder rote Riesen. Aber [?] reicht ein gelber Zwerg völlig.

1 Lest den Lückentext und erratet, wer dieser gelbe Zwerg ist.

2 In dem Text fehlen wichtige Satzglieder: die Objekte.

> uns Menschen • einen gelben Zwerg • ihn • das Licht • der Lösung des Rätsels • dem Bild • den Pflanzen • viel größere Lichter

a Schreibt den Text ab und setzt dabei passende Objekte aus dem Wortschatzkasten ein. Ermittelt zuerst das Prädikat des Satzes und fragt nach dem fehlenden Satzglied, z. B.: Wem solltet ihr nicht zu viel Aufmerksamkeit schenken? – dem Bild.

> Nach den **Objekten fragt** man so:
> **Wen oder was …?** – Akkusativobjekt
> **Wem …?** – Dativobjekt

b Übertragt die folgende Tabelle in euer Heft und ordnet die Objekte ein.

Akkusativobjekte: Wen oder was?	Dativobjekte: Wem?
…	dem Bild

Satz 1: Ein Forscher verrät einer Kollegin ein Geheimnis.
Satz 2: Sonst will er sein Geheimnis niemandem verraten.
Satz 3: Seine Idee soll ihm erst später die erhoffte Anerkennung bringen.

---

3 Erfragt – ausgehend vom Prädikat – die Objekte. Wählt Aufgabe a, b oder c.

a Schreibt **Satz 1** in euer Heft. Erfragt dann mit den geeigneten Fragen die Objekte. Unterstreicht das Akkusativobjekt und umkreist das Dativobjekt.

b Schreibt **Satz 2** ins Heft und unterstreicht die Objekte. **TIPP:** Eines der Objekte ist kein Nomen.

c Erfragt die Objekte in **Satz 3** und notiert ihren Kasus.

d Prüft eure Ergebnisse gegenseitig.

4 Übertragt die Tabelle in euer Heft und ordnet die folgenden Satzglieder für die Sätze A, B und C richtig zu. Die Sätze können zwei oder auch nur ein Objekt enthalten.

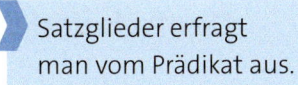
Satzglieder erfragt man vom Prädikat aus.

Achtung: Denkt an die Großschreibung am Satzanfang und an den Schlusspunkt.

> **Satz A:** erklärt • der Klasse • der Astronom • eine Sternkarte
> **Satz B:** uns • die Positionen der Sterne • zeigt • die Sternkarte
> **Satz C:** bezeichnet • einen hellen Stern • ein großer Punkt

Subjekt	Prädikat	Dativobjekt	Akkusativobjekt
...	...	...	...

5 **a** Bildet mit den nebenstehenden Verben Sätze, die ein Akkusativobjekt und ein Dativobjekt enthalten, z. B.:
Die Außerirdischen zeigen den Menschen ihr Raumschiff.

b Arbeitet zu zweit: Erfragt bei jedem eurer Sätze abwechselnd das Dativobjekt und das Akkusativobjekt und markiert sie auf verschiedene Art und Weise.

6 Welche der vier Verben aus dem Kasten rechts können nur mit Dativobjekten, welche nur mit Akkusativobjekten verwendet werden? Beantwortet die Frage, indem ihr Beispielsätze formuliert und die Objekte unterstreicht.

> grüßen • danken • widersprechen • lernen

Information	**Satzglieder: Die Objekte**

Ein Satz *(Der Außerirdische erzählt.)* kann durch Satzglieder erweitert werden, zum Beispiel durch **Objekte:**

Der Außerirdische erzählt ⟨den Kindern⟩ eine Geschichte.

                       Wem ...?   Wen oder was ...?
                       Dativobjekt   Akkusativobjekt

- **Akkusativobjekt:** Das Objekt, das im Akkusativ steht, heißt Akkusativobjekt. Ihr ermittelt es mit der Frage: **Wen oder was ...?,** z. B.: *Wen oder was* suchen *die Astronomen?* – *Die Astronomen suchen* unbekannte Sterne.
- **Dativobjekt:** Das Objekt, das im Dativ steht, heißt Dativobjekt. Ihr ermittelt es mit der Frage: **Wem ...?,** z. B.: *⟨Wem⟩ erklären die Astronomen den Sternenhimmel? – Die Astronomen erklären ⟨den Schülerinnen und Schülern⟩ den Sternenhimmel.*

Objekte können aus einem Wort oder aus mehreren Wörtern bestehen.

Deutsch und Englisch – Den Satzbau vergleichen

Der Junge besucht den Außerirdischen.	Den Außerirdischen besucht der Junge.

1 **a** Schreibt die beiden Sätze ab und umrahmt in beiden Sätzen das Prädikat, unterstreicht das Subjekt und unterringelt das Akkusativobjekt.

b Erklärt, wodurch sich die beiden Sätze im Aufbau unterscheiden.

The boy is visiting the alien.

The alien is visiting the boy.

2 **a** Erklärt, wodurch sich diese beiden englischen Sätze unterscheiden.

b Schreibt die beiden englischen Sätze in euer Heft und umrahmt jeweils das Prädikat, unterstreicht das Subjekt und unterringelt das Akkusativobjekt. Was verändert sich durch die Umstellung der Satzglieder?

3 Erläutert, warum die Umstellung der Satzglieder im Englischen zu Missverständnissen führen kann. Achtet besonders auf die Artikel in den deutschen und den englischen Sätzen.

⊕ **4** Übersetzt die folgenden Sätze ins Englische. Lest hierzu auch die folgende Information.
  – Tom isst eine Banane.   to eat = essen   banana = Banane
  – Linda schreibt einen Brief.   to write = schreiben   letter = Brief

Information ⟩⟩ **Der Satzbau im Deutschen und im Englischen**

■ **Der Satzbau im Deutschen ist sehr flexibel.** In einem deutschen Aussagesatz steht das **Prädikat** (Personalform des Verbs) immer **an zweiter Satzgliedstelle.** Die **übrigen Satzglieder** kann man jedoch **beliebig umstellen.** Durch die Beugung (Flexion) der Nomen und ihrer Begleiter (Artikel, Adjektive) wird in einem Satz deutlich, welches Satzglied das Subjekt und welches das Objekt ist, z. B.: *Der Hund beißt den Briefträger. Den Briefträger beißt der Hund.*

■ **Der Satzbau im Englischen ist sehr starr.** In einem englischen Aussagesatz ist die **Reihenfolge der Satzglieder** streng festgelegt: **Subjekt – Prädikat – Objekt (subject – verb – object = SVO).** Weil im Englischen die Nomen und ihre Begleiter (Artikel, Adjektive) nicht gebeugt (flektiert) werden, wird nur durch die Stellung der Satzglieder deutlich, welches Satzglied das Subjekt und welches das Objekt ist, z. B.: *The dog bites the postman.*

Genaue Angaben machen – Adverbiale Bestimmungen

A aus den Tiefen des Alls •
mit einem Ufo •
vor Sonnenaufgang

C mit vereinten Kräften •
aufgrund ihres Mutes •
in letzter Sekunde

Drehbuchidee:
A Außerirdische kommen **?** .
B Ihr Planet steht **?** vor der Zerstörung.
C Kinder retten die Aliens **?** .
D Am Ende feiern Aliens und Kinder **?** .

B infolge einer großen Explosion •
aus geheimnisvollen Gründen •
wegen eines finsteren
Racheplans

D gemeinsam •
auf dem Planeten der Aliens •
unter dem Sternenhimmel

1 In der Drehbuchidee gibt es noch zu viele Lücken. Schreibt die Sätze A bis D aus der Drehbuchidee ab und ergänzt jeweils <u>ein</u> Satzglied aus einem der dazugehörigen Ufos.
TIPP: Wählt jeweils das Satzglied aus, das euch besonders passend erscheint.

 2 Lest euch eure Drehbuchideen vor. Könnt ihr euch den Film jetzt besser vorstellen?

3 Die Satzglieder aus den Ufos nennt man adverbiale Bestimmungen (▶ Information S. 274).
Sie geben genauer an, *wo, wann, warum* oder *auf welche Art und Weise* etwas geschieht.
a Unterstreicht in euren Drehbuchideen alle adverbialen Bestimmungen.
b Übertragt die Tabelle in euer Heft und ordnet die adverbialen Bestimmungen richtig zu.

Adverbiale Bestimmung			
des Ortes Wo? Wohin? Woher?	**der Zeit** Wann? Wie lange?	**des Grundes** Warum?	**der Art und Weise** Wie? Auf welche Weise?
…	…	…	…

c Tragt auch alle anderen adverbialen Bestimmungen aus den Ufos in die Tabelle ein.

E. T. – ein Außerirdischer füllt die Kinos

Im Jahr 1982 kommt ein Film über einen kleinen Außerirdischen in die Kinos: „E. T.".
Der Film wird wegen seiner spannenden Geschichte zu einem großen Erfolg.
Die Handlung spielt in Kalifornien. Mitten in der Nacht landen Außerirdische in einem
Waldgebiet und sammeln aus geheimnisvollen Gründen Pflanzen. Sie werden
5 von einer Gruppe Regierungsagenten gestört und fliehen überstürzt
in ihr Raumschiff. Dabei lassen sie versehentlich einen ihrer
Gefährten zurück. Der kleine Außerirdische versteckt
sich allein in einem Geräteschuppen. Dort wird er bald
von dem zehnjährigen Jungen Elliott entdeckt, dessen
10 Eltern sich getrennt haben. Aufgrund ihrer ähnlichen
Lage entwickeln Elliott und E. T. rasch eine Freundschaft. Eine märchenhafte Geschichte nimmt ihren Lauf …

4 Habt ihr den Film gesehen? Wenn ja, erzählt, wie die Geschichte weitergeht.

5 Sucht aus dem Text alle adverbialen Bestimmungen heraus und bestimmt sie genau.
Arbeitet zu zweit und legt in eurem Heft eine Tabelle wie auf Seite 267 an.

6 Schreibt eine kurze Geschichte zum Thema „Besuch aus dem All". Verwendet dabei alle Arten von
adverbialen Bestimmungen, mit denen ihr zusätzliche Informationen gebt.

Information ▷▷ **Satzglieder: Adverbiale Bestimmungen** (auch: Adverbialien)

- **Adverbiale Bestimmungen** (Umstandsbestimmungen) **sind Satzglieder,** die man mit den
  Fragen **Wo …?, Wann …?, Warum …?, Wie …?** ermittelt. Sie liefern zusätzliche **Informationen**
  über **den Ort,** über **die Zeit,** über **den Grund** und über **die Art und Weise** eines Geschehens
  oder einer Handlung.
- Adverbiale Bestimmungen können aus einem Wort oder mehreren Wörtern bestehen.

Frageprobe	Satzglied	Beispiel
Wo? Wohin? Woher?	**adverbiale Bestimmung des Ortes**	*Wo sehen wir den Film?* *Wir sehen den Film im Kino.*
Wann? Wie lange? Seit wann?	**adverbiale Bestimmung der Zeit**	*Wann sehen wir den Film?* *Heute sehen wir den Film.*
Warum? Weshalb?	**adverbiale Bestimmung des Grundes**	*Warum sehen wir den Film?* *Wegen der spannenden Geschichte sehen wir den Film.*
Wie? Auf welche Weise? Womit?	**adverbiale Bestimmung der Art und Weise**	*Wie sehen wir den Film?* *Wir sehen den Film voller Freude.*

Texte überarbeiten – Sätze mit Proben verbessern

Umstellprobe und Ersatzprobe

> Das Hörspiel „Krieg der Welten" sorgte 1938 im Radio für große Aufregung. Es handelte von einem Angriff der Marsmenschen auf die USA. Das Hörspiel hielten viele Menschen für einen Tatsachenbericht. Das Hörspiel hatte der Regisseur Orson Welles aber frei erfunden.

1 **a** Erklärt, warum der Satzbau des Textes oben sehr eintönig wirkt.

b Überarbeitet den Text mit Hilfe der Umstellprobe (▶ Information unten).
Schreibt eine verbesserte Fassung in euer Heft. **TIPP:** Den zweiten Satz müsst ihr nicht umstellen.

c Vergleicht eure Texte. Diskutiert, welches Satzglied man jeweils an den Anfang stellen sollte.

> Orson Welles beginnt sein Hörspiel mit einer Konzertübertragung. Welles unterbricht diese Übertragung dann aber plötzlich durch eine Eilmeldung. Die Eilmeldung lautet: Seltsame Bewegungen auf dem Mars gesehen! Ein Reporter interviewt den Astronomen, der die seltsamen Erscheinungen gesehen hat. Dann beginnt wieder die Konzertübertragung, die bald erneut unterbrochen wird. Die erste Kapsel vom Mars ist gelandet. Marsmenschen steigen aus und Marsmenschen greifen an.

 2 Erklärt, warum dieses frei erfundene Hörspiel viele Leute so sehr beunruhigt hat.

3 Prüft, an welchen Stellen ihr Wiederholungen vermeiden könnt, und verbessert den Text dann mit Hilfe der Ersatzprobe (▶ Merkkasten) in eurem Heft. Wählt Aufgabe a, b oder c.

a **Ersetzt jedes zweite Wort einer gleichen Markierung** durch ein anderes passendes Wort.

b **Ersetzt** die markierten Wörter, **wenn es euch sinnvoll erscheint.**

c **Ersetzt einige der markierten Wörter** und einmal **das Wort „Konzertübertragung".**

Information	Texte überarbeiten: Umstellprobe und Ersatzprobe	
Proben	**Anwendungsbereiche**	**Beispiele**
Umstellprobe: Satzglieder werden umgestellt.	■ Satzanfänge abwechslungsreicher gestalten ■ am Satzanfang oder am Satzende Informationen betonen	*Ich kaufe eine Sternkarte. Ich will Gruka damit überraschen. → Ich kaufe eine Sternkarte. Damit will ich Gruka überraschen.*
Ersatzprobe: Wörter und Wortgruppen werden ersetzt.	■ Wortwiederholungen vermeiden ■ abwechslungsreich formulieren	*Ich liebe Sternkarten. ~~Sternkarten sind interessant.~~ → Ich liebe Sternkarten. Sie sind interessant.*

Weglassprobe und Erweiterungsprobe

> Wusstet ihr, dass es jede Menge~~, also wirklich sehr, sehr viele~~ Ufos gibt? Keine Sorge, die Rede ist nicht von fliegenden Untertassen, die aussehen wie Untertassen. Es geht um „unbekannte Flugobjekte" wie das folgende „unbekannte Flugobjekt", das ein Hobbyfotograf mit seinem Fotoapparat festgehalten hat.

4 **a** Schreibt den Text ab.

Lasst alles weg, was sich wiederholt oder umständlich klingt (▶ Weglassprobe).

TIPP: Eine Textstelle ist bereits gestrichen.

b Vergleicht eure Texte miteinander und erklärt euch gegenseitig eure Überarbeitung.

5 Schreibt die folgende Fortsetzung des Textes ab. Ergänzt dabei mit Hilfe des nebenstehenden Wortschatzkastens Textstellen, die ungenau oder unvollständig sind (▶ Erweiterungsprobe).

> Mich hat dieses Ufo sofort an einen chinesischen Drachen erinnert. Dank seiner leichten Hülle ✓ kann er prima fliegen. Ganz natürlich erklärt sich auch das ✓ Glühen ✓. Dort brennen nämlich zwei ✓.

> rote • Teelichter • hinter den Augen • aus Papier

6 Ein Schüler hat die Überschrift des Artikels mehrfach verändert.

Gebt für die Schritte 1 und 2 an, welche Proben von den Seiten 275 und 276 er angewendet hat. Erklärt auch Schritt 3.

> Am Himmel ist nicht jedes unbekannte Flugobjekt auch gleich ein Raumschiff
> → Nicht jedes unbekannte Flugobjekt am Himmel ist auch gleich ein Raumschiff
> → Nicht jedes unbekannte Flugobjekt ist ein Raumschiff
> → Nicht jedes Ufo ist ein Raumschiff

Information ⟩⟩	**Texte überarbeiten: Weglassprobe und Erweiterungsprobe**	
Proben	**Anwendungsbereiche**	**Beispiele**
Weglassprobe: Überflüssiges wird gestrichen.	▪ Texte straffen, Wiederholungen vermeiden	*Wenn das Ufo landet, werde ich mich sehr ~~über das Ufo~~ erschrecken.*
Erweiterungsprobe: Hilfreiches wird ergänzt.	▪ genau und anschaulich schreiben	*Ich habe ein Ufo gesehen.* *Ich habe <u>gestern Nacht</u> ein Ufo gesehen.*

Satzarten erforschen

Glaubt ihr, dass es irgendwo im Weltall noch andere Lebewesen gibt?

Vergiss es ▢

Man kann nie wissen ▢

Genauso gut könnte ich an den Osterhasen glauben ▢

Hilfe, der Schulreporter ▢
Kommt, wir hauen ab ▢

Ich bin felsenfest · davon überzeugt ▢

Denkst du mehr an Bakterien oder mehr an Marsmenschen ▢

Wen fragst du das ▢ Ich bin selbst ein Außerirdischer ▢

1 Glaubt ihr, dass es noch anderes Leben im Weltall gibt? Begründet eure Meinung.

2 a In den Sätzen oben fehlen die Satzschlusszeichen. Lest die Sätze mit verteilten Rollen laut vor und betont dabei möglichst natürlich.
b Schreibt die Sätze ab. Setzt die richtigen Satzschlusszeichen.
c Vergleicht eure Ergebnisse.
Sind bei manchen Sätzen mehrere Lösungen möglich?

> Aussagesatz = **.**
> Fragesatz = **?**
> Ausrufe-/
> Aufforderungssatz = **!**

3 a Erfindet ein Gespräch über außerirdische Lebensformen und schreibt es auf.
Verwendet dabei alle drei Satzarten mindestens zweimal. Beginnt z. B. so:
– Hast du schon einmal … gesehen?
– Nein, die gibt es doch nur im …!
b Tragt eure Texte in der Klasse vor. Macht dabei nach jedem Satz eine Pause, sodass eure Mitschülerinnen und Mitschüler die jeweilige Satzart bestimmen können.

> Gehen wir ins Kino? • Lasst uns ins Kino gehen! • Wir können ins Kino gehen.

4 a Lest die Sätze laut vor und bestimmt die Satzarten.

b Erklärt, welche Absicht die Sprecher/-innen dieser Sätze haben.

c Überlegt, warum Aufforderungen oft als Frage- oder Aussagesätze ausgesprochen werden.

> **A** Kannst du dein Zimmer aufräumen? • **B** Deine Musik ist zu laut! •
> **C** Willst du das wirklich tun?

5 Untersucht, welche Absichten in den Sätzen ausgedrückt werden.
Wählt Aufgabe a, b oder c.

a Formuliert **Satz A** in eine Aufforderung um.

b Erklärt, welche Absicht die Sprecherin oder der Sprecher von **Satz B** verfolgt.

c Erklärt, welche verschiedenen Absichten mit **Satz C** verfolgt werden könnten.

Information ⟩⟩ **Satzarten: Aussagesatz, Fragesatz, Ausrufe- oder Aufforderungssatz**

Je nachdem, ob wir etwas aussagen, fragen oder jemanden auffordern wollen, verwenden wir unterschiedliche Satzarten: Aussagesatz, Fragesatz und Aufforderungssatz.

- Nach einem **Aussagesatz** steht ein **Punkt,** z. B.: *Ich gehe jetzt ins Schwimmbad.*
  In einem Aussagesatz wird etwas mitgeteilt oder festgestellt. Wenn man den Satz spricht, senkt sich am Ende die Stimme.

- Nach einem **Fragesatz** steht ein **Fragezeichen,** z. B.: *Hast du heute Nachmittag Zeit?*
  In einem Fragesatz wird nach etwas gefragt. Die Stimme hebt sich zum Ende des Satzes.

- Nach einem **Ausrufe- oder Aufforderungssatz** steht meist ein **Ausrufezeichen,** z. B.:
  Vergiss die Sonnencreme nicht! Beeilt euch!
  In einem Aufforderungssatz wird eine Bitte, ein Wunsch oder eine Anweisung ausgedrückt,
  z. B.: *Mach das Fenster schnell zu!*
  In einem Ausrufesatz wird etwas gefühlsbetont und kurz geäußert. Dabei wird die Stimme oft lauter, z. B.:
  Ich habe gewonnen!

Die Satzart muss nicht immer mit der Absicht des Sprechers oder der Sprecherin übereinstimmen. Aufforderungen können zum Beispiel mit einem Aufforderungssatz, aber auch mit einem Fragesatz oder einem Aussagesatz ausgedrückt werden. Wie die Sätze gemeint sind, schließen wir aus dem Tonfall oder aus dem Zusammenhang, z. B.:

Beispiel	Satzart	Absicht/Bedeutung
Muss ich dir immer sagen, dass du dir die Zähne putzen sollst?	Fragesatz	Aufforderung: Putz dir die Zähne!

Hauptsätze verknüpfen – Die Satzreihe

Aliens, meldet euch!

Es könnte Lebewesen im Weltall geben. → Es gibt dafür keine Beweise.
Riesige Radioteleskope horchen Tag und Nacht → Sie empfangen auch tatsächlich
hinaus in das Weltall. schwache Radiowellen.
Diese Wellen werden z. B. von der Sonne ausgestrahlt. → Von Aliens stammen sie nicht.
1977 entstand eine große Aufregung. → Man zeichnete unerklärliche Signale auf.
Diese stammten vielleicht von intelligenten → Es waren nur Geräusche von
Lebewesen. Himmelskörpern.

1 Überarbeitet den Text, indem ihr die gegenüberliegenden Sätze sinnvoll miteinander verknüpft.
Verwendet dazu passende Konjunktionen (Bindewörter)
aus dem Tippkasten. Achtet auf die Kommasetzung.

> **Nebenordnende Konjunktionen**
> verbinden Hauptsätze:
> ... und ... • ..., sondern ... • ... oder ... •
> ..., denn ... • ..., aber ... • ..., doch ...

2 Vergleicht euren überarbeiteten Text mit dem ursprünglichen Text oben.
Was hat sich durch die Verknüpfung der Hauptsätze geändert?

3 Lest die Information unten und weist nach, dass eure Sätze aus Aufgabe 1 Satzreihen sind.
a Unterstreicht die Konjunktion und umkreist das Komma. Wo muss das Komma stehen?
b Umrahmt in jedem Hauptsatz das Prädikat.

4 Ist der folgende Satz eine Satzreihe? Begründet eure Entscheidung.

> Radioteleskope können nicht in das Weltall sehen, sie können aber tief in das All hineinhören.

> **Information** **Die Satzreihe: Hauptsatz + Hauptsatz**
>
> - Ein **Hauptsatz** ist ein selbstständiger Satz. Er besteht aus mindestens zwei Satzgliedern,
>   nämlich dem Subjekt und dem Prädikat, z. B.: *Menschen forschen.*
>   Die Personalform des Verbs steht in einem einzelnen Hauptsatz an zweiter Satzgliedstelle.
> - Ein **Satz,** der aus **zwei oder mehr Hauptsätzen** besteht, wird **Satzreihe** genannt.
>   Die Hauptsätze einer Satzreihe werden durch ein **Komma** voneinander getrennt, z. B.:
>   *Menschen erforschen das Weltall, sie beobachten Planeten.*
> - Häufig werden Hauptsätze durch die nebenordnenden **Konjunktionen** (Bindewörter) *und,*
>   *oder, aber, sondern, denn, doch* verbunden, z. B.: *Menschen erforschen das Weltall, denn wir*
>   *wissen noch wenig darüber.*
>   Nur vor den Konjunktionen *und* bzw. *oder* darf das Komma wegfallen, z. B.:
>   *Menschen erforschen die Sterne und sie beobachten Planeten.*

Haupt- und Nebensätze verknüpfen – Das Satzgefüge

Das Weltall – Unendliches Wissen ...

Viele Sterne erscheinen an unserem Himmel als kleine Punkte, ...	... als sich vor 13,7 Milliarden Jahren der Urknall ereignete.
Unsere Galaxie heißt Milchstraße, ...	... obwohl sie in Wirklichkeit viel größer als unsere Sonne sind.
Das Universum ist entstanden, ...	... damit es auch die leisesten Signale aus dem Weltall empfangen kann.
Das Radioteleskop in der Eifel hat einen Durchmesser von 100 Metern, ...	... weil sie wie ein milchiges oder nebliges Lichtband aussieht.

1 **a** Verknüpft die Hauptsätze links mit den passenden Nebensätzen rechts und schreibt sie in euer Heft.

b Umkreist in jedem Nebensatz die einleitende Konjunktion (das Bindewort) und unterstreicht die Personalform des Verbs (das gebeugte Verb).

c Vergleicht: An welcher Satzgliedstelle steht die Personalform des Verbs im Hauptsatz und an welcher im Nebensatz?

Wissen zum Angeben – Thema „Weltall"

Die Fußabdrücke eines Menschen auf dem Mond verwehen nicht, **wenn** es auf dem Mond keinen Wind gibt.
Das Licht braucht acht Minuten und 17 Sekunden zu uns, **weil** es die Sonne verlassen hat.
Vielleicht hätten unsere Zähne keinen schützenden Zahnschmelz, **nachdem** bei Sternenexplosionen nicht Fluor freigesetzt worden wäre.

2 Bei den Sätzen oben wurden die unterordnenden Konjunktionen (Subjunktionen) falsch verwendet.

a Prüft, wie ihr die unterordnenden Konjunktionen (Subjunktionen) sinnvoll austauschen könnt.

b Schreibt die Sätze mit den passenden Subjunktionen in euer Heft.

c Unterstreicht die Hauptsätze einfach und die Nebensätze doppelt.

3 **a** Lest euch eure Sätze aus Aufgabe 1 und 2 noch einmal genau durch.

b Erklärt mit Hilfe des Kastens rechts, welche Bedeutung die Subjunktionen jeweils haben.
TIPP: Es kommen vor:
2x Begründung, 2x zeitlicher Zusammenhang, 1x Zweck, 1x Bedingung, 1x Einschränkung.

> Es gibt z. B. **Subjunktionen** für
> - Begründungen,
> - zeitliche Zusammenhänge,
> - Zweck oder Ziel,
> - Einschränkungen,
> - Bedingungen.

Ihr solltet eine Sternwarte besuchen. Ihr wollt mehr über das Weltall erfahren.

Sternwarten bieten Programme für Kinder an. Kinder können selbst das Weltall erforschen.

Man kann in einen Raumschiffsimulator steigen. Man hat eine Einführung bekommen.

Man kann zu allen Planeten unseres Sonnensystems fliegen. Man kann den Raumschiffsimulator in alle Richtungen lenken.

4 Verbindet die Sätze oben mit Subjunktionen zu Satzgefügen. Wählt Aufgabe a, b oder c.

a Verbindet die Sätze sinnvoll. **Nutzt die Subjunktionen** *nachdem, wenn, damit, weil.*

b Verbindet die Sätze mit Hilfe der **Subjunktionen** aus dem nebenstehenden Tippkasten.

c Verbindet die Sätze mit Hilfe des Tippkastens. Schreibt **für zwei Satzgefüge noch eine weitere Möglichkeit** mit einer gleichbedeutenden Subjunktion auf.

> **Subjunktionen (unterordnende Konjunktionen)**
> verbinden Haupt- und Nebensatz:
> weil • dass • da • nachdem • damit •
> als • wenn • während • sodass • obwohl

d Kontrolliert eure Satzgefüge gemeinsam.
Umkreist die Subjunktionen und unterstreicht die Personalform des Verbs am Ende des Nebensatzes. Markiert dann die Kommas.

5 Man kann Satzgefüge aus Hauptsatz (Hs) und Nebensatz (Ns) zeichnerisch in einem Satzbauplan darstellen.

a Schaut euch die folgenden Satzbaupläne an und erklärt die Unterschiede.

„Alien" bedeutet „Fremder", sodass wir Menschen für Außerirdische Aliens sind.
———— Hs ————, ———————— Ns ————————.

Dagegen spricht man, wenn Lebewesen nicht von der Erde stammen, von „Außerirdischen".
——— Hs ———, ———————— Ns ———————— — Fortsetzung Hs —,

Weil wir Aliens vor allem aus Filmen kennen, stellen wir sie uns als seltsame Wesen vor.
———————— Ns ————————, ———————— Hs ————————.

---

b Formuliert eine Regel zur Kommasetzung in Satzgefügen.

6 Ordnet die Satzbaupläne A, B, C jeweils dem richtigen Satz zu.

> 1 Alia besucht die Sternwarte, weil sie sich für das Weltall interessiert.
> 2 Alia besucht, weil sie sich für das Weltall interessiert, die Sternwarte.
> 3 Weil sie sich für das Weltall interessiert, besucht Alia die Sternwarte.

A ⎍
B ⎍
C ⎍

7 Zeichnet zu den folgenden Satzgefügen Satzbaupläne wie im Beispiel aus Aufgabe 5.

> A Da die Erde um die Sonne kreist, ist die Erde ein Planet.
> B Die Sonne ist ein Stern, weil sie aus sich selbst leuchtet.
> C Merkur und Mars sind, weil sie sich um die Sonne drehen, Planeten.

8 Stellt die Teilsätze in den Satzgefügen aus Aufgabe 7 um.
Wählt Aufgabe a, b oder c.

a Stellt in **Satz A** den Hauptsatz an den Anfang.
b Stellt in **Satz B** den Nebensatz an den Anfang.
c Stellt in **Satz C** einmal den Hauptsatz und einmal den Nebensatz an den Anfang.
d Prüft eure Ergebnisse gegenseitig. Achtet auf die Kommas und die Stellung der Verben.

 | **Information** ▷ Das Satzgefüge: Hauptsatz + Nebensatz

Einen **Satz,** der aus mindestens einem **Hauptsatz** und mindestens einem **Nebensatz** besteht, nennt man **Satzgefüge.** Zwischen Haupt- und Nebensatz muss **immer ein Komma** stehen, z.B.: *Ich lese das Buch, weil ich mich für das Weltall interessiere.*
      Hauptsatz   Nebensatz

In einem Satzgefüge kann der Nebensatz vor, zwischen oder nach dem Hauptsatz stehen.

Nebensätze haben folgende Kennzeichen:

- Ein Nebensatz kann **nicht ohne** einen **Hauptsatz** stehen.
- Der Nebensatz **ist dem Hauptsatz untergeordnet** und wird oft durch eine **Konjunktion /
  unterordnende Konjunktion** (Subjunktion, Bindewort) **eingeleitet,** z.B.: *weil, da, obwohl,
  damit, dass, sodass, nachdem, während.*
- Die **Personalform des Verbs** (das gebeugte Verb) steht im Nebensatz **an letzter
  Satzgliedstelle.**

Satzgefüge: **Hauptsatz**   +   **Nebensatz**

Ich schaue gern Filme über Außerirdische, obwohl ich etwas Angst habe.
Personalform des Verbs   Komma Konjunktion   Personalform des Verbs
an zweiter Satzgliedstelle   am Satzende

Prädikate – Könige in ihren Reichen

Ich untersuche die Sprache.   Jan liest Fantasy-Romane.

1 **a** Welches Satzglied trägt in dem Hauptsatz links die Königskrone? Benennt das Satzglied.
b Übertragt den Hauptsatz rechts in euer Heft und zeichnet die Krone an die richtige Stelle.

2 Lest das Gespräch über Prädikate (Satzkönige) in Satzgefügen und den Beispielsatz rechts.

A
> Wie viele Satzkönige gibt es eigentlich in einem Satzgefüge aus Haupt- und Nebensatz?

Ich untersuche die Sprache, weil es mir Spaß macht.

<u>Hauptsatz</u> <u>Nebensatz</u>

> Es gibt zwei. Jedes Königreich – egal ob Hauptsatz oder Nebensatz – hat nämlich seinen eigenen König. Er befindet sich nur an einer anderen Stelle.

B

A
> Ich glaube, ich habe die beiden gefunden.

Ich untersuche die Sprache, weil es mir Spaß macht.

<u>Hauptsatz</u> <u>Nebensatz</u>

3 Was habt ihr über Satzkönige gelernt? Schreibt die Regeln richtig in euer Heft.
In einem Satzgefüge gibt es einen Satzkönig / zwei Satzkönige.
Im Hauptsatz steht der Satzkönig an erster / zweiter Satzgliedstelle.
Im Nebensatz steht der Satzkönig an vorletzter / letzter Satzgliedstelle.

4 Übertragt die folgenden Sätze in euer Heft und zeichnet die Satzkönige ein.

> Jan liebt Geschichten, wenn in ihnen Fantasy-Figuren auftauchen.
> Anna verschlingt Detektivgeschichten, obwohl sie sich manchmal dabei fürchtet.
> Luca liest Bücher in seiner Muttersprache, weil er den Klang der Sprache mag.

 5 Tauscht euch über die Kommasetzung in Satzgefügen aus Haupt- und Nebensatz aus.
Die folgenden Stichworte können euch bei eurem Gespräch unterstützen.

> zwei Reiche • zwei Könige • Grenze • Komma

Sätze und Satzglieder

1 Löst das Weltraum-Quiz. Fliegt mit dem Raumschiff von Quizplanet zu Quizplanet.

In welchem Satz ist „SIEGEN"
<u>nicht</u> das Prädikat?
A Die Helden SIEGEN immer.
B Sie SIEGEN gegen dunkle
Mächte.
C Nach SIEGEN feiern sie.

Welcher Begriff beschreibt
<u>kein</u> Satzglied?
A Akkusativobjekt
B Verb
C Prädikat

Welcher Satz hat den Bauplan
Hs, Ns?
A Wenn ich groß bin, ergründe
ich das Weltall.
B Ich ergründe, wenn ich groß
bin, das Weltall.
C Ich ergründe das Weltall, wenn
ich groß bin.

*Astronomen beobachten
Sterne.*
Der Satz hat:
A kein Objekt
B ein Dativobjekt
C ein Akkusativobjekt

Schon bald fliegen wir ins Weltall.
„Schon bald" ist eine adverbiale
Bestimmung
A des Grundes.
B der Zeit.
C des Ortes.

2 Besprecht alle Quizfragen in Kleingruppen.
Wenn ihr Fragen falsch beantwortet habt, lasst euch die richtige Lösung erklären.

12.3 Fit in … – Einen Text überarbeiten

Beispiel 1: Kasus und Tempus

Stellt euch vor, ihr bekommt in der nächsten Klassenarbeit folgende Aufgabenstellung:

Paul hat für die Schülerzeitung einen Artikel über den letzten Klassenausflug geschrieben. Überarbeite seinen Bericht und verbessere dabei
– Nomen, die im falschen Kasus stehen, und
– Verben, die in einer falschen Tempusform gebraucht werden.

Unser Klassenausflug ins Planetarium

Bei der Abfahrt ~~stellen~~ sich die meisten von uns ein Planetarium noch vor wie ein langweiliges Museum. Dass die Stimmung im Bus trotzdem gut war, lag daran, dass alle Lust auf ~~ein Ausflug~~ hatten. Es war im Grunde gar nicht so wichtig,
5 wohin wir fuhren. Wir können ja wirklich nicht ahnen, dass uns in dieses Planetarium eine unvergessliche Kino-Show erwartete.
Nachdem wir ankamen, führte man uns in einen Saal mit gemütlichen Kinosesseln. Wir konnten unseres Glück kaum fas-
10 sen. In der Kuppel über uns eröffnet sich ein Blick auf das ganze Universum. Und dann ist der Film losgegangen. Wir machten atemberaubende Flüge durch unser Sonnensystem. Wir fliegen hinaus zu den Sternen und noch weiter bis in die letzten Winkel der Weltall. Sogar der Stopp auf ein Planeten
15 war möglich, nachdem uns eine riskante Landung gelang. Wir reisten dann noch zu entstehenden Sonnen und eine freundliche Kinostimme erklärte uns alles, was wir sahen und erleben. Randvoll mit neuen Eindrücken fuhren wir nach Hause.

falsche Zeitform
(richtig: Präteritum)

falscher Kasus
(richtig: Akkusativ)

1 Lest die Aufgabenstellung. Notiert im Heft, welche der folgenden Aussagen richtig sind. Vergleicht anschließend eure Ergebnisse.

> **A** Ich muss bei der Überarbeitung auf Nomen und Verben achten.
> **B** Ich muss auf jede mögliche Art von Fehlern achten und diese verbessern.
> **C** Ich muss prüfen, ob die Zeitformen richtig gebraucht werden.
> **D** Ich muss darauf achten, dass die Wortwahl bei Nomen und Verben abwechslungsreich ist.
> **E** Ich muss prüfen, ob die Nomen im richtigen Kasus stehen.

2 Legt euch einen Spickzettel zu den vier Fällen (Kasus) an.
Übertragt dazu die folgende Tabelle auf einen DIN-A5-Zettel oder eine Karteikarte und ergänzt sie.

1. Fall: N **?**	Wer oder was …?	der Mann die Frau das Kind
2. Fall: Genitiv	Wessen …?	des Mannes der … des …
3. Fall: D **?**	W…?	…
4. Fall: **?**	W… oder w…?	…

> **Im Deutschen gibt es vier Kasus.**
> Nach dem Kasus richten sich die Form des Artikels und die Endungen des Nomens. Man kann den **Kasus** eines Nomens **durch Fragen ermitteln.**

3 Zeichnet den „Zug der Zeit" in euer Heft. Füllt die einzelnen Waggons mit neuen Beispielen, indem ihr die Sätze Er läuft. und Sie sagt. in die entsprechenden Zeitformen setzt.

4 Lest Pauls Bericht für die Schülerzeitung (▶ S. 285) Satz für Satz.
a Schreibt Nomen, die im falschen Kasus stehen, heraus und notiert die richtige Kasusform.
b Lest den nebenstehenden Tippkasten. Schreibt dann Verben, die in der falschen Zeitform stehen, heraus und notiert die richtigen Zeitformen. Überlegt bei jedem Satz, in welcher Reihenfolge die Dinge geschehen.
c Wie viele Kasusfehler und wie viele Tempusfehler sind in dem Artikel insgesamt zu finden? Notiert eure Antworten und vergleicht sie.

> Ein **Bericht** steht in der Zeitform **Präteritum.** Wenn etwas **noch vorher** passiert, verwendet man das **Plusquamperfekt.**

5 a Überarbeitet den Bericht und schreibt eine verbesserte Fassung in euer Heft.
b Arbeit zu zweit: Vergleicht euer Ergebnis.

Beispiel 2: Proben und Konjunktionen

Stellt euch vor, ihr bekommt in der nächsten Klassenarbeit folgende Aufgabenstellung:

Sofie schreibt für die Schülerzeitung einen Artikel über Außerirdische.

Den ersten Teil ihres Artikels hat sie bereits fertiggestellt, für den zweiten Teil hat sie sich Notizen gemacht.

– Überarbeite den ersten Teil, indem du die Umstellprobe und die Ersatzprobe anwendest.
– Überarbeite den zweiten Teil, indem du die unverbundenen Sätze durch passende Subjunktionen (Bindewörter) verknüpfst und so die Zusammenhänge verdeutlichst. Verwende dabei Satzgefüge und achte auf die Kommasetzung.
– Finde eine Überschrift für den Text, die Lust zum Lesen des Artikels macht.

Teil 1:

Wir begegnen Außerirdischen nicht auf der Straße, wir begegnen Außerirdischen nur im Kino. Die Außerirdischen im Kino sind oft grauenhafte Monster oder grauenhafte Verbrecher. Außerirdische sind manchmal aber auch freundliche Besucher wie E.T. Wir wissen aber gar nichts über „echte" Außerirdische. Auch die Wissenschaft ist auf Vermutungen angewiesen. In der Wissenschaft ist man sich aber in einem Punkt einig.

Teil 2:
A Lebewesen können auf vielen Planeten nicht existieren. Die Temperaturen sind zu hoch.
B Auf anderen Gestirnen sind fremde Lebensformen jedoch möglich. Dort herrschen ganz ähnliche Bedingungen wie auf der Erde.
C In der Wissenschaft wird tatsächlich von der Möglichkeit außerirdischen Lebens ausgegangen. Es konnte noch nie nachgewiesen werden.
D Wir werden eines Tages vielleicht genauer Bescheid wissen. Die ersten freundlichen Außerirdischen haben an unserer Tür geklingelt.

---

1 a Lest die Aufgabenstellung sorgfältig.
  Schreibt dann mit eigenen Worten auf, was von euch verlangt wird.
 b Vergleicht eure Ergebnisse und besprecht, was genau euer Arbeitsauftrag ist.

2 Es gibt verschiedene Proben, um einen Text zu überarbeiten (▶ Proben, S. 275–276).
Macht euch klar, wozu die Umstellprobe und die Ersatzprobe dienen, indem ihr die folgenden Sätze in eurem Heft ergänzt.

> – Damit die Satzanfänge nicht immer mit dem gleichen Satzglied (z. B. dem Subjekt) beginnen, wende ich die ... an.
> – Mit der ... kann ich Wörter und Wortgruppen, die sich in meinem Text wiederholen, durch andere Wörter ersetzen, z. B. durch Personalpronomen oder durch gleichbedeutende Wörter.

3 **a** Überarbeitet den ersten Teil des Artikels mit Hilfe der Umstellprobe und der Ersatzprobe und schreibt eine verbesserte Fassung in euer Heft.
– Gestaltet die Satzanfänge abwechslungsreicher, indem ihr die Satzglieder umstellt.
TIPP: Ihr müsst nicht jeden Satzanfang verändern.
– Prüft, an welchen Stellen ihr unnötige Wortwiederholungen vermeiden könnt.
b Prüft die Rechtschreibung und die Zeichensetzung.

4 Mit Hilfe von Konjunktionen könnt ihr Sätze sinnvoll miteinander verknüpfen.
Übertragt die Tabelle in euer Heft und ordnet die Subjunktionen aus dem Kasten danach, welchen inhaltlichen Zusammenhang sie verdeutlichen.

> weil • da • nachdem • obwohl

Subjunktionen für		
Begründungen	**zeitliche Zusammenhänge**	**Einschränkungen**
...	...	...

5 **a** Überarbeitet den zweiten Teil des Artikels, indem ihr die einzelnen Sätze in den Reihen A bis D miteinander verknüpft und so die inhaltlichen Zusammenhänge deutlich macht.
Achtet dabei auf die Kommasetzung.
TIPP: Die Personalform des Verbs (das gebeugte Verb) steht im Nebensatz am Ende.
b Prüft die Rechtschreibung und Zeichensetzung.

6 Gebt eurem Text eine Überschrift, die das Interesse eurer Leserinnen und Leser weckt.

13 Rechtschreibung erforschen –
Strategien und Regeln nutzen

Ich mache kaum Fehler. Irgendwie habe ich ein Gefühl für die Rechtschreibung. Ganz schwierige Wörter merke ich mir.

Also wenn ich mir nicht sicher bin, wie man ein Wort schreibt, schaue ich im Wörterbuch nach.

Ich weiß ja nicht, wie es euch geht, aber ich kann einfach keine Rechtschreibung.

Mir hilft es, die Wörter deutlich in Silben zu sprechen. Dann kann ich oft schon hören, wie sie geschrieben werden.

1 a Welche Tipps geben die Kinder ihrer Mitschülerin links? Gebt die Tipps mit eigenen Worten wieder.
b Kennt ihr weitere Tipps und Tricks, mit denen ihr Rechtschreibfehler vermeiden könnt? Berichtet von euren Erfahrungen und sammelt Tipps und Tricks.

2 Nennt Situationen, in denen es euch wichtig ist, einen Text gut lesbar und fehlerfrei zu schreiben.

In diesem Kapitel ...

- lernt ihr Rechtschreibstrategien kennen, mit denen ihr viele Fehler beim Schreiben vermeiden könnt,
- unterscheidet ihr offene und geschlossene Silben und leitet daraus Regeln für die Rechtschreibung ab,
- entscheidet ihr sicher, ob ein Wort groß- oder kleingeschrieben wird,
- lernt ihr Merkwörter und übt den Umgang mit dem Wörterbuch.

13.1 Das Geheimnis guter Rechtschreibung – Strategie: Silben schwingen und verlängern

Schwingen – Wörter in Silben sprechen

Lange Wörter richtig schreiben

> das Streuselteilchen • das Schokoladeneis •
> die Bananenmilch • die Aprikosenmarmelade •
> das Salamibrötchen • der Tomatennudelauflauf

1 **a** Schreibt die langen Wörter ab.

b Prüft eure Rechtschreibung und benennt die Schwierigkeiten, die ihr beim Abschreiben vielleicht hattet, z. B.: *Buchstaben vergessen, Buchstaben vertauscht, Buchstaben zu viel, …*

Durch Schwingen besser schreiben

> das Wurzelgemüse • die Salatgurkenscheiben • das Sesamhörnchen • der Birnennachtisch •
> die Apfelsaftschorle • die Zitroneneiskugel • die Sauerkirschentorte

2 Schreibt die langen Wörter ab. Nutzt aber dieses Mal das Schwingen.

a Sprecht die Wörter deutlich in Silben. Zieht dabei gleichzeitig mit eurer Schreibhand einen Bogen durch die Luft.

b Schreibt die Wörter auf und sprecht die Silben dabei leise mit.

c Prüft, ob ihr die Wörter richtig geschrieben habt. Zeichnet dazu die Silbenbögen unter jede Silbe und sprecht dabei leise mit, z. B. *das Wur zel ge mü se.*

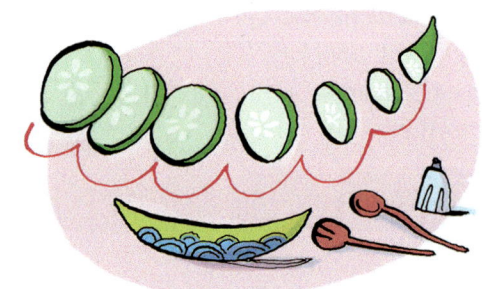

 3 Schreibt ein Partnerdiktat. Nutzt dabei das Schwingen.

a Sucht jeweils fünf lange Wörter von dieser Seite aus und diktiert sie euch gegenseitig.

b Tauscht eure Hefte und kontrolliert, ob alle Wörter richtig geschrieben sind.

 | **Methode** ▷ **Wörter schwingen**

> Wenn man Wörter **schwingt,** kann man die **Buchstaben** oder **Laute besser hören.**
> - **Vor** dem Schreiben: Sprecht die Wörter deutlich in Silben. Zeichnet Silbenbögen in die Luft.
> - **Beim** Schreiben: Sprecht die Silben leise mit. Sprecht nicht schneller, als ihr schreibt.
> - **Nach** dem Schreiben: Prüft, ob ihr richtig geschrieben habt. Zeichnet dazu **Silbenbögen** unter jede Silbe und sprecht dabei leise mit, z. B.: *A na nas saft.*

Verlängern am Wortende

 1 Paul ist sich nicht sicher, wie man „Berg" schreibt.

   a Sprecht das Wort „Berg" laut und deutlich aus.
Welchen Buchstaben hört ihr am Ende?
Erklärt euch gegenseitig Pauls Rechtschreibproblem.

   b Lest die Sprechblase und erklärt, wie Paul zu der
richtigen Lösung kommt.

2 **a** Schreibt die Wörter aus dem Kasten rechts in euer Heft.
Sprecht die Wörter deutlich aus und markiert die Stellen,
an denen man Fehler machen kann.

   b Beweist die Schreibweise durch ein Verlängerungswort
(▸ Methode unten), z. B.: das Ra<u>d</u> – die Rä <u>d</u>er.

> das Rad • der Stab • der Steg •
> das Sieb • das Pferd

> **Einsilber:** run **?** (d/t) • der Zwer **?** (g/k) • das Schil **?** (d/t) • der Die **?** (b/p) • er lü **?** t (g/k)
> **Mehrsilber:** er beschrei **?** t (b/p) • unbekann **?** (d/t) • farbi **?** (g/k) • gesun **?** (d/t)

---

 3 Verlängert die Wörter oben, um festzustellen, wie sie geschrieben werden, z. B.:
run **?** → run <u>d</u>er, er beschrei **?** t – be <u>schrei</u> <u>b</u>en.

A	B	C
die Wan**d**, der Elefan**t**, der Ta**g**, der Kor**b**, das Bil**d**, der Aben**d**, der Erfol**g**	klu **?** (g/k), bun **?** (d/t), wil **?** (d/t), trauri **?** (g/k), star **?** (g/k), lie **?** (b/p)	er sa **?** t, sie lo **?** t, er gi **?** t, sie den **?** t, es kle **?** t, sie he **?** t, er kla **?** t, er hu **?** t, sie sprin **?** t

4 Verlängert die Wörter und schreibt sie richtig in euer Heft. Wählt Aufgabe a, b oder c.

   a Beweist die Schreibweise der **Nomen im Wortkasten A.**
Bildet den Plural und sprecht die Silben beim Scheiben mit, z. B.: die Wan<u>d</u> – die Wän <u>d</u>e.

   b Verlängert die **Adjektive aus Wortkasten B,** indem ihr sie steigert, z. B.: klu **?** – klü <u>g</u>er.

   c Verlängert die **Verben aus Wortkasten C,** indem ihr den Infinitiv bildet.
Überlegt zuerst, welcher Konsonant jeweils fehlt.

   d Erklärt euch gegenseitig, wie ihr Nomen, Adjektive und Verben verlängert habt.

 | **Methode** ❯ **Wörter verlängern** | |

Am **Wortende** kann man die Buchstaben **b/p, d/t** und **g/k** leicht verwechseln.
Wenn ihr die Wörter **verlängert,** könnt ihr beim Schwingen hören, wie sie geschrieben werden.
Man kann verlängern, indem man z. B. **Nomen** in den **Plural** setzt, **Adjektive steigert** oder
beugt und zu **Verben** den **Infinitiv** oder die **Wir-Form** bildet, z. B.: *der Tag* → Verlängerungswort:
die Ta <u>ge</u>, bunt → Verlängerungswort: *bun <u>ter</u>, er hupt* → Verlängerungswort: *hu <u>pen</u>.*

Zerlegen und verlängern

Wildschweine in der Stadt

„Diebstahl, Einbruch!", rief unser Nachbar aufgeregt. „Diese verflixten Wildschweine!" Es waren nämlich keine echten Diebe, sondern die Tiere aus dem nahe gelegenen Waldstück, die seinen Garten verwüstet hatten. Der alte Strandkorb, in dem er in den Abendstunden gern saß, war umgekippt und das Korbgeflecht zerrissen, eine **Schu ? karre** lag auf der Seite, **Garten**
5 **han ? schuhe** und **Wer ? zeug** lagen verstreut herum, das Blumenbeet war zerwühlt. „Schöne Bescherung!", sagte meine Mutter. „Aber man hört ja wirklich immer wildere Geschichten. In der Innenstadt soll ein Wildschein einen **Ra ? fahrer** verfolgt haben, bevor es in eine Sparkasse lief und einen **Ban ? automaten** und einen **Wan ? schrank** verbeulte." „Unglaublich!", sagte der Nachbar. „Ich gehe in den Buchladen und frage nach einem **Ra ? geber:** *Wie lebe ich*
10 *mit Wildschweinen?"*

1 Könnt ihr euch vorstellen, warum Wildschweine tatsächlich immer häufiger in die Städte kommen? Notiert einen möglichen Grund.

2 Lest die Frage des Schülers und die unvollständige Antwort des Mädchens.
Wie lässt sich das Problem mit der Schreibung zusammengesetzter Wörter lösen?
Setzt dazu in der Klasse das folgende Rechtschreibgespräch fort:

Bei dem Wort Wil|d/t|schwein kann ich nicht hören, ob ich **d** oder **t** schreiben muss. Wie finde ich das heraus? Ich kann das Wort doch nicht verlängern. Oder doch?

Doch, du kannst. Dafür musst du das Wort aber zuerst in seine Bestandteile zerlegen. Pass auf, das geht so: …

3 **a** Lest die unterstrichenen Wörter im Text oben deutlich und prüft, ob ihr jeden Buchstaben klar hört.
b Benennt die unklaren Stellen.
c Zerlegt die Wörter in ihre Bestandteile und beweist die Schreibweise durch ein Verlängerungswort, z. B.: Dieb | stahl – Die be.

4 Lest die Wörter mit Fragezeichen im Text oben auf Seite 292 und ergänzt die fehlenden Buchstaben: *d* oder *t, g* oder *k, b* oder *p*? **TIPP:** Beweist eure Schreibweise, indem ihr die Wörter zerlegt und verlängert, z. B.:

Schu<u>b</u> | karre – <u>schie</u> **b**en.

5 Bei den folgenden Wörtern muss man Bausteine abtrennen, um verlängern zu können.
Schreibt die Wörter so in euer Heft: das Kind<u>chen</u> – die <u>Kin</u> **d**er.

-chen	-lich	-los
das Kin **?** chen (d/t)	freun **?** lich (d/t)	ra **?** los (d/t)
das Täu **?** chen (b/p)	en **?** lich (d/t)	sor **?** los (g/k)
das Hef **?** chen (d/t)	fra **?** lich (g/k)	lie **?** los (b/p)

6 Zerlegt und verlängert die folgenden Wörter. Wählt Aufgabe a, b oder c.

> **A** Schrei **?** tisch (b/p) • Al **?** papier (d/t) • Schran **?** wand (g/k) • Wel **?** reise (d/t)
> **B** Hü **?** chen • Lan **?** schaft • Bil **?** chen • tä **?** lich • mün **?** lich • en **?** los • stün **?** lich
> **C** Brotdose • Kirschkern • Berggipfel • Saftglas • Baumhaus • Feldweg • Geldbörse

a Schreibt die Wörter aus **Reihe A** mit Verlängerungswort in euer Heft, z. B.: Schrei<u>b</u> | tisch – <u>schrei</u> **b**en.

b Trennt in **Reihe B** die Wortbausteine ab und schreibt die Wörter mit dem fehlenden Konsonanten und einem Verlängerungswort in euer Heft, z. B.: Hü<u>t</u> | chen – <u>Hü</u> **t**e.

c Welche Wörter aus **Reihe C** müsst ihr zerlegen und verlängern, um sie richtig schreiben zu können? Findet die unklaren Stellen und beweist die Schreibweise mit einem Verlängerungswort in eurem Heft, z. B.: Bro<u>t</u> | dose – <u>Bro</u> **t**e.

d Erklärt euch gegenseitig, wie ihr zu euren Ergebnissen gekommen seid.

> Deutsch: *die Waldbewohner* – Französisch: *les habitants des forêts* – Türkisch: *orman sakinleri*

⊕ **7** Oben findet ihr das Wort „Waldbewohner" in andere Sprachen übersetzt.
Beschreibt, was euch auffällt und was das Besondere am Deutschen ist.

 | **Methode** ❯ **Wörter zerlegen und verlängern**

In **zusammengesetzten Wörtern** können sich **Verlängerungsstellen** verstecken.
Ihr könnt die **Schreibung unklarer Laute klären,** indem ihr die Wörter zuerst **zerlegt und dann verlängert,** z. B.: *die Welt | reise → die Wel ten; das Hand | werk → die Hän de.*
Auch wenn man **Wortbausteine abtrennt,** findet man Verlängerungsstellen, z. B.:
endlos, endlich – denn: *das En de.*
- Die Bausteine *-ig, -lich, -los, -bar, -haft* kennzeichnen **Adjektive.**
- Die Bausteine *-chen, -heit* und *-schaft* kennzeichnen **Nomen.**

Offene und geschlossene Silben unterscheiden

A die Schule • die Blumen • die Nadel • die Briefe • die Bücher
B die Stifte • die Ente • halten • die Länder • die Lampe

1 **a** Schreibt die Wörter ab.
Sprecht sie dabei leise mit und zeichnet die Silbenbögen, z. B.: die Schu le.
b Endet die erste Silbe mit einem Vokal, so nennt man sie **offen.** Unterstreicht diese Silben.
Endet die erste Silbe mit einem Konsonanten, nennt man sie **geschlossen.** Umkreist sie.

2 Wie wird der Vokal in der ersten Silbe der Wörter oben jeweils gesprochen: kurz oder lang?

3 **a** Welche Aussage trifft zu: A oder B?
Notiert die richtige Aussage in
eurem Heft.
b Kontrolliert eure Entscheidung
mit Hilfe der Information unten.

> **A** Ist die erste Silbe offen, spricht man den Vokal kurz.
> **B** Ist die erste Silbe offen, spricht man den Vokal lang.

4 Entscheidet, ob die erste Silbe offen oder geschlossen ist. Wählt Aufgabe a, b oder c und tauscht
eure Ergebnisse anschließend aus.

a Schreibt die **Wörter rechts** ab.
Zeichnet die **Silbenbögen** und
unterstreicht die **offenen Silben.**

> Hafen • Kinder • Riese • lernen • Hefte • laufen • Ofen

b Schreibt aus **den folgenden Wörtern** diejenigen heraus, bei denen die erste **Silbe offen** ist.

> spielen • Bürste • finden • Segel • suchen • Mäuse • Anzug • Pflanze • Seife

c **Welches Wort passt nicht** in die Reihe? **Begründet** eure Entscheidung in eurem Heft.

A Kragen • heute • Kiste • Nadel • größer • Eimer
B loben • Hafen • Riese • kaufen • lernen • Lüge
C Kinder • Wiese • Hilfe • lenken • echte • Hunde

Information ▶ **Offene und geschlossene Silben**

■ Endet die erste Silbe eines zwei- oder mehrsilbigen Wortes mit einem **Vokal** *(a, e, i, o, u),*
einem **Umlaut** *(ä, ö, ü)* oder einem **Doppellaut** *(au, äu, ei, eu),* nennt man sie **offen,** z. B.:
Blu me, Bä ren, Bäu me. Der Vokal wird dann meist **lang** gesprochen.
■ Endet die erste Silbe mit einem **Konsonanten,** nennt man sie **geschlossen,** z. B.:
war ten, Ech se, Klas se. Der Vokal wird dann meist **kurz** gesprochen.

Doppelkonsonanten – Achtet auf die erste Silbe

Doppelkonsonanten

Silbe offen = ohne Doppelkonsonanten	Silbe geschlossen = mit Doppelkonsonanten
Die erste Silbe endet mit einem ... Den Vokal spricht man ...	Die erste Silbe endet mit einem ... Den Vokal spricht man ...
raten	die Ratten
die Hüte	die Hütte
...	...

1 a Übertragt die Tabelle in euer Heft. Nutzt dafür eine ganze Seite.
  b Sprecht die Wörter deutlich in Silben und zeichnet die Silbenbögen dazu, z.B.: ra ten.
  c Markiert den letzten Buchstaben der ersten Silbe, z.B.: ra ten.
  d Ergänzt die Sätze am Anfang der beiden Tabellenspalten.
    Nutzt dafür die folgenden Begriffe: *kurz, lang, Konsonant, Vokal.*

> die Mutter • die Klasse • die Rose • der Vater • die Schiffe • der Keller • die Hose

2 a Untersucht die Wörter oben wie in Aufgabe 1b und c und ordnet sie in eure Tabelle ein.
  b Wann schreibt man Doppelkonsonanten? Schreibt die folgende Regel richtig in euer Heft.
  Regel: Doppelkonsonanten schreibt man nur, wenn die erste Silbe offen/geschlossen ist.

> er kommt • sie meint • ich muss • sie lobt • der Herr • das Fell • das Rot • satt

3 Wenn ihr die Regel aus Aufgabe 2 bei Einsilbern anwenden wollt, müsst ihr die Wörter zuerst verlängern (▶ S. 291). Tragt die Verlängerungswörter zu den Einsilbern oben in die richtige Spalte eurer Tabelle ein, z.B.: kommt – kom men (= rechte Tabellenspalte).

l oder *ll*?	*m* oder *mm*?	*n* oder *nn*?	*t* oder *tt*?
das Ba **?** spiel das Wa **?** ross	der Schwi **?** lehrer der Bru **?** bär	die Grü **?** pflanze die Re **?** strecke	das Gla **?** eis der Ta **?** ort

4 Zerlegt die zusammengesetzten Wörter oben, bevor ihr sie verlängert (▶ S. 291). Schreibt in euer Heft, z.B.: das Ba **?** | spiel, weil: die Bä lle.

5 a Gebt dem Bild rechts einen passenden Titel, z. B.:
Die kalte/warme Nacht in …

b Sprecht die markierten Wörter deutlich aus.
Was hört ihr, wenn ihr *tz* und *ck* sprecht?
Tauscht eure Eindrücke aus.

c Ergänzt die Regel in eurem Heft.
Regel: Statt zz schreibt man …
Statt kk schreibt man …

Erst he**tz**e ich durch die Hi**tz**e und schwi**tz**e und nun si**tz**e ich im Zelt und friere. Ich brauche sofort eine di**ck**ere Ja**ck**e und eine wärmere De**ck**e!

Zwei Konsonanten: Zwei gleiche und zwei verschiedene

zwei verschiedene Konsonanten an der Silbengrenze	zwei gleiche Konsonanten an der Silbengrenze
der Sal͜ l t͜o	der Sat͜ t͜el

1 Übertragt die Tabelle oben in euer Heft und ordnet die folgenden Wörter ein.
Zeichnet die Silbenbögen und markiert die beiden Konsonanten an der Silbengrenze.

> die Berge • müssen • finden • merken • der Koffer • das Wunder • essen • die Welle • die Butter

2 Prüft eure Tabelle und ergänzt in der folgenden Regel entweder „*verschiedene*" oder „*gleiche*".
Regel: Wenn an der Silbengrenze zwei … Konsonanten stehen, verdoppelt man nicht.

> die Wo **?** ke (l/ll) • sa **?** eln (m/mm) • der Wi **?** ter (n/nn) • fa **?** en (l/ll)

3 Entscheidet, welche Wörter mit einem oder zwei Konsonanten geschrieben werden.

Information ⟩⟩	**Schreibung mit Doppelkonsonanten**

Doppelkonsonanten schreibt man **nur, wenn die erste Silbe geschlossen ist** (▶ S. 294).
- Stehen an der **Silbengrenze zwei verschiedene Konsonanten, verdoppelt man nicht,** z. B.: *sin ken, Mur mel.*
- **Hört** man **bei geschlossener Silbe nur einen Konsonanten,** wird dieser **doppelt** geschrieben, z. B.: *ren nen; der Him mel.*

Beachte: **Statt kk** schreibt man *ck,* **statt zz** schreibt man *tz,* z. B.: *Decke, Tatze.*

s-Laute – Achtet auf die erste Silbe und auf den Klang

> die Gläser • reisen • die Soße • müssen • die Nüsse • die Füße • der Riese • lesen • die Klasse

1 **a** Lest die Wörter deutlich in Silben.
   b Legt im Heft eine Tabelle wie die folgende an und ordnet die Wörter ein.
   c Zieht die Silbenbögen und markiert die letzten Buchstaben der ersten Silbe.

Wörter mit *s*	Wörter mit *ß*	Wörter mit *ss*
die Glä ser	die So ße	müs sen
Regel: Die erste Silbe endet mit einem <u>Vokal</u> und ist <u>of-fen</u>. Den s-Laut spricht man <u>summend</u>.	**Regel:** Die erste Silbe endet mit einem 🔲 und ist 🔲. Den s-Laut spricht man <u>zischend</u>.	**Regel:** Die erste Silbe endet mit einem 🔲 und ist 🔲. Den s-Laut spricht man <u>zischend</u>.

2 **a** Lest in der Tabelle die Regel zu Wörtern mit *s*.
   b Vervollständigt die Regeln zu Wörtern mit *ß* und *ss*.
      Ergänzt dafür die folgenden Begriffe an der richtigen Stelle:
      geschlossen, Konsonant, Vokal, offen.

> Ist im Dialekt der Unterschied zwischen stimmhaft und stimmlos nicht zu hören, muss man sich die richtige Schreibung einprägen.

3 **a** Lest die folgenden Einsilber ganz deutlich. Prüft, was zutrifft:
     A Man spricht die *s*-Laute in Einsilbern verschieden aus.
     B Man spricht die *s*-Laute in Einsilbern gleich aus.

Wörter mit *s*	Wörter mit *ß*	Wörter mit *ss*
sie reist, sie speist, sie saust, das Gras, die Maus, der Kreis	es gießt, es fließt, es heißt, der Kloß, das Floß	er muss, er passt, er fasst, der Riss, der Pass, der Biss

   b Beweist die Schreibweise, indem ihr die Wörter verlängert (▶ S. 291), z. B.: sie reist – rei sen.

> **A** drau 🔲 en • die Ri 🔲 e • ge 🔲 und • die Luftbla 🔲 e • schie 🔲 en • der Be 🔲 en
> **B** der Strau 🔲 • hei 🔲 • die Haselnu 🔲 • der Gru 🔲 • der Spa 🔲 • der Ku 🔲 • der Ver 🔲
> **C** der Fu 🔲 boden • die Hau 🔲 tür • das Ma 🔲 band • gro 🔲 ziehen • die Gie 🔲 kanne

4   Übt die Schreibung des *s*-Lauts. Wählt Aufgabe a, b oder c.
   a Schreibt die Wörter aus **Reihe A** richtig in euer Heft. **TIPP:** Zieht Silbenbögen.
   b Schreibt die Wörter aus **Reihe B** richtig in euer Heft. **TIPP:** Verlängert die Wörter.
   c Ergänzt die Wörter aus **Reihe C** im Heft. **TIPP:** Zerlegt und verlängert die Wörter.
   d Führt ein Rechtschreibgespräch darüber, wie ihr zu euren Ergebnissen gekommen seid.

Verben können ihre Schreibweise ändern

1 **a** Sucht aus dem Kasten rechts alle Infinitive heraus und schreibt sie in die erste Spalte einer Tabelle.

b Sucht zu jedem Infinitiv die passende Präsens- und Präteritumform und tragt sie ebenfalls ein.

messen • ich goss • reißen • ich messe • ich reiße • ich maß • verlassen • ich riss • ich verlasse • ich verließ • ich schließe • gießen • schließen • ich gieße • ich schloss

Infinitiv	Präsens	Präteritum
messen	ich messe	ich maß

c Unterstreicht jeweils das Wort einer Reihe, bei dem die Schreibung des *s*-Lauts abweicht.

d Aus *ss* wird *ß* und aus *ß* wird *ss*. Erklärt, warum.

Kerstin Becker: **Wer isst denn da?**

Ich wollt mal einen Apfel e **?** en,
oh, das werd ich nie verge **?** en.
Ich bi **?** rein, hm, lecker, fein!
Da rief jemand: Sie Rüpel, Sie!
La **?** en Sie das Bei **?** en sein!

Fre **?** e ich etwa einfach so Ihr Reihenhaus? Natürlich nicht! Ich wei **?** nämlich, was sich gehört!

2 **a** Lest das Gedicht und die Sprechblase. Erklärt, wer aus dem Apfel spricht.

b Schreibt die beiden Texte ab und setzt an den richtigen Stellen *s, ss* oder *ß* ein.
TIPP: Achtet darauf, ob die Vokale kurz oder lang sind.

c Ergänzt eure Tabelle aus Aufgabe 1.
Tragt jeweils den Infinitiv, eine Präsens- und eine Präteritumform ein.

Information	**Wörter mit *s*-Laut**

Das folgende Schaubild zeigt euch, wann ihr **s, ß** und **ss** schreiben müsst.

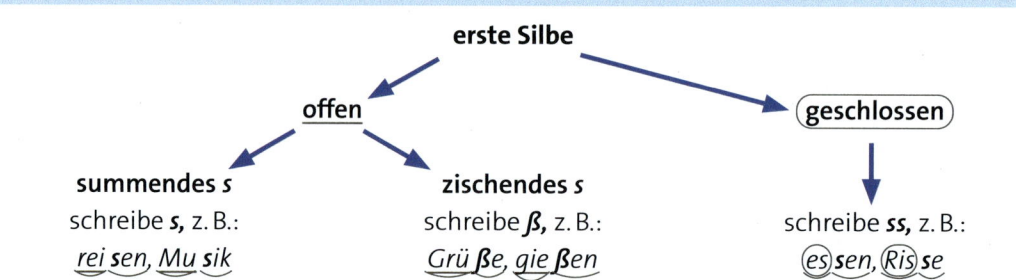

Um diese Regeln für den *s*-Laut anzuwenden, braucht man **zweisilbige Wörter**.
Einsilber müsst ihr dafür **verlängern**.
Für einige Wörter mit einfachem *s* am Wortende gibt es keine Verlängerungsmöglichkeit.
Es sind **Merkwörter**, z. B.: *als, aus, bis, es, etwas, niemals, alles, anders, morgens*.

i oder *ie?* – Achtet auf die erste Silbe

Wortbaukasten für *i*
b **?** nden • f **?** lmen • f **?** nden •
w **?** ssen • sch **?** mpfen • b **?** lden

Wortbaukasten für *ie*
l	gen •
s	chen •
kr	ben

1 Um herauszufinden, wann man Wörter mit *ie* schreibt, vergleicht ihr sie am besten mit Wörtern, die nur mit *i* geschrieben werden. Geht so vor:

a Übertragt die folgende Tabelle in euer Heft.

b Bildet mit Hilfe der beiden Wortbaukästen Wörter mit *i* und *ie*. Ordnet sie in die Tabelle ein.

c Sprecht die Wörter deutlich in Silben und zeichnet auch die Silbenbögen ein.

d Markiert bei jedem Wort den letzten Buchstaben der ersten Silbe. In welcher Spalte endet die erste Silbe mit einem Konsonanten, in welcher nicht?

Wörter mit *i*	Wörter mit *ie*
bin den	lie ben

2 Haltet euer Ergebnis aus Aufgabe 1 in eurem Heft fest.
Ergänzt dafür die folgende Regel durch die Begriffe: *Vokal, Konsonant, offen, geschlossen.*
Regel: Wenn die erste Silbe **?** ist und mit einem **?** endet, schreibt man i.
Wenn die erste Silbe **?** ist und mit einem **?** endet, schreibt man oft ie.

3 a *i* oder *ie?* Legt zwei Spalten in eurem Heft an:

Wörter mit *i*	Wörter mit *ie*

der D **?** b • l **?** b • st **?** ll • das S **?** b •
t **?** f • das R **?** nd • das Z **?** l •
das B **?** ld • sch **?** f • m **?** ld • f **?** s •
er s **?** ngt • er w **?** gt • es kl **?** ngt

b Begründet die richtige Schreibweise, indem ihr die Einsilber aus dem Kasten rechts verlängert.
Schreibt ins Heft, z. B.: der Film – die Fil me, er spielt – wir spie len.

4 a Erkennt ihr die sechs Tiere? Schreibt ihre Namen mit Hilfe des Kastens rechts richtig in euer Heft.

b Sprecht die Wörter deutlich aus und markiert den *i*-Laut. Was fällt euch auf?

c Merkt euch diese Wörter.

lidokorK • legI • regiT • effariG • ellebiL •
nehcninaK

299

Christian Morgenstern: **Das ästhetische[1] Wiesel**

Ein Wiesel
saß auf einem K **?** sel
inm **?** tten Bachger **?** sel.

Wisst ihr,
weshalb?

5

Das Mondkalb
verriet es mir
im St **?** llen:

Das raffinier-
te Tier
10 tats um des Reimes w **?** llen.

———
1   ästhetisch: feinsinnig, geschmackvoll

Ich sitze nur deswegen auf diesem harten, kalten und ungemütlichen Steinchen, weil ich mich als Wiesel so herrlich darauf reime. Ich habe halt Geschmack!

 5 Das Wiesel ist sicher nicht das einzige Tier mit gutem Geschmack.
Worauf könnten die folgenden Tiere sitzen, um sich genauso schön zu reimen?
Findet passende Reimwörter und schreibt eure Reime so auf: Ein Schwein saß auf einem/einer …

> ein Schwein • eine Schlange • ein Wurm • eine Maus • eine Ratte • eine Spinne

6 Untersucht die Schreibung des *i*-Lauts in dem Gedicht. Wählt Aufgabe a, b oder c.
a Ergänzt die <u>unterstrichenen</u> Wörter in eurem Heft.
Zeichnet die Silbenbögen ein und begründet eure Schreibweise.
b Ergänzt die <u>unterstrichenen</u> Wörter in eurem Heft.
Beweist außerdem die Schreibweise der unterringelten Wörter, indem ihr sie verlängert.
c Erklärt die Schreibweise der unterringelten Wörter. Schreibt außerdem die beiden durchbrochen
unterstrichenen Wörter heraus und ergänzt weitere Pronomen, die man sich merken muss.
d Stellt euch eure Ergebnisse gegenseitig vor und erklärt, wie ihr vorgegangen seid.

Information	**Wörter mit *i* oder *ie***

Man schreibt **immer *i*,** wenn die **erste Silbe geschlossen** ist, z. B.: Sil be.
Man schreibt **nur *ie*,** wenn die **erste Silbe offen** ist (lang gesprochen), z. B.: vie le.

Achtung: Diese Regel gilt **nur für zweisilbige Wörter.**
Um diese Regel zu bestätigen, muss man **Einsilber verlängern,** z. B.: lieb – lie ber.

Besonders wichtige **Merkwörter** sind: *mir, dir, wir, ihr, ihnen, ihm, ihn, ihre.*

Wörter mit *h*

1 In der Wörterschlange verstecken sich lauter Wörter mit *h*.

a Sprecht die Wörter deutlich in Silben. Bei welchen Wörtern hört ihr das *h*, bei welchen Wörtern könnt ihr das *h* nicht hören, selbst wenn ihr ganz deutlich sprecht?

b Übertragt die Tabelle in euer Heft. Ordnet die Wörter aus der Wörterschlange jeweils der richtigen Tabellenspalte zu und zieht die Silbenbögen.

silbenöffnendes *h* → hörbares *h* (deutlich gesprochen)	Merkwörter mit *h* → nicht hörbares *h*
ge hen, ste hen, mu hen, …	eh ren, zäh len, gäh nen, …

> das Reh • kühl • der Schuh • früh • er lehnt • die Kuh • der Stuhl • lahm

2 Verlängert die Einsilber und tragt sie in die richtige Spalte eurer Tabelle aus Aufgabe 1 ein, z.B.:
Re he (= silbenöffnendes h).

 3 Das *h* bleibt in verwandten Wörtern erhalten. Bildet zu zweit mit jedem Wortstamm aus dem Kasten rechts möglichst viele verwandte Wörter, z. B.: gehen, Gehweg, …

> geh • seh • zieh • ruh • wohn •
> fahr • fühl • zahl

Information ▶ **Wörter mit *h***

Bei einsilbigen Wörtern kann man das *h* nicht hören, z.B.: *der Zeh, der Zahn.*
Wenn man die **Einsilber verlängert,** kann man Wörter mit silbenöffnendem *h* und Merkwörter mit *h* unterscheiden:

- Das **silbenöffnenden *h*** steht am Anfang der **zweiten Silbe.** Man kann dieses *h* **beim sehr deutlichen Sprechen hörbar machen,** z. B.: *Ze hen, blü hen.*
- Das *h* am Ende der **ersten Silbe** ist **nicht hörbar.** Diese Wörter sind **Merkwörter,** z. B.: *Zäh ne, zäh len.*

Strategien und Regeln anwenden

1 Jana und Nico schreiben einen Bericht über ihren Besuch im Freizeitpark.
Dabei haben sie verschiedene Fragen zur Rechtschreibung. Folgt ihnen auf ihrem Weg und helft ihnen, die Fragen zu beantworten. Schreibt jeweils den Buchstaben der richtigen Antwort in euer Heft.

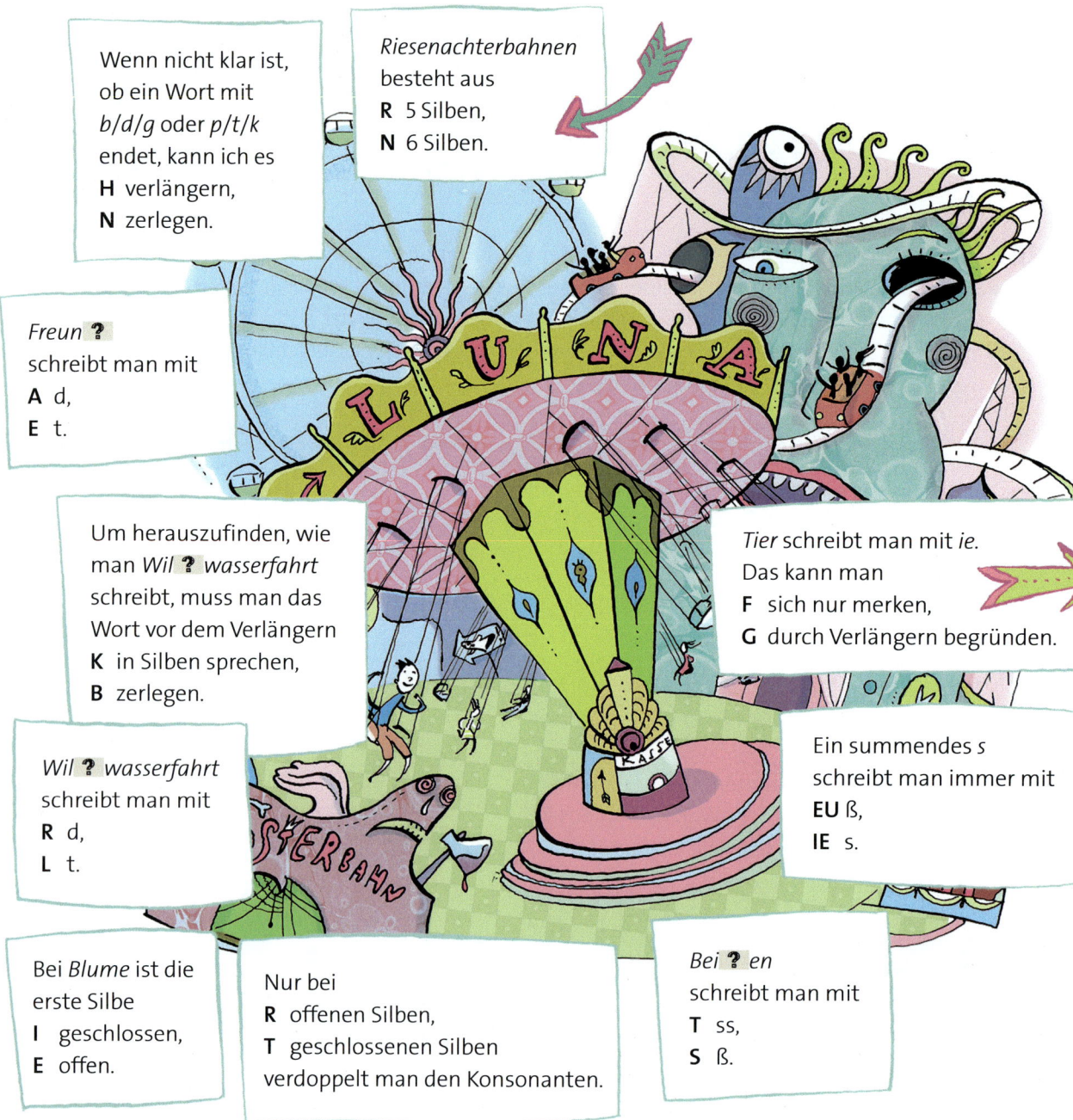

Wenn nicht klar ist, ob ein Wort mit *b/d/g* oder *p/t/k* endet, kann ich es
H verlängern,
N zerlegen.

Riesenachterbahnen besteht aus
R 5 Silben,
N 6 Silben.

Freun **?**
schreibt man mit
A d,
E t.

Um herauszufinden, wie man *Wil* **?** *wasserfahrt* schreibt, muss man das Wort vor dem Verlängern
K in Silben sprechen,
B zerlegen.

Tier schreibt man mit *ie*. Das kann man
F sich nur merken,
G durch Verlängern begründen.

Wil **?** *wasserfahrt* schreibt man mit
R d,
L t.

Ein summendes *s* schreibt man immer mit
EU ß,
IE s.

Bei *Blume* ist die erste Silbe
I geschlossen,
E offen.

Nur bei
R offenen Silben,
T geschlossenen Silben
verdoppelt man den Konsonanten.

Bei **?** *en* schreibt man mit
T ss,
S ß.

2 Habt ihr alle Fragen richtig beantwortet? Wenn ihr die Buchstaben von hinten nach vorn lest, erfahrt ihr, welche Attraktion Jana und Nico am besten gefallen hat. Findet ihr sie auf dem Bild?

13.2 Strategien und Regeln für Profis – Richtig schreiben

Ableiten – Wörter mit *ä* und *äu*

1 **a** Sprecht die Wörter rechts deutlich aus.

    b Schreibt die Wörter ab und markiert die unklare Stelle, z. B.: die Länder.

    c Beweist die Schreibweise, indem ihr einen Wortverwandten mit *a* oder *au* sucht, z. B.: die Länder – das Land.

    d Ergänzt die Regel in eurem Heft: Man schreibt Wörter mit **?** oder **?**, wenn es ein verwandtes Wort mit a oder au gibt.

> schälen • kräftig • die Räume • täglich • wärmen • das Gebäude • schädlich • die Länder • die Zäune

---

Ameisen sind auch nur M**?**nschen

Habt ihr gewusst, dass Waldameisen sich auf B**?**men Blattl**?**se halten? Sie m**?**lken sie wie eine B**?**erin ihre Kühe. Andere Ameisen ern**?**hren sich von Pilzen, die sie züchten und **?**rnten. Außerdem leben Ameisen in Staaten und r**?**men t**?**glich ihre W**?**lder auf. Ameisen sind also L**?**te wie du und ich.

---

2 Schreibt die markierten Wörter ab und setzt ein: *e* oder *ä*, *eu* oder *äu*.
Begründet die richtige Schreibweise durch ein Beweiswort mit *a* oder *au*.

Heinz Brand: **Rätsel**

Eins – zwei – drei – vier!
Vier Beine hat fast jedes Tier:

Hunde, Katzen, Affen,
Eulen und Giraffen,

Hasen, Bären, Stubenfliegen,
Mäuse, Elefanten, Ziegen,

Schweine, Wale, Elche:
Drei davon sind falsch – sag, welche?

---

 3 Das Rätsel ist ja einfach, aber bei welchem unterstrichenen Wort könnt ihr die Schreibweise nicht erklären? Legt ein Liste mit weiteren Merkwörtern an: Käse, Käfig, …

| **Methode** ⟩⟩ | **Wörter ableiten (verwandte Wörter suchen)** | |

Der Vokal *e* und der Doppellaut *eu* sind leicht mit *ä* und *äu* zu verwechseln.
- **Normalerweise** schreibt man **e** oder **eu,** z. B.: *die Ente, heute.*
- Wenn es **verwandte Wörter mit *a* oder *au*** gibt, schreibt man *ä* oder *äu,* z. B.: *die Kälte – kalt.*
- **Merkwörter mit *ä*** sind z. B.: *ärgern, Käfer, Mädchen, Säge, Träne, während, nämlich.*

Nomen erkennen und großschreiben

Nomen an typischen Endungen erkennen

1 Bildet aus den Wortbestandteilen Nomen und schreibt sie mit ihren Artikeln in euer Heft.

> Bot • Ereig • Zeit • Gelegen • Erleb • Wissen • Ärzt •
> Freund • Sparsam • Maler • Reich • Dunkel • Entfern
>
> heit • keit • ung •
> schaft • nis • tum • in

2 Formt die Adjektive und Verben im Kasten unten links mit Hilfe von Nomenendungen zu Nomen um. Achtet auf die Großschreibung, z. B.: ängstlich – die Ängstlich<u>keit</u>.

> ängstlich • schüchtern • frei • reich • einig •
> gesund • wohnen • erleben • berechnen • erzählen
>
> heit • keit • ung •
> nis • tum

3 Fünf der folgenden Wörter sind Nomen und müssen großgeschrieben werden. Schreibt sie um die Wette heraus und unterstreicht die typischen Nomenendungen.

Vorsicht, Fehler!

> aufmerksam • versäumnis • meisterin • ereignen • verletzung • heiterkeit • eigentum

Nomen an ihren Begleitwörtern erkennen (Nominalgruppen)

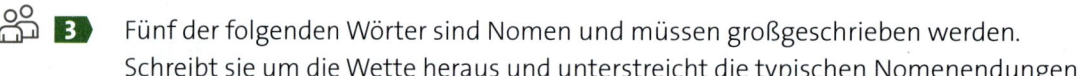

> Der Sommer ist da!
> Eine dicke Katze liegt auf der Bank.
> An den Bäumen leuchten die roten Kirschen.
> Bienen summen im Blumenbeet.
> Unser Hund läuft über die Wiese.

1 a Nomen bilden den Kern einer Nominalgruppe (▶ S. 265). Nennt die Nominalgruppen im Text.
b Nomen kann man an verschiedenen Begleitern erkennen. Übertragt die folgende Tabelle in euer Heft und findet für jede Spalte mindestens ein und höchstens vier Beispiele aus dem Text.

Artikel	Präposition (+ Artikel, im = in dem)	Pronomen	(Artikel +) Adjektiv
…	auf der Bank	…	…

2 a Nomen können auch ohne Begleiter stehen. Sucht dafür das Beispiel aus den Sätzen oben.
b Erklärt, wie ihr trotzdem feststellen könnt, dass es sich um ein Nomen handelt (▶ S. 305).

⊕ **3** Man kann im Deutschen zwischen ein Nomen und einen Artikel mehrere Adjektive setzen, sodass der Artikel weit weg vom Nomen steht. Erweitert die Nominalgruppen wie im Beispiel rechts. Denkt daran, Kommas zu setzen.

die **Maus**
die kleine **Maus**
die kleine, niedliche **Maus**
die kleine, niedliche, weiße **Maus**

Fitness für Zootiere

die tiere im zoo führen ein ruhigeres leben als in der wildnis. sie können aber krank werden, wenn sie zu wenig abwechslung haben. darum bieten gute zoos ihren tieren verschiedene beschäftigungen an. affen turnen zum beispiel an klettergerüsten. tiere, die weniger sportlich sind, beschäftigen sich mit gegenständen, die zu ihren eigenheiten und fähigkeiten passen. auch die pfleger kümmern sich um die gesundheit der tiere. mit den klugen elefanten studieren sie täglich kleine kunststücke ein.

4 Erkennt Nomen an ihren Endungen und ihren Begleitern. Wählt Aufgabe a, b oder c.
⚀ **a** Schreibt sechs Nomen mit **typischen Endungen** aus dem Text heraus.
⚁ **b** Schreibt zehn Nomen mit ihren **Begleitwörtern** aus dem Text heraus.
⚂ **c** Schreibt fünf Nomen mit **typischen Endungen,** vier Nomen mit **unterschiedlichen Begleitern** und zwei Nomen **ohne Begleiter** aus dem Text heraus.
d Führt ein Rechtschreibgespräch über eure Ergebnisse.

Methode ❭❭ **Nomen haben Begleiter**

Nomen kann man an Begleitern erkennen, die den Nomen vorausgehen. **Begleitwörter** sind:
- **Artikel** (bestimmter/unbestimmter), z. B.: *das Tier, ein Tier*.
- **Pronomen,** z. B.: *unser Tier, dieses Tier*.
- **Präpositionen,** z. B.: *bei Nacht, vor Sonnenaufgang, im Fell* (= in dem Fell).
- **Adjektive,** z. B.: *das schöne Tier, das stolze Tier, der große, herrliche, hungrige Löwe*.

Wenn ein Nomen keinen Begleiter hat, kannst du mit der **Artikel- und Adjektivprobe** prüfen, ob es sich um ein Nomen handelt, z. B.:
Freundschaft – die alte Freundschaft, Luft – die gute Luft.

Im Wörterbuch nachschlagen

Das Alphabet trainieren

Ingrid Noll: **Fresssack-ABC**

Aschenbrödel schmaust zehn Knödel, **J**orinde und Joringel lutschen Zuckerkringel, Don **Q**uichotte schleckt Kompott, **R**umpelstilzchen sammelt Pilzchen, doch der **Z**innsoldat ge-nießt Salat, **X**antippe frisst Kassler Rippe, **C**atherlieschen grillt
5 ein Spießchen, **I**lsebill will Butt mit Dill, **K**önig Drosselbart liebt Steak nach Jägerart, **W**innetou hackt Ragout, **U**ndine greift zur Sardine, **F**rau Holle brät Schol-le, **B**ienchen Maja knabbert Soja, **H**ans im Glück kriegt das größte Stück, **G**retel kaut Betel, **T**arzan speist Goldfasan, **L**ederstrumpf stärkt sich am Büffelrumpf, der kleine **M**uck trinkt Mu-ckefuck, **N**eptun isst lieber Fisch als Huhn, **V**ogel Greif schlägt Sahne steif, **Y**eti serviert Spa-
10 ghetti, der **O**sterhas nascht Ananas, **E**isenhans rupft eine Gans, **D**ornröschen kocht Klößchen, **P**aulinchen schmort Kaninchen, **S**chneewittchen schmiert Schnittchen.

1 Achtet auf die fett gedruckten Großbuchstaben und lest euch die Sätze in der richtigen alphabetischen Reihenfolge vor. Wer ist besonders schnell?

2 **a** Schreibt die Buchstaben des Alphabets untereinander in euer Heft.
b Notiert alle Namen eurer Klasse hinter den richtigen Buchstaben. Wenn die Namen mit dem gleichen Anfangsbuchstaben beginnen, müsst ihr auf den 2., 3., 4. ... Buchstaben achten, z. B.: Maria, Marlene, Max, Mia ...
c Ergänzt in eurer Liste weitere Namen, die ihr kennt. Achtet auf die richtige Reihenfolge.

3 Bringt die Wörter in die richtige Reihenfolge. Wählt Aufgabe a, b oder c.
a Schreibt die **folgenden Wörter** in der richtigen Reihenfolge in euer Heft.

> Land • Kugel • leben • Kabel • Kopf • lustig • Kamm • Juli • Leber • Langeweile • Kreuz •
> Januar • Laden • Laub • leicht • Kanne • kauen • Jacke

b Schreibt die **folgenden Wörter** in der richtigen Reihenfolge in euer Heft.

> Apfel • Amsel • Ausgang • Abbildung • arm • Afrika • Auskunft • Anker • Abend • April •
> Alphabet • alt • Affe • Aufgabe • arbeiten • Ausflug • Ausfahrt • Auto • auftragen • Amerika

c Schreibt die **Wörter mit *l/L*** am Anfang aus Aufgabe 3a untereinander in euer Heft.
Lasst dabei jeweils eine Zeile frei. Findet Wörter, die in die freien Zeilen passen.
 d Kontrolliert zu zweit eure Ergebnisse.
Unterstreicht immer den Buchstaben, der die Reihenfolge der Wörter bestimmt hat.

Wörter im Wörterbuch finden

1 Richtig oder falsch? Prüft mit eurem Wörterbuch, ob die folgenden Aussagen zutreffen:

A *Mama* und *Mandarine* stehen im Wörterbuch auf einer Seite.

B Das altmodische Wort *schnafte (fabelhaft, hervorragend)* steht nicht mehr im Wörterbuch.

C Der einzige mögliche Artikel für *Laptop* ist *der*.

D Die Pluralformen von *Atlas* stehen in dieser Reihenfolge im Wörterbuch: *Atlanten – Atlasse*.

 2 a Besprecht in der Klasse, unter welchem Stichwort ihr im Wörterbuch „er rannte" findet.

b Schreibt zu den Wörtern rechts jeweils die Grundform auf.
TIPP: Bei Verben braucht ihr den Infinitiv, bei Nomen den Singular.

c Schlagt die Wörter im Wörterbuch nach und prüft die Schreibweise.

> er kam • Wände •
> sie ging •
> er hat geholt •
> Nüsse • sie sangen

> Gänseblümchenstrauß • Luftballonverkäufer • Kioskbesitzer • Kindertheaterbühne

3 a Die zusammengesetzten Wörter oben findet ihr so nicht im Wörterbuch.
Erklärt, wie ihr mit Hilfe des Wörterbuchs dennoch die richtige Schreibweise herausfinden könnt.

b Schlagt die einzelnen Bestandteile der Wörter nach und schreibt sie richtig auf.

 4 Schlagt im Wörterbuch nach. Bildet Gruppen und einigt euch auf Aufgabe a, b oder c. In den Gruppen arbeiten alle jeweils für sich allein. Wer hat zuerst das richtige Ergebnis?

a Welches Wort steht in eurem Wörterbuch hinter **Hexe, Prinzessin, Frosch, Ritter** und **Burg?**
Schreibt die fünf Wörter in euer Heft. Ergänzt bei Nomen den Artikel und die Pluralform.

b Welche Artikel hat **Joghurt?** In welcher Reihenfolge stehen die beiden Pluralformen von **Globus** im Wörterbuch? Welche Pluralformen hat **Aroma?**

c Notiert, auf welchen Seiten ihr die Grundformen von **ich bin gerannt** und **ich rief** sowie die Wortbestandteile von **Popcornmaschine** und **Pizzabackofen** findet.

5 Denkt euch selbst Fragen zum Nachschlagen im Wörterbuch aus, z. B.:
Welches Wort steht hinter ...? Welchen Artikel hat ...? Was ist der Plural von ...?

Methode ▸▸ **Im Wörterbuch nachschlagen**

- Im Wörterbuch sind die Wörter **nach dem Alphabet sortiert.** Wörter mit demselben Anfangsbuchstaben werden nach dem zweiten Buchstaben geordnet. Sind die ersten beiden Buchstaben gleich, entscheidet der dritte usw., z. B.: *das Bl**a**tt, die Bl**u**me, die Bl**ü**te*. Die Buchstaben **ä, ö, ü** und **äu** sind so sortiert, als hätten sie keine Umlaut-Pünktchen.
- Im Wörterbuch sind die Wörter in ihrer **Grundform** einsortiert:
  - **Verbformen** findet ihr im **Infinitiv**, z. B.: *sehen* statt *ich sah*,
  - **Nomen** im **Nominativ Singular**, z. B.: *Hand* statt *Hände*.
  - **Zusammengesetzte Wörter** müsst ihr oft **zerlegen** und **getrennt nachschlagen**, z. B.: *Kaugummipapier → Kaugummi* und *Papier*.

Merkwörter: Wörter mit Doppelvokal

 1 **a** Sucht aus dem Kasten rechts alle 18 Wörter mit Doppelvokal heraus und schreibt sie in euer Heft:

Wörter mit aa: …

Wörter mit ee: …

Wörter mit oo: …

TIPP: Ihr müsst auch von rechts nach links und von unten nach oben lesen.

b Schreibt die folgende Regel richtig in euer Heft.

Regel: Es gibt nur wenige Wörter, in denen der kurz/lang gesprochene Vokal verdoppelt/ verdreifacht wird. Diese Wörter sind Merkwörter.

E	E	F	B	M	E	G	A	A	W
E	D	M	E	E	R	U	B	I	L
N	H	F	E	S	M	O	O	R	D
H	G	U	R	N	S	T	O	I	K
C	P	S	E	E	L	E	T	E	E
S	A	O	U	E	R	N	L	Z	N
H	A	A	R	D	S	T	E	O	S
O	R	F	H	I	L	M	O	O	S
E	K	R	N	F	E	S	C	H	A
K	L	K	L	E	E	N	S	T	A
P	S	T	L	Z	R	L	E	F	T

2 Versteckt selbst fünf Wörter mit Doppelvokal in einem kleinen Wortgitter. Tauscht eure Rätsel mit eurem Banknachbarn oder eurer Banknachbarin. Findet ihr alle Wörter?

3 Bildet möglichst viele Zusammensetzungen mit den folgenden Nomen, z.B.:

der See – die Seefahrt, der Seefahrer, der Badesee …

> der See • das Meer • das Boot • der Zoo • das Haar • der Schnee • die Beere

4 Schreibt eine Geschichte, in der ihr möglichst viele Wörter mit Doppelvokalen verwendet. Das Bild oben gibt euch dazu ein paar Anregungen.

Information ⟫ **Merkwörter mit Doppelvokal**

Es gibt nur **wenige Wörter,** in denen der lang gesprochene **Vokal verdoppelt** wird. Man muss sie sich merken.

- **aa:** *der Aal, das Aas, das Haar, paar, das Paar, der Saal, die Saat, der Staat, die Waage.*
- **ee:** *die Allee, die Armee, die Beere, das Beet, die Fee, das Heer, der Klee, das Meer, der Schnee, der See, die Seele, der Teer, die Idee, der Kaffee, der Tee, das Püree, leer.*
- **oo:** *das Boot, doof, das Moor, das Moos, der Zoo.*

Schwierige Laute – *v* und *ks*

Sprechende Vögel

Wenn es um sprechende <u>Vögel</u> geht, fällt <u>vielen</u> zuerst ein Papagei ein. In unserer <u>Vorstellung</u> sitzt er auf der Schulter eines <u>verrückten</u> Piratenkapitäns und plappert <u>vor</u> sich hin. Tatsächlich gibt es aber <u>verschiedene</u> <u>Vogelarten</u>, die Wörter nachahmen können. Bei Wörtern mit vielen <u>Vokalen</u> gelingt ihnen das besonders gut. <u>Versprecht</u> euch aber nicht zu <u>viel</u> <u>davon</u>. Die Tiere <u>versuchen</u> nur, die Laute nachzusprechen, <u>verstehen</u> können sie euch nicht.

1 **a** Lest den Text laut vor und beschreibt, was euch bei den markierten Wörtern auffällt.
   b Übernehmt die Tabelle in euer Heft und tragt die Wörter mit *V/v* in die richtige Spalte ein.
   c Lest die folgenden Wörter deutlich und ordnet sie auch in die Tabelle ein:
   von, vier, der Vater, die Vase, das Verb, der Vers, brav, das Klavier, der Pullover, voll, vielleicht.

v gesprochen wie *f*	*v* gesprochen wie *w*
Vögel, …	…

2 Ergänzt in eurer Tabelle Wörter mit den Vorsilben *ver-* und *vor-*, z. B.: <u>verlaufen</u>, der <u>Vorwand</u>,

> **Information**   *v*: **Ein Buchstabe – zwei Laute**
>
> **Wörter mit *v* sind Merkwörter.** Man spricht sie manchmal wie *f* und manchmal wie *w* aus. Wörter mit den **Vorsilben *ver-*** und ***vor-*** schreibt man mit **v**, z. B.: <u>versuchen</u>, <u>vortragen</u>.

3 Prüft, ob die Wörter mit *ks, cks* oder *gs* geschrieben werden, indem ihr sie verlängert, z. B.: du trinkst → <u>trin ken</u>. Zusammengesetzte Wörter müsst ihr zuerst zerlegen.

> du trin **?** t • anfan **?** • du den **?** t • monta **?** • du lü **?** t • lin **?** • der Glü **?** klee

4 Kennt ihr Wörter mit *x*? Schreibt sie in euer Heft.

5 Schreibt die folgenden Wörter mit *chs* richtig in euer Heft.

> das Wa **?** • der Fu **?** • der La **?** • wa **?** en • der O **?** e • we **?** eln

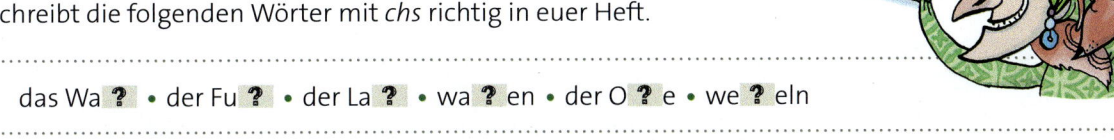

> **Information**   *ks*: **Ein Laut – fünf Schreibweisen (*ks, cks, gs, chs, x*)**
>
> Die Buchstabenfolgen ***ks, chs, gs, chs*** und der Buchstabe ***x*** werden wie ***ks*** **gesprochen.**
> - Wörter mit ***ks, cks*** und ***gs*** kann man oft **verlängern**, z. B.: *unterwegs → die Wege.*
> - Wörter mit ***x*** und ***chs*** muss man sich **merken**, z. B.: *Nixe, Ochse, Lachs, Wachs.*

Mit einer Rechtschreibkartei üben

Regeln notieren und Merkwörter veranschaulichen

1 **a** Beschreibt, wie Leas Karteikasten aufgebaut ist.

b Tauscht euch über eure Erfahrungen mit einer Rechtschreibkartei aus.

c Erklärt, welche Vorteile die Arbeit mit einer Rechtschreibkartei haben kann, z. B.:

In meiner Rechtschreibkartei stehen wirklich nur die Wörter, bei denen ich …

2 **a** Beschreibt, wie Lea die Karteikarten 1 bis 3 aufgebaut hat. Nutzt dafür die Begriffe: *Fehlerwort, Fehlerstelle, Strategiezeichen, Regel.*

b Legt nach Leas Vorbild eine Karteikarte zu dem Wort „läuten" an. **TIPP:** Das Strategiezeichen und die passende Regel findet ihr auf Seite 303.

 3 Zu dem Merkwort „Käse" hat Lea die Karteikarte 4 angelegt. Findet ihr die Gestaltung der Karte sinnvoll? Diskutiert.

4 Legt eine Rechtschreibkartei mit euren Fehlerwörtern an und übt regelmäßig.

 Methode 〉〉 **Mit einer Rechtschreibkartei arbeiten**

- Schreibt Wörter auf Karteikarten, bei denen ihr häufig Fehler macht. Markiert die **Fehlerstellen.**
- Notiert **Strategien** und **Regeln,** mit denen ihr die richtige Schreibweise erschließen könnt.
- Zeichnet zu **Merkwörtern ein Bild.** Dadurch prägt ihr euch die Schreibweise besser ein.
- Nutzt einen **Karteikasten mit drei Fächern.** Fach 1: **täglich üben.** Fach 2: **einmal in der Woche üben.** Fach 3: **genug geübt.** Immer wenn ihr ein Wort richtig geschrieben habt, wandert die Karte ein Fach weiter. Die Wörter im letzten Fach könnt ihr herausnehmen.

Rechtschreibstrategien und Merkwissen anwenden

---

das Verst **?** ndnis *(e/ä)* • das F **?** ld *(e/ä)* • das F **?** er *(eu/äu)* • str **?** en *(eu/äu)* •
tr **?** men *(eu/äu)* • l **?** chten *(eu/äu)* • der L **?** fer *(eu/äu)* • die Fl **?** che *(e/ä)* • anst **?** ndig *(e/ä)*

---

1 ▶ *e* oder *ä*, *eu* oder *äu*? Schreibt die Wörter richtig in euer Heft.
Notiert für die Wörter mit *ä* und *äu* jeweils ein Beweiswort.

tiere arbeiten als künstler

In fortschrittlichen zoos betätigen sich elefanten mit der unterstützung ihrer pfleger als künstler. Sie malen mit großen pinseln und bunten farben auf leinwände. Die elefanten nutzen dafür ihren rüssel und ihre bilder können sich wirklich sehen lassen. Manchmal erkennt man sogar blumen oder gesichter.

2 ▶ Schreibt aus dem Text alle Nomen mit ihren Begleitern heraus.
Wenn ein Nomen noch keinen Begleiter hat, ergänzt den passenden Artikel.

3 ▶ Vergleicht eure Lösungen zu Aufgabe 1 und 2 mit einem Lernpartner oder einer Lernpartnerin.

4 ▶ Welche der folgenden Aussagen zu Merkwörtern und zum Wörterbuch treffen zu?
Schreibt die Buchstaben der richtigen Lösungen hintereinander in euer Heft und lest sie dann von
hinten nach vorne. Notiert das Lösungswort.

SU Wörter mit offener erster Silbe können auch einen Doppelvokal haben.

NA Wenn bei einem Wort die erste Silbe offen ist, wird der Vokal in der Regel verdoppelt.

IN Die folgenden drei Wörter sind richtig geschrieben: *der Klee, der See, das Toor*.

KR Die folgenden drei Wörter sind richtig geschrieben: *das Moor, der Kaffee, die Fee*.

IZ *ä, ö, ü* und *äu* werden im Wörterbuch genauso einsortiert wie *a, o, u* und *au*.

FE Im Wörterbuch stehen *ä, ö, ü* und *äu* ganz am Ende.

OL Verben sind im Wörterbuch im Infinitiv, im Präsens und im Präteritum einsortiert.

HO Im Wörterbuch stehen Verben nur im Infinitiv.

FA In einem Wörterbuch findet man alle zusammengesetzten Wörter.

LF Zusammengesetzte Wörter muss man manchmal zerlegen und getrennt nachschlagen.

13.3 Fit in ... – Rechtschreibung

Ein Diktat schreiben

Besondere Haustiere

Viele Menschen halten sich Katzen, Hunde, Nagetiere oder Vögel als Haustiere. Manche Leute besitzen heute aber Tiere, die man lange Zeit nur im Zoo sehen konnte.

5 Das Minischwein wird immer häufiger als Haustier gehalten. Es wird nur 50 Zentimeter hoch und lebt wie die großen Schweine gern draußen. Man kann es sogar an der Leine herumführen. Sein Anblick überrascht viele

10 Menschen, wenn es etwa im Vorgarten auf dem Gras steht oder mit seiner Besitzerin oder seinem Besitzer seine Runden dreht.

Einige Tierfreunde halten sich sogar Leguane. Sie sehen aus wie kleine Drachen oder Dino-

15 saurier und zählen sicher zu den auffälligsten Haustieren, die man sich vorstellen kann.

Auch Schlangen sind ungewöhnliche Mitbewohner, vor allem, wenn es um ihr Futter geht. Eine Schlange frisst nämlich regelmäßig

20 Ratten oder Meerschweinchen als Lebendfutter.

Einige bekannte Haustiere fallen durch besondere Rassen auf. Es gibt sehr kleine Hunde, die Menschen erfreuen, weil sie in eine

25 Hand passen, und Hunde ohne Haare, die sehr lustig aussehen.

Andere Tiere hingegen haben ungewöhnlich lange Haare. Dazu gehört ein Meerschweinchen, dessen Haare das Tier vollständig bedecken. Man kann nicht einmal erkennen, 30 wo sein Kopf ist.

1 Lasst euch den Text von eurer Lehrerin oder eurem Lehrer diktieren.

2 Lest euch euer Diktat durch. Wenn ihr bei der Schreibweise eines Wortes unsicher seid, überlegt genau: Gibt es vielleicht eine Regel oder eine Strategie, die helfen kann?

3 Korrigiert zu zweit sorgfältig eure Diktate .
Legt dazu das Heft eurer Partnerin oder eures Partners neben diese Buchseite und prüft Wort für Wort die Rechtschreibung. Unterstreicht alle Rechtschreibfehler mit Bleistift.

Die eigenen Fehlerschwerpunkte finden

Fehlerart und Beispiele	Fehlerzahl	Übungen	Strategie
Fehler bei Doppelkonsonanten, *tz* oder *ck* *Katzen, besitzen, konnte, immer, kann, Anblick, wenn, Besitzerin/Besitzer, auffälligsten, vorstellen, allem, Futter, Ratten, bekannte, fallen, vollständig, bedecken, erkennen*		Station 1	Schwingen, verlängern + Regel anwenden
Fehler bei *s/ss/ß* *Haustiere, großen, draußen, Gras, frisst, regelmäßig, Rassen, passen, dessen*		Station 2	
Fehler bei langem *i* *viele, Nagetiere, Haustiere, wie, sie, die, ihr, ihre*		Station 3	
Fehler bei silbenöffnendem *h* *sehen, steht, dreht, geht, aussehen*		Station 4	
Fehler bei *b/p*, *d/t* und *g/k* im Auslaut *wird, lebt, gibt, Hand, lustig*		Station 5	Verlängern
Fehler in zusammengesetzten Wörtern *Haustiere, Lebendfutter, vollständig*		Station 6	Zerlegen + verlängern
Fehler bei *e/ä* und *eu/äu* *Leute, heute, häufiger, zählen, nämlich, erfreuen*		Station 7	Ableiten
Fehler bei der Großschreibung *Haustiere, Menschen, Katzen, Hunde, Vögel, Leute, Tiere, Zeit, Zoo, Minischwein, Zentimeter, Schweine, Leine, Anblick, Vorgarten, Besitzer, Runden, Leguane, Drachen, Schlangen, Mitbewohner, Futter, Ratten, Meerschweinchen, Rassen, Hand, Haare, Kopf*		Station 8	Nomen-signale
Fehler bei Merkwörtern **mit *h*:** *herumführen, zählen, ungewöhnliche, Mitbewohner, sehr* **mit langem *i* und *h*:** *ihr, ihre* **mit Doppelvokal:** *Zoo, Meerschweinchen, Haare*		Station 9	Merk-wörter
Ganz schnell fertig und fast keine Fehler!		Station 10	

1 **a** Kopiert diesen Fehlerbogen.

   b Markiert im Bogen alle Fehler, die ihr im Diktat gemacht habt, z. B.: Ka<u>tz</u>en, <u>groß</u>en, v<u>ie</u>le …

   c Notiert in der zweiten Spalte des Fehlerbogens jeweils die Anzahl eurer Fehler.

   d Welche Fehler macht ihr häufiger? Bearbeitet die dazugehörigen Stationen (▶ S. 314–318).

Lernen an Stationen: An Fehlerschwerpunkten arbeiten

Station 1: Übungen zu Doppelkonsonanten – Schwingen und verlängern

1 Schreibt die Regel richtig und vollständig in euer Heft. **TIPP:** Hilfen findet ihr auf Seite 296.
Doppelkonsonanten schreibt man nur, wenn die erste Silbe offen/geschlossen ist.
Statt kk schreibt man ..., statt zz schreibt man ...

2 Ein oder zwei Konsonanten? Beweist die Schreibweise der Wörter, indem ihr sie verlängert, z. B.:
nett – net ter. Sprecht die Silben beim Schreiben mit und setzt Silbenbögen.

> ne **?** (t/tt) • gla **?** (t/tt) • he **?** (l/ll) • stu **?** (r/rr) • stu **?** (m/mm) • er re **?** t (n/nn)

3 **a** Ergänzt Doppelkonsonanten, *tz* oder *ck* und schreibt die Wörter untereinander ins Heft.
TIPP: Die Reimwörter in Klammern helfen euch dabei.

> die Ka **?** e (Pfanne) • die Lü **?** e (Mücke) • die Ste **?** e (Kelle) • die Fle **?** en (Schnecken) •
> das Ki **?** (Blitz) • der Da **?** (Schwamm) • die La **?** e (Ratte)

b Ergänzt jeweils mindestens ein weiteres Reimwort.

Station 2: Übungen zur Schreibung von *s/ss/ß* – Schwingen und verlängern

1 Wann schreibt man *s, ß* oder *ss*?
a Übertragt die Tabelle in euer Heft.
b Ergänzt in der zweiten und dritten Zeile:
geschlossen (1x), *offen* (2x), *summend* (1x),
zischend (1x). **TIPP:** Hilfen findet ihr auf S. 298.
c Tragt die markierten Wörter aus dem Gedicht in
die richtige Spalte ein und setzt die Silbenbögen.

Regel zu *s*-Lauten:	s	ß	ss
Die erste Silbe ist:	**?**	**?**	**?**
Der Klang ist:	**?**	**?**	–
Beispiele:	Rie sen	...	...

Josef Guggenmos: **Wenn Rie ? en niesen**

Sieben Rie **?** en,
die mit blo **?** en Fü **?** en
über na **?** e Wie **?** en liefen,
niesten mit ihren Rie **?** enna **?** en so laut,
dass von die **?** em Rie **?** ennie **?** en
sieben Wie **?** elkinder,
die in tiefen Zimmern schliefen,
aufwachten und „G'sundheit!" riefen.

2 Schreibt die Wörter aus dem Kasten rechts mit dem *s*-Laut auf. Notiert dahinter das Beweiswort, z. B.: *weiß, wei ße.*

> wei **?** • der Flei **?** • gro **?** •
> das Gra **?** • der Beschlu **?** • das Lo **?** •
> der Klo **?** • die Mau **?**

3 **a** Aus *ß* wird bei Verben manchmal *ss.* Erklärt, warum.
   b Verwendet die Wörter in Sätzen: *fließen – geflossen; ich weiß – ich wusste; ich ließ – lassen.*

Station 3: Übungen zu *i* und *ie* – Schwingen und verlängern

1 Schreibt die Regel richtig in euer Heft. **TIPP:** Hilfen findet ihr auf Seite 300.
   Man schreibt oft ie, wenn die erste Silbe offen/geschlossen und der Vokal lang/kurz ist.

2 Auf dem folgenden Bild findet ihr Tiere und Gegenstände mit *ie.* Schreibt sie mit ihren Artikeln auf.

3 Verlängert die folgenden Wörter, um zu prüfen, ob ihr *i* oder *ie* schreiben müsst. Schreibt die Wörter mit dem Beweiswort in euer Heft und markiert die erste Silbe, z. B.: *das Bild – Bil der.*

> das B **?** ld • er l **?** gt • sie sch **?** bt • w **?** ld • t **?** f • sch **?** f • er l **?** bt • das Sp **?** l

Station 4: Übungen zum silbenöffnenden *h* – Schwingen und verlängern

1 Ergänzt die folgende Regel. **TIPP:** Hilfen findet ihr auf Seite 301.
   Bei einsilbigen Wörtern kann man das h nie **?** *. Man muss sie verlängern. Beim silbenöffnenden h öffnet das h die* **?** *Silbe. Man kann es dann* **?** *.*

2 Schreibt aus dem nebenstehenden Kasten die Wörter mit silbenöffnendem *h* heraus. Sprecht die Wörter beim Schreiben mit und zeichnet die Silbenbögen ein, z. B.: *die Mü he.*

> die Mühe • fahren • zählen • drohen •
> früher • die Strahlen • wohnen • ruhig •
> höher • die Bohne

3 Prüft mit Hilfe der Regel aus Aufgabe 1, ob ihr bei den Wörtern rechts ein silbenöffnendes *h* einfügen müsst. Dafür müsst ihr die Wörter in eurem Heft verlängern, z. B.: *er sah, se hen.*

> er sa **?** • fro **?** • es ga **?** b • er sie **?** t •
> sie ru **?** t • sie rie **?** cht • er nä **?** t •
> er lie **?** gt • sie verste **?** t

Station 5: Wörter mit *b/p*, *d/t* und *g/k* – Verlängern und schwingen

1 Schreibt die Regel richtig in euer Heft. **TIPP:** Hilfen findet ihr auf Seite 291.
Bei <u>Einsilbern</u> kann man <u>b/p</u>, <u>d/t</u> und <u>g/k</u> am Ende gut hören/leicht verwechseln. Wenn man verlängert und die Silben schwingt, kann man die Buchstaben aber deutlich hören.

2 Begründet im Heft die Schreibweise der fett gedruckten Buchstaben in dem Gedicht.

Josef Guggenmos: **Die Schnecke**

In Wal**d** und Garten le**b**t ein Tier,
das macht im Winter zu die Tür.
Geht es im Frühling wieder aus,
blei**b**t es doch immer hal**b** zu Haus.

Der erste Schnee? Na, dann gute Nacht!

3 Wie schreibt man die folgenden Wörter? Beweist die Schreibweise, indem ihr die Wörter verlängert.

b oder *p*?	*d* oder *t*?	*g* oder *k*?
er lo **?** t, gel **?** , er hu **?** t, sie ist verlie **?** t	das Schil **?** , der Mona **?** , das Gerä **?** , der Gegenstan **?**	der Betru **?** , der Umschla **?** , der Erfol **?** , das Vol **?**

Station 6: Übungen zum Zerlegen, Verlängern und Schwingen

1 a Lest die Wörter im Kasten rechts. Welche Buchstaben könnt ihr nicht genau oder gar nicht hören?
b Wie müsst ihr vorgehen, um die richtige Schreibweise herauszufinden? Ergänzt die Regel im Heft.
TIPP: Hilfen findet ihr auf S. 293.
Bei zusammengesetzten Wörtern kann man die Schreibung eines unklaren Lautes klären, indem man das Wort in seine … zerlegt und dann …

> Schreibtisch • Buntstift • Drehstuhl

2 Zerlegt und verlängert die folgenden Wörter. Schreibt sie richtig in euer Heft.
Notiert dahinter das Beweiswort, z. B.: der Knallfrosch, <u>knal len</u>.

> der Kna **?** frosch (l/ll) • die Stran **?** bar (d/t) • das Klei **?** chen (d/t) • das Ba **?** spiel (l/ll) •
> der Kor **?** sessel (b/p) • der Bau **?** stamm (m/mm) • das Bil **?** chen (d/t) •
> die Lan **?** schaft (d/t) • die Ste **?** lampe (h?) • der Pa **?** becher (p/pp) • der Abfa **?** eimer (l/ll)

Station 7: Wörter mit *ä* und *äu* – Übungen zum Ableiten

1 ▶ Stellt euch die Regel zum Ableiten selbst zusammen, indem ihr nacheinander die drei richtigen Aussagen notiert. **TIPP:** Hilfen findet ihr auf Seite 303.

> **A** Verwandte Wörter helfen bei der Entscheidung: *e* oder *ä*, *eu* oder *äu*?
>
> **B** Wenn man genau hinhört, erkennt man, ob man *e* oder *ä*, *eu* oder *äu* schreiben muss.
>
> **C** Wird das verwandte Wort mit *a* oder *au* geschrieben, schreibt man *ä* oder *äu*.
>
> **D** Gibt es kein verwandtes Wort mit *a* oder *au*, schreibt man immer mit *e* oder *eu*.
>
> **E** Einige Wörter mit *ä* oder *äu* haben keine verwandten Wörter mit *a/au*. Das sind Merkwörter.

2 ▶ *e* oder *ä*, *eu* oder *äu*? Schreibt die folgenden Wörter richtig in euer Heft. Notiert bei Wörter mit *ä* oder *äu* auch das Beweiswort, z. B.: nähen, die Naht.

> n ? hen • der B ? cker • gef ? rlich • der J ? ger • fr ? ndlich • der G ? rtner • fr ? md •
> sch ? len • das Ger ? sch • j ? hrlich • der H ? rbst • aufw ? rmen • das F ? nster • das F ? er

Station 8: Übungen zur Großschreibung von Nomen

1 ▶ Notiert, wie ihr Nomen erkennen könnt. **TIPP:** Hilfen findet ihr auf Seite 305.

Mustafa Haikal: **Die computermaus**

Eine computermaus wollte mal raus
aus ihren virtuellen[1] räumen.
Und richtig leben und richtig träumen.
So wie ich und du, wie Peter und Klaus,
5 nur eben als maus.

Wollte mal klettern, wollte mal kratzen,
wollte mal ein stück käse riechen
und, wenn es das gab,
in ein löchlein kriechen.
10 Mit einem wort:
Sie wollte fort.

Freiheit, ich komme! Endlich Luft, Leben, Leidenschaft und echte Erlebnisse! Achtung, es geht los!

Und wie sie so hin und her dachte
und sich einen guten plan machte,
so vom leben umworben,
15 hat man ihr alles verdorben.
Nun rate, was geschah? Es liegt nah:
Der strom war weg.

_____
1   virtuell: nicht echt, vom Computer erschaffen

2 ▶ Schreibt alle Nomen mit ihren verschiedenen Begleitern aus dem Gedicht heraus und bestimmt jeweils die Art des Begleiters. Ergänzt bei den Nomen ohne Begleiter den Artikel.

3 ▶ Schreibt den Text aus der Sprechblase ab und unterstreicht vier typische Nomenendungen.

Station 9: Übungen zu Merkwörtern

1 **a** Sucht aus eurem Deutschbuch zehn Merkwörter heraus, die ihr euch einprägen wollt.

b Schreibt die Wörter auf Karteikarten und markiert die Fehlerstelle.

c Zeichnet ein Bild, das euch dabei hilft, euch die richtige Schreibweise einzuprägen.

d Schreibt auf die Rückseite der Karteikarten eine passende Frage, z. B.:
Schreibt man Stuhl mit oder ohne h?
Schreibt man Tee mit zwei e oder mit eh?

 2 Wenn ihr Aufgabe 1 fertig bearbeitet habt, fragt euch gegenseitig eure Merkwörter ab.

Station 10: Knifflige Übungen

1 Erklärt das Problem der Glucke in dem folgenden Gedicht mit eigenen Worten. Das Bild kann euch dabei helfen.

2 **a** Erklärt die Schreibung der markierten Buchstaben. Verwendet dafür die richtigen Fachbegriffe, z. B.: *Konsonant, Vokal, verlängern, offene Silbe, geschlossene Silbe, Silbengrenze, Begleiter, ableiten, Doppelkonsonant.*

b Bereitet einen Vortrag zur richtigen Schreibung der Wörter vor.

Dieter Mucke: **Die einfältige Glucke**

Dass Kücken[1] wachsen mit den Tagen,
nein, das konnt' sie nicht ertragen.

Solang sie klein und niedlich blieben,
ja, da waren sie die Lieben.

5 Da saß sie mit dem breiten Hintern
die meiste Zeit auf ihren Kindern.

Sie hatte es am allerliebsten,
wenn sie nur ganz leise piepsten,

sodass sie jedes niederdrückte,
10 das sich nicht mehr zum Kücken bückte.

Die ließen sich das nicht gefallen
und sie war sehr enttäuscht von allen.

Worauf sie nur noch Eier mochte,
die Ruhe hielten und keiner kochte:

15 Sie saß mit ihrem kleinen Grips
froh und zufrieden auf Eiern aus Gips.

---

1 Kücken: österreichisch für Küken

Sprechen und Zuhören

Gesprächsregeln ▶ S. 59

Gespräche, in denen verschiedene Meinungen oder Beiträge ausgetauscht werden, sollten nach bestimmten Regeln ablaufen. Gesprächsregeln dienen dazu, dass jede und jeder zu Wort kommen kann und man sich besser versteht.

Die wichtigsten Gesprächsregeln sind:

- Wir äußern uns nur zu dem Thema, um das es geht.
- Wir melden uns zu Wort und reden nicht einfach los.
- Wir hören anderen aufmerksam zu und lassen sie ausreden.
- Niemand wird wegen seiner Äußerungen beleidigt, verspottet oder ausgelacht.
- Wir befolgen die Hinweise der Gesprächsleiterin oder des Gesprächsleiters.

Gesprächsmotoren und Gesprächsbremsen ▶ S. 58

- **Gesprächsmotoren** nennt man Aussagen, die ein Gespräch voranbringen, z. B.:
  Ich verstehe, was du meinst. Die Idee mit ... klingt doch erst einmal gut.
- **Gesprächsbremsen** nennt man Äußerungen oder Verhaltensweisen, die ein Gespräch blockieren, z. B.:
  Das ist Quatsch! Du redest Blödsinn!

Die eigene Meinung begründen / Diskutieren ▶ S. 61–62

In einem Gespräch oder einer Diskussion gibt es oft unterschiedliche Meinungen zu einem Thema.
Um andere von der eigenen Meinung zu überzeugen, braucht man gute Begründungen (Argumente).

Meinung: *Ich finde Gruppentische sinnvoll,*
Begründung (Argument): *weil man dann gut ins Gespräch kommt.*
Eine Begründung (Argument) könnt ihr z. B. mit folgenden Wörtern einleiten: *weil, da, denn.*

- Haltet in der Diskussion die Gesprächsregeln ein (▶ Gesprächsregeln, siehe oben).
- Geht in der Diskussion auf die Meinung der anderen ein, z. B.: *Was Tim gesagt hat, finde ich gut.*

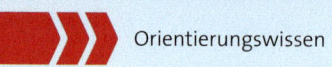

Ein Interview führen und aktiv zuhören

▶ S. 16–17

1. Das Interview planen

Plant euer Interview mit Hilfe der folgenden Fragen:

- **Wen** wollen wir interviewen? Warum?
- **Wann** können wir das Interview führen?
- **Wer** führt das Interview?
- **Wie** halten wir die Antworten fest? Ihr könnt das Interview z. B. mit dem Handy aufnehmen, wenn die interviewte Person einverstanden ist.

2. Die Fragen vorbereiten

- Überlegt: Was wollt ihr über die Person, mit der ihr das Interview führt, wissen? Was interessiert euch?
- **Notiert** für das Interview etwa acht bis zehn **interessante W-Fragen (offene Fragen)** auf Karteikarten. Legt dann eine sinnvolle Reihenfolge fest.

> 1. Warum wollten Sie Lehrer werden?

> 2. Was gefällt Ihnen besonders gut an unserer Schule?

> 3. Wie schaffen Sie es, sich so viele Namen zu merken?

Offene Fragen (W-Fragen)
beginnen in der Regel mit einem Fragewort (*Wer? Wie? Was? Warum?* usw.). Diese Fragen regen die befragte Person zum Erzählen an, weil sie viele Antwortmöglichkeiten zulassen, z. B.: *Was gefällt Ihnen an unserer Schule?*

Geschlossene Fragen
können meist nur mit *Ja* oder *Nein* beantwortet werden. Die befragte Person antwortet meistens nur knapp, z. B.: *Gefällt Ihnen unsere Schule? → Ja!*

3. Das Interview führen und aktiv zuhören

- **Stellt euch** zu Beginn des Interviews kurz **vor**, z. B.: *Wir sind Julian, Anne … aus der 5 b.*
- Verhaltet euch **freundlich und höflich.** Bedenkt, dass ihr Erwachsene siezen müsst, z. B.: *Könnten Sie uns bitte ein paar Fragen beantworten?*
- **Hört aktiv zu.** Zeigt, dass ihr mit Interesse zuhört, z. B. durch ein Nicken oder Lächeln. Ihr könnt die erhaltenen Antworten auch kurz kommentieren oder nachfragen, z. B.: *Das ist wirklich interessant. Erzählen Sie doch bitte mehr davon!, Das habe ich nicht verstanden. Wie meinen Sie das?*
- **Bedankt euch** am Ende des Interviews, z. B.: *Danke, dass Sie sich Zeit für dieses Interview genommen haben.*

Schreiben

Berichten ▶ S. 19

In einem Bericht informiert ihr knapp und sachlich über ein Ereignis, z. B. über eine Veranstaltung.
Ein Bericht

- beantwortet die wichtigsten W-Fragen (Was ist passiert? Wann? Wo? Wer war beteiligt? Wie lief das Ereignis ab?),
- ist sachlich geschrieben,
- steht im Präteritum (▶ S. 343),
- hat eine kurze und informative Überschrift.

Einen Brief schreiben ▶ S. 20–21; 37–38

Ort und Datum
Notiert Ort und Datum oben rechts.

Anrede
- Nach der Anrede setzt ihr ein Komma und schreibt klein weiter. Oder ihr setzt ein Ausrufezeichen und beginnt danach groß.
- Schreibt die Anredepronomen groß, wenn ihr jemanden siezt, z. B.: *Sie, Ihnen, Ihr.* Sonst könnt ihr sie kleinschreiben, z. B.: *du, dir, dein, euch, ihr, euer.*

Brieftext
- Sprecht den Empfänger / die Empfängerin direkt an. Stellt wie in einem Gespräch Fragen und beantwortet vorausgegangene Fragen.
- Überlegt, was die Empfängerin oder den Empfänger interessiert. Teilt Neuigkeiten, Erlebnisse, Gedanken und Gefühle mit.
- Drückt zum Schluss aus, dass ihr euch über einen Antwortbrief freuen würdet.

Grußformel und Unterschrift
Schreibt Grußformel und Unterschrift jeweils in eine eigene Zeile (ohne Komma, Punkt usw.).

Kehl, den 11. 9. 20..

Hallo Sophie!

Über deine witzige Postkarte habe ich mich riesig ...
Endlich kann ich dir auf deinen letzten Brief ...

Die letzten Wochen waren ...
Besonders gut gefällt mir ...
Wie waren deine ersten Wochen an der neuen Schule?
Hast du schon ...?

Liebe Grüße
Bis bald

deine Paula

Kehl, den 11. 9. 20..

Liebe Frau Moll,

jetzt bin ich schon seit drei Wochen an der neuen Schule und Sie möchten sicher wissen, ...

Haben Sie eine neue Klasse bekommen?
Ich hoffe, ...

Herzliche Grüße
Viele Grüße

Ihre Paula

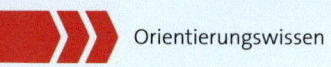

Beschreiben

In einer Beschreibung wird z. B. ein **Tier** oder ein **Weg** so genau dargestellt, dass jemand, der das Beschriebene nicht kennt, eine genaue Vorstellung von dem Tier oder dem Weg bekommt. Eine Beschreibung muss **anschaulich, genau** und **frei von persönlichen Wertungen** sein. Beschreibungen stehen im Präsens.

Einen Weg beschreiben ▶ S. 47–48

Eine Wegbeschreibung muss **genau** und **anschaulich** sein, damit auch diejenigen ans Ziel finden, die sich in der Gegend nicht auskennen.

- Die Strecke wird vom Ausgangspunkt bis zum Ziel beschrieben.
- Nennt **auffällige Orientierungspunkte,** z. B. Kreuzungen, Ampeln, auffällige Gebäude oder wichtige Straßennamen.
- Nutzt **Orts- und Richtungsangaben,** z. B.: *links, rechts, geradeaus, vor, hinter, über, neben, an*.
- Nutzt Wörter, die die **Reihenfolge** angeben, z. B.: *zuerst, dann, jetzt, anschließend*.
- Verwendet neben dem Verb *gehen* auch andere **Verben der Bewegung,** z. B.: *laufen, überqueren, abbiegen*.
- Verwendet den **Imperativ** *(Gehe / Gehen Sie …)* oder die **Man-Form** *(Man geht von der …)* bzw. **Du-Form** *(Zuerst biegst du links …).*
- Formuliert im **Präsens** (Gegenwartsform).

Einen Steckbrief erstellen

▶ S. 41

- Ein Steckbrief enthält **wichtige Informationen** zu einem Menschen oder einem Tier.
- Die Angaben sollen in einer **sinnvollen Reihenfolge** angeordnet sein.
- Je nachdem, für welchen **Zweck** und für welche Adressaten (Leser/-innen) ihr euren Steckbrief anlegt, könnt ihr **weitere Informationen aufnehmen**, z. B. Lebensraum, Nahrung, Verhalten.

> **Steckbrief**
> Name/Tierart: Giant George
> Besonderheit: …
> Größe/Gewicht: …
> Aussehen: − …
>   − …
>   − …
> weitere Informationen: …

Ein Tier beschreiben (z. B. für ein Tiermagazin)

▶ S. 42−44; 54−56

Aufbau:
- Findet eine treffende **Überschrift,** die etwas über das Tier aussagt.
- Beginnt mit der **Tierart** (evtl. Name) und informiert über die **Besonderheit** des Tieres.
- Beschreibt dann die **Größe** (evtl. Gewicht) und das **Aussehen** des Tieres. Geht auf besondere Kennzeichen ein und beschreibt **Farben** und **Formen** der **Körperteile** (z. B.: Körperbau, Farbe und Muster des Fells, Kopfform, Ohren, Augen, Maul usw.). **TIPP:** Beschreibt die Merkmale in einer sinnvollen Reihenfolge, z. B. vom Kopf zum Schwanz oder vom Allgemeinen zum Besonderen.
- Informiert zum **Schluss** z. B. über **Verhalten, Lebenserwartung, Lebensraum** oder **Nahrung** des Tieres.

> **Giant George: Ein sanfter Riese**
>
> Die Dogge Giant George ist einer der größten Hunde …
>
> Giant George misst von den Pfoten bis zur Schulter …
> Sein glänzendes, kurzes, glattes Fell …
> Georges Kopf …
> Am Ende der Schnauze …
>
> Wie seine Artgenossen gilt auch George als besonders …

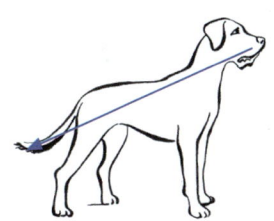

Reihenfolge beachten

Sprachliche Mittel:
- Verwendet **treffende Adjektive** *(graubraun, mittelgroß)* und **abwechslungsreiche Verben** (z. B.: *sich befinden, tragen, sich verhalten*).
- Verwendet **Fachbegriffe,** z. B. *Schnauze, Pfote.*
- Formuliert die Beschreibung im **Präsens** (Gegenwartsform).
- Schreibt **sachlich,** also ohne persönliche Wertungen, z. B.: *Das Tier hat große, runde Augen* statt *Das Tier hat süße Augen.*

Eine Meinung schriftlich begründen (E-Mail oder Brief) ▶ S. 64–66; 73–74

Ihr könnt eure Meinung auch schriftlich begründen, z. B. in einem Brief oder einer E-Mail. Das macht ihr zum Beispiel, wenn ihr einen Vorschlag formuliert. Die schriftliche Begründung eurer Meinung sollte einen bestimmten Aufbau haben.

- In der **Einleitung** sagt ihr, worum es geht.
- Im **Hauptteil** formuliert ihr eure **Meinung** und nennt mindestens **zwei Begründungen** (Argumente) für eure Meinung.
- Zum **Schluss** äußert ihr z. B. eine Bitte, einen Wunsch oder fasst noch einmal eure Forderung zusammen.

Eure Texte könnt ihr nach folgendem Muster aufbauen:

Ort und Datum	Stuttgart, den 10. Oktober 20..
Anrede	Sehr geehrte Frau …,/Sehr geehrter Herr …,
Einleitung Situation darstellen	ich habe gehört, dass Sie … von … habe ich erfahren, dass …
Hauptteil - Meinung - Begründung 1 - Begründung 2	Ich bin der Meinung, dass …/Ich finde (nicht), dass …, weil/da/denn … Außerdem denke ich, …/Ein weiterer Grund ist, dass …
Schluss Bitte/Wunsch formulieren	Ich würde mich sehr freuen, wenn Sie … Ich möchte Sie daher bitten, … Ich schlage daher vor, dass …
Grußformel und Name (Unterschrift)	Viele Grüße/Mit freundlichen Grüßen …

Weil, da, denn: Wo steht das Verb in Begründungssätzen? ▶ S. 63

Wenn ihr Begründungen überzeugend formulieren wollt, könnt ihr sie mit Verknüpfungswörtern wie *weil*, *da* oder *denn* einleiten.

- Mit *weil* oder *da* leitet ihr einen **Nebensatz** ein. Hier muss die **Personalform des Verbs am Ende** des Satzes stehen, z. B.: *Ich möchte in die Kletterhalle, weil/da das ein Abenteuer ist.*
- Mit *denn* leitet ihr einen **Hauptsatz** ein. Die Personalform des Verbs steht im Begründungssatz an dritter Position, z. B.: *Ich möchte ins Computerspielmuseum, denn dort gibt es Hunderte von Spielen.*

TIPP: Achtet auf die **Kommasetzung** bei den Begründungssätzen.

Erzählen

Erlebnisse spannend erzählen (Erlebniserzählung) ▶ S. 76–81

Wenn ihr eine Erzählung schreibt, erzählt ihr von einem wirklichen oder erdachten Erlebnis.
Eine gelungene Erzählung braucht einen roten Faden, der durch die Geschichte leitet. Die Lesefieberkurve zeigt, wie sich die Spannung in einer Geschichte schrittweise entwickelt.

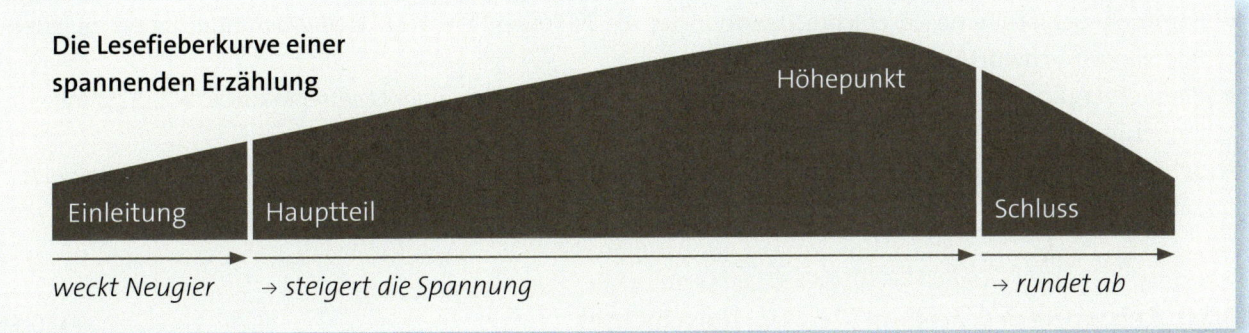

Die Lesefieberkurve einer spannenden Erzählung

Einleitung | Hauptteil | Höhepunkt | Schluss

weckt Neugier → *steigert die Spannung* → *rundet ab*

Einleitung:
Die Einleitung informiert über Ort und Zeit der Handlung und stellt die Hauptfiguren vor. Sie soll die Neugier der Leserschaft wecken. Gute Erzählerinnen und Erzähler fesseln gleich zu Beginn. Dazu gibt es einige Erzähltricks (▶ S. 78).

Hauptteil:
Der Hauptteil ist der Kern der Geschichte. Hier wird die Spannung schrittweise bis zum Höhepunkt gesteigert. Die Leserinnen und Leser sollen „mitfiebern".
Besonders spannend und anschaulich wird eure Erzählung, wenn ihr …

- **Gedanken und Gefühle** mitteilt, z. B.: *Mir stockte der Atem. „Das kann nicht wahr sein!", dachte ich.*
- **wörtliche Rede verwendet,** z. B.: *„Achtung!", brüllte ich.*
- **Spannungsmelder** einbaut, z. B.: *Plötzlich …; Auf einmal …*
- **treffende Verben verwendet,** z. B.: *keuchen, wimmern, flattern, …*
- **anschauliche Adjektive findet,** z. B.: *grauenhaft, pechschwarz, blutrot …*

Schluss:
Der Schluss rundet die Geschichte ab. Ihr könnt erzählen, wie die Geschichte ausgeht. Ihr könnt den Schluss der Geschichte aber auch absichtlich offenlassen.

- Die **Überschrift** soll auf die Geschichte neugierig machen, aber noch nicht zu viel verraten.
- Eine Geschichte wird meist im **Präteritum** (1. Vergangenheit) erzählt, z. B.: *ich schlief, ich hörte.*
- Oft wird in der **Ich-Form** erzählt, doch auch die **Er-/Sie-Form** wird häufig gewählt.

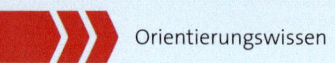

Nach Bildern erzählen (Bildergeschichte)

▶ S. 83–84

Spannende Geschichten könnt ihr auch mit Hilfe von Bildern erzählen. Die Bilder zeigen meist die **wichtigsten Momente der Geschichte.** Geht so vor:

- Seht euch **jedes Bild genau** an und findet heraus, worum es in der Bildergeschichte geht. Achtet dabei auch auf Kleinigkeiten und schaut, welchen Gesichtsausdruck (Mimik) und welche Körpersprache (Gestik) die Figuren haben.
  TIPP: Stellt euch die Geschichte wie einen Film vor. In welchem Bild liegt der Höhepunkt?
- Sammelt Ideen für eine Geschichte. Beantwortet die W-Fragen, z. B. *Wer? Wo? Was?*, und notiert zu jedem Bild einige Stichworte.
- Plant den Aufbau eurer Erzählung. Legt die Erzählschritte in Form einer Lesefieberkurve (▶ S. 325) mit Einleitung, Hauptteil und Schluss fest.
- Schreibt zu den Bildern eine spannende und anschauliche Erzählung. Berücksichtigt dabei die Hinweise zur Erlebniserzählung (▶ S. 325).

Nach Reizwörtern schreiben (Reizwortgeschichte)

▶ S. 86

Mit Reizwörtern könnt ihr besonderes witzige Geschichten erzählen. Weil die Reizwörter auf den ersten Blick nicht zusammenpassen, müsst ihr **kreative Ideen** entwickeln.

- Die **Reizwörter** sollen **alle** in der Geschichte **vorkommen** und eine **besondere Rolle** spielen.
- Die **Reihenfolge** der Reizwörter könnt ihr **selbst festlegen.**

Geht so vor:

- Notiert mit Hilfe der Reizwörter Ideen für eure Geschichte. Überlegt, in welcher Reihenfolge sich eure Reizwörter am besten zu einer Geschichte verbinden lassen.
- Plant den Aufbau eurer Erzählung. Legt die Erzählschritte in Form einer Lesefieberkurve (▶ S. 325) mit Einleitung, Hauptteil und Schluss fest.
- Schreibt zu den Bildern eine spannende und anschauliche Erzählung. Berücksichtigt dabei die Hinweise zur Erlebniserzählung (▶ S. 325).

Eine Geschichte nacherzählen

▶ S. 107

Wenn ihr eine Geschichte nacherzählt, ist es wichtig, dass ihr die ursprüngliche Geschichte genau verstanden habt.

- Lest die Geschichte und beantwortet im Kopf folgende Fragen: **Wer** sind die Hauptfiguren der Geschichte? **Wo** (Ort) und wann (Zeit) spielt das Geschehen? **Was** geschieht nacheinander (Handlung) und wo liegt der Höhepunkt der Geschichte?
- Gliedert den Text in **Sinnabschnitte.** Formuliert Überschriften zu jedem Sinnabschnitt und notiert darunter **Stichworte zum Handlungsverlauf.**
- Haltet euch beim Nacherzählen an die **Reihenfolge der Ereignisse.**
- Erzählt mit **eigenen Worten.**
- Schreibt **anschaulich und lebendig.**
- Verwendet die **Zeitform der Textvorlage** (meistens Präteritum).
- Teilt **Gedanken und Gefühle der Hauptfiguren** mit und verwendet **wörtliche Rede.**

Ideen in einem Cluster sammeln ▶ S. 87

Ein Cluster (engl.: die Traube, der Schwarm) hilft euch, Ideen zu finden. Das können Ideen für eine Geschichte, aber auch Ideen für eine Diskussion oder einen Vortrag sein.

1. Schritt: Zentrale Begriffe aufschreiben und Ideen notieren

- Schreibt einen **zentralen Begriff in die Mitte** eines Blattes und **umkreist** den Begriff. Bei einer Diskussion zum Thema „Klassenfahrten" steht z. B. das Wort „Klassenfahrt" im Mittelpunkt.
  Bei einer Reizwortgeschichte habt ihr gleich drei zentrale Begriffe: eure drei Reizwörter.
- Notiert **in Stichworten alles rundherum, was euch zu dem zentralen Begriff einfällt.**
- **Umkreist** eure Stichworte und **verbindet sie durch einen Strich** mit dem zentralen Begriff.

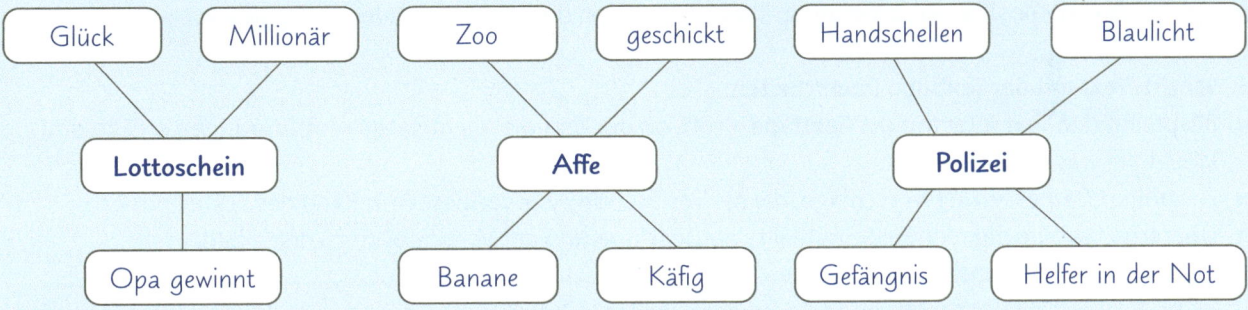

2. Schritt: Weitere Ideen entwickeln

Zu jedem Stichwort könnt ihr **weitere Einfälle** notieren.
Am Ende sollen **viele Stichworte miteinander verbunden** sein.

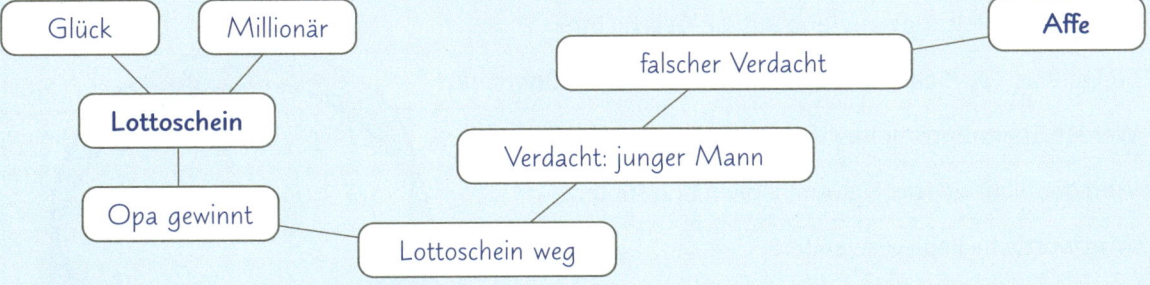

3. Schritt: Den Cluster für die weitere Arbeit nutzen

Jetzt heißt es **filtern** und das Beste aus den vielen Ideen herauspicken.
Überlegt dafür, **welche Begriffe gut zusammenpassen** und sich z. B. zu einer Geschichte verknüpfen lassen.
Lottoschein → Opa gewinnt → Zoobesuch mit Enkel → Lottoschein plötzlich weg → Opa verdächtigt jungen Mann, ruft Polizei → Polizei kommt mit Blaulicht → Affe hatte Lottoschein aus Hemdtasche geklaut → Polizistin lockt Affen mit Banane → ...

Texte überarbeiten – Schreibkonferenz mit Textlupe

▶ S. 89–90

Gute Texte gelingen nicht immer beim ersten Schreiben – auch den Profis nicht. Es ist daher immer gut, Texte noch einmal gemeinsam zu überarbeiten. Geht dabei reihum vor, sodass jeder Text am Ende nach demselben Muster überarbeitet wurde.

1. Schritt: Gruppen bilden
- Bildet **Dreier- oder Vierergruppen.** Alle haben den eigenen Text und ein vorbereitetes Arbeitsblatt mit der Textlupen-Tabelle (▶ Schritt 3).

2. Schritt: Text vorlesen und positive Rückmeldung geben
- Eine Person **liest** ihren Text **vor** und die anderen **hören aufmerksam zu.**
- Gebt eine **erste positive Rückmeldung:** Was hat euch an dem Text besonders gut gefallen?

3. Schritt: Text mit der Textlupe überarbeiten
- Besprecht den Text jetzt mit der **Textlupe.** Prüft, ob der Text die wichtigsten Anforderungen erfüllt, und kreuzt an, was jeweils zutrifft.
- Formuliert **Verbesserungsvorschläge,** die die Verfasserin / der Verfasser am Rand des Textes notiert.
- Überarbeitet eure eigenen Texte mit Hilfe der Textlupe und der Verbesserungsvorschläge.

Eine Textlupe für eine spannende Geschichte könnte z. B. so aussehen:

Textlupe für eine spannende Geschichte	ja	zum Teil	nein
A Musst du noch etwas ergänzen?			
Beantwortet die Einleitung die wichtigsten W-Fragen?	X		
Macht die Einleitung neugierig auf die Geschichte?		X	
Steigert sich die Spannung im Hauptteil bis zum Höhepunkt?			
Werden Spannungsmelder verwendet?			
Wird deutlich, was die Figuren denken und fühlen?			
Wird wörtliche Rede verwendet?			
Wird mit Hilfe von Adjektiven anschaulich erzählt?			
Rundet der Schluss die Geschichte ab?			
Ist die Überschrift treffend und verrät nicht zu viel?			
B Musst du noch etwas ersetzen oder verbessern?			
Gibt es Verben, die ihr durch treffendere Verben ersetzen könnt?			
Ist die Geschichte im Präteritum geschrieben?			
Sind Satzbau, Rechtschreibung und Zeichensetzung korrekt?			

Lesen – Umgang mit Texten und anderen Medien

Merkmale von Erzähltexten (Geschichten)

Zu den erzählenden Texten gehören z. B. Märchen (▶ S. 330), Schelmengeschichten (▶ S. 330), die Erlebniserzählung (▶ S. 325) und viele andere Geschichten, z. B. Fantasy-Geschichten (▶ S. 135), Krimis und Detektivgeschichten (▶ S. 135) oder Abenteuerromane. Erzählende Texte haben bestimmte Merkmale: Die Geschichte wird erzählt **von einem Erzähler oder einer Erzählerin,** es treten verschiedene **Figuren** auf und es wird von einer Handlung erzählt, die an einem bestimmten **Schauplatz** stattfindet.

Figuren ▶ S. 126–128

Die Personen, die in einer Geschichte auftreten, nennt man Figuren. Häufig gibt es eine **Hauptfigur,** über die der Leser oder die Leserin besonders viel erfährt, und mehrere **Nebenfiguren.**
Man lernt eine Figur kennen,
- wenn man darauf achtet, was sie **redet, denkt, fühlt** und wie sie **handelt,**
- wenn man sich ihr **Aussehen,** ihre **Verhaltensweisen** und **Eigenschaften** sowie ihre **Lebensumstände** vor Augen führt,
- wenn man darauf achtet, welches **Verhältnis** sie **zu anderen Figuren** hat. Sind die Figuren befreundet oder ist ihr Verhältnis eher schlecht?

TIPP: Mit einer Figurenskizze könnt ihr darstellen, welche Eigenschaften die Figuren haben und in welcher Beziehung sie zueinander stehen.

Schauplätze ▶ S. 126–128

Das, was in einer Geschichte passiert, geschieht immer an bestimmten Schauplätzen. Sie verraten häufig etwas über die Figuren und die Stimmung der Geschichte.

Erzähler: Ich-Erzähler oder Er-/Sie-Erzähler ▶ S. 129–131

Geschichten werden erzählt **von einem Erzähler oder einer Erzählerin** – bitte nicht verwechseln mit dem Autor oder der Autorin! So ist zum Beispiel der zehnjährige August in der Geschichte „Wunder" (▶ S. 129–130) der Ich-Erzähler, geschrieben hat den Text aber die Autorin Raquel J. Palacio.
- **Ich-Erzähler/Ich-Erzählerin:**
  Der **Ich-Erzähler** (oder die Ich-Erzählerin) ist **selbst als handelnde Figur in das Geschehen verwickelt** und schildert die Ereignisse aus der eigenen, persönlichen Sicht (Ich-Form), z. B.:
  Ich wurde früh wach. Draußen war es noch dunkel und ich überlegte …
- **Er-/Sie-Erzähler:**
  Der **Er-/Sie-Erzähler** ist meist **nicht am Geschehen** beteiligt und erzählt von allen Figuren in der Er-Form bzw. in der Sie-Form, z. B.:
  Mona traf Leon am Bahnhof, wo sie sich verabredet hatten. Beide freuten sich sehr, sich wieder einmal zu sehen, denn …

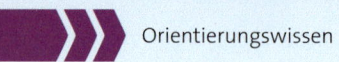

Erzählungen

Eine Erzählung ist eine Geschichte, in der von Ereignissen erzählt wird, die tatsächlich passiert sind oder die erfunden sein können.

Schelmengeschichte (Schwank)

▶ S. 115–124

Eine Schelmengeschichte (auch Schwank genannt) ist eine kurze, lustige Erzählung. Sie handelt von einem witzigen Ereignis oder von einem Streich, der jemandem gespielt wird.
Die **Helden sind Schelme und Narren,** die ihre Mitmenschen mit einer List hereinlegen und ihnen damit auch eine Lehre erteilen.
Wie ein Witz hat auch die Schelmengeschichte einen **lustigen Höhepunkt (eine Pointe),** der meist darin besteht, dass der Schwächere (z. B. der Schelm, der Knecht, die Magd) den Stärkeren (z. B. den Reichen, den Herrn oder den Sultan) an der Nase herumführt.
Bekannte Schelmen: Besonders bekannt sind die Streiche von **Till Eulenspiegel,** der seine Aufträge (z. B. die Kerze löschen) oft wörtlich nimmt und damit nicht im gemeinten Sinne ausführt. In der orientalischen Literatur sind die Schelmengeschichten von **Nasreddin Hoca** (sprich: Hodscha) besonders bekannt und beliebt. In den Geschichten wird er uns als ein gewitzter Mann vorgestellt, der zu jeder Situation eine treffende Antwort oder Lebensweisheit hat.

Märchen

▶ S. 143–166

Märchen werden in allen Ländern der Erde erzählt: in Deutschland, in der arabischen Welt, in Indien, Russland, Afrika, Südamerika und sogar in Grönland erzählt man sich Märchen. Auf der ganzen Welt ähneln sich die Märchen. Es geschehen wunderbare Dinge, Tiere und Pflanzen können sprechen und Wünsche gehen in Erfüllung.

Aufbau (meist haben Märchen folgenden Aufbau):
- **Anfang: schwierige Situation/Notlage,** in der die Hauptfigur lebt, z. B.: Probleme in der Familie (lieblose Stiefmutter, strenger Vater), Geldsorgen, Hunger.
- **Hauptteil:** Problem, das der Held / die Heldin in Aufgaben, Prüfungen, Abenteuern lösen muss (oft mit Hilfe von Zauberwesen, Tieren oder magischen Gegenständen, z. B. Ring, Wunderlampe).
- **Schluss: glückliches Ende** (das Gute wird belohnt, das Böse bestraft).

Figuren
- Es treten **typische Märchenfiguren** auf wie König und Königin, Prinz und Prinzessin, Feen, Hexen, Zauberer, Riesen, Zwerge, aber auch sprechende Tiere.

Erzählweise
- In Märchen kommen häufig folgende märchentypische Formulierungen vor:
  Es war einmal … – Es begab sich vor langer Zeit … – Und wenn sie nicht gestorben sind, …
- Oft spielen magische Zahlen wie 3 und 7 eine Rolle, z. B.: *drei Wünsche, drei Aufgaben, sieben Zwerge.*

Ort und Zeit
- Ort und Zeitpunkt der Handlung bleiben ungenau, z. B.: *vor langer Zeit, hinter den Bergen, in einem Schloss.*

Lesemethode: Erzählende Texte lesen und verstehen
▶ S. 132

Eine Geschichte zu verstehen, ist nicht immer einfach.
Mit ein paar Fragen könnt ihr herausfinden, worum es in der
Geschichte geht, welche Figuren auftreten usw.

1. Wer sind die Figuren?
- Welche Figuren kommen vor? Gibt es eine **Hauptfigur?**
- Was **reden, denken, fühlen** sie? Wie **handeln** sie?

2. Was passiert (Handlung)?
- Worum geht es? Gibt euch der **Titel** einen Hinweis?
- Was passiert der Reihe nach **(Handlungsschritte)?**
- Gibt es ein **besonderes Ereignis?**

3. Wo spielt die Geschichte (Schauplatz)?
- Spielt die Geschichte in einer **Fantasiewelt** oder in **unserer Welt (Realität)?**

4. Wann spielt die Geschichte?
- Spielt die Geschichte **in unserer Zeit** oder **früher** (z. B. im Mittelalter) oder sogar in der **Zukunft** (z. B. im Jahr 3000)?

5. Aus wessen Sicht wird erzählt (Ich-Erzähler oder Er-/Sie-Erzähler)?
- Wird die Geschichte von einem **Ich-Erzähler** erzählt, der am Geschehen beteiligt ist (Ich-Form)? Zum Beispiel: *Ich wachte auf und schaute aus dem Fenster.*
- Oder handelt es sich um einen **Er-/Sie-Erzähler,** der nicht in das Geschehen verwickelt ist und in der Er-Form bzw. Sie-Form erzählt? Zum Beispiel: *Sie wurde wach und schaute aus dem Fenster.*

Zwischen den Zeilen lesen
▶ S. 132

Manchmal wird in einem Text etwas nicht ausdrücklich gesagt, sondern nur angedeutet. Hier müsst ihr zwischen den Zeilen lesen. Überlegt, wie diese Textstelle gemeint sein könnte oder wie ihr sie versteht.

Textstellen aus „Wunder" (▶ S. 129–130)	Das lese ich zwischen den Zeilen. So verstehe ich diese Textstelle.
„Der einzige Grund dafür, dass ich nicht normal bin, ist der, dass mich niemand so sieht." (▶ S. 129, Z. 20–22)	August denkt: Er ist eigentlich normal, aber alle anderen sehen ihn …
„Ich glaube, der einzige Mensch auf der Welt, der merkt, wie normal ich wirklich bin, bin ich." (▶ S. 130, Z. 43–45)	August ist sehr einsam, weil … Dass die anderen ihn nicht …

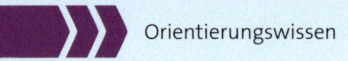

Paar-Lesen: Lautlesen im Team

▶ S.154

Genauso wie Sportlerinnen und Sportler durch ein regelmäßiges Training ihre Leistung steigern, könnt ihr auch das flüssige Lesen trainieren. Ihr arbeitet als Trainer/-in und Sportler/-in und werdet staunen, wie schnell erste Erfolge eintreten.

1. Lese-Teams bilden

- Bildet ein Team:
  Trainer/-in (kann etwas besser lesen),
  Sportler/-in (kann etwas schlechter lesen).

2. Text leise lesen

- Lest den Übungstext zunächst still.
  Klärt dann gemeinsam, worum es geht.

3. Trainingsablauf

- Auf „3-2-1, los!" beginnt ihr **gemeinsam,** den **Text laut** zu **lesen.**
  Dabei blickt ihr zusammen auf ein Textblatt. Der Trainer soll seinen Finger in einem angemessenen Lesetempo unter der jeweiligen Textzeile entlangführen.

Was tun bei Lesefehlern?
- Wenn der Lesesportler einen Fehler macht, wird er **vom Trainer gestoppt** und hat kurz Zeit, sich zu verbessern.
- Kann sich der Lesesportler nicht selbst korrigieren, **liest** der **Lesetrainer** das Wort **richtig vor** und erklärt bei Bedarf die Bedeutung. Dann liest der Lesesportler das Wort oder die Textstelle noch einmal laut vor.
- Trainer und Sportler **beginnen** nach jedem Fehler neu **am Satzanfang** und lesen gemeinsam weiter.

4. Trainingsdauer

- Lest den Text so oft im Team, bis der Sportler den Text flüssig lesen kann.
- Der Trainer lobt natürlich die Fortschritte des Sportlers.

Gedichte ▶ S. 167–185

In vielen Gedichten könnt ihr einige sprachliche Besonderheiten entdecken.

Vers und Strophe ▶ S. 168

- Die Zeilen eines Gedichts heißen Verse.
- Eine Strophe ist ein Gedichtabschnitt, der aus mehreren Versen besteht. Die Strophen sind durch eine Leerzeile voneinander getrennt. Häufig bestehen Gedichte aus mehreren gleich gebauten Strophen.

Reim und Reimformen ▶ S. 169–170

Zwei Wörter reimen sich, wenn sie vom letzten betonten Vokal an gleich klingen, z. B.:

Tonne – Sonne, Pfefferstreuer – Abenteuer, Truhe – Ruhe, kleine Flasche – Zauberasche

Die regelmäßige Abfolge von Endreimen in einer Strophe ergibt verschiedene Reimformen.

Verse, die sich reimen, werden mit den gleichen Kleinbuchstaben gekennzeichnet, z. B.:

- **Paarreim:** Wenn zwei aufeinanderfolgende Verse sich reimen, spricht man von einem Paarreim (aa bb):

... Baum	a
... Traum	a
... Äste	b
... Gäste	b

- **Kreuzreim:** Reimen sich – über Kreuz – der 1. und der 3. sowie der 2. und der 4. Vers, dann nennt man das Kreuzreim (ab ab).

... Bauch	a
... schmecken	b
... auch	a
... schlecken	b

- **umarmender Reim:** Wird ein Paarreim von zwei Versen umschlossen (umarmt), die sich ebenfalls reimen, heißt dies umarmender Reim (ab ba).

... Fisch	a
... geschwommen	b
... genommen	b
... Tisch	a

Versmaß (Metrum) ▶ S. 173

In den Versen eines Gedichts folgen **betonte (X́)** und **unbetonte (X) Silben** häufig regelmäßig aufeinander. Daraus ergibt sich ein Betonungsmuster. Dieses wird auch **Versmaß (Metrum)** genannt. Das Versmaß eines Gedichtes kann durch X für jede Silbe des Verses und einen Akzent / über dem X für jede Betonung dargestellt werden, z. B.:

X́ X X́ X   X́ X X́ X

Auch um Pommes würd ich bitten!

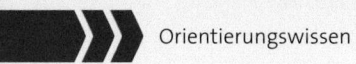

🔲 Theater ▶ S.187–198

In einem Theaterstück wird die Handlung durch die Gespräche zwischen den Personen auf der Bühne (Dialoge) ausgedrückt. Im Theater sprechen die Schauspielerinnen und Schauspieler aber nicht nur ihren Text, sie gebrauchen auch ihre **Stimme** (Sprechweise und Betonung), ihre **Körpersprache** (Gestik) und ihren **Gesichtsausdruck** (Mimik), um Gefühle und Stimmungen auszudrücken.
Wichtige Theaterbegriffe sind:

Szene

- Theaterstücke bestehen meist aus einzelnen Szenen. Eine Szene endet, wenn neue Figuren auftreten oder Figuren die Bühne verlassen.

Rolle

- In einem Theaterstück werden verschiedene Rollen gespielt. Die Schauspielerin oder der Schauspieler schlüpft in die **Rolle einer Figur** und stellt diese mit ihren Eigenschaften dar, z. B. die Rolle der Königin, die Rolle des Ritters, die Rolle der Lehrerin usw. Dabei trägt sie oder er ein zur Rolle passendes **Kostüm** und nutzt bestimmte **Requisiten** (besondere Gegenstände), z. B. eine Waffe, ein Handy, einen Koffer.
- In einem Theaterstück steht die Rolle oft in Großbuchstaben mit Doppelpunkt vor dem gesprochenen Text, z. B.: KÖNIG.

Regieanweisungen

- Regieanweisungen geben an, wie die Figuren reden und sich verhalten sollen. Sie stehen oft in Klammern und sind kursiv (schräg) gedruckt, z. B.: *(ängstlich), (schaut nach unten).*

Stimme, Mimik, Gestik

Beim Theaterspielen kommt es nicht nur darauf an, was gesagt wird. Es ist wichtig, wie etwas gesprochen und gespielt wird. Dabei setzt man Stimme, Mimik und Gestik ein.
- **Stimme (Sprechweise):** Eine bestimmte Sprechweise zeigt uns, wie sich jemand fühlt oder wie etwas gemeint ist. Eine Stimme kann wütend, ängstlich, streng usw. klingen.
- **Gesichtsausdruck (Mimik):** Am Gesichtsausdruck kann man erkennen, wie sich jemand fühlt und was er denkt. Ist der Gesichtsausdruck z. B. traurig, besorgt, aufgeregt?
- **Körpersprache (Gestik):** Auch die Körperhaltung und -bewegung (z. B.: Kopfschütteln, Schulterzucken, auf den Boden schauen, mit dem Fuß aufstampfen usw.) drücken Gefühle und Stimmungen aus.

Dialog und Monolog

- Wenn zwei oder mehr Figuren auf einer Theaterbühne miteinander sprechen, nennt man das einen **Dialog.**
- Wenn eine Figur mit sich selbst spricht oder längere Zeit allein redet, bezeichnet man das als **Monolog.**

Sachtexte ▶ S. 199–222

Sachtexte unterscheiden sich von literarischen Texten (z. B. einer Erzählung, einem Märchen oder einem Gedicht) dadurch, dass sie sich vorwiegend mit **wirklichen (realen) Ereignissen** beschäftigen und **über ein bestimmtes Thema informieren wollen,** z. B. über den Menschen (das Gehirn), über Tiere, über Technik (Roboter, Flugzeuge) usw. Sachtexte findet ihr überall, z. B. in Sachbüchern, Zeitungen, Zeitschriften (Magazinen) und natürlich auch im Internet.

Lesemethode: Einen Sachtext lesen und verstehen ▶ S. 202–203

Die folgenden Schritte helfen euch, einen Sachtext zu verstehen.

Vor dem Lesen

1. Schritt: Überblick verschaffen
- Verschafft euch einen ersten Überblick: **Lest nur die Überschrift** (evtl. auch die Zwischenüberschriften) **und die ersten zwei bis drei Zeilen des Textes.** Schaut euch die **Abbildungen** und evtl. auch die Bildunterschriften an.
- Überlegt: Worum könnte es in dem Text gehen? Was wisst ihr bereits über das Thema?

Während des Lesens

2. Schritt: Den Text zügig lesen und Verstehensinseln bilden
- **Lest** den Text **zügig** durch und **unterstreicht mit einem Bleistift,** was ihr wichtig findet. Haltet euch nicht an Einzelheiten auf, die ihr nicht sofort versteht.
- Bildet „Verstehensinseln". Macht euch also klar, **was ihr** nach dem ersten Lesen **bereits verstanden habt,** z. B.: eine Aussage, bekannte Begriffe, ein verständliches Beispiel.

3. Schritt: Den Text gründlich lesen
- Lest den Text gründlich, und zwar Absatz für Absatz.
- **Notiert für jeden Absatz** (am Textrand) **ein Stichwort oder eine Frage,** die in diesem Absatz beantwortet wird, z. B.: *graue Zellen* oder *Was sind graue Zellen?*
- **Markiert Schlüsselwörter** (wichtige Wörter), die für die Beantwortung eurer Frage oder für eure Stichworte wichtig sind.
- Gibt es **unbekannte Wörter** oder **schwierige Sätze,** die für das Verständnis des Textes wichtig sind und die ihr nicht versteht? Klärt diese.

Nach dem Lesen

4. Schritt: Informationen des Textes zusammenfassen
- Fasst die wichtigsten Informationen des Textes in wenigen Sätzen, in Stichpunkten oder in einer Tabelle zusammen. Beantwortet hierbei die W-Fragen (Was …? Wie …? Warum …? usw.)

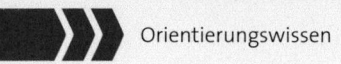

Tabellen lesen
▶ S. 206–207

In Sachtexten findet ihr häufig Tabellen, mit denen man Informationen **knapp** und **übersichtlich** darstellen kann.

1 Stellt fest, worüber die Tabelle informiert. Meist gibt es eine **Überschrift** oder die oberste Zeile der Tabelle gibt Hinweise.
2 Verschafft euch einen Überblick darüber, welche Informationen die **Spalten** und die **Zeilen** enthalten.
3 Lest die **Angaben in den einzelnen Feldern** der Tabelle. Gibt es **Maßeinheiten** in der Tabelle, z. B. Meter (m), Kilogramm (kg), Stunden (h) usw.?
4 Notiert eure Beobachtungen: Welche Angaben werden in der Tabelle gemacht?

Der Aufbau einer Tabelle

Eine Spalte verläuft von oben nach unten.
Eine Zeile verläuft von links nach rechts.

	Spalte ↓
Zeile →	

Grafiken auswerten
▶ S. 208–209

Eine Grafik stellt etwas bildlich dar. Sie kann zum Beispiel zeigen, **wo sich etwas befindet** (z. B. Landkarte), **wie etwas funktioniert** (z. B. das Lernen) oder sie kann **Angaben über Mengen** machen (Diagramme).

Beim Entschlüsseln einer Grafik könnt ihr so vorgehen:
1 Stellt fest, **worum es** in der Grafik **geht.** Hierbei hilft euch die Überschrift.
2 Untersucht, **was** in der Grafik **dargestellt wird:**
Erklärt sie einen Vorgang oder den Aufbau von etwas?
Gibt sie ein Größenverhältnis an oder verdeutlicht sie eine Lage, wie z. B. eine Landkarte?
3 Prüft, ob die Grafik **Farben, Beschriftungen oder Symbole** enthält, die erklärt werden.
4 Formuliert schriftlich, was die Grafik **aussagt,** d. h. **worüber** sie informiert und welche **Zusammenhänge** sie aufzeigt**.**

Informations- und Unterhaltungssendungen
▶ S. 223–238

Sendungen, die man sich im Fernsehen oder über das Internet anschaut, können verschiedene Ziele haben. Sie können das Publikum eher sachlich informieren oder eher unterhalten.

- Zu den **Informationssendungen** gehören z. B. Nachrichtensendungen, Dokumentationen (Filmbeiträge über wirkliche Ereignisse, Menschen oder Tiere) und Wissenssendungen oder -magazine.
- Zu den **Unterhaltungssendungen** gehören z. B. Spielfilme, Shows (z. B. Quizshows oder Castingshows) und Fernsehserien.

Filmserien

▶ S. 224–232

Serien werden im Fernsehen täglich oder wöchentlich gesendet oder können über das Internet bzw. Mediatheken gestreamt werden.

- Meist sind die Figuren so gewählt, dass sich das **Publikum gut in sie hineinversetzen kann.** So handeln beispielsweise viele Kinderserien von Kindern in eurem Alter, die ähnliche Fragen, Aufgaben und Probleme haben wie ihr.
- Häufig haben die Figuren **klare Eigenschaften.** Sie sind z. B. sehr lustig, sehr mutig, sehr vernünftig oder sehr frech.
- Oft gehören bestimmte Figuren zusammen. Solche **Paare oder Gruppen** können sich nahestehen, z. B. weil sie befreundet oder verwandt sind. Sie können aber auch Gegenspieler sein, zwischen denen es Streitigkeiten gibt.

Kameraeinstellungen: Einstellungsgrößen unterscheiden

▶ S. 230–231

Je nachdem, **wie nah** die Kamera an das Geschehen heranführt oder **wie weit** sie **entfernt** bleibt, entstehen unterschiedliche Einstellungsgrößen und Wirkungen.

Totale:

Die Figuren werden **in einer größeren Umgebung** gezeigt. Man erhält einen Überblick über den gesamten Schauplatz.

Halbnah:

Die Figuren werden **von der Hüfte an aufwärts** gezeigt. Die nahe Umgebung ist erkennbar.

Nah:

Man sieht **Kopf und Schultern der Figuren.** Der Gesichtsausdruck (die Mimik) ist sehr gut zu erkennen. Man kann leicht auf besondere Gefühle schließen. Diese Einstellung wird häufig bei Dialogen verwendet.

Detail:

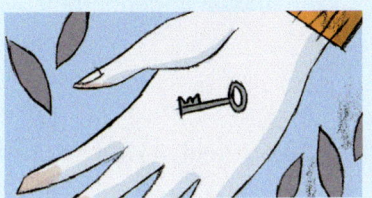

Ein bestimmter **Ausschnitt** wird **groß** dargestellt, z. B. Augen, Mund oder ein Detail eines Gegenstandes. Dadurch wird die Aufmerksamkeit auf das gezeigte Detail gelenkt.

Texte am Computer gestalten

▶ S. 185–186

1. Den Text schreiben und speichern

Wenn ihr einen Text am Computer schreiben möchtet, müsst ihr zuerst eine Datei anlegen:

- Startet den Computer und wählt ein Textprogramm aus.
- Klickt in der Menüleiste auf **Datei** und **Neu**.
- Schreibt den Text und speichert den Text unter einem Namen ab. Ihr müsst dafür in der Menüleiste **Datei** anklicken und **Speichern unter** auswählen. Dabei legt ihr auch fest, in welchem Ordner eure Datei abgelegt werden soll.

2. Das Format einrichten und den Text gestalten

Richtet euch nun das Papierformat, z. B. für eine Karte, ein. Geht so vor:

- Geht in der Menüleiste auf **Seitenlayout** und wählt dort den Reiter **Papier** aus.
- Legt unter **Benutzerdefiniertes Format** eine Breite von 17 cm und eine Höhe von 12 cm fest.

Gestaltet euren Text dann mit Hilfe der folgenden Funktionen:

Schriftart wählen:
Text/Textstelle markieren, auf den Pfeil neben dem **Auswahlfeld für Schriftarten** klicken und Schriftart durch Anklicken auswählen.

Schriftgröße wählen:
Text/Textstelle markieren, auf den Pfeil neben dem **Auswahlfeld für Schriftgröße** klicken und Schriftgröße durch Anklicken auswählen.

Textausrichtung festlegen:
Text markieren, dann auf die **Schaltfläche für linksbündige, zentrierte oder rechtsbündige Textausrichtung** klicken oder **Blocksatz** auswählen.

Schriftfarbe wählen:
Text markieren, dann auf die **Schaltfläche** für die **Schriftfarbe** klicken und die Farbe durch Anklicken auswählen.

Fett, *kursiv* schreiben und <u>unterstreichen</u>: Text/Textstelle markieren, dann auf die **Schaltfläche für fette, kursive oder unterstrichene Schrift** klicken.

Kopieren:
Text markieren, auf die Schaltfläche **Kopieren** klicken und an anderer Stelle wieder einfügen (Symbol „Einfügen").

Ausschneiden und einfügen:
Text mit der Maus markieren, auf die Schaltfläche **Ausschneiden** klicken und an anderer Stelle wieder einfügen (Symbol „Einfügen").

Sprachgebrauch und Sprachreflexion

Wortarten

Das Nomen (Plural: die Nomen) ▶ S. 240–246

Die meisten Wörter in unserer Sprache sind Nomen (auch: Hauptwörter, Substantive).
Sie bezeichnen:

- **Lebewesen/Eigennamen,** z. B.: *Schüler, Baum, Eule, Außerirdischer, Gruka.*
- **Gegenstände,** z. B.: *Schule, Raumschiff, Erde.*
- **Begriffe** (Gedanken, Gefühle, Zustände ...), z. B.: *Idee, Problem, Freundschaft.*

Nomen werden immer **großgeschrieben.**
Nomen werden häufig **von Wörtern begleitet,** an denen wir sie erkennen können, z. B. Artikeln *(die Sprache,*
eine Sprache) oder Adjektiven *(schwierige Sprachen).*
Um sicher festzustellen, ob ein Wort ein Nomen ist, setzt man einen Artikel und ein Adjektiv davor, z. B.:
das große Ereignis.

Nomen: der Artikel (Plural: die Artikel) ▶ S. 242
Nomen werden häufig von Artikeln **begleitet.** Man unterscheidet bestimmte Artikel *(der, die, das)* und
unbestimmte Artikel *(ein, eine, ein),* z. B.:

	bestimmter Artikel	unbestimmter Artikel
männlich	*der Forscher*	*ein Forscher*
weiblich	*die Reise*	*eine Reise*
sächlich	*das Programm*	*ein Programm*

Nomen: das Genus (das grammatische Geschlecht; Plural: die Genera) ▶ S. 243
Im Deutschen hat **jedes Nomen ein Genus,** das man **am Artikel erkennen** kann:

- ein **Maskulinum:** *der Junge, der Landeanflug,*
- ein **Femininum:** *die Frau, die Fähre* oder
- ein **Neutrum:** *das Mädchen, das Raumschiff.*

Das grammatische Geschlecht stimmt nicht immer mit dem natürlichen überein, z. B.:
das Mädchen, das Kind.

Nomen: der Numerus (die Anzahl; Plural: die Numeri) ▶ S. 244
Nomen haben einen **Numerus,** d. h. eine Anzahl. Sie stehen

- im **Singular** (Einzahl), z. B.: *der Tisch, die Tasse, das Haus,* oder
- im **Plural** (Mehrzahl), z. B.: *die Tische, die Tassen, die Häuser.*

Nomen: der Kasus (Fall; Plural: die Kasus, mit langem *u* gesprochen) ▶ S. 245–246

Im Deutschen gibt es **vier Kasus,** die man durch Fragen ermitteln kann:

Kasus	Kasusfrage	Beispiele
1. Fall: **Nominativ**	Wer oder was …?	*Der Junge* stellt eine Frage. *Die Lehrerin* erklärt die Regeln. *Das Spiel* macht Spaß.
2. Fall: **Genitiv**	Wessen …?	Die Frage *des Jungen* ist klug. Die Idee *der Lehrerin* ist gut. Die Regeln *des Spiels* sind einfach.
3. Fall: **Dativ**	Wem …?	Ein Mitschüler antwortet *dem Jungen*. Die Klasse vertraut *der Lehrerin*. Manche sehen *dem Spiel* nur zu.
4. Fall: **Akkusativ**	Wen oder was …?	Die Antwort überzeugt *den Jungen* nicht. Viele Kinder mögen *die Lehrerin*. Manche Schüler mögen *das Spiel*.

Der Kasus ist oft am Artikel oder an der Endung des Nomens erkennbar: *des Kindes.*
Wenn man ein **Nomen in einen Kasus setzt,** nennt man das **deklinieren** (beugen).

Das Pronomen (Fürwort; Plural: die Pronomen) ▶ S. 247–248

Pronomen sind Stellvertreter oder Begleiter des Nomens. Mit Personalpronomen kann man Nomen ersetzen.
Possessivpronomen begleiten Nomen und geben an, zu wem etwas gehört.

 Das Personalpronomen (persönliches Fürwort) ▶ S. 247

Mit **Personalpronomen** kann man **Nomen ersetzen.**
Beispiel: *Die Katze möchte ins Haus. Sie miaut. Schnell lassen wir sie herein.*

Personalpronomen werden wie die Nomen **dekliniert** (gebeugt):

Kasus	Singular 1. Pers.	2. Pers.	3. Pers.	Plural 1. Pers.	2. Pers.	3. Pers.
1. Fall: **Nominativ**	*ich*	*du*	*er/sie/es*	*wir*	*ihr*	*sie*
2. Fall: **Genitiv**	*meiner*	*deiner*	*seiner/ihrer/seiner*	*unser*	*euer*	*ihrer*
3. Fall: **Dativ**	*mir*	*dir*	*ihm/ihr/ihm*	*uns*	*euch*	*ihnen*
4. Fall: **Akkusativ**	*mich*	*dich*	*ihn/sie/es*	*uns*	*euch*	*sie*

Das Possessivpronomen (besitzanzeigendes Fürwort) ▶ S. 248

Possessivpronomen *(mein/meine – dein/deine – sein/seine, ihr/ihre – unser/unsere – euer/eure – ihr/ihre)*
geben an, zu wem etwas gehört, z. B.: *mein Fahrrad, dein Freund.*
Possessivpronomen **begleiten meist Nomen** und stehen **im gleichen Kasus** wie das dazugehörige Nomen:
Ich erzähle meinen Freunden von dem Spiel. (Wem? – Dativ)
Als **Begleiter eines Nomens** wird das **Possessivpronomen auch Artikelwort genannt,** z. B.: *dein Roboter.*

Das Adjektiv (das Eigenschaftswort; Plural: die Adjektive) ▶ S. 45; 249–250

Mit Adjektiven können wir die **Eigenschaften** von Lebewesen, Dingen, Vorgängen, Gefühlen und
Vorstellungen **genau beschreiben,** z. B.:
der starke Wind, der schwache Wind, der eiskalte Wind.
Adjektive werden **kleingeschrieben.** Adjektive, die vor einem Nomen stehen, haben den **gleichen Kasus wie
das Nomen:** *der kalte See, des kalten Sees, die kalten Seen.*

Steigerung der Adjektive ▶ S. 250

Die **meisten Adjektive** kann man **steigern,** z. B.: *schön – schöner – am schönsten.*
Dadurch kann man z. B. Lebewesen oder Dinge vergleichen. Es gibt drei Steigerungsstufen:

Positiv (Grundform)	Komparativ (1. Steigerungsstufe)	Superlativ (2. Steigerungsstufe)
Ole ist groß.	*Lara ist größer.*	*Bihar ist am größten.*

Vergleiche mit dem Positiv werden mit *wie* gebildet: *Ole ist so groß wie Felix.*
Vergleiche mit dem Komparativ werden mit *als* gebildet: *Lara ist größer als Ole.*

Die Präposition (das Verhältniswort; Plural: die Präpositionen) ▶ S. 49; 258–259

Präpositionen wie *in, auf, unter* drücken **Verhältnisse und Beziehungen** von Gegenständen, Personen oder
anderem aus. Präpositionen beziehen sich auf
- **örtliche** Verhältnisse *(auf dem Dach)*: in, hinter, neben, unter, vor, über, zwischen,
- **zeitliche** Verhältnisse *(nach vier Tagen)*: vor, seit, um, während, bis, in,
- **Gründe** *(wegen der Dunkelheit)*: trotz, aufgrund,
- **die Art und Weise** *(mit Sorgfalt)*: ohne, mit.

Präpositionen sind nicht **flektierbar** (veränderbar). Die Präposition steht meist vor einem Nomen und
bestimmt den Kasus des nachfolgenden Wortes (oder der Wortgruppe):
Ich spiele mit dem Ball – Ich laufe auch ohne den Ball.

mit + Dativ   ohne + Akkusativ

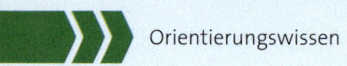

Das Verb (das Tätigkeitswort; Plural: die Verben) ► S. 251–257

Mit Verben gibt man an, **was jemand tut** (z. B. *laufen, reden, lachen*), **was geschieht** (z. B. *regnen, brennen*) oder **was ist** (z. B. *haben, sein, bleiben*). Verben werden kleingeschrieben.

- Der Infinitiv (die Grundform) eines Verbs endet auf *-en* oder *-n*, z. B.: *renn<u>en</u>, sag<u>en</u>, antwort<u>en</u>, ruder<u>n</u>, lächel<u>n</u>.*
- Wenn man ein Verb in einem Satz verwendet, bildet man **die Personalform des Verbs.** Das nennt man **konjugieren (beugen),** z. B.: *such-en* (Infinitiv) → *Ich such-e den Schlüssel* (1. Person Singular). Die Personalform des Verbs wird aus dem Infinitiv des Verbs gebildet. An den Stamm des Verbs wird dabei die passende Personalendung gehängt, z. B.: *sprech-en* (Infinitiv) → *ich sprech-e* (1. Person Singular), *du sprich-st* (2. Person Singular) usw.
- Von einem **Partikelverb** spricht man, wenn eine Verbpartikel, z. B. *ab*, in einem **einfachen Satz** mit dem Verb, z. B. *fliegen*, eine Verbklammer bildet, z. B.: *Gruka <u>fliegt</u> mit dem Raumschiff um 12:00 Uhr <u>ab</u>.* Im **Nebensatz** stehen sie **zusammen,** z. B.: *Leo sieh zu, wie Gruka <u>abfliegt</u>.*

Der Imperativ (Befehlsform des Verbs; Plural: die Imperative)

Die Aufforderungsform oder **Befehlsform eines Verbs** nennt man Imperativ. Man kann eine Aufforderung oder einen Befehl an eine Person oder an mehrere Personen richten. Dementsprechend gibt es den Imperativ Singular *(„Bitte <u>komm</u>!", „<u>Lauf</u> weg!")* und den Imperativ Plural *(„Bitte <u>kommt</u>!", „<u>Lauft</u> weg!")*.

- Der **Imperativ Singular** besteht aus dem Stamm des Verbs *(schreiben → schreib!),* manchmal wird die Endung *-e* angehängt *(reden → rede!)* oder es ändert sich der Stammvokal von *e* zu *i (geben → gib!).*
- Der **Imperativ Plural** wird in der Regel durch den Stamm des Verbs mit der Endung *-t* gebildet *(schreiben → schreibt!, reden → redet!, lesen → lest!).*

Die Zeitformen (Tempora) des Verbs ► S. 252–257

Verben kann man in verschiedenen Zeitformen (Tempora; Singular: das Tempus) verwenden, z. B. im **Präsens,** im **Präteritum,** im **Futur.** Die **Zeitformen der Verben** sagen uns, **wann etwas passiert,** z. B. in der **Gegenwart,** in der **Vergangenheit** oder in der **Zukunft.**

Das Präsens ► S. 253–254

Das Präsens (die Gegenwartsform) wird verwendet,

- wenn man über etwas spricht, was gerade jetzt geschieht: *Gruka denkt gerade nach.*
- wenn eine Aussage immer gilt: *Deutsch ist eine schöne, aber schwierige Sprache.*
- um etwas Zukünftiges auszudrücken. Meist verwendet man dann eine Zeitangabe, die auf die Zukunft verweist, z. B.: *Morgen gehe ich ins Kino.*

Das Futur ► S. 251–252

Das Futur (die Zukunftsform) wird verwendet, um ein zukünftiges Geschehen auszudrücken, z. B.: *Ich <u>werde</u> dich <u>anrufen</u>.*
Das Futur wird gebildet durch die Personalform von *werden* im Präsens + *Infinitiv* des Verbs, z. B.: *Ich <u>werde</u> **schreiben**, du <u>wirst</u> **schreiben**, wir <u>werden</u> **schreiben**.*

Das Perfekt ► S. 255–256

Die Zeitform Perfekt verwendet man meist, wenn man mündlich von Vergangenem erzählt oder berichtet. Das Perfekt ist eine zusammengesetzte Vergangenheitsform. Es wird mit einer Präsensform von *haben* oder *sein* und dem *Partizip II* gebildet, z. B.:

*ich habe **begonnen**, du hast **gegessen**, wir sind **gelaufen**, du bist **gekommen**.*

TIPP: Verben der Fortbewegung bilden das Perfekt mit „sein", z. B.: *rennen, schwimmen, reisen, fahren, fliegen.*

Das Präteritum ► S. 255–256

Das Präteritum ist eine **einfache Zeitform der Vergangenheit.** Es wird vor allem in schriftlichen Erzählungen (z. B. Märchen) und Berichten verwendet. Man unterscheidet:

- regelmäßige (schwache) Verben: Der Vokal im Verbstamm ändert sich nicht, wenn das Verb ins Präteritum gesetzt wird, z. B.: *ich rede* (Präsens) – *ich redete* (Präteritum).
- unregelmäßige (starke) Verben: Der Vokal im Verbstamm ändert sich im Präteritum, z. B.: *ich singe* (Präsens) – *ich sang* (Präteritum).

Das Plusquamperfekt ► S. 257

Wenn etwas vor dem passiert, wovon im Präteritum oder im Perfekt erzählt wird, verwendet man das Plusquamperfekt. Das Plusquamperfekt wird deshalb auch Vorvergangenheit genannt, z. B.:

Nachdem sie bestellt hatten, brachte der Kellner die Getränke.

Das Plusquamperfekt ist wie das Perfekt eine **zusammengesetzte Vergangenheitsform,** weil es mit einer Form von *haben* oder *sein* im Präteritum (z. B. *hatte, war*) und dem *Partizip II* des Verbs (z. B. *gegessen, bestellt, gegangen*) gebildet wird, z. B.:

*Nachdem wir **gegessen** hatten, baten wir um die Rechnung.*

*Nachdem wir **gegangen** waren, setzten sich andere Gäste an den Tisch.*

TIPP: Die Konjunktion *nachdem* leitet oft einen Satz im Plusquamperfekt ein.

Das Partizip

- Das **Partizip II** (Partizip Perfekt) setzt sich zusammen aus **ge + Verbstamm + (e)t** oder **en,** z. B.: *gegangen, gegessen, gezittert, gelaufen.*
  Das Partizip II wird für die **Bildung von zusammengesetzten Zeitformen (Perfekt** und **Plusquamperfekt)** verwendet, z. B.: *ich habe gelacht* (Perfekt), *ich bin angekommen* (Perfekt); *ich hatte gelacht* (Plusquamperfekt), *ich war angekommen* (Plusquamperfekt).
- Mit Hilfe des **Partizips I** können gleichzeitig ablaufende Handlungen beschrieben werden, z. B.: *Der Junge sitzt lesend im Sessel.*

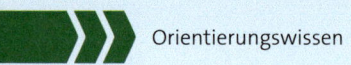

Satzglieder

Beachtet den **Unterschied zwischen Wortarten** und **Satzgliedern:** Einzelne Wörter kann man nach ihrer Wortart bestimmen, Satzglieder sind die Bausteine in einem Satz. Oft besteht ein Satzglied aus mehreren Wörtern. Man merkt das, wenn man versucht, die Satzglieder eines Satzes umzustellen (▶ Umstellprobe, siehe unten).

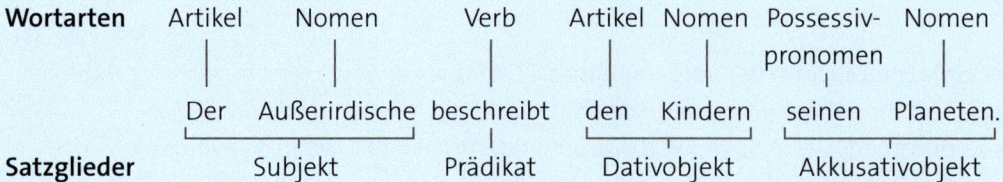

Wortarten	Artikel	Nomen	Verb	Artikel	Nomen	Possessiv-pronomen	Nomen
	Der	Außerirdische	beschreibt	den	Kindern	seinen	Planeten.
Satzglieder		Subjekt	Prädikat		Dativobjekt		Akkusativobjekt

Die Grundstruktur des Satzes – Das Feldermodell ▶ S. 262–264

Satzglieder: Das Subjekt (Plural: die Subjekte)
Das Satzglied, das angibt, **wer oder was handelt** oder etwas tut, heißt **Subjekt** (Satzgegenstand), z. B.:
Der Wissenschaftler untersucht die Oberfläche des Planeten.
- Das Subjekt könnt ihr vom Prädikat aus mit der Frage **Wer oder was …?** ermitteln, z. B.:
  Die Marsoberfläche besteht aus Stein. – Wer oder was besteht aus Stein?
- Das Subjekt kann **aus einem oder mehreren Wörtern** bestehen. Wendet die Umstellprobe an.
- Das Subjekt eines Satzes **steht immer im Nominativ** (**1. Fall;** ▶ S. 267, 269).

Satzglieder erkennen: Die Umstellprobe ▶ S. 264

Ein Satz besteht aus verschiedenen Satzgliedern. Diese **Satzglieder** können aus einem **einzelnen Wort** oder aus **mehreren Wörtern** (einer Wortgruppe) bestehen.
Mit der **Umstellprobe** könnt ihr herausfinden, **wie viele Satzglieder** ein Satz hat. **Wörter oder Wortgruppen, die bei der Umstellprobe zusammenbleiben, bilden ein Satzglied.**

Der folgende Satz besteht aus vier Satzgliedern:

Vorfeld	linke Satzklammer	Mittelfeld	rechte Satzklammer	Nachfeld
Die Außerirdischen	*fliegen*	*mit ihren Raumschiffen an der Erde*	*vorbei*	
An der Erde	*fliegen*	*die Außerirdischen mit ihren Raumschiffen*	*vorbei*	

Das Prädikat ▶ S. 267

Der **Kern des Satzes** ist das **Prädikat** (Satzaussage). Prädikate werden durch Verben gebildet.
In einem **Aussagesatz** steht die **Personalform des Verbs** (der gebeugte Teil) **immer an zweiter Satzgliedstelle,**
z. B.: *Forscher beobachten den Sternenhimmel.*
Ein Prädikat kann aus **mehreren Teilen** bestehen, die eine **Satzklammer** bilden, z. B.:

- bei mehrteiligen Verben, z. B.: ankommen – *Der Brief kommt zwei Tage später an.*
- bei zusammengesetzten Zeitformen wie Futur und Perfekt, z. B.:
  Ich werde morgen ausschlafen. / Ich habe am Wochenende lange geschlafen.

Wortgruppen: Nominal-, Adjektiv-, Adjunktor- und Präpositonalgruppe ▶ S. 265–266

Satzglieder bestehen oft aus Wortgruppen. Häufig sind die folgenden:

- Von einer **Nominalgruppe** spricht man, wenn ein **Nomen den Kern einer Wortgruppe** bildet. Das **Nomen**
  steht immer am **rechten Rand** dieser Gruppe. Den **linken Rand** bildet ein **Artikel oder ein Pronomen.**
  Dazwischen können ein oder mehrere <u>Adjektive</u> stehen, z. B.: *Jupiter ist <u>der größte Planet</u>. <u>Mein kleiner, grüner Außerirdischer</u> ist nett.*
- Auch **Nominalisierungen** können den Kern einer Nominalgruppe bilden, z. B.: *<u>Das Beobachten</u> der Sterne ist interessant.*
- Innerhalb einer Nominalgruppe kann eine **Adjektivgruppe** stehen, um das Nomen näher zu beschreiben.
  In Adjektivgruppen **vor Nomen verändern** die *verstärkenden Wörter* ihre Endung nicht, z. B.: *der **sehr** große Planet, die **ungewöhnlich** heiße Strahlung.*
- Mit **Adjektiven** kann man Dinge miteinander vergleichen (▶ S. 250). Für den
  - **Vergleich im Positiv** verwendet man die **Adjunktion *wie,*** z. B.: *Er ist so groß wie du.*
  - **Vergleich im Komparativ** verwendet man die **Adjunktion *als,*** z. B.: *Er ist kleiner als du.*
  Zusammen mit einer Nominalgruppe entsteht so eine **Adjunktorgruppe,** z. B.: *als die Sonne.*
- **Präpositionen** (▶ S. 258) machen z. B. **zeitliche** (temporale) oder **örtliche** (lokale) **Angaben.** Sie stehen **vor Nomen oder Nominalgruppen** und bestimmen deren **Kasus** (▶ S. 246).
  Mit ihnen zusammen bildet die <u>Präposition</u> eine **Präpositionalgruppe,** z. B.:
  *Die Rakete startete **am Montag in der Früh**.*

Das Subjekt ▶ S. 269

Das Satzglied, das angibt, **wer oder was handelt** oder etwas tut, heißt **Subjekt** (Satzgegenstand), z. B.:
Der Wissenschaftler untersucht die Oberfläche des Planeten.

- Das Subjekt könnt ihr vom Prädikat aus mit der Frage **Wer oder was …?** ermitteln, z. B.:
  Die Marsoberfläche besteht aus Stein. – Wer oder was besteht aus Stein?
- Das Subjekt kann **aus einem oder mehreren Wörtern** bestehen. Wendet die Umstellprobe an.
- Das Subjekt eines Satzes **steht immer im Nominativ (1. Fall;** ▶ S. 246).

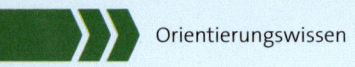

Die Objekte

▶ S. 270–271

Ein Satz *(Der Außerirdische erzählt.)* kann durch Satzglieder erweitert werden, zum Beispiel durch **Objekte:**

Der Außerirdische erzählt (den Kindern) *eine Geschichte.*

Wem ...?   Wen oder was ...?

Dativobjekt   Akkusativobjekt

- **Akkusativobjekt:** Das Objekt, das im Akkusativ steht, heißt Akkusativobjekt. Ihr ermittelt es mit der Frage: **Wen oder was ...?,** z. B.: *Wen oder was suchen die Astronomen? – Die Astronomen suchen* <u>unbekannte Sterne</u>.
- **Dativobjekt:** Das Objekt, das im Dativ steht, heißt Dativobjekt. Ihr ermittelt es mit der Frage: **Wem ...?,** z. B.: <u>*Wem erklären die Astronomen den Sternenhimmel? – Die Astronomen erklären* (den Schülerinnen und Schülern)</u> *den Sternenhimmel.*

Objekte können aus einem Wort oder aus mehreren Wörtern bestehen.

Die adverbialen Bestimmungen

▶ S. 273–274

- **Adverbiale Bestimmungen** (Umstandsbestimmungen) **sind Satzglieder,** die man mit den Fragen **Wo ...?, Wann ...?, Warum ...?, Wie ...?** ermittelt. Sie liefern zusätzliche **Informationen** über **den Ort,** über **die Zeit,** über **den Grund** und über **die Art und Weise** eines Geschehens oder einer Handlung.
- Adverbiale Bestimmungen können aus einem Wort oder mehreren Wörtern bestehen.

Frageprobe	Satzglied	Beispiel
Wo? Wohin? Woher?	**adverbiale Bestimmung des Ortes**	*Wo sehen wir den Film?* *Wir sehen den Film* <u>im Kino</u>.
Wann? Wie lange? Seit wann?	**adverbiale Bestimmung der Zeit**	*Wann sehen wir den Film?* *<u>Heute</u> sehen wir den Film.*
Warum? Weshalb?	**adverbiale Bestimmung des Grundes**	*Warum sehen wir den Film?* *<u>Wegen der spannenden Geschichte</u> sehen wir den Film.*
Wie? Auf welche Weise? Womit?	**adverbiale Bestimmung der Art und Weise**	*Wie sehen wir den Film?* *Wir sehen den Film <u>voller Freude</u>.*

Proben: Texte überarbeiten

▶ S. 275–276

Proben	Anwendungsbereiche	Beispiele
Umstellprobe: Satzglieder werden umgestellt.	■ Satzanfänge abwechslungsreicher gestalten ■ am Satzanfang oder am Satzende Informationen betonen	*Ich kaufe eine Sternkarte. Ich will Lisa damit überraschen. → Ich kaufe eine Sternkarte. <u>Damit</u> will ich Lisa überraschen.*

Proben	Anwendungsbereiche	Beispiele
Ersatzprobe: Wörter und Wortgruppen werden ersetzt.	▪ Wortwiederholungen vermeiden ▪ abwechslungsreich formulieren	*Ich liebe Sternkarten. ~~Sternkarten sind interessant.~~ → Ich liebe Hörspiele. <u>Sie</u> sind interessant.*
Weglassprobe: Überflüssiges wird gestrichen.	▪ Texte straffen ▪ Wiederholungen vermeiden	*Wenn das Ufo landet, werde ich mich sehr ~~über das Ufo~~ erschrecken.*
Erweiterungsprobe: Hilfreiches wird ergänzt.	▪ genau schreiben ▪ anschaulich schreiben	*Ich habe ein Ufo gesehen. Ich habe <u>gestern Nacht</u> ein Ufo gesehen.*

Sätze

Satzarten ▶ S. 277–278

Je nachdem, ob wir etwas aussagen, fragen oder jemanden auffordern wollen, verwenden wir unterschiedliche Satzarten: Aussagesatz, Fragesatz und Aufforderungssatz.

▪ Nach einem **Aussagesatz** steht ein **Punkt,** z. B.: *Ich gehe jetzt ins Schwimmbad.*
In einem Aussagesatz wird etwas mitgeteilt oder festgestellt. Wenn man den Satz spricht, senkt sich am Ende die Stimme.

▪ Nach einem **Fragesatz** steht ein **Fragezeichen,** z. B.: *Hast du heute Nachmittag Zeit?*
In einem Fragesatz wird nach etwas gefragt. Die Stimme hebt sich zum Ende des Satzes.

▪ Nach einem **Ausrufe- oder Aufforderungssatz** steht meist ein **Ausrufezeichen,** z. B.:
Vergiss die Sonnencreme nicht! Beeilt euch!
In einem Aufforderungssatz wird eine Bitte, ein Wunsch oder eine Anweisung ausgedrückt, z. B.:
Mach das Fenster schnell zu!
In einem Ausrufesatz wird etwas gefühlsbetont und kurz geäußert. Dabei wird die Stimme oft lauter, z. B.:

Ich habe gewonnen!

Die Satzreihe: Hauptsatz + Hauptsatz ▶ S. 279

▪ Ein **Hauptsatz** ist ein selbstständiger Satz. Er besteht aus mindestens zwei Satzgliedern, nämlich dem Subjekt und dem Prädikat, z. B.: *Menschen forschen.*
Die Personalform des Verbs steht im Hauptsatz meist an zweiter Satzgliedstelle.

▪ Ein **Satz,** der aus **zwei oder mehr Hauptsätzen** besteht, wird **Satzreihe** genannt.
Die Hauptsätze einer Satzreihe werden durch ein Komma voneinander getrennt, z. B.:
Menschen erforschen das Weltall, sie beobachten Planeten.

▪ Häufig werden Hauptsätze durch die nebenordnenden **Konjunktionen** (Bindewörter) *und, oder, aber,*

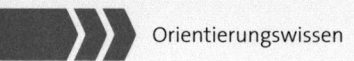
sondern, denn, doch verbunden, z. B.:

Menschen erforschen das Weltall, <u>denn</u> wir wissen noch wenig darüber.

Nur vor den Konjunktionen *und* bzw. *oder* darf das Komma wegfallen, z. B.:

Menschen erforschen die Sterne <u>und</u> sie beobachten Planeten.

Das Satzgefüge: Hauptsatz + Nebensatz ▶ S. 280–282

Einen **Satz,** der aus mindestens einem **Hauptsatz** und mindestens einem **Nebensatz** besteht, nennt man **Satzgefüge.** Zwischen Haupt- und Nebensatz muss **immer ein Komma** stehen, z. B.:

Ich lese das Buch, weil ich mich für das Weltall interessiere.
    Hauptsatz   Nebensatz

In einem Satzgefüge kann der Nebensatz vor, zwischen oder nach dem Hauptsatz stehen.

Nebensätze haben folgende Kennzeichen:

- Ein Nebensatz kann **nicht ohne** einen **Hauptsatz** stehen.
- Der Nebensatz **ist dem Hauptsatz untergeordnet** und wird oft durch eine **Konjunktion / unterordnende Konjunktion** (Bindewort) **eingeleitet,** z. B.: *weil, da, obwohl, damit, dass, sodass, nachdem, während.*
- Die **Personalform des Verbs** (das gebeugte Verb) steht im Nebensatz **an letzter Satzgliedstelle.**

Satzgefüge: **Hauptsatz**   **+**   **Nebensatz**

Ich <u>schaue</u> gerne Filme über Außerirdische, <u>obwohl</u> ich etwas Angst <u>habe</u>.

Personalform des Verbs   Komma Konjunktion   Personalform des Verbs
an zweiter Satzgliedstelle   am Satzende

Zeichensetzung

Satzschlusszeichen ▶ S. 277–278

- Nach einem **Aussagesatz** steht ein Punkt, z. B.: *Ich gehe jetzt ins Schwimmbad.*
- Nach einem **Fragesatz** steht ein **Fragezeichen,** z. B.: *Hast du heute Nachmittag Zeit?*
- Nach einem **Ausrufe- oder Aufforderungssatz** steht meist ein **Ausrufezeichen,** z. B.: *Vergiss die Sonnencreme nicht! Beeilt euch!*

Das Komma zwischen Sätzen ▶ S. 279–282

Die einzelnen **Hauptsätze einer Satzreihe** werden durch ein **Komma** voneinander getrennt, z. B.:

Peter schwimmt im See, Philipp kauft sich ein Eis.

Nur vor den Konjunktionen *und* bzw. *oder* darf das Komma wegfallen, z. B.:

Peter schwimmt im See <u>und</u> Philipp kauft sich ein Eis.

Zwischen Hauptsatz und Nebensatz muss **immer ein Komma** stehen, z. B.:

Wir gehen heute ins Schwimmbad, weil die Sonne scheint.
        Hauptsatz   Nebensatz

In einem Satzgefüge kann der Nebensatz vor, zwischen oder nach dem Hauptsatz stehen.

Tina und Florian möchten am Wochenende eine Kanutour machen, wenn die Sonne scheint.
———————————— Hs ————————————,
                                        ———— Ns ————.

Tina und Florian möchten am Wochenende, wenn die Sonne scheint, eine Kanutour machen.
———————— Hs ————————,   —— Fortsetzung Hs ——.
                        ———— Ns ————,

Wenn die Sonne scheint, möchten Tina und Florian am Wochenende eine Kanutour machen.
                        ———————————— Hs ————————————.
———— Ns ————,

Der Nebensatz **ist dem Hauptsatz untergeordnet** und wird durch eine unterordnende **Konjunktion** (**Subjunktion**/Bindewort) **eingeleitet,** z. B.: *weil, da, obwohl, damit, dass, sodass, nachdem, während.*

Zeichensetzung bei der wörtlichen Rede ► S. 85

Wenn ihr wörtliche Rede in euren Texten verwendet, müsst ihr immer Anführungszeichen setzen.
Je nach Stellung des Redebegleitsatzes ändert sich die Zeichensetzung:
- Ist der **Redebegleitsatz vorne,** steht vor der wörtlichen Rede ein **Doppelpunkt,** z. B.:
  Jakob rief: „Was riecht hier so?"
- Ist der **Redebegleitsatz eingeschoben,** stehen **zwei Kommas,** z. B.: *„Ich glaube", rief Jakob, „es brennt!"*
- Kommt der **Redebegleitsatz nach** der wörtlichen Rede, steht **ein Komma,** z. B.:
  „Was riecht denn hier so?", fragte Jakob.

Rechtschreibung: Strategien

Wörter schwingen ► S. 290

Wenn man Wörter **schwingt,** kann man die **Buchstaben** oder **Laute besser hören.**
- **Vor** dem Schreiben: Sprecht die Wörter deutlich in Silben. Zeichnet Silbenbögen in die Luft.
- **Beim** Schreiben: Sprecht die Silben leise mit. Sprecht nicht schneller, als ihr schreibt.
- **Nach** dem Schreiben: Prüft, ob ihr richtig geschrieben habt. Zeichnet dazu **Silbenbögen** unter jede Silbe und sprecht dabei leise mit, z. B.: *A na nas saft.*

Wörter verlängern ► S. 291

Am **Wortende** kann man die Buchstaben *b/p, d/t* und *g/k* leicht verwechseln.
Wenn ihr die Wörter **verlängert,** könnt ihr beim Schwingen hören, wie sie geschrieben werden.
Man kann verlängern, indem man z. B. **Nomen** in den **Plural** setzt, **Adjektive steigert** oder **beugt** und zu **Verben** den **Infinitiv** oder die **Wir-Form** bildet, z. B.: *der Tag* → Verlängerungswort: *die Ta ge, bunt* → Verlängerungswort: *bun ter, er hupt* → Verlängerungswort: *hu pen.*

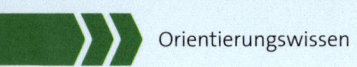

Wörter zerlegen und verlängern
▶ S. 292–293

In **zusammengesetzten Wörtern** können sich **Verlängerungsstellen** verstecken.
Ihr könnt die **Schreibung unklarer Laute klären,** indem ihr die Wörter zuerst **zerlegt und dann verlängert,**
z.B.: *die Welt | reise → die Wel **ten**; das Hand | werk → die Hän **de**.*
Auch wenn man **Wortbausteine abtrennt,** findet man Verlängerungsstellen, z.B.:
endlos, endlich – denn: *das En **de**.*

Wörter ableiten (verwandte Wörter suchen)
▶ S. 303

Der Vokal *e* und der Doppelvokal *eu* sind leicht mit *ä* und *äu* zu verwechseln.
- **Normalerweise** schreibt man *e* oder *eu,* z.B.: *die Ente, heute.*
- Wenn es **verwandte Wörter mit *a* oder *au*** gibt, schreibt man *ä* oder *äu,* z.B.: *die Kälte – kalt.*
- **Merkwörter mit *ä*** sind z.B.: *ärgern, Käfer, Mädchen, Säge, Träne, während, nämlich.*

Nomen haben Begleiter
▶ S. 305

Nomen kann man an Begleitern erkennen, die den Nomen vorausgehen. **Begleitwörter** sind:
- **Artikel** (bestimmter/unbestimmter), z.B.: *das Tier, ein Tier.*
- **Pronomen,** z.B.: *unser Tier, dieses Tier.*
- **Präpositionen,** z.B.: *bei Nacht, vor Sonnenaufgang, im Fell (= in dem Fell).*
- **Adjektive,** z.B.: *das schöne Tier, das stolze Tier, der große, herrliche, hungrige Löwe.*

Wenn ein Nomen keinen Begleiter hat, kannst du mit der **Artikel- und Adjektivprobe** prüfen, ob es sich um ein Nomen handelt, z.B.: *Luft – die gute Luft.*

Im Wörterbuch nachschlagen
▶ S. 307

- Im Wörterbuch sind die Wörter **nach dem Alphabet sortiert.** Wörter mit demselben Anfangsbuchstaben werden nach dem zweiten Buchstaben geordnet. Sind die ersten beiden Buchstaben gleich, entscheidet der dritte usw., z.B.: *das Blatt, die Blume, die Blüte.*
  Die Buchstaben *ä, ö, ü* und *äu* sind so sortiert, als hätten sie keine Umlaut-Pünktchen.
- Im Wörterbuch sind die Wörter in ihrer **Grundform** verzeichnet:
  - **Verbformen** findet ihr im **Infinitiv,** z.B.: *sehen* statt *ich sah,*
  - **Nomen** im **Nominativ Singular,** z.B.: *Hand* statt *Hände.*
  - **Zusammengesetzte Wörter** müsst ihr **zerlegen** und **getrennt nachschlagen,** z.B.: *Kaugummipapier → Kaugummi* und *Papier.*

Rechtschreibung: Regeln

Offene und geschlosse Silben ► S. 294

- Endet die erste Silbe eines zwei- oder mehrsilbigen Wortes mit einem **Vokal** *(a, e, i, o, u)*, einem **Umlaut** *(ä, ö, ü)* oder einem **Doppellaut** *(au, äu, ei, eu)*, nennt man sie **offen**, z. B.:
  Blu me, Bä ren, Bäu me. Der Vokal wird dann meist **lang** gesprochen.
- Endet die erste Silbe mit einem **Konsonanten**, nennt man sie **geschlossen**, z. B.:
  war ten, Ech se, Klas se. Der Vokal wird dann meist **kurz** gesprochen.

Doppelkonsonanten: Achtet auf die erste Silbe ► S. 295–296

Doppelkonsonanten schreibt man **nur, wenn die erste Silbe geschlossen ist.**
- Stehen an der **Silbengrenze zwei verschiedene Konsonanten, verdoppelt man nicht,** z. B. *sin ken, Mur mel.*
- Wenn man **bei geschlossener Silbe nur einen Konsonanten hört,** muss dieser **doppelt** geschrieben
  werden, z. B.: *ren nen; der Him mel.*
  Beachte: **Statt kk** schreibt man **ck, statt zz** schreibt man **tz,** z. B.: *Decke, Tatze.*

TIPP: Um diese beiden Regeln anzuwenden, muss man Einsilber verlängern und zusammengesetzte Wörter
zerlegen, z. B.: *Hand | ball → die Hän de; die Bäl le.*

Wörter mit *i* oder *ie* ► S. 299–300

Man schreibt **immer i,** wenn die **erste Silbe geschlossen** ist, z. B.: *Sil be.*
Man schreibt **nur ie,** wenn die **erste Silbe offen** ist (lang gesprochen), z. B.: *vie le.*
Achtung: Diese Regel gilt **nur für zweisilbige Wörter.**
Um diese Regel zu bestätigen, muss man **Einsilber verlängern,** z. B.: *lieb – lie ber.*
Besonders wichtige **Merkwörter** sind: *mir, dir, wir, ihr, ihnen, ihm, ihn, ihre.*

Wörter mit *s*-Laut ► S. 297–298

Das folgende Schaubild zeigt euch, wann ihr *s, ß* und *ss* schreiben müsst.

Um die Regeln für den *s*-Laut anzuwenden, braucht ihr **zweisilbige Wörter. Einsilber** müsst ihr **verlängern.**
Für einige Wörter mit einfachem *s* am Wortende gibt es keine Verlängerungsmöglichkeit – es sind also
Merkwörter, z. B.: *als, aus, bis, es, etwas, niemals, alles, anders, morgens.*

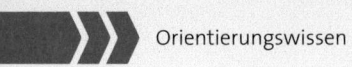

Wörter mit *h*
▶ S. 301

Bei einsilbigen Wörtern kann man das *h* nicht hören, z.B.: *der Zeh, der Zahn.* Wenn man die **Einsilber verlängert,** kann man Wörter mit silbenöffnendem *h* und Merkwörter mit *h* unterscheiden:

- Das **silbenöffnenden *h*** steht am Anfang der **2. Silbe.** Man kann dieses *h* **beim sehr deutlichen Sprechen hörbar machen,** z. B.: *Ze hen, blü hen.*
- Das *h* am Ende der **1. Silbe** ist **nicht hörbar.** Diese Wörter sind **Merkwörter,** z.B.: *Zäh ne, zäh len.*

Großschreibung
▶ S. 304–305

Satzanfänge und **Nomen** werden **großgeschrieben.** Wörter, die auf *-heit, -keit, -nis, -schaft, -tum, -in, -ung* enden, sind immer Nomen. **Nomen** kann man meist an den Begleitwörtern erkennen, die den Nomen vorausgehen. **Begleitwörter** sind:

- **Artikel** (bestimmter/unbestimmter), z. B.: *der Hund, ein Hund.*
- **Pronomen,** z. B.: *unser Hund, dieser Hund.*
- **Präpositionen,** die mit einem Artikel verschmolzen sein können, z. B.: *bei Tag, am (= an dem) Fluss.*
- **Adjektive,** z. B.: *große Hunde.*

Kleinschreibung

Klein schreibt man
- alle **Verben,** z. B.: *malen, tanzen, gehen.*
- alle **Adjektive,** z. B.: *freundlich, sonderbar, rostig.*
Viele Adjektive kann man an typischen Adjektivendungen erkennen: *-bar, -sam, -isch, -ig, -lich, -haft.*
- alle **Personalpronomen** (persönliche Fürwörter), z. B.: *ich, du, er/sie/es, wir, ihr, sie, mich, dich.*
- alle **Possessivpronomen** (besitzanzeigende Fürwörter), z. B.: *mein, dein, sein, ihr, euer.*
TIPP: Eine Sonderregelung gibt es bei den **Anredepronomen in Briefen und E-Mails:** Wenn ihr jemanden siezt, schreibt ihr die Anredepronomen groß, z. B.: *Sie, Ihnen, Ihr.*

Seite 136

- **Buchstabe A (mindestens 3-mal):** Zauberer, Trolle und Drachen: Für dich kann es nicht abenteuerlich genug sein! Begib dich z. B. mit „Harry Potter" von J. K. Rowling oder dem „Kleinen Hobbit" von J. R. R. Tolkien auf eine lange Lesereise in fantastische Welten, die voller Überraschungen stecken.
- **Buchstabe B (mindestens 3-mal):** Du liebst es, wenn es lustig ist! Deine Helden sollten nicht mit den Muskeln spielen, sondern mit Köpfchen und Humor ihren Alltag meistern. „Gregs Tagebücher" von Jeff Kinney oder „Der Tag, an dem ich cool wurde" von Juma Kliebenstein sind genau das Richtige für dich.
- **Buchstabe C (mindestens 3-mal):** Mit deinem messerscharfen Verstand gehst du am liebsten auf Verbrecherjagd. Gänsehaut garantiert! Auf deinem Nachttisch stapeln sich Krimis und Detektivgeschichten wie „Käferkumpel" von M. G. Leonard, „Beschützer der Diebe" von Andreas Steinhöfel oder „Kreuzberg 007" von Antonia Michaelis.
- **Buchstabe D (mindestens 3-mal):** Du brauchst Geschichten, die so echt sind wie das Leben, in denen du dich und deine Erfahrungen wiederfindest. Deine Themen sind das Auf und Ab in Freundschaften und in Familien, aber auch das Gefühl, anders zu sein und sich seinen Platz im Leben erobern zu müssen. Bücher wie „35 Kilo Hoffnung" von Anna Gavalda oder „Wunder" von Raquel J. Palacio gefallen dir besonders.
- **Kein Buchstabe kommt dreimal vor?** Ob Krimis, Fantasy-Geschichten, Abenteuerromane oder Storys aus dem echten Leben: Du bist auf kein bestimmtes Thema festgelegt und immer offen für ein gutes Buch.

Seite 170

1 richtige Reihenfolge: C, D, B, A

2 Hier findet ihr die letzten drei Strophen des Gedichts „Die Schnecken" von Wilhelm Busch.

Hier vereint zu ernsten Dingen
bis zum Morgensonnenschein,
nagen sie geheim und dringen
tief ins grüne Herz hinein.

Darum braucht die Köchin Jettchen
dieses Kraut nie ohne Arg.
Sorgsam prüft sie jedes Blättchen,
ob sich nichts darin verbarg.

Sie hat Furcht, den Zorn zu wecken
ihres lieben gnädgen Herrn.
Kopfsalat, vermischt mit Schnecken,
mag der alte Kerl nicht gern.

Becker, Kerstin (*1969)
298 Wer isst denn da? (aus didaktischen Gründen gekürzt)
aus: Wo kommen die Worte her? Neue Gedichte für Kinder und Erwachsene. Hrsg. v. Hans-Joachim Gelberg, Beltz & Gelberg, Weinheim und Basel 2011, S. 70

Bintig, Ilse (1924–2014)
30 Briefe von Lena und Kristin
aus: Die Gartengeister. Geschichten und Briefe aus den Ferien in Opas Garten. Herder Verlag, Freiburg 1988

Birken, Herbert (1914–2007)
104 Achmed, der Narr
aus: Geschichten für Theatergruppen. Verlag Grafenstein, München 1987

Bote, Hermann (ca. 1450–1520)
115 Eulenspiegel arbeitet bei einem Schneider
aus: Till Eulenspiegel von Hermann Bote. Hrsg. v. H. Sichtermann. Insel Taschenbuch, Frankfurt a. M. 1999

Brand, Heinz
303 Rätsel
aus: Wo kommen die Worte her? Neue Gedichte für Kinder und Erwachsene. Hrsg. v. Hans-Joachim Gelberg, Beltz & Gelberg, Weinheim und Basel 2011, S. 88

Busch, Wilhelm (1832–1908)
111 Max und Moritz (1)
170 Die Schnecken (aus didaktischen Gründen gekürzt und verändert) (2)
aus: Wilhelm Busch. Sämtliche Werke. Hrsg. von Rolf Hochhuth. Bertelsmann Verlag, Gütersloh 1959 (1, 2)

Durian, Sibylle (*1946)
92 Gespensterluft (aus didaktischen Gründen gekürzt)
aus: Gruselgeschichte. Hrsg. v. Carola Schäfer. Arena Verlag, Würzburg 1998, S. 116–120

Enderlin, Jan
167 Der Holzwurm
aus: Überall und neben dir. Hrsg. v. Hans-Joachim Gelberg. Beltz & Gelberg, Weinheim und Basel 1986, S. 58

Fröhlich, Max (*1968)
188 Was wichtig ist
Originalbeitrag

Funke, Cornelia (*1958)
161 Prinzessin Isabella
aus: Cornelia Funke: Prinzessin Isabella. Verlag Friedrich Oetinger, Hamburg 1997

Gomringer, Eugen (*1925)
184 irish
aus: Eugen Gomringer Gesamtwerk, Bd. 3: Zur Sache der Konkreten. Edition Splitter, Wien 2000

Grimm, Jacob (1785–1863)
Grimm, Wilhelm (1786–1859)
144 Sterntaler (1)
145 Die Bienenkönigin (2)
157 Prinzessin Mäusehaut (3)
aus: Grimms Kinder- und Hausmärchen. Band 1. Hrsg. von Heinz Rölleke. Reclam Verlag, München 2014 (2)
aus: Grimms Kinder- und Hausmärchen. Band 2. Hrsg. von Heinz Rölleke. Reclam Verlag, München 2014 (1, 3)

Guggenmos, Josef (1922–2003)
177 Schattenspiel (1)
180 Rot leuchten die Johannisbeeren (2)
193 Haudenhund, Traumichnicht, Tutmirleid (aus didaktischen Gründen gekürzt und verändert) (3)
314 Wenn Riesen niesen (4)
316 Die Schnecke (5)
aus: Ins Land der Fantasie. Gedichte für Kinder. Hrsg. von Ursula Remmers und Ursula Warmbold. Reclam Verlag, Stuttgart 2004, S. 51 (1)
aus: Von der Erde bis zum Mond. Gedichte für Kinder. Hrsg. von Ursula Remmers und Ursula Warmbold. Reclam Verlag, Stuttgart 2004, S. 54 (2)
aus: Josef Guggenmos: Der starke Riese Häuserlupf. Bertelsmann Verlag, Bielefeld 1973 (3)
aus: Überall und neben dir. Hrsg. v. Hans-Joachim Gelberg. Beltz & Gelberg, Weinheim und Basel 1986, S. 21 (4), S. 58 (5)

Haikal, Mustafa (*1958)
317 Die Computermaus
aus: Wo kommen die Worte her? Neue Gedichte für Kinder und Erwachsene. Hrsg. v. Hans-Joachim Gelberg, Beltz & Gelberg, Weinheim und Basel 2011, S. 142

Hargrave, Kiran Millwood (*1990)
141 Leila und der blaue Fuchs (aus didaktischen Gründen gekürzt)
aus: K. M. Hargrave: Leila und der blaue Fuchs. Übersetzt von Alexandra Ernst. Loewe Verlag, Bindlach 2024, S. 21

Held, Dirk (*1968)
51 Das Faultier (1)
175 Die Krähen (2)
aus: Dirk Held: Traumfische. Selbstverlag, Ottobrunn 2015, S. 53 (1) und S. 54 (2). © Dirk Held.

Hoffmann von Fallersleben, August Heinrich (1798–1874)
172 Vom Schlaraffenlande
aus: Ins Land der Fantasie. Gedichte für Kinder. Hrsg. v. Ursula Remmers und Ursula Warmbold. Reclam Verlag, Stuttgart 2003, S. 63 f.

Hofmann, Friedrich (1830–1888)
169 Fliegenmahlzeit (aus didaktischen Gründen gekürzt und verändert)
aus: Marabu und Känguru. Die schönsten Tiergedichte. Gerstenberg Verlag, Hildesheim 2006.

Holofernes, Judith (*1976)
51 Das Faultier
aus: Du bellst vor dem falschen Baum. Tropen-Verlag, Berlin 2015

Holthaus, Hellmut (1909–1966)
95 Alles, nur kein Gespenst (aus didaktischen Gründen gekürzt)
aus: Wenn's 13 schlägt: Heitere Geschichten von Gespenstern und vom Aberglauben. Hrsg. von Helmuth Leonhardt, Bertelsmann Lesering, Gütersloh 1960

Janosch (*1931)
118 Die drei Räuber (aus didaktischen Gründen gekürzt)
aus: Kinderland Zauberland. Hrsg. v. Hans-Joachim Gelberg. Georg Bitter Verlag, Recklinghausen 1967. © Janosch / Little Tiger Verlag GmbH, Gifkendorf

Kästner, Erich (1899–1974)
195 Das verhexte Telefon
aus: Erich Kästner: Das verhexte Telefon. Atrium Verlag, Zürich 1934

Krausnick, Michail (*1943)
178 Warnung
aus: Ins Land der Fantasie. Gedichte für Kinder. Hrsg. von Ursula Remmers und Ursula Warmbold. Reclam Verlag, Stuttgart 2004, S. 59

Leonard, M. G.
133 Käferkumpel
aus: M. G. Leonard: Käferkumpel. Übersetzt von Britt Somann-Jung. Carlsen Verlag, Hamburg 2016, S. 34 f.

Maar, Paul (*1937)
110 Die hungrige Tasche (1)
114 Nasreddins weiser Rat (2)
181 Cat und rat (3)
181 Schnabelwetzen (4)
aus: Paul Maar: Das fliegende Kamel. Friedrich Oetinger Verlag, Hamburg 2010 (1, 2)
aus: JAguar und NEINguar. Gedichte von Paul Maar mit Bildern von Ute Krause. Friedrich Oetinger Verlag, Hamburg 2007, S. 128 (3, 4)

Meyer, Walter
108 Wer zuletzt lacht, lacht am besten (aus didaktischen Gründen gekürzt)
aus: Die Schulreihe. Hrsg. v. Erich Colberg, Heft 264. Deutscher Laienspiel-Verlag, Weinheim 1965

Morgenstern, Christian (1871–1914)
300 Das ästhetische Wiesel
aus: Christian Morgenstern: Alle Galgenlieder. Reclam Verlag, Stuttgart 1989, S. 37

Mucke, Dieter (1936–2016)
318 Die einfältige Glucke
aus: Überall und neben dir. Hrsg. v. Hans-Joachim Gelberg. Beltz & Gelberg, Weinheim und Basel, 1986, S. 61

NOLL, INGRID (*1935)
306 Fresssack-ABC
aus: Wo kommen die Worte her? Neue
Gedichte für Kinder und Erwachsene.
Hrsg. v. Hans-Joachim Gelberg, Beltz &
Gelberg, Weinheim und Basel 2011, S. 69

PALACIO, RAQUEL J. (*1963)
129 Wunder
aus: Raquel J. Palacio: Wunder. Übersetzt
von André Mumot. Carl Hanser Verlag,
München 2013, S. 47 f.

PREUSS, GUNTER (*1940)
33 Der Sprung
aus: Mut tut gut. Geschichten, Lieder und
Gedichte vom Muthaben und Mut-
machen. Hrsg. von Rosemarie Portmann.
Arena Verlag, Würzburg 1994

RICHTER, JUTTA (*1955)
176 Das Eisgespenst
aus: Jutta Richter: Am Himmel hängt ein
Lachen. Boje Verlag, Köln 2009, S. 31

ROTH, EUGEN (1895–1976)
36 Das Sprungbrett
aus: Eugen Roth für Zeitgenossen.
Rowohlt Verlag, Reinbek 2006

RUSCH, REGINA (*1945)
168 Einkaufsliste
aus: Ich und Du und große Leute.
Gedichte für Kinder. Hrsg. v. Ursula
Remmers und Ursula Warmbold. Reclam
Verlag, Stuttgart 2004. S. 71

SCHIRNECK, HUBERT (*1962)
122 Der faule Toaster
aus: Rossipotti. Unabhängiges Literatur-
magazin für Kinder, No. 17: Heiß oder kalt?
nach: http://www.rossipotti.de/ausga-
be17/11uhr_termin.html#schirneck, © Hubert Schirneck

SCHLÜTER, ANDREAS (*1958)
97 Dracula und ich (gekürzt)
aus: Andreas Schlüter. Dracula und ich.
Carlsen Verlag, Hamburg 2011

TOLKIEN, J. R. R. (1892–1973)
126 Der kleine Hobbit
aus: J. R. R. Tolkien: Der kleine Hobbit.
Übersetzt von Walter Scherf. Deutscher
Taschenbuch Verlag, München 2006

TUCHOLSKY, KURT (1890–1935)
191 Wo kommen die Löcher im Käse her?
(gekürzt und verändert) (1)
192 Wo kommen die Löcher im Käse her?
(gekürzt und verändert) (2)
aus: Kurt Tucholsky: Gesammelte Werke.
Hrsg. von Mary Gerold-Tucholsky und Fritz
Raddatz. Band 6. Rowohlt Verlag, Reinbek
1975, S. 210 f. (1, 2)

UHLAND, LUDWIG (1787–1862)
174 Einkehr
aus: Echtermeyer. Deutsche Gedichte.
Von den Anfängen bis zur Gegenwart.
Auswahl für Schulen. Hrsg. von Elisabeth
K. Paefgen und Peter Geist. Cornelsen
Verlag, Berlin 2005, S. 321 f.

WALDERA, ILONA
52 Friedwart von Schnorch heißt er
(Auszug)
aus: Das dicke Friedwart von Schnorch
Buch. Books on Demand, Norderstedt
2012, S. 5 f.

WIRTH, DORIS (*1981)
25 Die Döner-Bratwurst-Mutprobe
(Originaltitel: Sinan und ich)
aus: Schulgeschichten. Kinderleicht
Wissen Verlag, Regensburg 2009

WITTKAMP, FRANTZ
181 Wenn im Tierreich …
aus: Frantz Wittkamp: Alle Tage ein
Gedicht. Coppenrath, Münster 2002

ZEITZ, FELIZITAS UND FLORIAN
71 Reingelegt
aus: Leseförderung mit tollen
Schulgeschichten. Persen Verlag,
Buxtehude 2011

ZÖLLER, ELISABETH (*1945)
68 Der Klassen-King
aus: Der Klassen-King. Thienemann
Verlag, Stuttgart/Wien 1999

**Unbekannte/ungenannte Autorinnen
und Autoren**
150 Das Wohlgefallen (syrisches
Märchen)
aus: Arabische Märchen aus Syrien. Hrsg.
von Uwe Kuhr. Insel Verlag, Frankfurt
a. M./Leipzig, 1993, S. 233–237
155 Der Fisch mit dem goldenen Bart
nach: http://www.hekaya.de/maerchen/
der-fisch-mit-dem-goldenen-bart--
asien_45.html
158 Iwan Zarewitsch und Zarewna
Frosch (gekürzt)
aus: Märchen von Nixen. Hrsg. von
Barbara Stamer. Fischer-Tb-Verlag, Frankfurt a. M. 1993
53 Das Faultier: Ein Leben in Zeitlupe
(gekürzt und verändert)
nach: http://www.liebenswert-magazin.
de/das-faultier-ein-leben-zeitlupe-438.
html

202 Das hab ich im Kopf
aus: Jan von Holleben, Michael Madeja,
Katja Naie: Denkste?! Verblüffende Fragen
und Antworten rund ums Gehirn.
Thienemann-Esslinger Verlag, Stuttgart
2013, S. 6, 8, 10
220 Delfine: Intelligente Meeressäuger
nach: https://www.wasistwas.de/archiv-
natur-tiere-details/warum-sind-delfine-
die-einzigen-tiere-die-sich-in-einem-
spiegel-wieder-erkennen.html
217 Die Grenzen der Affensprache
Originalbeitrag
216 Die Sprache bei Menschenaffen
(gekürzt)
aus: Nikolaus Nützel: Sprache oder Was
den Mensch zum Menschen macht. cbt
Verlag, München 2009
213 Gibt es verschiedene Gehirnzellen
für die verschiedenen Schulfächer?
aus: Jan von Holleben, Michael Madeja,
Katja Naie: Denkste?! Verblüffende Fragen
und Antworten rund ums Gehirn.
Thienemann-Esslinger Verlag, Stuttgart
2013, S. 40
194 Im Klassenraum
Originalbeitrag
59 Kann man streiten lernen.
Dein Spiegel Nr. 4/2015, S. 21
195 Die Lügenmumie
Originalbeitrag
204 Unser Gehirn: Die Schaltzentrale im
Körper (gekürzt und verändert)
aus: Jan von Holleben, Michael Madeja,
Katja Naie: Denkste?! Verblüffende Fragen
und Antworten rund ums Gehirn.
Thienemann-Esslinger Verlag, Stuttgart
2013, S. 71, 74
208 Vom Merken, Vergessen und
Erinnern
aus: Jan von Holleben, Michael Madeja,
Katja Naie: Denkste?! Verblüffende Fragen
und Antworten rund ums Gehirn.
Thienemann-Esslinger Verlag, Stuttgart
2013, S. 58, 116
206 Warum träumt man nachts?
(gekürzt und verändert)
aus: Florian Sailer, Willi Weitzel:
Willi will's wissen. Gute Frage, nächste
Frage. Willi gibt schlaue Antworten auf
clevere Fragen. Ullstein, Berlin 2010.

Bildquellenverzeichnis

Knifflige Verben im Überblick

Infinitiv	Präsens	Präteritum	Perfekt
anfangen	du fängst an	er fing an	er hat angefangen
befehlen	du befiehlst	er befahl	er hat befohlen
beginnen	du beginnst	sie begann	sie hat begonnen
beißen	du beißt	er biss	er hat gebissen
bieten	du bietest	er bot	er hat geboten
bitten	du bittest	sie bat	sie hat gebeten
bleiben	du bleibst	sie blieb	sie ist geblieben
brechen	du brichst	sie brach	sie hat gebrochen
brennen	du brennst	es brannte	es hat gebrannt
bringen	du bringst	sie brachte	sie hat gebracht
dürfen	du darfst	er durfte	er hat gedurft
einladen	du lädst ein	sie lud ein	sie hat eingeladen
erschrecken	du erschrickst	er erschrak	er ist erschrocken
essen	du isst	er aß	er hat gegessen
fahren	du fährst	sie fuhr	sie ist gefahren
fallen	du fällst	er fiel	er ist gefallen
fangen	du fängst	sie fing	sie hat gefangen
finden	du findest	er fand	er hat gefunden
fließen	es fließt	es floss	es ist geflossen
frieren	du frierst	er fror	er hat gefroren
geben	du gibst	er gab	er hat gegeben
gehen	du gehst	er ging	er ist gegangen
gelingen	es gelingt	es gelang	es ist gelungen
genießen	du genießt	sie genoss	sie hat genossen
geschehen	es geschieht	es geschah	es ist geschehen
greifen	du greifst	sie griff	sie hat gegriffen
halten	du hältst	sie hielt	sie hat gehalten
heben	du hebst	er hob	er hat gehoben
heißen	du heißt	sie hieß	sie hat geheißen
helfen	du hilfst	er half	er hat geholfen
kennen	du kennst	sie kannte	sie hat gekannt
kommen	du kommst	sie kam	sie ist gekommen
können	du kannst	er konnte	er hat gekonnt
lassen	du lässt	sie ließ	sie hat gelassen
laufen	du läufst	er lief	er ist gelaufen
leiden	du leidest	sie litt	sie hat gelitten